Interacciones

Interacciones

Emily Spinelli
University of Michigan at Dearborn

Carmen García
Miami University

Carol E. Galvin
University of Michigan at Dearborn

Holt, Rinehart and Winston, Inc.

Fort Worth • Chicago • San Francisco • Philadelphia • Montreal • Toronto • London • Sydney • Tokyo

Publisher *Ted Buchholz*
Senior Acquisitions Editor *Jim Harmon*
Senior Developmental Editor *Sharon Alexander*
Production Manager *Annette Dudley Wiggins*
Cover Design Supervisor *Serena L. Barnett*
Cover Design *Margaret E. Unruh*
Text Design *York Production Services*
Text Illustrations *York Production Services*
Photo Research *Judy Mason*
Editorial, Design, & Production *York Production Services*

Library of Congress Cataloging-in-Publication Data

Spinelli, Emily.
Interacciones / Emily Spinelli, Carmen García, Carol E. Galvin.
p. cm.
ISBN 0-03-023328-3
1. Spanish language—Textbooks for foreign speakers—English.
I. García, Carmen, 1945- . II. Galvin, Carol E. III. Title.
PC4128.S6 1990
468.2'421—dc20 89-48738
CIP

ISBN 0-03-023328-3

Printed in the United States of America

0 1 2 3 4 039 9 8 7 6 5 4 3 2 1

Literary Credits and Photo Credits appear at the end of the book.

Preface

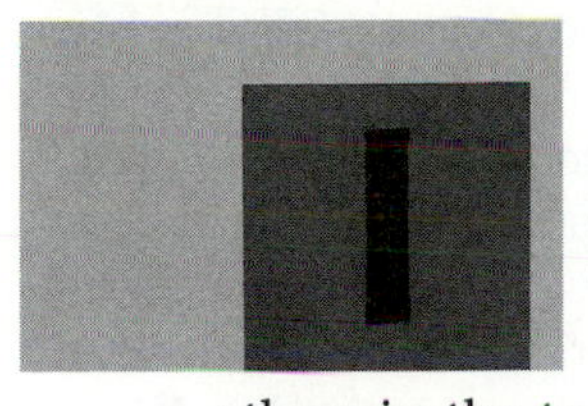

nteracciones is a four-skills intermediate-level Spanish textbook that emphasizes real communication in meaningful contexts. The student textbook and the accompanying workbook / laboratory manual promote the use of language to communicate with others in the target culture.

The student textbook offers a variety of unique features in organization and approach. Its main objectives are the improvement of listening and speaking skills and the development of reading and writing skills so that students can perform basic tasks in a Spanish-speaking environment. To that end, the textbook is characterized by the following features:

- Authentic language and materials provide the same type of listening and reading materials that native speakers hear and read.
- Interactive exercises, activities, and role plays simulate the language used by native speakers.
- Functional language is used in the presentation of vocabulary, grammar, and expressions.
- Cultural information helps students understand the Spanish-speaking world and how to function in it.
- Spiral sequencing of grammar allows students to proceed from conceptual to partial to full control of individual structures with less frustration.
- The development of the receptive skills of listening and reading serves as a foundation for building proficiency in the productive skills of speaking and writing.

- The program develops basic language functions such as asking and answering questions; describing people, places, and things; narrating in the present, past, and future; initiating, sustaining, and closing a simple conversation; and responding to a predictable situation in the target culture.
- Vocabulary acquisition develops the students' ability to describe and narrate in the target language.
- Information on art, architecture, and literature gives students insight into the cultural achievements of the Hispanic peoples.

Student textbook

The core text is composed of a preliminary lesson followed by fifteen chapters. The chapters are grouped in units of three, each of which centers around a Spanish-speaking country or region. A section entitled *Bienvenidos* provides information in outline form about the geography, climate, population, important cities, government, and economy of the countries under study. A map, an exercise on geography, and related photos round out this section.

Each chapter is organized around a place or situation that is likely to be encountered by a person living, studying, working, or traveling in a Spanish-speaking area. These situations include places such as a bank, restaurant, shopping center, and multinational firm and events such as a wedding, Sunday dinner with the family, and a job interview. The vocabulary, functional expressions, cultural information, and grammar structures taught within each chapter relate to the situation and provide the student with the skills needed to function within that situation.

Each chapter is divided into three sections called *situaciones;* each *situación* is centered around a communicative goal. Vocabulary, structures, and culture are thus presented in more manageable amounts and the information is then expanded upon and re-entered throughout the chapter.

Presentación The first two *situaciones* of each chapter begin with a *Presentación* designed to develop the speaking skill and to provide basic vocabulary for the chapter. The **Presentación** consists of a scene to describe followed by exercises and activities to practice the new vocabulary.

Así se habla This section follows the *Presentación* and contains the expressions used to perform a linguistic function related to the chapter situation. Students learn the expressions for functions such as agreeing and disagreeing, ordering in a restaurant, expressing good wishes, making a personal and business phone call, and making introductions. The functional expressions are presented in the context of a dialogue. The students listen to the dialogue on the accompanying tape and then do related listening comprehension exercises in the *¿Qué oyó Ud.?* section of the text. The textbook also provides exercises and activities in the form of role plays that practice the dialogue.

Estructuras The grammar presentation follows a spiral sequence; only one aspect of a difficult grammar structure is presented per *situación*. For example, the preterite forms and uses are reviewed in one chapter, the imperfect in another, and the distinction between imperfect and preterite in still another chapter. However, exercises and activities practicing narration in the past are included in almost all subsequent chapters of the textbook so that students have many opportunities to practice this important function and progress in a natural fashion from conceptual to partial to full control. Contextualized and interactive exercises follow each grammar explanation.

Dudas de vocabulario The *Dudas de vocabulario* sections occur at the end of the second *situación* of each chapter. The section provides definitions and examples of vocabulary items that are similar in meaning or spelling and cause particular problems for students. The words presented are related to the overall chapter situation or topic. Contextualized cloze exercises provide practice with these vocabulary items.

Así se hace The third *situación* of each chapter begins with the *Así se hace* section in which the students receive information in Spanish on how to function in the target culture. How to use a pay phone, how to take the subway, and how to buy stamps and mail a letter are typical topics. Authentic materials in the form of brochures, forms, and other realia are used as instructional tools in this section. The "how-to" explanations are followed by activities and role-play exercises.

Para leer bien, Lectura The *Para leer bien* section provides reading strategies for facilitating the reading that follows. It offers explanations and exercises on topics such as predicting and guessing content, scanning, skimming, using background information, and contextualized meaning. The readings of the *Lectura* are taken from articles in contemporary Hispanic magazines and newspapers and are chosen for their relation to the cultural theme of the chapter. Through experience of numerous authentic reading selections from a variety of sources, the student should gain confidence in reading and progress rapidly. Exercises to check comprehension and to develop the ability to discuss the readings are also provided.

Para escribir bien, Composiciones *Para escribir bien* contains writing strategies to help students prepare the suggested writing activities that follow. Students learn how to write for travel, work, and social situations as well as how to prepare more formal compositions for academic purposes. The *Composiciones* section includes three topics that combine the various grammatical structures and vocabulary taught within the chapter. While most of the topics emphasize real-life writing activities and are task-oriented, topics for more academic compositions are also included.

Actividades The *Actividades* section is composed of a series of exercises that combine the communicative, cultural, and functional aspects of the entire chapter. While some activities are geared to the individual student, most are paired or group activities; games and role-playing are stressed. This set of activities is intended to be the culminating activity of the chapter and one which allows the student to use the language in interesting and entertaining ways.

Contacto cultural Following every third chapter is a section entitled *Contacto cultural;* it is designed to introduce the student to the achievements of the Hispanic peoples in the visual and literary arts. Each section correlates with the country or region to which the three-chapter unit is devoted. *El arte y la arquitectura* provides information about important museums, artists, and works of art or architecture; photos and comprehension exercises accompany the explanations. The *Lectura literaria* is composed of short stories, poetry, and drama by authors from the country or region represented in the three-chapter unit. Each reading is preceded by a *Para leer bien* which provides information on literary topics such as genre, theme, character, figurative language, or symbolism.

Other Features The appendices include **(A)** *Vocabulary at a Glance,* which consists of thematic lists of vocabulary such as numbers, colors, or calendar terms useful for describing the scenes of the *Presentación* sections; **(B)** *The Writing and Spelling System* including the alphabet, syllabication, accentuation, capitalization, and spelling hints; and **(C)** *Verb Conjugations* of regular, stem-changing, orthographic-changing, and irregular verbs.

Ancillaries

Workbook / Lab Manual The *Cuaderno de ejercicios y manual de laboratorio* is considered to be an integral part of the *Interacciones* program. The workbook consists of contextualized exercises practicing vocabulary and grammar structures, exercises on geographical and cultural information, and numerous activities designed to improve the describing and narrating functions as well as writing for social and work situations.

The laboratory manual includes listening comprehension strategies with applications, pronunciation exercises, oral exercises for practicing vocabulary and grammar, and other activities that are designed to improve the listening comprehension skill. The cassettes and tapescript to accompany the laboratory manual are available upon request from the publisher.

Instructor's Manual The instructor's manual provides support materials for the teaching of *Interacciones.* Included are a testing program, the tapescript and cassette for the listening strand of the student text, a sample syllabus and lesson plan, supplemental vocabulary and exercises, as well as suggestions for teaching the various components of the student text.

Situation Cards for Oral Evaluation The situation cards are designed to assist the instructor in testing and evaluating oral achievement. The cards provide individual students with a conversation topic or role-play situation that tests discrete items related to the vocabulary, grammatical structures, and/or linguistic function of a given chapter. The cards may also be used for impromptu speaking practice in the class.

Video The accompanying video program provides authentic listening and viewing materials from a variety of Spanish-speaking countries or regions, including the United States. The twenty episodes treat such diverse topics as family and university life, fashion, sports, transportation, tourism, politics, and economics. Video clips of news and weather broadcasts, commercials, human-interest stories, interviews and documentaries are some of the varied formats used in the episodes.

Acknowledgments

We would like to thank the great number of people who contributed their time and effort toward the publication of this textbook. We would first like to acknowledge Marilyn Pérez-Abreu for the impetus that led to the creation of this book. We would like to thank Jim Harmon, Senior Acquisitions Editor, for his continued interest and assistance with many aspects of the project and Page Pepiot-Sanders, Marketing Manager, for her enthusiastic promotion of the text. We are truly indebted to Sharon Alexander, our Developmental Editor. We are grateful for her dedication, her many excellent and creative suggestions, and her thoroughness in editing. Without her constant support, patience, and friendship this project could never have been completed.

Last we would like to acknowledge the work of the many reviewers who provided us with insightful comments and constructive criticism for improving our text:

Alurista, *California Polytechnic State University*
Pilar Ara, *Pasadena City College*
Carol Brown, *California State University at Sacramento*
Mary Gay Doman, *California State University at Northridge*
Sharon Ahern Fechter, *Mount Vernon College*
Diana Frantzen, *Indiana University*
G. Ronald Freeman, *California State University at Fresno*
Kay García, *Oregon State University*
Donna Gustafson, *San José State University*
Nancy M. Kason, *University of Georgia*
Theodore Kassier, *University of Texas at San Antonio*
Roberta Lavine, *University of Maryland*
Victor Leeber, *Fairfield University*

Fidel de León, *El Paso Community College*
Rita Maisonneuve, *Middle Tennessee State University*
James Maloney, *Pan American University*
Antonio Martínez, *University of Nebraska at Lincoln*
Edward Mayer, *University of Utah*
Dolores O'Connor, *University of New Orleans*
José Vicente Pérez, *University of Michigan at Ann Arbor*
Gerald Petersen, *University of Nevada at Reno*
Elena Gascón Vera, *Wellesley College*
Jerry Williams, *West Chester University*
Daniel Zalacaín, *Seton Hall University*

Contents

C A P Í T U L O 4

C A P Í T U L O 5

C A P Í T U L O 14

C A P Í T U L O 15

C A P Í T U L O   P R E L I M I N A R

Un autorretrato

Barcelona: Unos jóvenes españoles pasan la tarde charlando.

Presentación ¿Quién so yo?

Práctica y conversación

A. Su documento de identidad, por favor. ¿Qué documento de identidad necesita Ud.?

1. Ud. acaba de llegar al aeropuerto de Barajas en Madrid después de un vuelo largo de Nueva York.
2. Un policía lo (la) detiene porque Ud. está conduciendo demasiado rápido.
3. Ud. necesita sacar un libro de la biblioteca de la universidad.
4. Ud. compra un traje de baño y quiere pagar con cheque.
5. Ud. compra entradas para el concierto con descuento estudiantil.
6. Ud. entra en un bar para tomar algo con sus amigos.

B. Un autorretrato. ¿Qué datos personales y señas particulares necesita Ud. indicar en las siguientes situaciones?

1. conseguir un pasaporte
2. obtener una tarjeta de crédito

3. subscribirse a una revista
4. obtener un permiso de conducir
5. encontrar a un nuevo estudiante de intercambio en el aeropuerto
6. escribir a un amigo que no ha visto por mucho tiempo

C. **¿Cómo son?** ¿Cómo son las siguientes personas? ¿Cuáles son sus pasatiempos favoritos?

1. su mejor amigo(-a)
2. el hombre (la mujer) ideal
3. el presidente de los EEUU
4. su profesor(-a)
5. Tom Cruise
6. la Princesa Diana

D. **Mis pasatiempos favoritos.** Haga una lista de siete pasatiempos. Sin mirar esta lista, su compañero(-a) de clase le va a hacer preguntas hasta que adivine (*guesses*) cinco de los pasatiempos que Ud. tiene en su lista. Luego, le toca a Ud. adivinar cinco pasatiempos de su compañero(-a).

E. **Creación.** ¿Cómo son las personas en el dibujo de la **Presentación?** ¿Cómo se llaman? ¿Cuáles son sus pasatiempos favoritos? Use su imaginación.

Vocabulario activo

Los documentos de identidad	***Identification***
el apellido	*last name*
el carnet estudiantil	*student I.D. card*
la dirección	*address*
el domicilio	*residence*
la edad	*age*
la fecha de nacimiento	*date of birth*
el lugar de nacimiento	*birthplace*
la nacionalidad	*nationality*
el nombre	*first name*
el pasaporte	*passport*
el permiso de conducir	*driver's license*
la profesión	*profession, job*
la tarjeta de identidad	*I.D. card*
el estado civil	*marital status*
estar casado(-a) / divorciado(-a) / separado(-a)	*to be married/ divorced /separated*
quedar viudo(-a)	*to be widowed*
ser soltero(-a)	*to be single*

La descripción física	***Physical description***
llevar anteojos (gafas) / lentes (*f.*) de contacto	*to wear glasses / contact lenses*
ser alto(-a) / bajo(-a) / de talla media	*to be tall / short / of average height*
ser atlético(-a) / débil /	*to be athletic / weak*
delgado(-a), esbelto(-a)	*slender*
flaco(-a) / fuerte	*skinny / strong*
gordo	*fat*
ser calvo	*to be bald*
ser moreno(-a)	*to be brunette*
rubio(-a)	*blond*
pelirrojo(-a)	*red-headed*
tener los ojos azules / de color café / negros / verdes	*to have blue / brown / black / green eyes*
tener el pelo castaño / negro / rojizo / rubio	*to have chestnut / black / reddish / blond hair*

(*continued on next page*)

La descripción física	***Physical description***
tener el pelo corto / largo / liso / ondulado / rizado	*to have short / long / straight / wavy / curly hair*
tener unas señas personales	*to have distinguishing features*
tener barba / bigotes (*m.*) / una cicatriz / un lunar / pecas	*to have a beard / a moustache / a scar / a beauty mark / freckles*
Los pasatiempos	***Leisure-time activities***
bailar / ir a bailar	*to dance / to go dancing*
contar (ue) chistes	*to tell jokes*
charlar con amigos(-as)	*to chat with friends*
dar un paseo	*to take a walk*
escribir cartas	*to write letters*
hacer crucigramas	*to solve crossword puzzles*
hacer ejercicios	*to exercise*
ir a un concierto	*to go to a concert*
ir de compras	*to go shopping*
jugar (ue) al fútbol / al golf / al tenis	*to play soccer / golf / tennis*
leer una novela / el periódico / una revista	*to read a novel / the newspaper / a magazine*
mirar (ver) la televisión	*to watch television*
practicar los deportes	*to participate in sports*
tocar la guitarra / el piano	*to play the guitar / piano*

ASÍ SE HABLA

Finding out about others

Madrid: Unos jóvenes en un autobús

¿Qué oyó Ud.?

Escuche el diálogo entre dos estudiantes en una calle de Madrid.

1. ¿Cómo se llaman los estudiantes?
2. ¿Qué estudian?
3. ¿Qué edades cree Ud. que tienen? ¿Por qué?
4. ¿En qué país están?
5. ¿Adónde van estas personas? ¿Cómo van?
6. ¿La conversación se lleva a cabo por la mañana, por la tarde o por la noche?
7. ¿Son estas personas corteses o descorteses?
8. ¿Son estas personas amigos? Explique.
9. Describa a las personas del diálogo física y sicológicamente.

If you would like to call someone's attention, you can use the following phrases:

Mira...	*Look . . .*
Oye...	*Listen . . .*
Dígame (Dime), por favor...	*Please, tell me . . .*
Otra pregunta...	*One more question . . .*
Quiero preguntar si...	*I want to ask if . . .*
Quisiera saber...	*I would like to know . . .*
Y dígame (dime),...	*And tell me . . .*
¿Quiere(-s) decirme(nos), por favor...?	*Would you like to tell me (us) please . . . ?*
Disculpe(-a), pero me puede(-s) decir si...	*Excuse me, but could you tell me . . .*

If you would like to find out some personal information about someone, you can ask the following questions:

¿Cuál es su (tu) nombre?	*What is your name?*
¿Cómo se (te) llama(-s)?	
¿Dónde vive(-s)?	*Where do you live?*
¿De dónde es (eres)?	*Where are you from?*
¿Dónde nació (naciste)?	*Where were you born?*
¿Cuál es su (tu) nacionalidad?	*What's your nationality?*
¿Cuántos años tiene(-s)?	*How old are you?*
¿Cuándo es su (tu) cumpleaños?	*When is your birthday?*
¿Dónde estudia(-s) / trabaja(-s)?	*Where do you study / work?*
¿Qué estudia(-s)?	*What do you study?*
¿A qué se (te) dedica(-s)?	*What do you do?*
¿Cuál es su (tu) profesión?	*What's your profession?*
¿Cuál es su (tu) pasatiempo favorito?	*What's your favorite hobby?*
¿Te gusta(-n)...?	*Do you like . . . ?*

EN CONTEXTO

JOSÉ MANUEL **¿De dónde eres?**
SANTIAGO De Sevilla.
JOSÉ MANUEL ¡De Sevilla! Dicen que Sevilla es muy hermosa...

Práctica y conversación

A. **En una reunión social.** Ud. está en una fiesta y como no conoce a nadie comienza a hablar con otra persona que también está sola.

MODELO **Disculpe, mi nombre es... ¿Cómo se llama Ud.?**

Temas de conversación: profesión / nacionalidad / lugar de trabajo / deporte favorito / lugar de residencia...

B. **Su nuevo(-a) compañero(-a).** Es su primer año de la universidad y antes de llegar allí, Ud. habla por teléfono con la persona que va a ser su compañero(-a) de cuarto para conocerlo(la). Uds. intercambian información personal.

MODELO **Yo soy de Detroit. Tengo 19 años, ¿y tú?**

Temas de conversación: lugar de nacimiento / cumpleaños / estatura / color de pelo / color de ojos / pasatiempo favorito / especialización...

Fórmulas

Después de encuestar a hombres y mujeres en 50 bares de solteros, el sociólogo Thomas Murray publicó sus conclusiones en un artículo titulado "El lenguaje de los bares de solteros", publicado en la revista American Speech. Según Murray, las cuatro fórmulas más habituales de iniciar una conversación, son las siguientes:

1. Mi nombre es...
2. Me gusta tu (referencia a algún elemento de vestimenta)
3. ¿Viene seguido?
4. Veo que estamos tomando la misma cosa.

Estructuras

Expressing small quantities

Numbers

Numbers are the basic vocabulary for many important situations and functions such as counting, expressing ages, telling time, discussing dates, expressing addresses and phone numbers, and requesting and giving prices.

0	cero	10	diez	20	veinte	30	treinta
1	uno	11	once	21	veintiuno	40	cuarenta
2	dos	12	doce	22	veintidós	50	cincuenta
3	tres	13	trece	23	veintitrés	60	sesenta
4	cuatro	14	catorce	24	veinticuatro	70	setenta
5	cinco	15	quince	25	veinticinco	80	ochenta
6	seis	16	dieciséis	26	veintiséis	90	noventa
7	siete	17	diecisiete	27	veintisiete	100	ciento
8	ocho	18	dieciocho	28	veintiocho		
9	nueve	19	diecinueve	29	veintinueve		

A. The numbers 16–19 have an optional spelling: 16 = **diez y seis;** 17 = **diez y siete;** 18 = **diez y ocho;** 19 = **diez y nueve.**

B. The numbers 21–29 may also be written as three separate words: 21 = **veinte y uno;** 22 = **veinte y dos,** etc.

C. The numbers beginning with 31 must be written as three separate words: 31 = **treinta y uno;** 46 = **cuarenta y seis.**

D. When **uno** occurs in a compound number (21, 31, 41, 51, etc.), it becomes **un** before a masculine noun and **una** before a feminine noun.

21 libros = veintiún libros
51 novelas = cincuenta y una novelas

E. The word **ciento** is used with numbers 101–199:
117 = ciento diecisiete; 193 = **ciento noventa y tres.**
The word **cien** is used before any noun: **cien libros; cien novelas. Cien** is also used before **mil** and **millones:**
100.000 = **cien mil;** 100.000.000 = **cien millones.**

EN CONTEXTO

SANTIAGO Disculpe... Pero, ¿por dónde pasa el autobús número **cincuenta y dos,** el que va para la Universidad de Madrid?

JOSÉ MANUEL El **cincuenta y dos** pasa por esta calle y para en la esquina.

■ Práctica y conversación

A. ¡A contar! En grupos, cuenten de 0 a 25 / de 30 a 50 / de 60 a 80 / de 0 a 100 de diez en diez / de cinco en cinco.

B. Unos números de teléfono. Ud. trabaja de telefonista para el servicio de información en Bogotá, Colombia. Déles los números pedidos a los clientes. (En muchos países se escriben y se leen los números de teléfono en pares.)

MODELO Ramón Gutiérrez / 28-63-11

Cliente: **Quisiera el número de Ramón Gutiérrez, por favor.**
Telefonista: **Es veintiocho, sesenta y tres, once.**
Cliente: **¿Veintiocho, sesenta y tres, once?**
Telefonista: **Exacto.**
Cliente: **Muchas gracias.**

1. Manolita Reyes / 39-75-15
2. Hotel Colón / 63-11-48
3. Federico González / 84-07-29
4. Clínica Ramírez / 58-92-17
5. Restaurante Cali / 21-56-13
6. Sofía Cano Pereda / 96-31-22
7. Cine Estrella / 58-92-17
8. José Luis Gallegos / 77-61-12

C. Datos personales. You are involved in a minor car accident with a classmate. Exchange relevant information such as your name, age, home / work / school address and phone number, your license plate number, make and year of your car. Write down the information that your classmate gives you and then have your classmate check it for accuracy.

Discussing when things happen

Telling Time

When you want to know what time it is, you ask: **¿Qué hora es?**

¿Qué hora es?

Es la una.

Son las tres y cuatro.

Son las seis y veintidós.

Son las ocho y media.

Son las diez menos veinte.

Son las once menos cinco.

A. The following variations for **cuarto** and **media** are often used: 3:15 = Son las tres **y quince;** 8:30 = Son las ocho **y treinta;** 9:45 = Son las diez **menos quince.**

B. Other expressions of time include the following:

Son las dos en punto.	*It's two o'clock sharp (on the dot).*
Es mediodía / medianoche.	*It's noon / midnight.*
Es temprano / tarde.	*It's early / late.*
a tiempo	*on time*
tarde	*late*

C. **De la mañana / tarde / noche** follow a specific time and express A.M. and P.M.

Son las nueve y cuarto de la noche.	*It's 9:15* P.M.

Por la mañana / tarde / noche mean *in the morning / afternoon / evening* and are used without specific times.

Me gusta ir a la discoteca **por la noche.**	*I like to go to the discotheque in the evening.*

D. When you want to know at what time things are taking place, you ask **¿A qué hora...?**

—**¿A qué hora** sales para el concierto?	*(At) what time are you leaving for the concert?*
—**A las siete y cuarto.**	*At 7:15*

E. In the Spanish-speaking world the twenty-four hour system is frequently used, especially for expressing time in official schedules. The system begins at midnight, and the hours are numbered 0–23.

El concierto empieza a las 20:30 (veinte y media).	*The concert begins at 8:30* P.M.

EN CONTEXTO

JOSÉ MANUEL El cincuenta y dos pasa por esta calle y para en la esquina **a las ocho y treinta.** Todavía **es** un poco **temprano.**

■ Práctica y conversación

A. ¿Qué hora es? Exprese la hora y explique lo que hacen las personas.

MODELO 8:30: Federico / mirar la televisión
Son las ocho y media. Federico mira la televisión.

1. 10:00: María / tocar el piano
2. 10:45: tú / hacer ejercicios
3. 1:20: Miguel / jugar al golf
4. 3:27: mi abuelo / leer
5. 7:30: los Ruiz / bailar
6. 8:50: yo / ir al concierto
7. 9:22: Uds. / escribir cartas
8. 11:00: Tomás y yo / charlar

B. ¿A qué hora? Pregúntele a un(-a) compañero(-a) de clase a qué hora hace las actividades siguientes y su compañero(-a) debe contestar de una manera lógica. (*A ¿? symbol following the last item of an exercise means that you are free to add items of your own. This is your opportunity to be imaginative and say what you would like to say.*)

llegar a la universidad / asistir a sus clases / salir de la universidad / comer por la noche / charlar con amigos / trabajar / ¿?

Providing basic information

Present Tense of Regular Verbs

In order to discuss activities and provide basic information about yourself and other people, you need to be able to conjugate and use many verbs in the present tense. The following shows the conjugation of regular **-ar, -er,** and **-ir** verbs in the present tense.

	TRABAJAR	APRENDER	ESCRIBIR
yo	trabajo	aprendo	escribo
tú	trabajas	aprendes	escribes
él / ella / Ud.	trabaja	aprende	escribe
nosotros / nosotras	trabajamos	aprendemos	escribimos
vosotros / vosotras	trabajáis	aprendéis	escribís
ellos / ellas / Uds.	trabajan	aprenden	escriben

A. To conjugate a regular verb in the present tense, first obtain the stem by dropping the **-ar, -er,** or **-ir** from the infinitive. The endings that correspond to the subject noun or pronoun are then added to this stem.

B. When the verb ending corresponds to only one subject pronoun, that pronoun is usually omitted: **trabajo** = *I work;* **trabajas** = *you work;* **trabajamos** = *we work.* **Yo, tú, nosotros,** and **vosotros** are not usually expressed because the verb ending indicates the subject. When the pronouns **yo, tú, nosotros,** or **vosotros** are used with the verb, the pronoun subject is given extra emphasis.

Yo estudio muchísimo pero mi compañero de cuarto no.	*I study a lot but my roommate doesn't.*

C. It is often necessary to use the third-person pronouns for clarification since the third-person verb endings refer to three different subject pronouns.

D. Spanish verbs in the present tense may be translated in three different ways: **escribo** = *I write, I am writing, I do write.*

E. Verbs are made negative by placing **no** directly before the verb. In such cases **no** = **not.**

—¿Tocas la guitarra?	*Do you play the guitar?*
—Sí, pero **no toco** bien porque **no practico** mucho.	*Yes, but I don't play well because I don't practice a lot.*

EN CONTEXTO

SANTIAGO Disculpe... Pero, ¿por dónde **pasa** el autobús que va para la Universidad de Madrid? Es que es mi primer día y...

JOSÉ MANUEL **Comprendo.** Yo también soy estudiante. Mira, mi nombre es José Manuel y **estudio** ingeniería.

Una Parada de autobús en Madrid

Práctica y conversación

A. **Unas actividades estudiantiles.** Cuando un(-a) compañero(-a) le dice lo que hace, explíquele si Ud. y sus amigos hacen las mismas cosas o no.

MODELO Compañero(-a): Estudio en la biblioteca.
Usted: **Mis amigos y yo estudiamos en la biblioteca también.**
Mis amigos y yo no estudiamos en la biblioteca.

1. Aprendo español y lo practico mucho.
2. Regreso a casa los fines de semana.
3. Por la noche bailo en una discoteca.
4. Les escribo muchas cartas a mis padres.
5. Después de mis clases como y bebo en el café estudiantil.
6. Toco la guitarra y canto.
7. Vivo en una residencia estudiantil.

B. **Sus pasatiempos.** Usando la lista de los pasatiempos de la **Presentación,** explíquele a un(-a) compañero(-a) de clase lo que Ud. hace (o no hace) y con quién lo hace.

MODELO **Escucho música rock / clásica / popular con mi novio(-a) / mis amigos / mi familia.**

C. **Entrevista.** Pregúntele a un(-a) compañero(-a) de clase las cosas siguientes y su compañero(-a) debe contestar de una manera lógica.

Pregúntele...

1. a qué hora llega a la universidad. ¿Y a la clase de español?
2. si vive en una casa / una residencia / un apartamento.
3. a qué hora regresa a su cuarto / casa / apartamento.
4. si trabaja. ¿Dónde? ¿Gana mucho dinero?
5. lo que estudia este semestre.
6. qué deportes practica.
7. si viaja mucho. ¿Adónde?

ASÍ SE HACE

Addressing other people in the Spanish-speaking world

In English the word *you* is used to address other people. In the Spanish-speaking world, however, there are several words used as an equivalent of *you*. The selection of the correct form of *you* depends on the level of formality of the relationship between you and the person(-s) you are addressing as well as the area of the Hispanic world in which you live. Each form of *you* has specific corresponding verb endings.

A. **Tú** is the familiar, singular form of *you* used to address one person that you would call by a first name, such as a relative, friend, or child. It is also used with pets.

B. **Usted** is the formal, singular form used to address one person that you do not know well or to whom you would show respect. In general **usted** is used with a person with whom you would use a title such as **profesora, señor,** or **doctor.** When addressing a native speaker, it is better to use **usted;** he or she will tell you if it is appropriate to use the **tú** form. **Usted** is generally abbreviated **Ud.**

C. In Hispanic America and the United States **ustedes** is the plural of both **tú** and **usted.** It is used to address two or more persons regardless of your relationship to them. In Spain **ustedes** serves only as the plural of **usted** and is thus a formal, plural form. **Ustedes** is generally abbreviated **Uds.**

D. In Spain the familiar, plural forms **vosotros** and **vosotras** are used as the plural of **tú.**

E. In Argentina, Uruguay, and other parts of Hispanic America, the pronoun **vos** replaces **tú** as a familiar, singular pronoun. Since this textbook is teaching basically Hispanic American Spanish, only the forms **tú, Ud.,** and **Uds.** will be practiced in exercises and activities. However, when living in areas where **vosotros** or **vos** forms are used, it is relatively easy to adapt to the forms you hear other people using.

Práctica

¿Qué forma usaría Ud.? Escoja **tú, Ud., Uds., vosotros(-as),** or **vos** según la situación.

1. Ud. vive en Madrid y habla con sus dos compañeros(-as) de cuarto en la residencia estudiantil.
2. Ud. vive en la ciudad de México y habla con sus dos compañeros(-as) de cuarto en la residencia estudiantil.
3. Ud. vive en Buenos Aires y quiere hablar con su mejor amigo(-a).
4. Ud. vive en el Perú y necesita hablar con los padres de un amigo.
5. Ud. vive en Panamá y habla con un niño de cinco años.
6. Ud. vive en Colombia y necesita darle de comer a su gato.
7. Ud. vive en Venezuela y necesita hablarle a su dentista.

ACTIVIDADES

A. **Un autorretrato.** You are an exchange student and will be spending your next semester in Quito, Ecuador. You must provide your host family with a tape describing yourself and some of your interests and activities. Be accurate in your self-portrait so they will recognize you when they meet you at the airport.

B. **Jugar a la Berlina.** You and your classmates will divide into groups of four to play this popular Latin American game. One person in the group will leave the group for a moment while the others decide to be a famous person such as a movie or TV star, a political personality, or a sports figure. The person re-enters the group and asks *yes* or *no* questions until he/she guesses the identity of the person in question.

C. **El bar de solteros.** You are in a singles bar and want to strike up a conversation with the person sitting next to you. Try to find something that the two of you have in common.

D. **Entrevista.** You are looking for a job and you go to a department store that has an opening for a sales manager. The head of personnel (played by a classmate) interviews you and asks you a series of typical questions such as your name, address, phone number, age, marital status, number of children, names and addresses of previous employers, your education, etc.

Bienvenidos a España

Una playa en el Mediterráneo

Geografía y clima	Tercer país más grande de Europa País montañoso; es el segundo en Europa en altitud media después de Suiza País marítimo; ocupa con Portugal la Península Ibérica; rodeado de mares Clima muy variado según la región
Población	40.000.000 habitantes
Lenguas	El castellano (el español); el catalán (7.000.000 hablantes); el gallego (3.000.000 h.); el vascuense (*Basque*) (650.000 h.)
Ciudades principales	Madrid (la capital) 3.300.000 habitantes; Barcelona 1.826.000; Valencia 800.000; Sevilla 680.000
Moneda	La peseta
Gobierno	Monarquía constitucional; Juan Carlos I es el rey actual
Economía	El turismo; productos agrícolas (vino, fruta y verdura); la pesca; fabricación de acero, barcos, productos de cuero, vehículos
Fechas importantes	Además de las fiestas religiosas que se celebran en todos los países católicos (6 de enero, Jueves y Viernes Santos, la Pascua, la Navidad), hay otras fiestas religiosas y nacionales: 19 de marzo = San José; 1 de mayo = Día del Trabajo; 24 de junio = San Juan; 25 de julio = Santiago, santo patrón de España; 15 de agosto = la Asunción; 12 de octubre = Día Nacional.

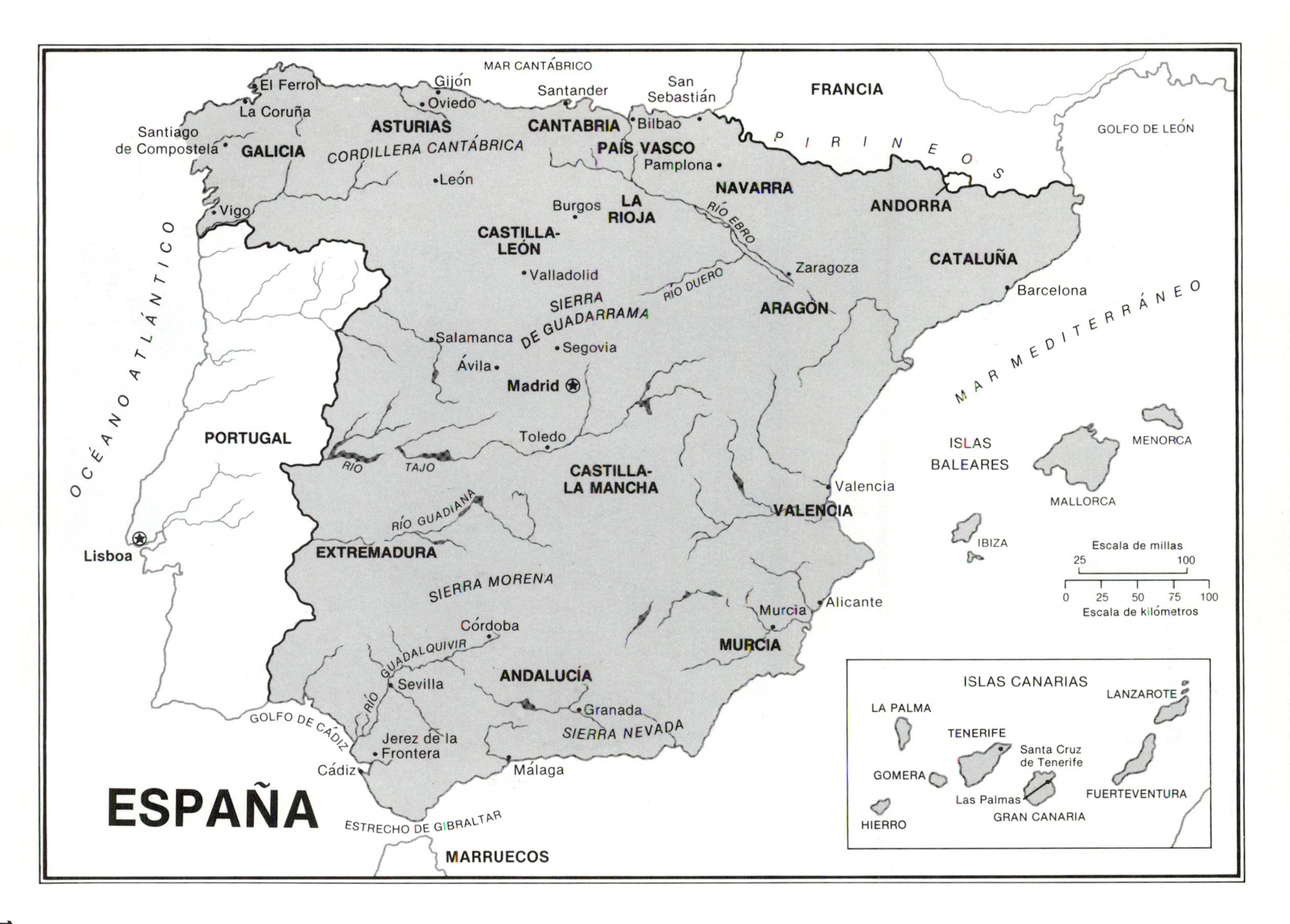
ESPAÑA
FRANCIA
PORTUGAL
MARRUECOS
GOLFO DE LEÓN
MAR CANTÁBRICO
OCÉANO ATLÁNTICO
MAR MEDITERRÁNEO
P I R I N E O S
GOLFO DE CÁDIZ
ESTRECHO DE GIBRALTAR
GALICIA
ASTURIAS
CANTABRIA
PAÍS VASCO
NAVARRA
LA RIOJA
ARAGÓN
CATALUÑA
ANDORRA
CASTILLA-LEÓN
CASTILLA-LA MANCHA
VALENCIA
MURCIA
EXTREMADURA
ANDALUCÍA
CORDILLERA CANTÁBRICA
SIERRA DE GUADARRAMA
SIERRA MORENA
SIERRA NEVADA
RÍO EBRO
RÍO DUERO
RÍO TAJO
RÍO GUADIANA
RÍO GUADALQUIVIR
El Ferrol
La Coruña
Santiago de Compostela
Vigo
Gijón
Oviedo
León
Santander
Bilbao
San Sebastián
Pamplona
Burgos
Valladolid
Salamanca
Ávila
Segovia
Madrid
Toledo
Zaragoza
Barcelona
Valencia
Alicante
Murcia
Córdoba
Sevilla
Granada
Málaga
Jerez de la Frontera
Cádiz
Lisboa
ISLAS BALEARES
MENORCA
MALLORCA
IBIZA
Escala de millas
25 100
0 25 50 75 100
Escala de kilómetros
ISLAS CANARIAS
LA PALMA
TENERIFE
Santa Cruz de Tenerife
LANZAROTE
GOMERA
Las Palmas
FUERTEVENTURA
HIERRO
GRAN CANARIA

Práctica

Usando el mapa de España conteste las preguntas siguientes.

1. ¿Cómo se llama la península que ocupa España? ¿Qué otro país también ocupa la península?
2. ¿Cuáles son las montañas que separan España de Francia? ¿Cómo se llaman otras cordilleras (*mountain ranges*)?
3. ¿Qué mares rodean España? ¿Qué industrias de España se asocian con el mar?
4. ¿Cuáles son tres ríos importantes?
5. ¿Por qué se dice que España es un país aislado (*isolated*)?
6. ¿Por qué es España un buen lugar para turistas?
7. ¿Qué ventajas y desventajas ofrece la geografía de España?

Las Ramblas en Barcelona

C A P Í T U L O 1

La vida de todos los días

Madrid: El metro es un medio de transporte popular para con los estudiantes llegar a la universidad.

Primera situación

Presentación Un día típico

Práctica y conversación

A. ¿Qué pasa? Cuente lo que pasa en el dibujo. Use el **Vocabulario Activo** para expresar sus ideas.

B. ¡Qué día! ¿Adónde va Ud. para hacer estas cosas?

1. Su traje azul está sucio.
2. Quiere mandar un paquete a España.

3. No tiene bastante gasolina para llegar a la universidad.
4. No hay leche.
5. Necesita hacer una fotocopia de una carta.
6. Tiene que prepararse para un examen de español.
7. Quiere descansar.

C. **Hay que trabajar.** ¿Qué habilidades profesionales necesita Ud. para conseguir empleo en los siguientes lugares?

un banco / una tienda / una escuela primaria / una oficina / una estación de servicio / un supermercado / una biblioteca / una agencia de viajes

D. **Entrevista.** Pregúntele a un(-a) compañero(-a) de clase lo que hace en un día típico.

Pregúntele lo que hace...

1. a las 7:30 de la mañana.
2. a las 9:00 de la mañana.
3. a las 10:15 de la mañana.
4. al mediodía.
5. a las 2:00 de la tarde.
6. a las 4:45 de la tarde.
7. a las 8:00 de la noche.
8. a las 11:05 de la noche.

Vocabulario activo

Descansar	***To relax***
echar una siesta	*to take a nap*
mirar una telenovela / las noticias / los deportes	*to watch a soap opera / the news / the sports*
reunirse con amigos	*to get together with friends*
Estudiar	***To study***
hacer la tarea	*to do homework*
prepararse para los exámenes	*to prepare for exams*
tomar apuntes	*to take notes*
Hacer diligencias	***To run errands***
comprar estampillas, timbres **(A)**[1] / sellos **(E)**	*to buy stamps*
enviar (mandar) una carta / un paquete	*to send a letter / a package*
hacer compras en el almacén / el supermercado / la tienda	*to shop in the department store / the supermarket / the store, shop*
ir al centro comercial / al correo / a la estación de servicio / a la tintorería	*to go to the shopping center / to the post office / to the gas station / to the dry cleaner*
llenar el tanque	*to fill the (gas) tank*
llevar ropa sucia	*to drop off dirty clothing*
recoger ropa limpia	*to pick up clean clothing*
revisar el aceite	*to check the oil*
Trabajar	***To work***
escribir a máquina	*to type*
llevarse bien con los clientes	*to get along well with the customers*

[1] (A) indicates vocabulary used in the Americas; (E) indicates vocabulary used in Spain.

(*continued on next page*)

Trabajar	***To work***		
tener empleo en una agencia / un banco / una compañía / una fábrica / una oficina	*to have a job at an agency / a bank / a company / a factory / an office*	trabajar horas extras / medio tiempo / tiempo completo	*to work overtime / half-time / full-time*
tener habilidades profesionales	*to have job skills*	usar una computadora / una fotocopiadora / una máquina de escribir eléctrica / un procesador de textos	*to use a computer / a copying machine / an electric typewriter / a word processor*

ASÍ SE HABLA

Expressing frequency and sequence of actions

La Universidad de Madrid

¿Qué oyó Ud.?

Escuche el diálogo entre Carlota y Edmundo en la biblioteca de la universidad. Luego elija la mejor respuesta a las frases que siguen.

1. Carlota y Edmundo son
   a. jóvenes, pobres y solteros.
   b. ricos, viejos y casados.
   c. solteros, viejos y pobres.

2. La vida de Carlota y Edmundo es muy
   a. ocupada.
   b. descansada.
   c. interesante.
3. Carlota y Edmundo
   a. se irán de vacaciones.
   b. seguirán estudiando.
   c. irán a la cafetería.
4. Después de esta pequeña reunión Carlota y Edmundo se sentirán
   a. más cansados.
   b. más relajados.
   c. más preocupados.
5. Por medio de la conversación entre Carlota y Edmundo se entiende que ellos son
   a. egoístas.
   b. tímidos.
   c. sociables.
6. También se puede decir que ellos
   a. no se comprenden.
   b. se llevan bien.
   c. se conocen poco.

If you need to express frequency of actions, you can use the following phrases. They answer the questions: **¿Cuántas veces?** = *How many times?, How often?* or **¿Cuándo?** = *When?*

a veces / algunas veces / a menudo	*sometimes / often*
siempre	*always*
nunca / jamás	*never*
ya	*already*
(casi) todos los días / las mañanas / las noches	*(almost) every day / morning / night*
frecuentemente	*frequently, often*
de vez en cuando	*from time to time*
una vez / dos veces al día / al mes / al año / a la semana	*once / twice a day / month / year / week*
(bien) seguido	*(very) often*
cada dos días / lunes / martes	*every other day / Monday / Tuesday*
del amanecer al anochecer	*from dawn to dusk*
la mayor parte de las veces	*most of the time*

If you want to describe when actions take place in relation to other actions, you can use the following phrases.

primero	*first*
luego / después	*then / afterwards*
más tarde / finalmente / por último	*later / finally / lastly*
en primer / segundo / tercer lugar	*in the first / second / third place*
previo / anterior	*previous / before*

EN CONTEXTO

CARLOTA Imagínate que **nunca** puedo reunirme con los amigos. **Siempre** tengo que hacer algo... si no es hacer la tarea es prepararme para los exámenes o escribir algún trabajo a máquina... ¡Estoy exhausta!

EDMUNDO Comprendo bien lo que dices. **Algunas veces** tengo que trabajar horas extras en la oficina y **nunca** puedo hacer lo que quiero...

Práctica y conversación

A. **Hablando de su horario.** Ud. está muy cansado(-a) porque tiene muchas responsabilidades con sus estudios, su trabajo, etc. Hable con su compañero(-a) de cuarto y cuéntele su horario.

MODELO Compañero(-a): **¿Qué te pasa...?**
Usted: **¡Estoy muy cansado(-a)! ¡Tengo mucho que hacer! Todos los días tengo que... Dos veces por semana tengo que...**
Compañero(-a): **Te comprendo. ¡Yo también tengo que... dos veces por semana y...!**

Temas de conversación: preparar un informe / hacer diligencias / asistir a conferencias / prepararse para exámenes / reunirse con amigos / ¿?

B. **Conversación telefónica.** Su madre / padre lo / la ha llamado por teléfono repetidas veces y nunca lo / la ha encontrado. Llámelo / la y hágale un recuento de su horario, sus actividades y todo el trabajo que tiene.

MODELO **Discúlpame, por favor, pero ¡estoy...! Todos los días voy a... Además, para mi clase de... tengo que presentar... y...**

Temas de conversación: trabajar por las noches / preparar tareas / leer mucho / lavar la ropa / hacer la cama / escribir composiciones / estudiar español / ¿?

C. **Hablando con el consejero.** En grupos, un estudiante hará el papel de consejero, otro el de estudiante y otro escuchará la conversación y tomará apuntes de lo que los otros dos dicen. Este último presentará a la clase un resumen de lo dicho.

Situación: Ud. habla con una de sus hermanas mayores que está casada y tiene tres niños. Ud. le dice todos los problemas que tiene en la universidad; ella le cuenta todas las responsabilidades que tiene en la casa.

MODELO Usted: **¡Imagínate! Me levanto a las seis de la mañana para estudiar cálculo casi todos los días.**
Hermana: **Yo también me levanto a las seis pero para hacer todos los quehaceres domésticos.**

Estructuras

Discussing daily activities

Present Tense of Irregular Verbs

Many of the verbs that you need in order to talk about daily activities are irregular verbs in the present tense. These irregular verbs can be divided into two main groups: verbs that are irregular only in the first person singular (**yo**) form and those that show irregularities in many forms.

COMMON VERBS WITH IRREGULAR *YO* FORMS

hacer *(to do, make)*	hago
poner *(to put, place)*	pongo
salir *(to leave)*	salgo
traer *(to bring)*	traigo
saber *(to know)*	sé
ver *(to see)*	veo

Verbs ending in **-cer** like **conocer** *(to know)*: **conozco**

Verbs ending in **-cir** like **conducir** *(to drive)*: **conduzco**

COMMON IRREGULAR VERBS

dar *(to give)*	doy	das	da	damos	dais	dan
decir *(to say, tell)*	digo	dices	dice	decimos	decís	dicen
estar *(to be)*	estoy	estás	está	estamos	estáis	están
ir *(to go)*	voy	vas	va	vamos	vais	van
oír *(to hear)*	oigo	oyes	oye	oímos	oís	oyen
ser *(to be)*	soy	eres	es	somos	sois	son
tener *(to have)*	tengo	tienes	tiene	tenemos	tenéis	tienen
venir *(to come)*	vengo	vienes	viene	venimos	venís	vienen

Verbs ending in **-uir** like **destruir** *(to destroy)*:
destruyo, destruyes, destruye, destruimos, destruís, destruyen

A. Common verbs ending in **-cer** include **aparecer** = *to appear;* **conocer** = *to know, be acquainted with;* **merecer** = *to merit, deserve;* **obedecer** = *to obey;* **ofrecer** = *to offer;* **parecer** = *to seem;* **reconocer** = *to recognize.*

B. Common verbs ending in **-cir** include **conducir** = *to drive;* **producir** = *to produce;* **traducir** = *to translate.*

C. Common verbs ending in **-uir** include **construir** = *to construct;* **contribuir** = *to contribute;* **destruir** = *to destroy.*

EN CONTEXTO

CARLOTA Yo **voy** a tomarme un cafecito. ¿**Vienes** conmigo?
EDMUNDO Bueno, creo que sí **tengo** tiempo.

Práctica y conversación

A. Un día típico. Compare las actividades de un día típico en la vida de Manuel con un día típico de Ud. y sus amigos.

MODELO Manuel: Conduzco a clase.
Usted: **Mis amigos y yo conducimos a clase también.**
Mis amigos y yo no conducimos a clase.

1. Soy estudiante y tengo mucho que hacer.
2. Hago compras en el centro.
3. Voy al correo una vez a la semana.
4. Traduzco ejercicios en mi clase de español.
5. Pongo la televisión y oigo las noticias.
6. Veo a mi familia y le doy dinero.

B. ¿Con qué frecuencia? Complete las oraciones siguientes con una de las frases dadas explicando con qué frecuencia Ud. hace varias actividades.

decir la verdad
venir a clase
hacer la tarea
ir al cine
conducir rápidamente
salir de casa a tiempo
poner la radio / televisión
ver a mis amigos
traer libros a clase
obedecer a mis padres

1. ____________ a menudo.
2. Nunca ____________.
3. ____________ (casi) todos los días.
4. Una vez al mes ____________.
5. ____________ frecuentemente.
6. Siempre ____________.
7. Del amanecer al anochecer ____________.
8. La mayor parte de las veces ____________.

C. Entrevista. Usando las frases de la **Práctica B,** pregúntele a un(-a) compañero(-a) de clase cuándo o con qué frecuencia hace las varias actividades. Su compañero(-a) debe contestar de una manera lógica.

MODELO Usted: **¿Con qué frecuencia ves a tus amigos?**
Compañero(-a): **Veo a mis amigos a menudo.**

Talking about other activities

Present Tense of Stem-Changing Verbs

To discuss other daily activities such as sleeping or having lunch and mental activities such as requesting, recommending, preferring, wanting and remembering, you will need to learn to conjugate and use stem-changing verbs. There are three categories of stem-changing verbs.

e → ie **QUERER** *to wish, want*	**o → ue** **ALMORZAR** *to have lunch*	**e → i** **PEDIR** *to ask for, request*
quiero	almuerzo	pido
quieres	almuerzas	pides
quiere	almuerza	pide
queremos	almorzamos	pedimos
queréis	almorzáis	pedís
quieren	almuerzan	piden

A. Certain Spanish verbs change the last vowel of the stem from **e → ie, o → ue,** or **e → i** when that vowel is stressed. These verbs may have infinitives ending in **-ar, -er,** or **-ir.** There is no way to predict which verbs are stem-changing; these verbs must be learned through practice. In many vocabulary lists or dictionaries the stem-changing verbs may be listed in the following manner: **querer (ie); volver (ue); servir (i).**

B. Some common stem-changing verbs **e → ie** are

cerrar	*to close*	perder	*to lose, waste (time), miss (bus)*
comenzar	*to begin*	preferir	*to prefer*
empezar	*to begin*	querer	*to want, wish*
entender	*to understand*	recomendar	*to recommend*
pensar	*to think*		

C. Some common stem-changing verbs **o → ue** are

almorzar	*to eat lunch*	poder	*to be able*
contar	*to count*	probar	*to try, taste*
dormir	*to sleep*	recordar	*to remember*
encontrar	*to find, meet*	soñar	*to dream*
morir	*to die*	volver	*to return*
mostrar	*to show*		

D. Some common stem-changing verbs **e → i** are

pedir	*to ask for, request*	seguir	*to follow*
repetir	*to repeat*	servir	*to serve*

EN CONTEXTO

CARLOTA Estoy exhausta.
EDMUNDO Comprendo bien lo que dices. Algunas veces tengo que trabajar horas extras en la oficina y nunca **puedo** hacer lo que **quiero.**

Práctica y conversación

A. Las preferencias. Las siguientes personas no quieren hacer ciertas cosas; prefieren hacer otras. Dígale a un(-a) compañero(-a) de clase lo que prefieren hacer.

MODELO Miguel: prepararse para los exámenes / practicar los deportes
Miguel no quiere prepararse para los exámenes. Prefiere practicar los deportes.

1. tú: trabajar / echar una siesta
2. nosotros: mirar una telenovela / reunirnos con amigos
3. María: hacer la tarea / hacer compras
4. yo: usar una máquina de escribir / usar un procesador de textos
5. José y yo: trabajar horas extras / estar de vacaciones
6. Uds.: trabajar en un banco / tener empleo en una oficina
7. nosotras: ir a la tintorería / ir a la tienda

B. ¡Hay mucho que hacer! Dígale a un(-a) compañero(-a) de clase lo que Paco hace hoy. Luego, dígale si Ud. y sus amigos hacen las mismas cosas.

MODELO comenzar a estudiar
Paco comienza a estudiar.
Mis amigos y yo (no) comenzamos a estudiar.

despertarse a las seis / encontrar los libros en la biblioteca / empezar a leer una novela / pedirle ayuda a José / almorzar con amigos / jugar al tenis / volver a casa temprano / acostarse antes de la medianoche

C. Entrevista. Hágale preguntas a un(-a) compañero(-a) de clase sobre los planes que tienen él (ella) y sus amigos(-as).

Pregúntele...

1. dónde almuerzan.
2. qué piensan hacer esta noche.
3. si recomiendan una buena película.
4. cuándo vuelven a casa.
5. si quieren jugar al tenis.
6. ¿?

Segunda situación

Presentación La rutina diaria

Práctica y conversación

A. ¿Qué pasa? Cuente lo que pasa en el dibujo.

B. Mi arreglo personal. ¿Qué productos usa Ud. para arreglarse?

despertarse a tiempo / bañarse / lavarse el pelo / lavarse los dientes / afeitarse / rizarse el pelo / maquillarse / perfumarse

C. Situaciones. Explique Ud. cómo se arreglan estas personas.

1. El señor Vargas tiene que hacer una presentación a sus clientes.
2. María tiene una cita con el hombre de sus sueños.
3. Juan acaba de jugar en el Campeonato de Fútbol.
4. La señorita Ortiz va a una entrevista para un empleo nuevo.
5. Es el primer día de clases en la universidad y Susana se levanta temprano.
6. Hoy el señor Martínez se levanta tarde pero no quiere llegar tarde a la oficina.
7. Paco va a tomar el examen final en la clase de español.

D. Las rutinas diarias. Dígale a su compañero(-a) de clase lo que Ud. hace para arreglarse un día típico. Él (Ella) escribirá lo que Ud. dice. Luego, le toca a Ud. escribir lo que dice su compañero(-a). Cuando terminen Uds., le dirán a su profesor(-a) lo que hace cada uno(-a) para arreglarse.

Vocabulario activo

El arreglo personal	***Personal Care***
la afeitadora eléctrica	*electric shaver*
el agua (*f*) caliente	*hot water*
el cepillo de dientes	*toothbrush*
la crema de afeitar	*shaving cream*
el champú	*shampoo*
el desodorante	*deodorant*
el espejo	*mirror*
el jabón	*soap*
la laca	*hair spray*
el lápiz de labios	*lipstick*
el maquillaje	*make-up*
la pasta de dientes	*toothpaste*
el peine	*comb*
el rimel	*mascara*
el secador	*hair dryer*
la sombra de ojos	*eye shadow*
las tenacillas de rizar	*curlers*
la toalla	*towel*
afeitarse	*to shave*
arreglarse	*to get ready*
bañarse / ducharse	*to bathe / shower*
cambiarse de ropa	*to change clothes*
cepillarse / lavarse / peinarse / secarse el pelo	*to brush / wash / comb / dry your hair*
despertarse (ie)	*to wake up*
lavarse los dientes	*to brush your teeth*
levantarse temprano / tarde	*to get up early / late*
maquillarse	*to put on make-up*
perfumarse	*to put on perfume*
poner el despertador	*to set the alarm clock*
ponerse / quitarse una camisa / pantalones / un vestido	*to put on / take off a shirt / pants / a dress*
rizarse el pelo	*to curl your hair*
secarse	*to dry yourself*
ser madrugador(-a) / dormilón(-ona)	*to be an early riser / heavy sleeper*
vestirse (i, i) / desvestirse (i, i)	*to get dressed / undressed*

ASÍ SE HABLA

Expressing lack of comprehension

¿Qué oyó Ud.?

Escuche el diálogo entre Ada y su amiga. Ada le cuenta su rutina diaria. Luego haga el siguiente ejercicio.

1. Ada duerme ____________ o ____________ horas.
2. La amiga de Ada se llama ____________.
3. Ada tiene varias actividades. Ella ____________, ____________ y además va todos los días al ____________.
4. Ada va al ____________ y por la noche va al ____________.
5. La amiga de Ada piensa que ella se puede ____________ porque no descansa nunca.
6. En esta conversación la amiga de Ada parece estar
   a. cansada de su trabajo.
   b. preocupada por su amiga.
   c. indiferente a lo que pasa.
7. La amiga de Ada está
   a. quejándose de su vida.
   b. conversando con su amiga.
   c. hablando de sus ocupaciones.

If you do not understand what is being said to you, you can use the following phrases.

¿Cómo dijo / dijiste?	*What did you say?*
¿Puede(-s) repetir, por favor?	*Can you repeat, please?*
No comprendo / entiendo nada (de nada).	*I don't understand anything.*
¡No entiendo ni pizca!	*I don't understand one bit!*
¡Estoy perdido(-a)!	*I'm lost!*
¡Ya me confundí!	*I'm confused!*
No sé si comprendo bien...	*I don't know if I understand correctly...*
A ver si comprendo bien...	*Let's see if I understand ...*
¿Quiere(-s) decir que...?	*Do you mean that ...?*

EN CONTEXTO

ADA Tania, ¿a qué hora te levantas todos los días?

TANIA Bueno, depende... generalmente a las siete... pero me acuesto a las doce. ¿Y tú?

ADA Yo me levanto a las cinco o seis de la mañana y me acuesto a las doce de la noche también.

TANIA **¿Cómo dices? ¿Quieres decir que** sólo duermes cinco horas?

Práctica y conversación

A. No comprendo. ¿Qué diría Ud. en las siguientes situaciones?

1. Su profesor le explica un tema de cálculo pero Ud. no entiende nada.
2. Su novio(-a) le está hablando pero hay mucho ruido y Ud. no puede oír bien.
3. Ud. estudió muchas horas pero no sabe nada. Su compañero(-a) le pregunta si está preparado(-a) para el examen.
4. Su profesor(-a) de español le hace una pregunta que Ud. no entiende.
5. Su jefe le dice que está despedido(-a) y Ud. no sabe por qué.
6. Su compañero(-a) de cuarto le hace una pregunta pero Ud. no estaba prestando atención.

B. ¿Por qué necesitas tanto tiempo? Su compañero(-a) de cuarto ocupa el baño dos horas cada mañana antes de ir a clases. Ud. no entiende por qué tiene que tomar tanto tiempo. Hable con él (ella).

MODELO Usted: **¿Qué haces tanto tiempo en el baño? ¡No entiendo por qué te demoras tanto!**
Compañera: **Es que me tengo que poner el maquillaje y además tengo que rizarme el pelo y...**

Estructuras

Describing daily routine

Reflexive Verbs

Many of the Spanish verbs used to describe and discuss daily routine are reflexive verbs, that is, verbs that use a reflexive pronoun throughout the conjugation. The reflexive pronouns indicate that the subject does the action to or for himself or herself, **me levanto** = *I get (myself) up;* **nos arreglamos** = *we get (ourselves) ready.* In Spanish these reflexive verbs can be identified by the infinitive form, which has the reflexive pronoun **se** attached to it: **levantarse** = *to get up.*

PRESENT INDICATIVE REFLEXIVE VERBS		REFLEXIVE PRONOUNS	
me arreglo	*I get ready*	me	*myself*
te arreglas	*you get ready*	te	*yourself*
se arregla	*he, she gets ready, you get ready*	se	*himself, herself, yourself*
nos arreglamos	*we get ready*	nos	*ourself*
os arregláis	*you get ready*	os	*yourselves*
se arreglan	*they get ready, you get ready*	se	*themselves, yourselves*

A. In English the reflexive pronouns end in *-self / -selves.* However, the reflexive pronoun will not always appear in the English translation for it is often understood that the subject is doing the action to himself or herself.

Silvia siempre **se ducha** y **se lava** el pelo por la mañana. — *Silvia always takes a shower and washes her hair in the morning.*

Note that with reflexive verbs, the definite article (rather than a possessive pronoun) is used with parts of the body or with clothing.

B. The reflexive pronoun precedes an affirmative or negative conjugated verb.

Eduardo **se dedica** a sus estudios y **no se queja** nunca. — *Eduardo devotes himself to his studies and never complains.*

C. Reflexive pronouns attach to the end of an infinitive. When both a conjugated verb and an infinitive are used, the reflexive pronoun may precede the conjugated verb or attach to the end of the infinitive. Note that the reflexive pronoun always agrees with the subject even when attached to the infinitive.

¿Cuándo vas a **acostarte?**
¿Cuándo **te** vas a **acostar?** — *When are you going to bed?*

D. The following list contains common reflexive verbs; others are listed in the **Presentación.**

acordarse(ue) de	*to remember*	hacerse	*to become*
		irse	*to go away, leave*
acostarse(ue)	*to go to bed*		
dedicarse a	*to devote oneself to*	llamarse	*to be called*
		preocuparse (por)	*to worry (about)*
despedirse(i) de	*to say good-bye to*	quejarse (de)	*to complain (about)*
divertirse(ie)	*to have a good time*	sentirse(ie)	*to feel*
dormirse(ue)	*to go to sleep*		

EN CONTEXTO

ADA Tania, ¿a qué hora **te levantas** todos los días?
TANIA Bueno, depende... Generalmente a las siete... pero **me acuesto** a las doce.

Práctica y conversación

A. Su rutina diaria. Usando las frases dadas describa su rutina diaria en orden lógico.

MODELO **Primero me despierto.**

primero / en segundo lugar / en tercer lugar / más tarde / después / finalmente

B. Consejos. Explique por lo menos tres cosas que estas personas deben hacer para arreglarse.

1. Ud. toma un examen de matemáticas.
2. Manolo y Pepe van a la escuela primaria.
3. Isabel sale con su novio.
4. Tú vas a una fiesta.
5. Nosotros jugamos al tenis.
6. La Sra. Ruiz habla con unos clientes importantes.

C. Hoy y ayer. Con un(-a) compañero(-a) de clase compare lo que Ud. hace hoy con lo que Ud. hizo ayer.

despertarse / levantarse / vestirse / sentirse / preocuparse / quejarse / acostarse / ¿?

Asking questions

Question Formation

Since most conversation consists of a series of questions and answers, it is important to learn to form questions in a variety of ways.

Questions requiring a yes/no answer

A. A statement can become a question by adding the tag words **¿no?** or **¿verdad?** to the end of that statement.

Raúl se levanta temprano, **¿no?**	*Raúl gets up early, doesn't he?*
Se divierten en clase, **¿verdad?**	*You have a good time in class, don't you?*

B. A statement can also become a question by inversion, that is, placing the subject after the verb. When using inversion to form a question that contains more than just a subject and verb, the word order is generally

VERB +	REMAINDER +	SUBJECT
¿Se levantan	temprano	Uds.?

However, when the remainder of the sentence contains more words than the subject, then the word order is generally

VERB +	SUBJECT +	REMAINDER
¿Se levantan	Uds.	temprano todos los días?

Questions requesting information

A. Questions requesting information contain an interrogative word such as those in the following list:

cómo	*how*	dónde	*where*
cuál(-es)	*which*	qué	*what*
cuándo	*when*	quién(-es)	*who*
cuánto(-a)	*how much*	por qué	*why*
cuántos(-as)	*how many*		

Note that the question word **dónde** has the form **adónde** when used with **ir, viajar,** and other verbs of motion. The form **de dónde** is used with **ser** to express origin.

Jorge, **¿adónde** vas?	*Jorge, where are you going?*
¿De dónde son Uds.?	*Where are you from?*

B. Most information questions are formed by inverting the subject and verb. Note that the interrogative word is generally the first word of the question.

¿Qué se ponen los estudiantes para ir a clase?	*What do the students put on in order to go to class?*

C. **Por qué** meaning *why* is written as two words. The word **porque** means *because* and is often used in answers.

—¿**Por qué** te quitas la chaqueta?	*Why are you taking off your jacket?*
—**Porque** hace calor.	*Because it's hot.*

D. **Cuánto** has four forms. It agrees in number and gender with the noun that follows.

1. **cuánto(-a) + noun** = *how much + noun*

¿**Cuánto tiempo** necesitas para arreglarte?	*How much time do you need to get ready?*

2. **cuántos(-as) + noun**= *how many + noun*

¿**Cuántas alumnas** se van este fin de semana?	*How many students are leaving this weekend?*

E. There are two ways to express *which?* in Spanish.

1. The interrogative **¿qué?** can function as an adjective meaning *which?* or *what?*

¿**Qué estudiantes** no se sienten bien?	*Which students don't feel well?*

2. **¿Cuál(-es)?** is a pronoun meaning *which?* or *which one(-s)?* of a group. It is used to replace a previously mentioned noun.

Roberto prefiere este champú. ¿**Cuál** prefiere Ud.?	*Roberto prefers this shampoo. Which one do you prefer?*
Mariana compra las toallas azules. ¿**Cuáles** compra Mercedes?	*Mariana is buying the blue towels. Which ones is Mercedes buying?*

EN CONTEXTO

TANIA Pero, Ada, ¿**cuándo** descansas? ¿Nunca echas una siesta? Y, ¿**por qué** tienes que trabajar tanto durante la semana?

Práctica y conversación

A. **Pregúnteme.** Haga preguntas para las siguientes respuestas.

1. El avión de Barcelona llega a las seis.
2. María va al aeropuerto porque necesita encontrar al hermano de José.
3. El hombre moreno de ojos verdes es el hermano de José.
4. El hermano de José se llama Felipe.
5. La maleta negra no es de Felipe; él tiene tres maletas azules.
6. María y Felipe van a la casa de José en coche.

B. **¿Cómo, cuándo y dónde?** En grupos, hagan todas las preguntas necesarias para informarse sobre los siguientes acontecimientos.

1. Hubo un accidente en la avenida Bilbao.
2. Se jugó el último partido de la Serie Mundial.
3. Hubo un terremoto (*earthquake*) en México.
4. Su mejor amigo ganó la lotería.
5. Hubo un robo en el Banco Nacional.

Ahora, invente respuestas a sus preguntas.

DUDAS DE VOCABULARIO

To know

Conocer: to know, to meet, to be acquainted with; to recognize.

Lo conocí en la fiesta de María.	*I met him at María's party.*
Conozco Madrid pero no Sevilla.	*I know Madrid but not Sevilla.*
Lo conozco por su manera de caminar.	*I recognize him by the way he walks.*

Saber: to have knowledge of; to have the ability to do something.

Sé que José Manuel va a venir a la fiesta pero no sé cuándo.	*I know José Manuel is coming to the party but I don't know when.*
Sé usar la computadora.	*I know how to use the computer.*

To ask

Pedir: to request, to ask for something.

Ella me pidió un dólar pero yo no tenía dinero.	*She asked me for a dollar, but I didn't have any money.*

Preguntar: to ask a question.

Ella me preguntó si yo descansaba los fines de semana. *She asked me if I rested on weekends.*

Preguntar por: to ask about somebody.

Mis padres me preguntaron por mi novio. *My parents asked me about my boyfriend.*

Movie

El cine: the movie theater.

—Vamos al cine. *Let's go to the movies.*
—¿A cuál? *Which one?*
—Al Orrantia. *To the Orrantia.*
—No, al Orrantia no. El cine Orrantia es muy viejo. *No, not to the Orrantia. The Orrantia movie theater is very old.*

La película: the film, the motion picture.

Él siempre va a ver las películas españolas. *He always goes to see Spanish movies.*

De película: out of the ordinary, incredible.

No te imaginas lo que me pasó. ¡Es de película! *You can't imagine what happened to me! It's incredible!*

Práctica y conversación

A. Sus conocimientos. Dígale a un(-a) compañero(-a) de clase qué cosas sabe hacer y a qué personas o cosas conoce.

MODELO **(No) sé escribir a máquina.**
(No) conozco a todos mis primos.

Madrid / usar una computadora / al rey (*king*) de España / llenar el tanque / a todos los estudiantes en la clase / tomar apuntes / dónde está el Museo del Prado / las novelas de Cervantes

B. ¿Cuál es la palabra? Complete los espacios en blanco con la palabra que corresponda. Haga los cambios necesarios.

1. Él está tan cambiado que francamente yo no lo ________ (conocer / saber).

2. ¿Te acuerdas cuando lo __________ (conocer / saber)?
3. Sólo __________(conocer / saber) que es un hombre muy difícil.
4. Tienes que __________ (preguntar / pedir / preguntar por) a su hermana qué le ha pasado.
5. Ella siempre me __________ (pedir / preguntar) por ti. ¿Cuándo la __________ (conocer / saber)?
6. Un día que fui al __________ (cine / película) a ver una __________ (cine / película) de Michael J. Fox, *Regreso al Futuro,* creo.

Tercera situación

ASÍ SE HACE

El horario hispánico

San Sebastían, España: Un parque

El horario (*schedule*) español es muy distinto del horario estadounidense. Por lo general los españoles trabajan ocho horas al día pero dividen el día en dos partes. En España la mayoría de las oficinas, las tiendas y los negocios se abren a las diez de la mañana y se cierran a las dos de la tarde. Pero se abren de nuevo entre las cuatro y las ocho. Entre las dos y las cuatro de la tarde los españoles comen su comida principal. Casi todos regresan a casa y después de comer se quedan un rato allá hablando con la familia o descansando. Al cerrar los negocios alrededor de las ocho de la noche muchos españoles se pasean (*stroll*) por el centro de la ciudad; finalmente vuelven a casa para cenar entre las diez y las once de la noche.

En los países de las Américas el horario tiene muchas variaciones pero generalmente se come entre el mediodía y las dos de la tarde y otra vez entre las siete y las nueve de la noche.

Práctica

Su horario personal. Ud. y su familia están en Madrid por dos días y medio. Durante estos días quieren ver lo más posible pero también necesitan comer, descansar y cambiar dinero. Prepare su horario usando la información dada.

El Prado	Museo de arte de fama internacional. 9,00–1,30; 16,30–19,00
El Palacio Real	9,00–1,45; 16,30–19,00
Corrida de toros	17,00
Excursión al Escorial	Palacio y monasterio real a unos 35 kilómetros de Madrid. 8,30–1,30
Piscina Municipal	10,00–1,30; 16,00–20,30
Banco Nacional	10,00–1,30
Cine Madrileño	16,00; 18,30; 21,00 23,30; 1,30
Club Elegante	Espectáculos a las 23,30; 1,30

Madrid: Palacio Real

PARA LEER BIEN

Predicting and guessing content

To make your reading more efficient and pleasurable, it is a good technique to try to predict an author's main idea prior to actually reading. This technique will help you locate and remember key ideas within the reading passage. The title and the photographs, drawings, and charts accompanying the passage provide many hints that will help you form a hypothesis about the content. As you read, you will confirm, modify, or discard this original hypothesis. First, look at the title of the reading and ask yourself: Given this title, what topics might be covered in the reading? Then, look at the drawings or photos and decide what further ideas come to mind.

Práctica

A. Lea el título de la lectura que sigue: «España está de moda». **La moda** = *style, fashion*. ¿Qué quiere decir el título?

B. Ahora, mire las fotos. ¿Por qué hay flamenco español en los EEUU y una corrida de toros en Francia?

C. En su opinión, ¿cuál es la idea principal de la lectura que sigue?

LECTURA

España está de moda

España está de moda por primera vez quizás en los últimos cuatro siglos°. Unos meses atrás° la revista francesa *Paris Match* decía: «España arrasa en° Francia y en Europa. Sus diseñadores° de moda, su música, su pintura, su cine, se han puesto° de moda en el Continente y es difícil que alguien los desbanque° de esa posición».

Es que la cultura española viaja y es bienvenida y aplaudida en los lugares más distantes. Una exposición de Salvador Dalí ocupa el Museo Pushkin de Moscú, el Ballet Nacional de España se prepara para presentarse en el Metropolitan de Nueva York, y la literatura española se lee por todas partes. En cuanto a° la cultura popular Julio Iglesias acaba de presentarse en China y en Broadway.

En Francia hay una españomanía en forma de exposiciones de arte y de películas. La fiebre española alcanzó de lleno° en la ciudad de Nîmes en el sur de Francia donde

centuries
ago / conquers
designers / have become
dislodge
As for
reached its peak

Flamenco español en Nueva York

La corrida española en Francia

un millón de personas vieron corridas de toros°, bebieron sangría° y comieron toneladas° de tortillas de patatas° en un festival de lo español.

En Londres es igual°. Harrods, el más exclusivo de los grandes almacenes londinenses, dedicó un mes a España con los escaparates° llenos de todo tipo de productos hechos° en España. También hay mucho entusiasmo por el teatro y la pintura española.

A los italianos les encanta España. En los últimos cinco años el número de visitantes de Italia se ha duplicado°; en 1987 1.200.000 visitantes italianos se esparcieron por° tierras españolas. En Roma se han abierto dos escuelas de baile flamenco. Pero lo más importante es que la demanda del producto cultural español también se extiende° a los centros urbanos menores.

Es cierto que España es un país en movimiento. La economía española creció° el año pasado el doble que las otras economías europeas y la peseta se ha convertido° en una de las monedas fuertes del mundo.

En el horizonte más próximo está el año mágico de este país, 1992. Habrá los Juegos Olímpicos en Barcelona y la Feria de Sevilla en celebración del Quinto Centenario° del Descubrimiento° de América. Mientras tanto,° españolear° está de moda y España atrae° y seduce en el mundo por su vitalidad, su capacidad creativa y su prosperidad.

Adaptado de Cambio 16

bullfights / Spanish wine punch / tons / Spanish omelettes / the same
display windows
made
doubled / spread across
extends
grew
has become
500th Anniversary / Discovery / in the meantime, to be Spanish-like / attracts

■ Comprensión

A. La idea principal. ¿Cuál es la idea principal de esta lectura?

1. La gente española lleva ropa moderna.
2. La cultura española es popular en todo el mundo.
3. Las tiendas españolas venden artículos muy de moda.

B. ¿Ciertas o falsas? Lea las siguientes oraciones y decida si son ciertas o falsas. Si son falsas, corríjalas.

1. España se ha puesto de moda en Europa recientemente.
2. España exporta solamente sus productos agrícolas.
3. En Francia recientemente un millón de personas vieron corridas de toros.
4. En Inglaterra no hay interés en los productos españoles.
5. Los italianos tienen miedo de España y no viajan allá.
6. La demanda de la cultura española se extiende a los pueblos italianos.
7. La economía española sufre bastante ahora.
8. La Feria de Sevilla es una celebración del baile flamenco.

C. La defensa de una opinión. ¿Qué evidencia puede Ud. encontrar en el artículo que confirma la siguiente idea? «España y lo español atraen por su vitalidad, su capacidad creativa y su prosperidad».

PARA ESCRIBIR BIEN

Writing personal letters

In Spanish there is a great deal of difference in the salutations and closings of a personal letter and a business letter. While business letters tend to be very formal and respectful, personal letters are very warm and loving. Here are some ways of beginning and ending a personal letter.

Salutations

Querido(-a) Ricardo (Anita):	*Dear Ricardo (Anita),*
Queridos amigos / padres / tíos:	*Dear friends / parents / aunts and uncles,*
Mi querido(-a) Luis(-a):	*My dear Luis(-a),*
Mis queridas primas:	*My dear cousins,*

Pre-closings

¡Hasta pronto / la próxima semana!	*Until soon / next week,*
Bueno, lo (la / los / las) dejo. Prometo escribirle(-s) pronto.	*Well, I must leave you. I promise to write you soon.*

Bueno, es la hora de comer así que tengo que dejarlo (-la / -los / -las).	*Well, it's mealtime so I have to leave you.*
Voy a escribirle(-s) de nuevo mañana / la semana próxima.	*I'm going to write you again tomorrow / next week.*

Closings

Un abrazo,	*A hug,*
Abrazos,	*Hugs,*
Un saludo afectuoso de	*A warm greeting from*
Cariños,	*Much love,*
Hasta siempre,	*As always,*

Composiciones

A. Su rutina diaria. Como es un nuevo semestre, escríbales una carta a sus padres explicándoles su rutina diaria.

B. Sus actividades. Su mejor amigo(-a) asiste a otra universidad. Escríbale una carta describiendo sus actividades de día y de noche.

ACTIVIDADES

A. Los pasatiempos. You are a reporter for a Hispanic radio station in Miami, Florida, and are preparing a feature on leisure-time activities in your city. Prepare at least five questions about the frequency of typical leisure-time activities; then interview four of your classmates. Report your findings to the class.

B. ¿Quién soy yo? In groups, each person will pretend to be a famous person. Do not tell each other your identity. Describe your daily routine, including details about your job and leisure activities, so the group can guess who you are. If necessary, you can include a brief description.

C. Así son las otras culturas. You are the host of a Spanish TV talk show that examines the life-style of other cultures; the show is entitled «Así son las otras culturas». Today's topic is daily routine in the U.S. compared with the Hispanic daily routine. Your classmates will play the roles of two guests on the show—Antonio(-a) Guzmán, a Spanish university student, and Julio(-a) Rivera, a Spanish-speaking resident of Los Angeles. Ask each about his/her daily routine and the advantages and disadvantages of it so you can compare the two life-styles.

D. Las diligencias. Make a mental list of six errands you must do in the next few days. Your partner must guess four errands on your list by asking you questions. You must then guess four errands on your partner's list.

CAPÍTULO 2

De vacaciones

Para sus vacaciones esta familia hace el camping.

Primera situación

Presentación En el complejo turístico

Práctica y conversación

A. ¿Qué pasa? Cuente lo que pasa en el dibujo. Use el **Vocabulario activo** para expresar sus ideas.

B. Definiciones. A Pablo le gusta hacer crucigramas pero a veces tiene problemas con las definiciones. Ayúdelo con las palabras que faltan.

1. el movimiento del agua en el mar
2. unos zapatos que se llevan cuando hace calor
3. lo que se pone uno para nadar

4. un producto que ayuda a broncearse
5. algo que protege los ojos del sol
6. un barco de lujo
7. algo que cubre y protege la cabeza
8. pasarlo bien

C. **¡Me divertí!** Ud. acaba de regresar de un fin de semana maravilloso en Marbella, una de las playas famosas en la Costa del Sol en el sur de España. Se quedó en el complejo «Costa del Sol» y disfrutó de todas las actividades. Diga lo que hizo para divertirse.

MODELO **Jugué al tenis.**

D. **Mi álbum de fotos.** Imagine que el dibujo de esta **Presentación** es una foto que Ud. sacó durante sus últimas vacaciones. Con un(-a) compañero(-a) de clase prepare una descripción de la foto. ¿Cómo se llaman las chicas que están tomando el sol? ¿De qué hablan? ¿De dónde viene el yate que se puede ver cerca de la costa? ¿?

E. **Vacaciones en Marbella.** En grupos, hagan planes para pasar unas vacaciones en el Hotel Don Carlos en Marbella. ¿Cuánto tiempo pasan Uds. allí? ¿En qué actividades participan Uds.?

Más de 450.000m² de pinares y jardines tropicales que descienden suavemente a través de la finca, hasta una playa de fina arena. Las sendas serpentean interminablemente entre macizos de flores y árboles exóticos. Este es el encanto del Hotel Don Carlos.

Elegantes Suites y Habitaciones

Superiores con el máximo confort. Recientemente equipadas con T.V. en color y además programación via satélite.

Intensivas Actividades Deportivas y de Recreo

Centro de Tenis con 11 pistas. Sede de la Asociación Internacional de Tenis Femenino W.T.A.; 2 piscinas climatizadas, exteriores; gimnasio equipado con sauna y jacuzzi; club hípico; windsurf; vela; esquí acuático y demás deportes náuticos; mini golf y campo de prácticas de golf en los jardines del hotel así como 3 campos de golf cercanos a la disposición de nuestros clientes.

DON CARLOS

★★★★★

MARBELLA

Para más información y reservas contacte su Agencia de Viajes, o:

Hotel Don Carlos
Jardines de las Golondrinas
Marbella
Telf: 952.831140
Telex: 77015/77481

Oferta Especial

Golf, tenis, sauna y jacuzzi gratuitos para los clientes, solo sujetos a disponibilidad.

Los niños de hasta 12 años disfrutan de alojamiento gratuito en la habitación de sus padres.

Club Infantil.

Vocabulario activo

En la playa	***At the beach***
la arena	*sand*
el castillo	*castle*
el colchón neumático	*air mattress*
la concha	*shell*
el esquí acuático	*waterskiing*
las gafas de sol	*sunglasses*
la lancha	*motorboat, launch*
la loción	*lotion*
el mar	*sea*
la ola	*wave*
las sandalias	*sandals*
el sombrero	*hat*
la sombrilla	*beach umbrella*
la tabla de windsurf	*windsurfing board*
el traje de baño	*bathing suit*
el yate	*yacht*
broncearse	*to tan*
nadar	*to swim*
navegar en un velero	*to sail in a sailboat*
pescar	*to fish*
practicar el esquí acuático	*to water ski*
quemarse	*to burn*
tomar el sol	*to sunbathe*

En el complejo turístico	***At the tourist resort***
el campo de golf	*golf course*
la cancha de tenis	*tennis court*
correr	*to run*
montar a caballo	*to ride horseback*
montar en bicicleta	*to ride a bicycle*

En el hotel	***In the hotel***
el gimnasio	*gymnasium*
la piscina	*swimming pool*
disfrutar de	*to enjoy*
divertirse (ie, i)	*to have a good time*
gozar de	*to enjoy*
levantar pesas	*to lift weights*
pasarlo bien	*to have a good time*

ASÍ SE HABLA

Making a personal phone call

Madrid: Un teléfono público

¿Qué oyó Ud.?

Escuche la siguiente conversación telefónica entre Susana y Luisa y luego elija la mejor respuesta a las frases que siguen.

1. ¿Quién contesta el teléfono primero?
   a. Luisa
   b. la madre de Luisa
   c. la hermana menor de Luisa
2. La conversación entre estas dos personas es...
   a. formal.
   b. descortés.
   c. amigable.

3. Susana le dice a Luisa que ella y Miguel...
   a. hablaron por teléfono por la mañana.
   b. tomaron el sol y levantaron pesas.
   c. hicieron windsurf todo el día
4. Según la conversación, parece que Luisa está...
   a. divirtiéndose.
   b. muy aburrida.
   c. muy cansada.
5. Luisa pasó todo el día...
   a. tomando el sol.
   b. navegando en un velero.
   c. llamando por teléfono a Susana.
6. Según la conversación, la persona que tiene más iniciativa es
   a. Luisa.
   b. Miguel
   c. Pepe.

The following phrases are used when making a phone call.
Phrases for answering the telephone:

Diga / dígame. (*Spain*)	*Hello.*
Bueno. (*Mexico*)	
¿Aló? (*Most other countries*)	

Phrases to initiate a conversation:

Por favor, ¿está...?	*Is . . . home, please?*
¿Hablo con...?	*Is this . . . ?*
Quisiera hablar con...	*I would like to talk to . . .*
¿De parte de quién, por favor?	*May I ask who is calling, please?*
No, no está. Lo siento, pero no está.	*No, he / she is not home. I'm sorry, but he / she is not home.*
Un momentito, por favor. Voy a ver si está.	*One moment, please. I'll see if he / she is in.*
Está equivocado(-a).	*You have the wrong number.*

Phrases to leave a message:

Por favor, dígale (dile) que me llame / que lo (la) volveré a llamar.	*Please, tell him / her to call me / that I'll call him / her back.*
Si fuera(-a) tan amble de decirle que me llame.	*If you would be kind enough to tell him / her to call me.*

Phrases to explain problems with the connection:

La línea / el teléfono está ocupada(-o).	*The line / the phone is busy.*
Tiene(-s) que colgar / volver a discar.	*You have to hang up / dial again.*

Phrases to close the conversation.

Disculpe(-a), pero me tengo que ir / le (te) tengo que dejar...	*Excuse me, but I have to go / I have to leave you now . . .*

Phrases to say good-bye:

Chau.	*Bye.*
Nos hablamos.	*I'll be talking to you.*
Lo / la / te llamo.	*I'll call you.*
Nos vemos.	*I'll see you later.*

EN CONTEXTO

SUSANA	**¿Aló? ¿Por favor, está** Luisa?
SRA. PÉREZ	**¿De parte de quién?**
SUSANA	De Susana, por favor.
SRA. PÉREZ	**Un momentito, por favor.**
SUSANA	Muchas gracias.

■ Práctica y conversación

A. ¿Qué dirían Uds.? Con un(-a) compañero(-a), dramatice la siguiente situación.

Ud. llama a su amiga Josefina por teléfono. La mamá de Josefina contesta y dice que no sabe si Josefina está en casa o no. Josefina no está en casa. Ud. quiere dejar un recado: la fiesta del sábado es a las 9 de la noche. La mamá de Josefina toma apuntes. Ud. se despide.

B. ¿Cómo estás? En grupos, dos personas hablan por teléfono y la tercera toma apuntes de las expresiones utilizadas y el tema de la conversación.

Temas de conversación: actividades diarias / estudios / fiestas / nuevos amigos / padres / novios(-as) / planes para el fin de semana / ¿?

Estructuras

Talking about past activities

Preterite of Regular Verbs

Spanish, like English, has several past tenses that are used to talk about past activities. The Spanish preterite corresponds to the simple past tense in English: El verano pasado **tomé el sol, nadé** y **jugué al golf.** = Last summer *I sunbathed, swam,* and *played* golf.

-AR Verbs		-ER Verbs		-IR Verbs	
tomé	*I took*	corrí	*I ran*	salí	*I left*
tomaste	*you took*	corriste	*you ran*	saliste	*you left*
tomó	*he took / she took / you took*	corrió	*he ran / she ran / you ran*	salió	*he left / she left / you left*
tomamos	*we took*	corrimos	*we ran*	salimos	*we left*
tomasteis	*you took*	corristeis	*you ran*	salisteis	*you left*
tomaron	*they took / you took*	corrieron	*they ran / you ran*	salieron	*they left / you left*

A. Some verbs like **salir** that are irregular in the present tense follow a regular pattern in the preterite.

B. Most **-ar** and **-er** verbs that stem-change in the present tense follow a regular pattern in the preterite.

Siempre me acuesto a las once pero anoche **bailé** mucho y no **me acosté** hasta las tres.

I always go to bed at 11:00, but last night I danced a lot and didn't go to bed until 3:00.

C. Certain **-ar** verbs have spelling changes in the first-person singular of the preterite. The other forms follow a regular pattern.

1. Verbs whose infinitives end in **-car** change the **c** to **qu** in the first-person singular: **pescar → pesqué.** Some common verbs of this type include **buscar, explicar, pescar, practicar, sacar, tocar.**
2. Verbs whose infinitives end in **-gar** change the **g** to **gu** in the first-person singular: **jugar → jugué.** Some common verbs of this type are **llegar, jugar, navegar, pagar.**
3. Verbs whose infinitives end in **-zar** change the **z** to **c** in the first-person singular: **gozar → gocé.** Some common verbs of this type are **almorzar, comenzar, empezar, gozar.**

D. The following words and expressions are often used with the preterite to indicate past time.

ayer	*yesterday*
anteayer	*day before yesterday*
anoche	*last night*
el mes / año pasado	*last month / year*
la semana / Navidad pasada	*last week / Christmas*
el jueves / verano pasado	*last Thursday / summer*
el 1980 / en el 80	*in 1980 / in '80*
en abril	*in April*
hace un minuto / mes / año	*a minute / month / year ago*
hace una hora / semana	*an hour / a week ago*
hace un rato	*a while ago*

EN CONTEXTO

LUISA Pero, ¿no **almorzaron?** Te **llamé** también a la hora del almuerzo...
SUSANA Bueno, lo que **pasó** fue que **comimos** en la playa.

■ Práctica y conversación

A. El verano pasado. Explique si Ud. hizo o no hizo las cosas siguientes el verano pasado.

MODELO montar en bicicleta
(No) monté en bicicleta.

jugar al tenis / descubrir lugares interesantes / broncearse / comer mucha fruta / pasarlo bien / pescar / gozar de las vacaciones

B. En el complejo turístico. ¿Qué hicieron estas personas ayer en el complejo turístico?

MODELO los Gómez / nadar
Los Gómez nadaron.

1. los Valero / jugar al golf
2. Elena y yo / navegar
3. Pedro / correr
4. Uds. / sacar fotos
5. Mariana / aprender a pescar
6. tú / quemarse
7. Ramón y Pilar / montar a caballo
8. yo / almorzar en el café

C. ¿Qué hiciste ayer? Un (-a) estudiante llama a un(-a) amigo(-a) y hablan de lo que hicieron la noche anterior. Con un(-a) compañero(-a), complete el siguiente diálogo.

Estudiante 1	Estudiante 2
	1. ¿Aló?
2. ¿Aló? ¿__________?	3. Sí, habla __________. ¿__________? ¿Cómo estás?
4. Muy bien, ¿y tú? __________	5. Muy bien, también. ¿Qué cuentas?
6. Te llamé anoche pero no te encontré en tu casa.	7. ¡Ay, sí! Anoche salí con __________ y fuimos a __________.
8. ¿__________?	9. Sí, muchísimo. Regresé a medianoche cansado(-a) de bailar tanto. Y tú, ¿__________?
10. Yo __________.	11. ¡No me digas! ¡Qué suerte! ¿Cuándo vas a __________ otra vez?
12. Mañana. ¿Quieres ir?	13. Por supuesto. __________
14. Muy bien. __________	15. Nos vemos.

D. **Una llamada telefónica.** Llame a un(-a) compañero(-a) de clase y pregúntele lo que hizo el fin de semana pasado. Su compañero(-a) también va a preguntarle a Ud. sobre su fin de semana pasado.

Discussing other past activities

Preterite of Irregular Verbs

Many common verbs used to discuss activities have irregular preterite forms; these irregular forms can be grouped into several categories to help you learn them.

-u- STEM

andar	**anduv-**		
estar	**estuv-**	tuve	tuvimos
poder	**pud-**	tuviste	tuvisteis
poner	**pus-**	tuvo	tuvieron
saber	**sup-**		
tener	**tuv-**		

-i- STEM

		vine	vinimos
querer	**quis-**	viniste	vinisteis
venir	**vin-**	vino	vinieron

-j- STEM

decir **dij-**	dije	dijimos
traer **traj-**	dijiste	dijisteis
Verbs ending in **-cir** like **traducir**	dijo	dijeron

-y- STEM

oír	oí	oímos
Verbs ending in **-eer** like **leer** and **-uir** like **construir**	oíste	oísteis
	oyó	oyeron

	DAR		IR / SER		HACER	
	di	dimos	fui	fuimos	hice	hicimos
Other irregular verbs	diste	disteis	fuiste	fuisteis	hiciste	hicisteis
	dio	dieron	fue	fueron	hizo	hicieron

A. In the preterite, these verbs use a special set of endings.

1. **-u-** and **-i-** stem endings: **-e, -iste, -i, -imos, -isteis, -ieron**
2. **-j-** stem endings: **-e, -iste, -o, -imos, -isteis, -eron**
3. **-y-** stem endings: **-í, -íste, -yó, -ímos, -ísteis, -yeron**

B. There is no written accent on these irregular preterite forms except for -y- stem verbs.
NOTE: Verbs ending in **-uir** like **construir** have an accent only in the first person and third person singular.

C. The irregular preterite of **hay (haber)** is **hubo.**

Ayer **hubo** un accidente muy grave en la playa. — *Yesterday there was a very serious accident at the beach.*

D. In the preterite, **saber** = *to find out.*

Esta mañana **supimos** que hay una piscina en este hotel. — *This morning we found out that there's a swimming pool in this hotel.*

E. Since the forms of **ir** and **ser** are the same in the preterite, context will determine the meaning.

IR: Ayer **fue** a la playa. — *Yesterday he went to the beach.*
SER: **Fue** muy interesante. — *It was very interesting.*

EN CONTEXTO

SUSANA Miguel y yo **fuimos** a la playa y practicamos el windsurf todo el día. Y tú y Pepe, ¿qué **hicieron?**

■ Práctica y conversación

A. **En la playa.** ¿Qué hizo Ud. la última vez que pasó un día en la playa?

MODELO nadar
(No) nadé.

andar por la playa / estar todo el día en el sol / querer broncearse / ponerse loción / hacer esquí acuático / oír música / ¿?

B. **Y tú, ¿qué hiciste?** Al regresar de sus vacaciones Ud. se encuentra con un(-a) amigo(-a). Salúdelo(-a) y pregúntele acerca de sus vacaciones. Cuéntele también acerca de sus vacaciones.

MODELO
Usted: **¡Hola! ¿Cómo estás?**
Amigo(-a): **Muy bien, ¿y tú?**
Usted: **¡Bien, también! Y dime por fin, ¿adónde fuiste de vacaciones?**
Amigo(-a): **A la playa. Fui a...**
Usted: **¡Qué maravilla! ¿Y esquiaste mucho?**

ACTIVIDADES	LUGARES
ir a la playa	la playa
andar por la playa	el campo
tomar el sol	las montañas
nadar	un campamento
esquiar	en casa
montar a caballo	¿?
jugar al golf	
navegar en un velero	
correr	
¿?	

C. **Una anécdota.** Cuéntele a un(-a) compañero(-a) una anécdota de algo especial que le pasó durante sus vacaciones. Su compañero(-a) va a reaccionar según lo que Ud. diga y narrará algo que le pasó a él (ella).

MODELO **El verano pasado fui de vacaciones a Cancún y ahí conocí a un(-a) muchacho(-a) muy guapo(-a). Un día...**

Temas de conversación: tener un accidente / perder el pasaporte / quedarse sin dinero / pescar un pescado muy grande / perderse en la ciudad / ¿?

D. **Una persona especial.** Su compañero(-a) le pregunta cómo conoció a su novio(-a) y cómo fue su primera cita. Él (Ella) va a reaccionar según lo que Ud. le diga y también le contará su historia.

MODELO Ud.: **Conocí a... en la biblioteca una noche.**
Compañero(-a): **¿Ah, sí? Yo conocí a... en el Centro de Estudiantes. Una amiga nos presentó. Para la primera cita fuimos al cine...**

Segunda situación

Presentación Diversiones nocturnas

Práctica y conversación

A. **¿Qué pasa?** Cuente lo que pasa en el dibujo. Use el **Vocabulario activo** para expresar sus ideas.

B. **Recomendaciones.** Sus amigos quieren disfrutar de las diversiones nocturnas. ¿Adónde les recomienda Ud. que vayan para hacer lo siguiente?

escuchar música rock / ver una película policíaca / tomar una copa / bailar / ver un drama / escuchar música clásica / ver un espectáculo / pasarlo bien

C. **Entrevista.** Cada estudiante les hace preguntas a seis de sus compañeros(-as) de clase sobre lo que hicieron para divertirse el sábado pasado por la noche. Comparen las respuestas para ver qué actividad es la más popular y cuál es la menos popular.

D. **Creación.** Ud. está sentado(-a) en una de las mesas en el café en el dibujo de la **Presentación.** ¿Qué puede Ud. decir de las personas que están en el café? Describa sus personalidades, sus profesiones y sus modos de vivir. ¿Adónde van cuando salen del café? ¿?

Vocabulario activo

Ir al cine — ***To go to the movies***

ver una película cómica / trágica / romántica / policíaca / de aventuras — *To see a funny / sad / romantic / mystery / adventure film*

Ir a un club nocturno — ***To go to a nightclub***

emborracharse — *to get drunk*
estar borracho(-a) — *to be drunk*
tomar una copa / un refresco / un vino / un whiskey / un ron / un gaseosa — *to have a drink / soft drink / wine / whiskey / rum / mineral water*
ver un espectáculo — *to see a show, floorshow*

Ir a una discoteca — ***To go to a discotheque***

el bar — *bar*
el conjunto — *band, musical group*
escuchar música rock / popular / folklórica — *to listen to rock / popular / folk music*

En casa — ***At home***

chismear — *to gossip*
jugar(ue) a las cartas (A) / los naipes — *to play cards*

Otras actividades — ***Other activities***

una comedia — *a comedy*
un drama — *a drama*
la música clásica — *classical music*
la orquesta — *the orchestra*

ir a la ópera — *to go to the opera*
ir a un café al aire libre — *to go to an outdoor café*
ir a un concierto — *to go to a concert*
ir al teatro — *to go to the theater*
pasearse — *to take a walk*

ASÍ SE HABLA

Circumlocuting

Una discoteca

■ ¿Qué oyó Ud.?

Escuche la siguiente conversación entre Mariana y Luisa acerca de las diversiones nocturnas en el centro turístico. Luego haga el ejercicio que sigue.

1. Ésta es una conversación entre...
   a. dos amigas.
   b. una madre y su hija.
   c. dos compañeras de cuarto.

2. A través de esta conversación se sabe que estas personas están...
   a. divirtiéndose.
   b. estudiando.
   c. aburriéndose.
3. «La Selva» es...
   a. un bar.
   b. una discoteca.
   c. un baile.
4. Anoche Esperanza y Gerardo...
   a. fueron a bailar.
   b. se acostaron temprano.
   c. estaban cansadísimos.
5. ¿Cuál de las siguientes figuras ilustra las actividades de Esperanza y Gerardo? ¿ Y las de Mariana? ¿Y las de Luisa?

If you don't know how to express an idea or you don't know the name of an object, place or activity, you can use the following phrases to make yourself understood.

Es un tipo de bebida / alimento / animal / vehículo.	*It's a kind of beverage / food / animal / vehicle.*
Se usa para jugar al tenis / cortar la carne / servir el café.	*It's used for playing tennis / cutting meat / serving coffee.*
Es un lugar donde se baila / se nada / se estudia.	*It's a place where one dances / one swims / one studies.*
Es como una silla / un lápiz / un zapato.	*It's like a chair / a pencil / a shoe.*

Se parece (mucho) a un perro / un gato / una bicicleta.	*It's (very much) like a dog / a cat / a bicycle.*
Es parte de una casa / un coche / una cocina.	*It's part of a house / a car / a kitchen.*
Es una cosa dura / blanda / suave / áspera.	*It's something hard / soft / smooth / rough.*
Es algo redondo / cuadrado.	*It's something round / square.*
Es un artículo de ropa / de cocina / de oficina.	*It's a clothing / kitchen / office item.*
Es un objeto de metal / madera / vidrio.	*It's a metal / wooden / glass object.*
Es algo que se usa cuando hay un problema con...	*It's something one uses when there is a problem with . . .*
Es algo así como un / una...	*It's something like a . . .*
Es uno de esos sitios donde...	*It's one of those places where . . .*
Es uno de esos aparatos que sirven para...	*It's one of those appliances that are for . . .*
Es algo que se parece a...	*It's something that looks like . . .*
Suena / huele / sabe como (parecido a)...	*It sounds / smells / tastes like (similar to) . . .*

EN CONTEXTO

MARIANA Luisa, ¿por fin qué hiciste anoche? ¿Lo pasaste bien?

LUISA Sí, Mariana, en realidad me divertí mucho. Miguel y yo fuimos a **uno de esos sitios...** ¿Cómo se llama? **Es un lugar donde se baila...**

■ Práctica y conversación

A. Circumlocuciones. Mientras su compañero(-a) tiene el libro cerrado, Ud. lee las siguientes descripciones. Su compañero(-a) le dirá la palabra que falta.

1. Necesito un líquido para protegerme del sol. No quiero quemarme cuando vaya a la playa la próxima vez. ¿Sabes lo que necesito?
2. Es un lugar de forma rectangular generalmente lleno de agua. La gente va allí a nadar. No recuerdo bien la palabra. ¿Cuál es?
3. Es un artículo de ropa que nos ponemos cuando queremos nadar. Es de una pieza para los hombres y a veces de dos para las mujeres. ¿Cómo se dice?
4. Es un lugar adonde la gente va a hacer ejercicio o levantar pesas. ¿Cómo se llama?
5. Es un objeto redondo y pequeño. Batimos este objeto con una raqueta cuando jugamos al tenis. ¿Sabes a qué me refiero?

6. Es un ave que se parece a un pollo pero es más grande y generalmente se come en las Navidades o en la fiesta de Acción de Gracias. ¿Cómo se llama?

B. **De compras en España.** Ud. está en España estudiando en la Universidad de Madrid y necesita algunas cosas pero no sabe su nombre en español. Vaya a la tienda y describa estos objetos al (a la) vendedor(-a) quien le tratará de ayudar. (No es necesario que sepa la palabra exacta).

MODELO nail polish remover

Usted: **Señor(-ita), por favor, ¿tiene eso que sirve para quitar la pintura de las uñas?**

Vendedor(-a): **¡Ah, sí! ¡Cómo no! Aquí tiene acetona.**

Temas de conversación: headband / running shoes / socks / bedspread / posters / reading lamp / detergent / carbon paper / typewriter / paper clips / ¿?

Estructuras

Discussing past actions

Preterite of Stem-Changing Verbs

Many verbs that are needed to talk about past actions and activities are stem-changing verbs. You have already learned that **-ar** and **-er** verbs that stem-change in the present tense follow a regular pattern in the preterite. However, **-ir** verbs that stem-change in the present tense also stem-change in the preterite but in a different way.

e ⟶ o		**o ⟶ u**	
PEDIR		**DORMIR**	
pedí	pedimos	dormí	dormimos
pediste	pedisteis	dormiste	dormisteis
pidió	pidieron	durmió	durmieron

A. In the preterite there are two types of stem changes: **e → i** and **o → u.** These stem changes occur only in the third-person singular and plural forms. These stem changes are often indicated in parentheses next to the infinitive: **pedir (i,i); divertirse (ie,i); dormir (ue,u).** The first set of vowels refers to stem changes in the present tense; the second set of vowels refers to stem changes in the preterite.

B. Only **-ir** verbs that are stem-changing in the present tense are also stem-changing in the preterite. Some common verbs of this type are as follows.

1. **ie,i** verbs: **divertirse, preferir, sentirse.**
2. **i,i** verbs: **despedirse, pedir, repetir, seguir, servir, vestirse.**
3. **ue,u** verbs: **dormir, dormirse, morir.**

EN CONTEXTO

MARIANA Gerardo y Esperanza **se despidieron** de nosotros como a las diez y nos dijeron que estaban cansadísimos.

LUISA Seguro **prefirieron** ir a bailar en vez de ir a dormir porque los vimos en la discoteca y ellos **siguieron** bailando cuando nosotros regresamos al hotel.

■ Práctica y conversación

A. En la discoteca. Explique lo que pasó anoche en la discoteca.

1. todos / vestirse bien
2. el conjunto / seguir tocando música rock
3. Julio / pedir un whiskey
4. tú / preferir tomar vino
5. yo / sentirme contenta
6. Paco y María / despedirse temprano
7. nosotros / divertirnos
8. todos / dormirse muy tarde

B. ¡Qué aburrido! Un(-a) estudiante le pregunta a su compañero(-a) qué hizo el fin de semana. Él (ella) le responde:

aburrirse mucho / dormirse temprano / no divertirse nada / sentirse enfermo / preferir ver televisión / ¿?

C. Y tú, ¿te divertiste? En grupos, dos estudiantes intercambian información acerca de sus actividades durante las últimas vacaciones. El (La) tercer(-a) estudiante toma apuntes y luego informa al resto de la clase sobre lo que dijeron sus dos compañeros(-as).

Distinguishing between people and things

Personal a

In Spanish it is necessary to distinguish between direct objects referring to people and direct objects referring to things.

A. In Spanish the word **a** is placed before a direct object that refers to a person or persons. It is not translated into English. Compare the following.

Anoche vi **a Ramón** en el hotel.	*Last night I saw Ramón at the hotel.*
Anoche vi una película en el hotel.	*Last night I saw a movie at the hotel.*

B. The personal **a** is used whenever the direct object noun refers to specific human beings and is generally repeated when they appear in a series.

Vimos **a Luisa**, **a Miguel** y **a Pepe** en la discoteca.	*We saw Luisa, Miguel, and Pepe in the discotheque.*

C. The personal **a** is not generally used after the verb **tener.**

Tengo una amiga que vive en Madrid.	*I have a friend who lives in Madrid.*

D. Often the personal **a** is also used before nouns referring to family in general or to pets.

Visito mucho **a mi familia.**	*I visit my family a lot.*
José busca **a su perro.**	*José is looking for his dog.*

EN CONTEXTO

LUISA Miguel y yo fuimos a una discoteca donde lo pasamos bien. También vimos **a** Gerardo y **a** Esperanza.

■ Práctica y conversación

A. ¿Qué vieron en Madrid? Explique lo que Raúl y Federico vieron en Madrid durantes sus vacaciones.

MODELO mucha gente
Vieron a mucha gente.

el Museo del Prado / turistas italianos / un espectáculo / una bailarina flamenca / una corrida de toros / un conjunto rock / sus abuelos

B. ¿Adónde fuiste en el verano? Pregúntele a su compañero(-a) adónde fue en el verano y a qué personas o cosas vio.

Avoiding repetition of nouns

Direct Object Pronouns

Direct object pronouns are frequently used to replace direct object nouns, as in the following exchange:

Noun:	¿Viste a **Silvia** en la discoteca?	*Did you see Silvia at the discotheque?*
Pronoun:	Sí, **la** vi.	*Yes, I saw her.*

Direct object pronouns referring to things
Al llegar a la playa, la madre de Pepe quiere saber si tienen todas las cosas que necesitan.

¿El traje de baño?	Sí, **lo** traje.	*Yes, I brought it.*
¿La loción?	Sí, **la** traje.	*Yes, I brought it.*
¿Los sombreros?	Sí, **los** traje.	*Yes, I brought them.*
¿Las toallas?	Sí, **las** traje.	*Yes, I brought them.*

Direct object pronouns referring to people
Jorge vio a muchas personas en el club nocturno anoche.

Jorge	**me**	vio.	*Jorge saw me.*
Jorge	**te**	vio.	*Jorge saw you (fam. sing.).*
Jorge	**lo**	vio.	*Jorge saw him / you (form. masc. sing.).*
Jorge	**la**	vio.	*Jorge saw her / you (form. fem. sing.).*
Jorge	**nos**	vio.	*Jorge saw us.*
Jorge	**os**	vio.	*Jorge saw you / (fam. pl.).*
Jorge	**los**	vio.	*Jorge saw them / you (form. masc. pl.).*
Jorge	**las**	vio.	*Jorge saw them / you (form. fem. pl.).*

A. Direct object pronouns have the same gender, number, and person as the nouns they replace.

¿Oíste mis nuevas cintas?	*Did you listen to my new tapes?*
Sí, **las** oí anoche.	*Yes, I heard them last night.*

B. The direct object pronoun is placed directly before a conjugated verb.

¿Por fin viste la nueva película de Woody Allen?	*Did you finally see the new Woody Allen film?*
No, no **la** vi.	*No, I didn't see it.*

C. When a conjugated verb is followed by an infinitive, the direct object pronoun can precede the conjugated verb or be attached to the end of an infinitive.

¿Quieres ver el espectáculo esta noche?	*Do you want to see the show tonight?*
No, **lo** voy a ver mañana. No, voy a ver**lo** mañana.	*No, I'm going to see it tomorrow.*

D. Direct object pronouns must be attached to the end of affirmative commands. If the affirmative command has more than one syllable, an accent mark is placed over the stressed vowel. Direct object pronouns must be placed directly before negative commands.

¿Quieres probar la sangría?	*Do you want to taste the sangria?*
Sí, **tráela** a la fiesta. ¡Y **no la olvides!**	*Yes, bring it to the party. And don't forget it!*

EN CONTEXTO

LUISA **Lo** pasamos maravillosamente bien en la discoteca. También vimos a Gerardo y a Esperanza.

SUSANA ¿Estás segura?

LUISA Sí, **los** vimos y ellos seguían bailando cuando nosotros regresamos al hotel.

■ Práctica y conversación

A. **¿Y trajiste...?** Ud. y su compañero(-a) de cuarto están en un complejo turístico. Su compañero(-a) preparó todo pero Ud. no está seguro(-a) si él (ella) incluyó algunas cosas que Ud. necesita. Pregúntele a ver qué le dice.

MODELO Ud.: **¿Y trajiste jabón?**
Compañero(-a): **Sí, lo traje.**
No, lo olvidé.

sombrero / loción de broncear / gafas de sol / dinero / sandalias / desodorante / pasta de dientes / despertador / sombrilla / trajes de baño / ¿?

B. **¿Dónde pusiste mi...?** Ud. le prestó algunas cosas a su compañero(-a) de cuarto y las necesita. Pregúntele dónde están.

MODELO Usted: **¿Dónde están mis libros?**
Compañero(-a): **No sé. No los tengo.**
Los perdí.

máquina de afeitar / loción de afeitar / cuadernos / lápices / cintas / secador / ¿?

C. **¿Qué película viste?** Pregúntele a su compañero(-a) qué películas, programas de televisión u obras de teatro ha visto últimamente.

MODELO Usted: **¿Viste las noticias anoche?**
Compañero(-a): **Sí, las vi.**
No, no las vi.

D. **De regreso a casa.** Su compañero(-a) acaba de regresar de su viaje por toda Europa. Ud. quiere saber qué hizo, con quién fue, a quién(-es) vio, qué lugares visitó, qué comida exótica comió, qué compró, etc. Él (ella) le contesta con todos los detalles posibles.

DUDAS DE VOCABULARIO

Time

El tiempo: time, period of time; weather.

Ese vestido se usaba en los tiempos de mi abuela. — *That dress was worn in my grandmother's time.*
¡Qué tiempo tan feo! — *What awful weather!*

La vez: a specific occurrence of time.

La última vez que nadé fue el verano pasado. — *The last time I went swimming was last summer.*

La hora: time of day.

¿Qué hora es? Son las nueve. — *What time is it? It's nine o'clock.*

To have a good time

Divertirse: to enjoy oneself, to have fun.

Yo me divierto mucho en las fiestas. — *I have a lot of fun at parties.*

Pasarlo bien: to have a good time.

Este verano fue estupendo. ¡Lo pasé de lo mejor en Madrid! — *This summer was fantastic. I had a great time in Madrid!*

Gozar de / Disfrutar de: to enjoy, to make the most of something, to have.

Yo gozo / disfruto mucho en España.	*I have a good time in Spain.*
Afortunadamente mi padre goza de buena salud.	*Fortunately, my father enjoys good health.*
Él goza de verla reír.	*He enjoys seeing her laugh.*
Disfruté de mis vacaciones.	*I enjoyed my vacation.*

Práctica

Complete los espacios en blanco con la palabra que corresponda. Haga los cambios necesarios.

—¿Te acuerdas de aquella ____________ (hora / tiempo / vez) que llegaste tarde a clase?
—Sí ¡cómo me voy a olvidar! Llegué con media ____________ (hora / vez / tiempo) de retraso y tuve que pedir apuntes a uno de mis compañeros de clase.

—¿Qué tal pasaste tus vacaciones?
—¡Ay! Yo ____________ (disfrutar / pasarlo bien) mucho.

—¿Cómo estuvo la fiesta?
—____________ (divertirse / gozar) bastante.
—Sí, ¿y tú ____________ (divertirse / pasarlo bien) en casa?

Tercera situación

ASÍ SE HACE

Celebrando las fiestas de verano

A mediados de agosto muchos pueblos y ciudades españoles tienen sus fiestas de verano. Algunas de estas fiestas coinciden con el Día de la Asunción (15 de agosto) cuando los españoles celebran el ascenso al cielo de la Virgen María. Durante estas fiestas ofrecen una variedad de actividades para la gente de toda edad. Estas actividades incluyen desfiles y pasacalles (*parades*), concursos y competiciones (*contests*) de toda categoría, carreras (*races*), bailes, exhibiciones, fuegos artificiales (*fireworks*) y corridas de toros o de vaquillas (*amateur bullfights with young and small bulls*).

Lea el programa siguiente para una fiesta de verano de Benicasim, un pueblo en la Costa del Azahar cerca de Valencia en el Mediterráneo.

Lunes, 20

A las 16,00.	Campeonato de fútbol en el campo del Pedrol entre los equipos Santa Agueda y Roda.
A las 16,30.	Concursos y competiciones infantiles de Hulla-Hoop, castillos en la arena, etc., con premios a los vencedores.
A las 19,30.	Maratón popular con salida de la Plaza del Ayuntamiento.
A las 22,30.	Gran espectáculo en la Plaza de Toros con la actuación de Victoria Abril y su famoso ballet de programas de Televisión Española.

Martes, 21

A las 11,00.	Competición de natación en la Piscina Municipal.
A las 18.	Exhibición de vaquillas en la Plaza de Toros.
A las 20,30.	Certamen Internacional de Guitarra en el Hotel Orange.
A las 21.	Bailes populares gratis en la Plaza de Toros.
A las 24.	Gran castillo de fuegos artificiales por la famosa Pirotecnia Caballer.

Práctica y conversación

A. Diversiones apropiadas. Escoja una diversión para las siguientes personas. También indique cuándo tiene lugar la actividad.

1. una niña de cuatro años
2. un joven de catorce años a quien le encanta nadar
3. un muchacho de siete años a quien le gusta la playa
4. un fotógrafo profesional
5. una mujer de treinta años a quien le gusta correr
6. unos novios a quienes les gusta bailar
7. un aficionado al fútbol
8. toda la familia

B. Sus preferencias. Ud. y un(-a) amigo(-a) están en Benicasim durante la fiesta de verano. Con un(-a) compañero(-a) de clase, escoja sus actividades preferidas. Escoja por lo menos una actividad en la que pueden participar y una para observar.

PARA LEER BIEN

Using charts and diagrams to predict and understand content

Frequently newspaper and magazine articles are accompanied by charts and diagrams that illustrate content in a clear and succinct manner. These charts are particularly useful when they accompany articles containing numbers and statistics since they help the reader predict, understand, and remember content. Before reading such an article, look at the charts and try to make predictions about the possible content of the article. As you read the article and encounter clusters of numbers or statistics, look at the charts again to clarify and simplify the material. You will find that you remember much more content if you use the accompanying charts to full advantage.

■ Práctica

A. Antes de leer «Por cuenta propia», mire los gráficos siguientes que acompañan la lectura y conteste las preguntas en la página 72.

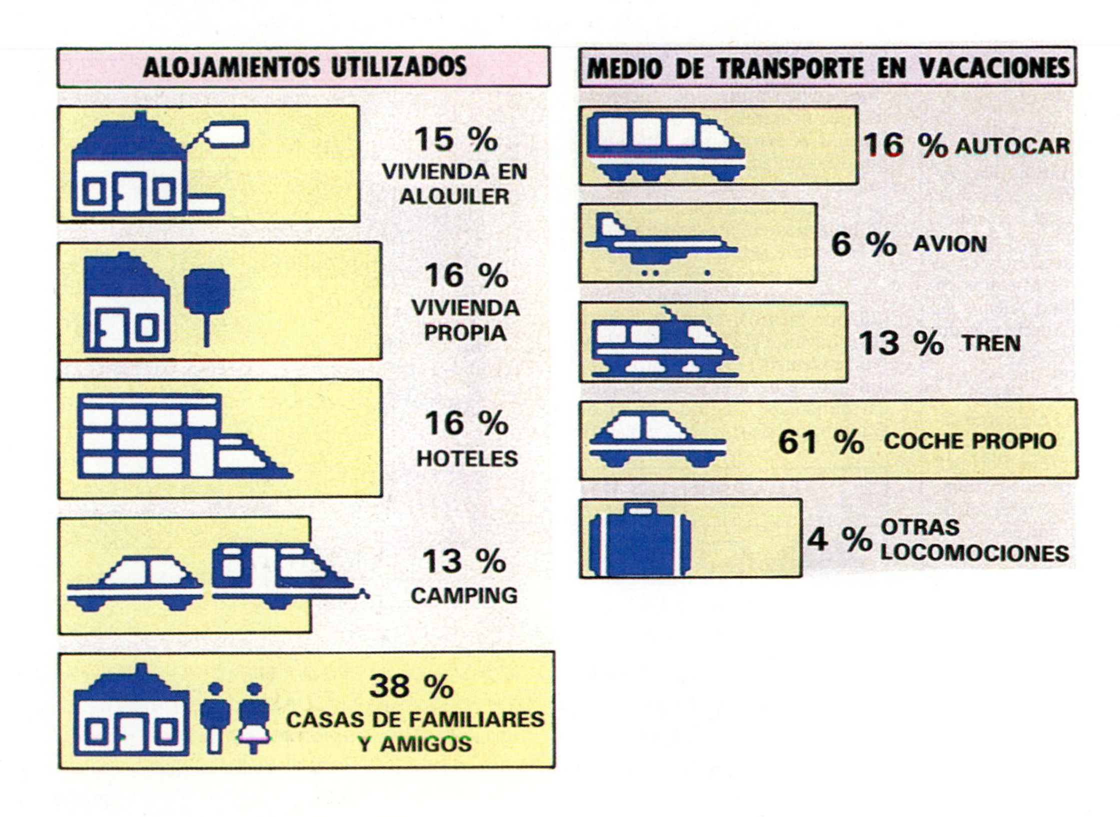

1. Durante las vacaciones, ¿qué porcentaje (*percentage*) de los españoles se aloja en hoteles? ¿en un camping? ¿en un apartamento o una vivienda en alquiler? ¿con familiares o amigos? ¿Qué porcentaje pasa las vacaciones en su propia vivienda?
2. ¿Qué medio de transporte usa la mayoría de los españoles? ¿Qué porcentaje va en tren? ¿en avión? ¿en autobús? ¿Cuáles son unos ejemplos de otras locomociones?

B. Considere el título del siguiente artículo «Por cuenta propia» (*On one's own*). En su opinión, ¿de qué trata el artículo?

LECTURA

Por cuenta propia

Atienzo: Un picnic en el campo

El español medio° organiza sus vacaciones por cuenta propia° y las disfruta una vez al año durante quince a viente días, sobre todo en el mes de agosto. Viaja al interior de la Península en su propio coche, se aloja° en casas de familiares o amigos y forma parte del 45 por ciento de los españoles que abandona su domicilio habitual para disfrutar de los días de asueto°.

average / on his own

stays

vacation

Tan sólo el 45 por ciento de la población española realizó° viajes de vacaciones durante el pasado año, porcentaje que reducía en tres puntos la situación del año anterior. La más alta propensión vacacional se encuentra entre la población más joven, entre las personas comprendidas entre los dieciséis y los treinta años. La mayoría de los viajeros tiene un *status* socioeconómico alto, vive en poblaciones de más de doscientos mil habitantes y habita, fundamentalmente, la zona central.

took

Los que menos disfrutan de las vacaciones, por el contrario, se encuentran entre la población de edad más madura—entre 46 y 65 años—, tienen un *status* socioeconómico bajo, viven en zonas de poca población y residen en el sur de España.

En lo que respecta a la duración de estas vacaciones, un 30 por ciento dedica a este disfrute entre quince y veintiún días; entre veintidós y treinta días, un 23 por ciento; entre una y dos semanas, un 22 por ciento; una semana, el 8 por ciento, mientras un privilegiado 16 por ciento cuenta con un mes o más para su diversión. Comparando estas cifras° con las de años anteriores, se confirma una tendencia a la reducción de la duración media de las vacaciones entre los españoles.

números

Agosto es el mes más popular para las vacaciones de los españoles, pues lo utiliza el 63 por ciento, seguido de° julio, con un 25 por ciento, y septiembre, con el 15. El resto de los meses se los reparte° el 14 por ciento restante°.

followed by
are distributed among / remaining

La mayoría de los españoles hace sus viajes de vacaciones en coche propio (61 por ciento) o en autocar (16 por ciento); el tren se va convirtiendo en un medio de transporte casi exótico (13 por ciento), mientras el avión sigue siendo un lujo (6 por ciento).

Que las disponibilidades° económicas de los españoles para sus vacaciones son escasas° lo prueba el hecho de que el 38 por ciento se aloja en casas de familiares o amigos; el 16 por ciento cuenta con vivienda° propia; otro 16 por ciento se aloja en hoteles; un 15 por ciento alquila una casa, chalé o apartamento, mientras un 13 por ciento prefiere la aventura del *camping-caravaning*.

resources
scarce
housing

Frente a° este panorama de pobreza vacacional° de los españoles está la avalancha de visitantes extranjeros°, quienes se muestran bastante satisfechos de su estancia° en España. Según una encuesta realizada por la revista *Estudios Turísticos*, el 47,3 por ciento se encuentra satisfecho de su estancia en España; un 63,6 considera normal el coste de sus vacaciones; la mayoría (82,1) viene en busca del clima y el sol y casi la mitad (42,5) afirma que volverá a visitar España.

contrasted with / lack of vacation funds / foreign stay

Adaptado de *Cambio 16*

Comprensión

A. ¿Cierto o falso? Lea cada una de las siguientes oraciones y decida si es cierta o falsa. Si es falsa, corríjala.

1. El número de españoles que realiza viajes de vacaciones aumenta (*goes up*) cada año.
2. Los españoles de una edad madura disfrutan más de las vacaciones.
3. Comparando las cifras de este año con las de años anteriores, hay una reducción de la duración media de las vacaciones entre los españoles.

4. La mayoría de la gente va de vacaciones en julio.
5. El tren es el medio de transporte más popular para las vacaciones.
6. Entre los extranjeros en España la mayoría considera alto el coste de sus vacaciones.
7. Los extranjeros vienen a España en busca del clima y del sol.
8. La mitad de los extranjeros dice que regresará a España.

B. **Duración de las vacaciones.** Usando la información de la lectura complete este gráfico con los porcentajes apropiados.

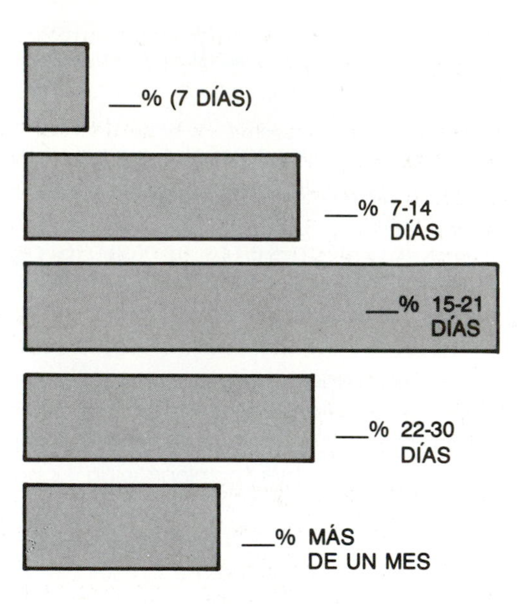

C. **La defensa de una opinión.** ¿Qué evidencia puede Ud. encontrar en el artículo que confirma la idea siguiente? «Los españoles tienen que gastar con cuidado el dinero para las vacaciones».

PARA ESCRIBIR BIEN

Sequencing events

When writing about events that took place in the past, you often need to tell in what order or when the various activities took place. The following expressions can be used to indicate the proper sequence of activities.

primero	*first*
el primer día / mes / año	*the first day / month / year*
la primera semana	*the first week*

la segunda semana	*the second week*
el tercer día / mes / año	*the third day / month / year*
entonces	*then, at that time*
luego / después	*then/ later / afterwards / next*
más tarde	*later*
a la(-s)...	*at . . . o'clock*
era(-n) las... cuando	*it was . . . o'clock when*
por fin / finalmente	*finally*

Composiciones

A. Mis vacaciones. Escriba una composición breve sobre unas vacaciones reales o imaginadas que Ud. tomó.

B. Unas tarjetas postales. Ud. acaba de terminar el quinto día de una semana de vacaciones en Marbella, una de las playas más famosas de la Costa del Sol en el sur de España. Escríbales una tarjeta postal a sus padres explicándoles lo que Ud. hizo durante los primeros días allí. También escríbale una tarjeta a su mejor amigo(-a) explicándole lo que Ud. hizo de noche.

C. Las vacaciones norteamericanas. Escriba un artículo breve explicando lo que hicieron unas familias típicas durante sus vacaciones de verano.

ACTIVIDADES

A. Las fiestas de Benicasim. Part of your week-long vacation in Benicasim last August coincided with the summer festival. Using the program in **Así se hace** as well as your imagination, explain what you did each day. Include activities you watched and those in which you participated.

B. El fin de semana pasado. You and a partner will each think of seven activities you participated in last weekend, but do not tell each other what you did. Then, ask each other questions to find out what the other person did. After learning about each other's activities, tell your instructor what your partner did last weekend.

C. Mis vacaciones favoritas. Tell your classmates about a real or imagined vacation trip you once took. Explain where and with whom you went, how you traveled, where you stayed, what you ate, saw, and did.

D. Una encuesta (*A survey*). In groups, take a survey about the summer vacations of your families. Find out the following information: how many days the vacation lasted; where they went; how they traveled; who made the arrangements; where they stayed; what they did. Compare your group's results with those of the other groups.

C A P Í T U L O 3

En familia

Toda la familia se reúne para las comidas.

Primera situación

Presentación Los domingos en familia

Práctica y conversación

A. ¿Qué pasa? Cuente lo que pasa en el dibujo.

B. El árbol genealógico. ¿Quiénes son los siguientes parientes?

1. El hermano de mi madre es mi ___________.
2. Soy el (la) ___________ de mis abuelos.
3. La esposa del padre de mi padre es mi ___________.
4. La madre de mi padre es mi ___________.

5. El hijo del hermano de mi madre es el __________ de mi padre.
6. La hija de la hermana de mi padre es mi __________.
7. El hijo de mi padre es mi __________.

C. **Una reunión familiar.** Cada estudiante les hace preguntas a tres de sus compañeros(-as) de clase sobre lo que hacen cuando se reúnen con sus parientes. Luego, le dirá a su profesor(-a) lo que cada uno(-a) hace durante una reunión familiar.

D. **Creación.** Imagine que Ud. está presente en el dibujo de la **Presentación.** ¿Qué consejos le da la abuela a su nieta? ¿Por qué riñen los dos chicos? ¿De qué hablan las personas que están sentadas en la mesa? ¿?

Vocabulario activo

La familia	***The family***
los abuelos / el abuelo / la abuela	*grandparents / grandfather / grandmother*
los bisabuelos / el bisabuelo / la bisabuela	*great-grandparents / great-grandfather / great-grandmother*
el chaval / la chavala (E)	*youngster, kid*
los gemelos / las gemelas	*twins*
el hermano / la hermana	*brother / sister*
los hijos / el hijo / la hija	*children / son / daughter*
la madrina /	*godmother*
el muchacho / la muchacha	*boy / girl*
el nieto / la nieta	*grandson / grandaugther*
los padres / el padre / la madre	*parents / father / mother*
los padrinos / el padrino	*godparents / godfather*
los parientes	*relatives*
el primo / la prima	*cousin*
el sobrino / la sobrina	*nephew / niece*
los tíos / el tío / la tía	*uncle(-s) and aunt(-s) / uncle / aunt*

Pasatiempos familiares	***Family pastimes***
aconsejar / dar consejos	*to advise / give advice*
almorzar (ue)	*to eat lunch*
cenar	*to eat dinner*
hacer la sobremesa	*to have after-dinner conversation*
ir a misa	*to attend mass*
ir de excursión al campo / al museo / a la playa	*to go on an outing to the country / to the museum / to the beach*
jugar (ue) al ajedrez / a las damas / al dominó	*to play chess / checkers / dominoes*
visitar a los parientes	*to visit relatives*

El trato familiar	***Family relations***
amar	*to love*
comportarse bien (mal)	*to behave well (poorly)*
confiar	*to trust, confide in*
estar bien (mal) educado(-a)	*to be well (poorly) brought up*
llevar una vida feliz	*to lead a happy life*
llorar	*to cry*
regañar	*to scold*
reír (i)	*to laugh*
reñir (i)	*to quarrel*

respetar	*to respect*	infeliz	*unhappy*
sonreír (i)	*to smile*	íntimo(-a)	*close, intimate*
tener cariño a	*to be fond of*	joven	*young*
		mimado(-a)	*spoiled*
		molesto(-a)	*annoyed*
Las descripciones	***Descriptions***	mono(-a)	*cute*
		travieso(-a)	*naughty, mischievous*
alegre / feliz	*happy, cheerful*	triste	*sad*
cariñoso(-a)	*affectionate*	unido(-a)	*close-knit, united*
enojado(-a)	*angry*	viejo(-a)	*old*

ASÍ SE HABLA

Greetings and leave-takings

Madrid: Dos mujeres se saludan.

■ ¿Qué oyó Ud?

Escuche al conversación entre Amalia y Carmen, quienes se encuentran en la calle. Luego, haga el siguiente ejercicio.

1. Amalia y Carmen son
   a. amigas.
   b. parientes.
   c. vecinas.

2. Cuando Carmen era pequeña, acostumbraba a
   a. estudiar.
   b. reñir.
   c. esquiar.
3. Según la conversación, se puede decir que Amalia y Carmen
   a. se llevan muy bien.
   b. se comportan mal.
   c. se visitan frecuentemente.
4. También uno se entera que las vidas de Carmen y Amalia son
   a. diferentes.
   b. aburridas.
   c. difíciles.
5. Inmediatamente después de esta conversación Carmen y Amalia se irán a
   a. esquiar.
   b. sus casas.
   c. trabajar.
6. ¿Qué edades cree Ud. que tienen Amalia y Carmen? ¿Por qué?
7. Describa a Carmen y a Amalia física y sicológicamente.

If you like to greet someone, the following expressions can be used after «**¡Hola!**» with persons you call by their first name, such as family members, friends, and classmates.

¿Qué hay / tal / hubo? ¿Cómo andan las cosas?	*How are things?*
¿Qué hay de nuevo? ¿Qué me cuentas?	*What's new?*
¿Cómo estás?	*How's it going?*
¿Cómo te va?	*How are you?*
¿Cómo están por tu casa?	*How are things at home?*
¡Encantado(-a) de verte! ¡Qué / Cuánto gusto verte!	*How nice to see you!*
¡Tanto tiempo sin verte!	*It's been a long time since I saw you.*
¡Qué milagro!	*What a surprise!*

If you want to greet a person you would address with the pronoun **usted,** you can use the following expressions.

Buenos días. / Buenas tardes / noches.	*Good morning. / Good afternoon / evening.*
¿Cómo está Ud.?	*How are you?*
¡Qué / Cuánto gusto en verlo(la)!	*How nice (What a pleasure) to see you!*
¡Tanto tiempo sin verlo(la)!	*It's been so long since I saw you!*

If you'd like to say good-bye to someone, you can use the following expressions.

¡Chau!	*Bye!*
Hasta luego / pronto.	*See you later / soon.*
Nos vemos.	*See you.*
Nos hablamos.	*We'll talk.*
Nos llamamos.	*We'll call each other.*
Le / Te llamo.	*I'll call you.*
Cuídese / Cuídate.	*Take care of yourself.*
Que le / te vaya bien.	*Hope all goes well.*
Saludos a todos / por su / tu casa.	*Say hello to your family.*

EN CONTEXTO

CARMEN **Hola,** tía Amalia. **¿Cómo estás?**

AMALIA Muy bien, Carmencita. Y tú, **¿qué cuentas? ¿Qué hay de nuevo?**

CARMEN Ahí como siempre, tía, ninguna novedad.

AMALIA Oye, Carmen. Ahora que te veo. . . te digo que la semana pasada tu tío Ernesto y yo fuimos a esquiar y me acordé mucho de ti porque cuando eras chica te gustaba esquiar y siempre ibas con nosotros.

Práctica y conversación

A. **¿Cómo los saludan?** Ud. encuentra a las siguientes personas en la calle. ¿Qué les dice?

1. una tía a quien no ha visto hace mucho tiempo
2. un(-a) compañero(-a) de clase a quien ve todos los días
3. su profesor de economía
4. la madre de un(-a) de sus compañeros(-as)
5. su abuelo
6. la secretaria del Departamento de Español

B. **¡Nos vemos pronto!** En grupos, tres estudiantes harán el papel de diversos familiares y otro(-a) hará el papel de la persona que se despide.

Situación: Ud. pasó todo el día en la casa de sus abuelos pero ahora tiene que irse porque tiene que estudiar. Despídase de todos.

Estructuras

Describing what life used to be like

Imperfect of regular and irregular verbs

The preterite and the imperfect are the two simple past tenses in Spanish. The imperfect is used to talk about repetitive past action and to describe how life used to be. The imperfect tense has two forms; there is one set of endings for regular **-ar** verbs and another set for regular **-er** and **-ir** verbs.

IMPERFECT OF REGULAR VERBS

-AR Verbs	-ER Verbs	-IR Verbs
visitaba	comía	asistía
visitabas	comías	asistías
visitaba	comía	asistía
visitábamos	comíamos	asistíamos
visitábais	comíais	asistíais
visitaban	comían	asistían

A. To form the imperfect tense of a regular **-ar** verb, obtain the stem by dropping the infinitive ending: **visitar → visit-.** To this stem add the ending that corresponds to the subject: **-aba, -abas, -aba, -ábamos, -ábais, -aban.**

B. To form the imperfect tense of a regular **-er** or **-ir** verb, obtain the stem by dropping the infinitive ending: **asistir → asist-.** To this stem add the ending that corresponds to the subject: **-ía, -ías, -ía, íamos, -íais, -ían.** Note the use of a written accent mark on these endings.

C. The first- and third-person singular forms use the same endings: **-aba / -ía**. It will frequently be necessary to include a noun or pronoun to clarify the subject of the verb.

Los domingos mamá siempre **preparaba** la comida mientras yo **leía** el periódico.
On Sundays Mom always prepared dinner while I read the paper.

D. There are no stem-changing verbs in the imperfect. Verbs that stem-change in the present or preterite are regular in the imperfect.

De niña **jugaba** en el parque. Allí **me divertía** mucho.
As a little girl, I used to play in the park. I always had a good time there.

E. There are only three verbs that are irregular in the imperfect: **ir, ser,** and **ver.**

IR: iba, ibas, iba, íbamos, ibais, iban
SER: era, eras, era, éramos, erais, eran
VER: veía, veías, veía, veíamos, veíais, veían

F. There are several possible English equivalents for the imperfect. Context will determine the best translation.

Luis trabajaba.	*Luis was working.* *Luis used to work.* *Luis worked.*

G. The preterite is used to express an action or state of being that took place in a definite, limited time period in the past. In contrast, the imperfect is used to express an on-going or repetitive past action or state of being that has no specific beginning and/or ending.

H. The imperfect tense is used

1. as an equivalent of the English *used to, was / were + present participle* (*-ing* form), as well as simple English *past* (-ed form).
2. to describe how life used to be in the past.
3. to express interrupted action in the past.

Cenábamos cuando llegó mi prima.	*We were eating dinner when my cousin arrived.*

4. to express habitual or repeated past action. The words and phrases of the following list are often associated with the imperfect because they indicate habitual or repeated past actions.

cada día / semana / mes / año	*every day / week / month / year*
todos los días / meses / años	*every day / month / year*
todas las horas / semanas	*every hour / week*
todos los (domingos)	*every* + day of week (*every Sunday*)
los (domingos)	*on* + day of week (*on Sundays*)
generalmente / por lo general	*generally*
frecuentemente	*frequently*
siempre	*always*
a veces / algunas veces	*sometimes*
a menudo / muchas veces	*often*

EN CONTEXTO

AMALIA Te digo que la semana pasada tu tío Ernesto y yo fuimos a esquiar y me acordé mucho de ti porque cuando **eras** chica te **gustaba** esquiar.

CARMEN ¡Ah, sí! ¡Los viejos tiempos! ¡Cómo **me divertía**!

■ Práctica y conversación

A. Cada sábado. Explique lo que hacían las siguientes personas cada sábado el otoño pasado.

1. María / ir de compras
2. tú / leer novelas españolas
3. nosotros / organizar una fiesta
4. Paco y Fernando / jugar al ajedrez
5. Ud. / escribir cartas
6. José / ver los deportes en la televisión
7. yo / visitar a mis abuelos

B. ¿Cómo era Ud.? Explique cómo era Ud. durante su primer año en la escuela secundaria. ¿Cómo eran sus amigos(-as)? ¿Qué estudiaba? ¿En qué actividades participaba? ¿Qué hacía después de las clases? ¿?

C. En aquel entonces. Con un(-a) compañero(-a) de clase compare las actividades que hacen Uds. con las que hacían sus padres cuando tenían la misma edad. Luego, trate de describir las actividades que hacían sus abuelos. Mencione por lo menos cinco actividades.

Reproduced from "Sobre las habilidades de ser madre o padre," with permission, © 1986; Channing L. Bete Co., Inc., South Deerfield, MA 01373.

D. De niño(-a)... Con un(-a) compañero(-a) de clase compare las actividades que Ud. y su familia hacían los fines de semana cuando Ud. era niño(-a).

Describing people

Formation and Agreement of Adjectives

In order to describe family members and friends as well as their belongings, you need to use a wide variety of adjectives.

In Spanish, adjectives change form in order to agree in gender and number with the person or thing being described. There are basically four categories of descriptive adjectives.

A. Adjectives ending in **-o** have four forms: **viejo, vieja, viejos, viejas.**

B. Adjectives ending in a vowel other than **-o** have two forms and add **-s** to become plural: **alegre, alegres.**

C. Adjectives ending in a consonant have two forms and add **-es** to become plural: **azul, azules.**

D. Adjectives of nationality have four forms and have special endings:

1. Adjectives of nationality ending in a consonant such as **español: español, española, españoles, españolas.**
2. Adjectives of nationality ending in **-és** such as **francés: francés, francesa, franceses, francesas.** Note that the accent mark is used on the masculine singular form only.
3. Adjectives of nationality ending in **-án** such as **alemán: alemán, alemana, alemanes, alemanas.** Note that the accent mark is used on the masculine singular form only.

E. Descriptive adjectives may follow a form of **ser** or **estar.** In general, adjectives denoting a characteristic are used with **ser** while adjectives of condition are used with **estar.**

Generalmente mi prima Antonia **es** muy alegre y divertida, pero hoy **está** muy deprimida.

Generally my cousin Antonia is cheerful and fun-loving, but today she's very depressed.

F. Descriptive adjectives may also follow the nouns they modify.

Mi familia vive en una casa **grande y vieja.**

My family lives in a big, old house.

EN CONTEXTO

AMALIA Cuando eras chica te gustaba esquiar y siempre ibas con nosotros. Tú regresabas **feliz** y **contenta.**

CARMEN ¡Verdad que sí! Ahora casi nunca voy a esquiar porque siempre estoy muy **ocupada** y no tengo tiempo para nada.

Práctica y conversación

A. **La familia Aguilar.** Los Aguilar acaban de comer y ahora están en la sala haciendo diferentes cosas. Describa a los miembros de la familia usando una variedad de adjetivos.

B. **Lo ideal.** Describa su versión ideal de las siguientes cosas y personas. Use por lo menos tres adjetivos.

el coche / las vacaciones / la universidad / el (la) novio(-a) / la casa / el empleo / el (la) profesor(-a) / el padre / la madre / el (la) hermano(-a)

C. **¿Quién es?** En grupos, un(-a) estudiante piensa en alguien de la clase pero no les dice a sus compañeros(-as) quién es. Para adivinar quién es, ellos(-as) deben hacer siete preguntas sobre su aspecto físico.

Segunda situación

Presentación La boda de Luisa María

Práctica y conversación

A. ¿Qué pasa? Cuente lo que pasa en el dibujo.

B. Más parientes. ¿Quiénes son los siguientes parientes políticos?

1. Susana se casó con Marcos; por eso, ella es la __________ de Marcos.
2. El padre de Marcos es el __________ de Susana.
3. La hermana de Susana es la __________ de Marcos.

4. Susana es la ____________ de los padres de Marcos.
5. La madre de Susana es la ____________ de Marcos.
6. El hijo de un matrimonio anterior de Marcos es el ____________ de Susana.
7. Marcos es el ____________ de los padres de Susana.
8. Susana es la ____________ del hijo del matrimonio anterior de Marcos.

C. **El hombre (La mujer) de mis sueños.** Haga una lista de siete cualidades que debe tener su hombre (mujer) ideal. Sin mirar esta lista, su compañero(-a) de clase le va a hacer preguntas hasta que adivine cinco de las cualidades que Ud. tiene en su lista. Luego, le toca a Ud. adivinar cinco cualidades que tiene el hombre (la mujer) ideal de su compañero(-a).

D. **Creación.** Imagine que Ud. es amigo(-a) íntimo(-a) de los novios del dibujo de la **Presentación.** ¿Cómo se conocieron? ¿Cuándo se enamoraron? ¿Adónde van para su luna de miel? ¿?

Vocabulario activo

Los novios	***Engaged couple***
el anillo de boda / de compromiso	*the wedding ring / the engagement ring*
el cariño	*affection*
los esponsales	*engagement*
el novio / la novia	*fiancé(-e)*
el noviazgo	*engagement period*
la pareja	*couple*
la petición de mano	*marriage proposal*
comprometerse con	*to become engaged to*
enamorarse de	*to fall in love with*
salir con	*to date*
tener celos	*to be jealous*

La boda	***Wedding***
la ceremonia de enlace	*wedding ceremony*
la cena	*dinner (supper)*
el cura / el padre	*priest*
el día de la boda	*wedding day*
la iglesia	*church*
el invitado / la invitada	*guest*
la luna de miel	*honeymoon*
la madrina	*maid (matron) of honor*
el marido / el esposo / la esposa	*husband / wife*
el novio / la novia	*groom / bride*
el padrino	*best man*
el regalo de boda	*wedding gift*
los recién casados	*newlyweds*
la torta de boda	*wedding cake*
casarse con	*to marry*
echarles flores y arroz	*to throw flowers and rice*
lucir traje de novia y velo	*to wear a wedding gown and veil*

Los parientes políticos	***In-laws***
el cuñado / la cuñada	*brother-in-law / sister-in-law*
el hermanastro / la hermanastra	*stepbrother / stepsister*
el hijastro / la hijastra	*stepson / stepdaughter*
la nuera / el yerno	*daughter-in-law / son-in-law*
el padrastro / la madrastra	*stepfather / stepmother*
el suegro / la suegra	*father-in-law / mother-in-law*

ASÍ SE HABLA

Extending, accepting, and declining invitations

Madrid: Una boda española

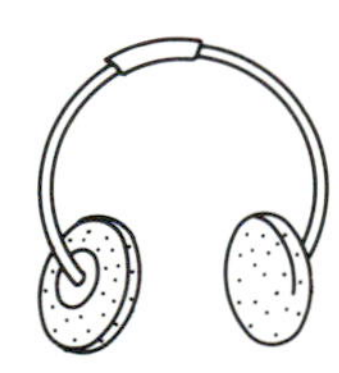

¿Qué oyó Ud.?

Teresa quiere invitar a su amiga Leonor a una fiesta. Escuche su conversación y luego elija la respuesta que mejor complete las siguientes frases.

1. La fiesta en casa de Teresa es para celebrar
   a. su cumpleaños.
   b. el cumpleaños de Pepe.
   c. su compromiso.
2. Al recibir la noticia Leonor se pone
   a. malhumorada.
   b. entusiasmada.
   c. triste.

3. La fiesta va a ser el
   a. domingo a las diez.
   b. viernes a las once.
   c. sábado a las ocho.
4. Según la conversación,
   a. Leonor va a ir a la fiesta con Pepe.
   b. Miguel va a ir a la fiesta con Teresa.
   c. Leonor va a ir a la fiesta con Miguel.

If you want to invite someone to do something, you might use the following expressions.

Me gustaría que viniera(-s)...	*I would like you to come . . .*
¿Cree(-s) que podría(-s) venir a... este...?	*Do you think you could come to . . . this . . . ?*
Estoy preparando / organizando un(-a)..., y me gustaría que Ud. / tú viniera(-s).	*I am preparing / organizing a (an) . . . , and I'd like you to come.*

If you want to accept an invitation, you might say:

Con mucho gusto. ¿A qué hora?	*I'd be glad to. At what time?*
Muchísimas gracias. Ud. es / Tú eres muy amable.	*Thank you very much. You are very kind.*
Muy gentil de su / tu parte.	*It's very nice of you.*
Será un placer.	*It'll be a pleasure.*
Cómo no, con mucho gusto.	*Of course, I'll be glad to.*

If you want to decline an invitation, you can use the following phrases.

Me encantaría pero...	*I'd love to, but . . .*
Qué lástima pero...	*What a shame (pity), but . . .*
Con mucho gusto, pero...	*I'd be glad to, but . . .*
Cuánto lo lamento pero...	*I'm sorry but . . .*
En otra ocasión será.	*Some other time.*
Quizás la próxima vez.	*Maybe next time.*
La próxima de todas maneras.	*Next time for sure.*

If you are having a party and one of the persons you wanted to invite declines your invitation, you may want to reply with one of the following expressions.

¡Qué lástima / Qué pena que no pueda(-s) venir!	*What a shame that you can't come!*
Le / te voy a echar de menos.	*I am going to miss you.*

EN CONTEXTO

TERESA Leonor, este sábado Pepe va a pedir mi mano y después va a haber una pequeña reunión en mi casa. **Me gustaría que vinieras...**

LEONOR ¡Qué maravilla! ¿Este sábado? ¡Por supuesto! **¿A qué hora** empieza la reunión?

■ Práctica y conversación

A. ¿Quieres venir? Trabajando en parejas, dramaticen estas situaciones.

1. Este sábado hay un almuerzo familiar en casa de su abuela y Ud. quiere llevar a su novio(-a). Invítelo(-a). Él (ella) no puede ir.
2. La próxima semana es el aniversario de sus padres y Ud. está preparando una fiesta para ellos. Llame a su tío(-a) e invítelo(-a) con toda su familia. Él (ella) acepta.
3. Ud. está haciendo los preparativos para su fiesta de graduación. Llame a su abuelo(-a) e invítelo(-a). Él (ella) acepta.
4. Ud. está preparando una fiesta en su casa e invita a su profesor(-a) de español. Él (ella) no acepta.

B. Lo siento, pero... Con un(-a) compañero(-a), sostenga la siguiente conversación.

Estudiante 1	**Estudiante 2**
1. Invite your friend to your birthday party this Saturday.	2. Say you would like to go, but you have other plans.
3. Say you are disappointed.	4. Make arrangements for a future date.
5. Agree.	6. Congratulate your friend on his / her birthday.
7. Thank your friend and say good-bye	8. Respond.

Estructuras

Discussing conditions, characteristics, and existence

Uses of ser, estar, *and* haber

In English the verb *to be* is used for a variety of functions and situations. In Spanish there are several words that are used as the equivalent of *to be:* **ser, estar,** and **haber.** You will need to learn to distinguish among them in order to discuss and describe characteristics and conditions.

Compare the uses of **ser** and **estar.**

Uses of **ESTAR**

1. With adjectives to express conditions or health:

   ¿Cómo **está**...?
   Anita **está** enojada.
   Estoy muy bien pero mi esposo **está** enfermo.

2. To express location:

   ¿Dónde **está**...?
   Granada **está** en España.
   Mis suegros **están** en una fiesta hoy.

3. With **de** in certain idiomatic expressions:

   estar de acuerdo
   estar de buen o mal humor
   estar de huelga
   estar de pie
   estar de vacaciones
   estar de + *profession*

   Manolo **está** de vacaciones. **Está** de camarero en un café en la playa.

4. With the present participle in progressive tenses:

   ¿Qué **estás** haciendo?
   Estoy hablando con mi nuera.

Uses of **SER**

1. With adjectives to express traits or characteristics:

   ¿Cómo **es**...?
   Anita **es** linda y muy coqueta.
   Soy baja pero mi esposo **es** alto.

2. To express time and location of an event:

   ¿Dónde **será** la boda?
   Será en la Iglesia San Vicente, a las dos.

3. With **de** to express origin:

   ¿De dónde **es**...?
   Felipe **es** de Barcelona.

4. With **de** to show possession:

   ¿De quién **es** esa casa?
   Es de mi madrastra.

5. With nouns to express who or what someone is:

   ¿Quién **es**...?
   Es mi prima Carolina. **Es** abogada.

6. To express time and season:

   ¿Qué hora **es?**
   Son las cuatro en punto.
   Era verano.

7. To express nationality:

   Manuel **es** español.

A. A number of adjectives can be used with either **ser** or **estar,** but the meaning changes according to the verb used.

ADJECTIVE	SER	ESTAR
aburrido	*boring*	*bored*
listo	*clever, smart*	*ready*
malo	*bad, evil*	*sick, in poor health*
verde	*green (by nature)*	*green (unripe)*
vivo	*lively, alert*	*alive*

Victoria es una señorita muy **lista** y **viva.** Casi nunca está **aburrida.** — *Victoria is a very clever, lively young lady. She's hardly ever bored.*

B. Normal speech patterns favor the use of certain adjectives with **ser** and **estar.**

estar casado(-a)	*to be married*	ser alegre	*to be happy*
estar contento(-a)	*to be happy*	ser feliz	*to be happy*
estar muerto(-a)	*to be dead*	ser soltero(-a)	*to be single, unmarried*

C. **Hay** and its equivalent in other tenses, such as **había, hubo, había,** etc. are used to indicate existence. The third-person singular form **hay** means *there is* and *there are.*

Este año **hay** muchos novios en nuestra familia y por eso **habrá** dos bodas este verano. — *This year there are many engaged people in our family and for that reason there will be two weddings this summer.*

Hay stresses the existence of people and things; it is followed by a plural noun or an indefinite article, number, or adjective indicating quantity such as **muchos, varios, otros** + *noun.*

¿**Hay un** restaurante español por aquí? — *Is there a Spanish restaurant around here?*

¿**Hay muchos** restaurantes españoles por aquí? — *Are there many Spanish restaurants around here?*

Estar stresses location and is followed by the definite article + *noun.*

¿Dónde **está el** restaurante español? — *Where is the Spanish restaurant?*

EN CONTEXTO

TERESA Leonor, este sábado Pepe va a pedir mi mano y después va a **haber** una pequeña reunión en mi casa.

LEONOR ¡Qué maravilla! ¿A qué hora **es** la reunión?

TERESA A las ocho. ¿**Está** bien?

Práctica y conversación

A. **La boda de Luisa María.** Haga oraciones con la forma adecuada de **ser** or **estar** para describir la boda de Luisa María.

MODELO la boda / a las siete
La boda es a las siete.

1. los padres / contentos
2. las madres / un poco tristes
3. la ceremonia / en la Iglesia de San José
4. el novio / abogado
5. Luisa María / linda y coqueta
6. la madrina / cubana
7. el padrino / aburrido
8. los novios / nerviosos

B. **Un autorretrato.** Descríbase a Ud. mismo(-a) usando las palabras siguientes.

MODELO triste / de Nueva York
(No) estoy triste.
(No) soy de Nueva York.

joven / casado(-a) / estudiante / preocupado(-a) / en casa / inteligente / en Segovia / cubano(-a) / ¿?

C. **Así era.** Complete las oraciones de una manera lógica para describir su juventud (*youth*).

1. Mis amigos(-as) eran / estaban __________.
2. Mi novio(-a) era / estaba __________.
3. Mi familia era / estaba __________.
4. Mis profesores(-as) eran / estaban __________.
5. Yo era / estaba __________.

D. **Su boda.** Es el día de su boda. Describa la iglesia y la recepción. Luego explique cuántos invitados hay, quiénes y cómo son y dónde están.

E. **Entrevista.** Pregúntele a un(-a) compañero(-a) de clase qué cosas tiene en los siguientes lugares, dónde están estas cosas y cómo son. Su compañero(-a) debe contestar de una manera lógica.

su coche / su dormitorio / su mochila / su jardín / su clase de español

Expressing endearment

Diminutives

To express endearment, smallness, or cuteness in English you frequently add the suffix **-y** or **-ie** to the ends of proper names and nouns: *Billy, Jackie, sonny, birdie.* Spanish uses a similar suffix to express endearment.

To make a nickname of endearment or to indicate smallness or cuteness the suffix **-ito(-a)** can be attached to many words, but especially to nouns and adjectives. The gender of the noun generally remains the same.

A. Feminine nouns ending in **-a** drop the **-a** ending and add **-ita: Ana → Anita; casa → casita.** Masculine nouns ending in **-o** drop the **-o** ending and add **-ito: Pedro → Pedrito; libro → librito.**

B. Nouns ending in a consonant, except **n** or **r,** add the suffix to the end of the noun: **papel → papelito.**

C. Some words will undergo minor spelling changes before the suffix **-ito(-a)** is added.

1. Words ending in **-co / -ca** change the **c** to **qu: chica → chiquita.**
2. Words ending in **-z** change the **z** to **c: lápiz → lapicito; taza → tacita.**

D. Alternate forms of this suffix are **-cito** and **-ecito: café → cafecito; mujer → mujercita; nuevo → nuevecito.**

E. The diminutive suffix **-illo(-a)** is used less frequently than **-ito(-a)** but will be encountered in your reading and listening passages: **manteca** (*lard*) → **mantequilla** (*butter*); **pasta** (*paste*) → **pastilla** (*tablet, pill*).

F. Certain regions of the Spanish-speaking world prefer their own diminutive suffixes, such as the suffix **-ico(-a)** used in Costa Rica.

EN CONTEXTO

TERESA Me gustaría que vinieras a una pequeña reunión en mi casa este sábado.

LEONOR ¡Qué maravilla, **Teresita!** ¿Este sábado? ¡Por supuesto!

■ Práctica y conversación

A. Unos nombres populares. Dé el diminutivo de estos nombres.

Juan / Juana / Ana / Pepe / Paco / Luis / Marta / Manolo / Ramona

B. ¿Qué es esto? Dé una definición o una descripción de cada palabra.

un regalito / una casita / un librito / una jovencita / un perrito / un papelito / una abuelita / un chiquito / una cosita / un gatito

DUDAS DE VOCABULARIO

Close

Cerca: next to, near, close.

Los Méndez no viven cerca de la universidad.	*The Méndez family does not live close to the university.*
María se sienta **cerca** de Sonia.	*María sits next to Sonia.*

Cercano: near, close, nearby. It refers to physical closeness of people or objects or close family relationships.

Los Gómez, sin embargo, viven en un pueblo muy **cercano.**	*The Gómez family, however, lives in a nearby town.*
Él es hijo de mi hermano. Por lo tanto es un pariente muy cercano.	*He is my brother's son. Therefore, he is a close relative.*

Unido: united, close. It is used to refer to close-knit ties between friends or relatives.

Todos los miembros de mi familia somos muy unidos.	*All of the members of my family are very close to each other.*

Íntimo: close, intimate. It refers to close relationships between friends.

Irma es mi amiga íntima.	*Irma is my close friend.*

Because

Porque: because.

Él no vino **porque** estaba enfermo.	*He didn't come because he was sick.*

Puesto que / Como: because, since.

Como / Puesto que no has terminado tu tarea, hoy no sales.	*Since you haven't finished your homework, you're not going out today.*

A causa de: because of; as a consequence of.

Ella cometió errores a causa de su inmadurez.	*She made mistakes because of her immaturity.*
A causa de su trabajo, él se enfermó.	*As a consequence of his job, he got sick.*

Small / Little

Poco: a small amount; a little.

¿Quiere comer un pedazo de torta? Sólo un poco. No quiero engordar.
Do you want to eat a piece of cake? Just a little. I don't want to gain weight.

Pequeño: small in size.

José Luis es muy pequeño. Él apenas mide 1.40 m.
José Luis is very small. He is only 1.40 m. (4' 7").

Joven: young in age.

Él es muy joven. Todavía no maneja.
He is very young. He doesn't drive yet.

Menor: younger.

Mi hermano menor tiene 12 años.
My younger brother is 12.

■ Práctica

Complete los espacios en blanco con la palabra que corresponda. Haga los cambios necesarios.

—Ellos viven muy ___________ (cercano de / cerca de / unido a) mi casa.
—¿Ah, sí? Por eso tus hijos son amigos ___________ (íntimo / cerca) con los suyos?

—___________ (Porque / A causa de) su trabajo él tiene que viajar constantemente.
—¿Tú crees que él es infeliz ___________ (porque / a causa de) eso?
—Yo no sé, pero Mariana, quien es amiga ___________ (cercano / íntimo) de su esposa, me ha dicho que ella es muy infeliz.

—¡Qué pena que esos amigos riñeron! Eran tan ___________ (unido / cercano).
—Sí, ellos siempre salían y ___________ (divertirse / disfrutar de) juntos.

—___________ (Como / porque) él trabaja tanto, no tiene tiempo para divertirse. Yo creo que es ___________ (porque / como) tiene muchas responsabilidades económicas.

—Sí, parece que su hijo __________ (joven / menor) es muy enfermizo y necesitan mucho dinero para pagar a los médicos.

—¿Qué le pasa? ¿Estás hablando de José Luis? Yo oí que él era más __________ (pequeño / joven) que lo normal. Parece que no creció mucho, ¿es verdad eso?

—Bueno, sí, así es. El médico le dijo que iba a crecer un __________ (poco / pequeño) si hacía ejercicios y se alimentaba bien pero parece que no resultó y se ha quedado muy __________ (pequeño / menor).

Tercera situación

ASÍ SE HACE

Los apellidos en el mundo hispánico

Eduardo García Olmos | *Javier Figueroa Meléndez*
Ana Estrada de García | *Irma Lado de Figueroa*

tienen el agrado de participar a usted el próximo matrimonio de sus hijos

Luisa María *y* *José Alberto*

e invitarlo a la ceremonia religiosa que se realizará el miércoles 2 de marzo,
a las siete horas en la Iglesia San José de Miraflores (Avenida Dos de Mayo, 259)

Después de la ceremonia sírvase pasar a los salones de la Iglesia

Los hispanos acostumbran a llevar tanto el apellido paterno como el apellido materno, en ese orden. Por ejemplo, en el nombre Luis Felipe Loyola Chávez, Loyola es el apellido paterno y Chávez el materno. Sin embargo, es necesario destacar que normalmente la persona será identificada por su apellido paterno.

Algunos apellidos (paternos o maternos) son compuestos y se utiliza un guión para unirlos, por ejemplo Rizo-Patrón. Las personas que llevan un apellido compuesto también llevan el otro apellido, por ejemplo Mariano Rizo-Patrón

Salas. En este caso, Rizo-Patrón es el apellido paterno y Salas el apellido materno. En el caso de María Cecilia Chocano Prado-Sosa, Chocano es el apellido paterno y Prado-Sosa el apellido materno.

Al casarse, la mujer añade el apellido paterno de su esposo a su apellido de soltera utilizando la partícula «de». Por ejemplo, si Carmela Vásquez Prado se casa con Mariano Ortega Reyes, su nombre de casada será Carmela Vásquez de Ortega y sus hijos se apellidarán Ortega Vásquez.

■ Práctica

De la invitación anterior, señale estos datos:

1. El nombre de los padres de la novia y del novio.
2. El nombre de la novia después del matrimonio.
3. Los apellidos que tendrán los hijos de esta pareja.

PARA LEER BIEN

Recognizing cognates

Cognates are words that have similar spellings and meanings in two different languages. Recognizing cognates will help facilitate your reading and will allow you to guess and predict the meanings of words without resorting to a dictionary.

Knowledge of word formation will greatly improve your ability to recognize cognates.

A. The easiest kind of cognates to recognize are those that are exactly alike in Spanish and English, such as the nouns **el eclipse** and **la crisis** or the adjectives **liberal** and **rural.**

B. Many cognates are based on an English word + **-a, -e,** or **-o: económica, importante, intento.**

C. The **-ción** ending in Spanish corresponds to the **-tion** ending in English. These nouns are always feminine: **la producción.** It is important to learn to recognize cognates even when the **-ción** is embedded within a word, as in the plural form **generaciones** or the adjective **tradicional.**

D. The **-dad** ending in Spanish corresponds to *-ty* in English: **universidad.**

E. The **-ia** ending on Spanish nouns corresponds to **-e** or **-y** in English: **la provincia** = *province;* **la familia** = *family.*

Práctica

A. ¿Qué quieren decir las siguientes palabras en inglés?

1. personas / incompleta / residentes / evidente
2. profesión / educación / opiniones / incorporación / convencional / cuestiones
3. sociedad / responsabilidad / dificultades / maternidad
4. diferencia / tendencias / monogamia / circunstancia / incidencia

B. Considere el título «El eclipse de la familia tradicional». ¿Qué quiere decir? En su opinión, ¿de qué trata el artículo que sigue?

LECTURA

El eclipse de la familia tradicional

Madrid: Una familia se divierte.

Los fenómenos sociales del presente no son tan nuevos. Formas de convivencia° que podríamos denominar° *irregulares o no ortodoxas* han existido siempre. Antes eran propias de la clase baja y ahora se dan en la clase media-alta. Así define Julio Iglesias de Ussel, catedrático° de Sociología de la Universidad de Granada, las nuevas causas de convivencia.

convivencia: living together
denominar: to call, name
catedrático: *profesor*

Los sociólogos se encuentran con dificultades para analizar la incidencia de las nuevas formas de vida en España. Todos los indicios° apuntan a que en el país también se siguen las tendencias de las sociedades más desarrolladas°. Pero hay una relación de causa-efecto entre la situación económico-laboral y la forma de vida. El paro°, que afecta especialmente a los jóvenes, impide que las nuevas generaciones vivan fuera del domicilio familiar.

signs
developed
período de desempleo

En cualquier caso, las nuevas tendencias son todavía minoritarias en España. Son propias de personas con profesiones liberales de alto nivel° y poder° económico, residentes en núcleos urbanos desarrollados. Las zonas rurales y las provincias pequeñas, por el contrario, siguen las pautas° convencionales.

level / power
reglas, modelos

Según los expertos y las encuestas°, los jóvenes españoles tienen una clara y evidente vocación matrimonial, aunque condicionada por la situación económica. Parece que la cohabitación, término con el que los sociólogos denominan a la pareja no legalizada, termina legalizándose después de diez o más años de convivencia.

surveys

Algunos sociólogos consideran que hay un resurgir° de la monogamia que derivará° en algunos casos hacia la cohabitación y en otros hacia formas de vida independientes. En este grupo, ahora mismo, habría bastantes personas separadas y divorciadas. Son las familias llamadas monoparentales o incompletas, es decir, hombres o mujeres que viven solos con hijos. Hay evidencia de mujeres solas que proclaman aquello de «Hijos, sí; marido, no.» pero los expertos se muestran unánimes al considerar irrelevante el número de mujeres solas que deciden ser madres deliberadamente.

resurgence
will be directed

En cuanto a las parejas (legales o no) que han decidido tener sólo un hijo, la opinión de los expertos es que, por primera vez, la paternidad y la maternidad son considerados como algo secundario. Es decir, la relación de pareja se convierte en lo prioritario. También influye el factor económico. Tener varios hijos resulta caro. Además el ritmo de la vida actual hace muy difícil compaginar° el trabajo y la maternidad. Pero, a pesar de las dificultades, las mujeres que tienen una sola hija todavía desean tener algún hijo más, lo que demuestra que sigue estando más valorado socialmente tener hijos varones°.

combinar
male

Parece que aunque hay evidencia de nuevas formas de comportamiento, especialmente entre los más jóvenes, estas formas no se generalizan por toda la sociedad.

Adaptado de *Cambio 16*

Comprensión

A. ¿Cierto o falso? Lea cada una de las oraciones siguientes y decida si es cierta o falsa. Si es falsa, corríjala.

1. Muchos jóvenes españoles siguien viviendo con sus padres en vez de obtener un apartamento.
2. Las nuevas formas de convivencia son propias de personas con poca educación.
3. En los pueblos la vida ha cambiado mucho.

4. Muchas parejas deciden tener un solo hijo.
5. La mayor parte de los jóvenes españoles piensa casarse algún día.
6. El divorcio no existe en España.
7. A todos los españoles les encanta tener muchos hijos.
8. Tener hijos varones no es tan importante ahora como antes.

B. **Oraciones ciertas.** Usando las oraciones ciertas de **Práctica A,** explique por qué son ciertas. Use los datos del artículo.

C. **Definiciones y explicaciones.** Defina o explique las siguientes palabras o frases.

la convivencia / el paro / una familia monoparental / la cohabitación / «Hijos, sí; marido, no.»

D. **La defensa de una opinión.** Hay un viejo refrán (*proverb*) español «Contigo, pan y cebolla». El refrán es una lista tradicional de las necesidades de la vida; **contigo = estar contigo** o **el matrimonio.** ¿Qué evidencia hay en el artículo que este refrán, especialmente la parte de «contigo», todavía es válido hoy día?

PARA ESCRIBIR BIEN

Extending and replying to a written invitation

You have already learned to extend, accept, and decline an oral invitation. The major difference in performing these functions in written form is that the person is not present to ask questions or to offer an immediate reply to your invitation. When extending a written invitation, you will need to include all the details such as date, time, location, and purpose of the invitation. When replying, you will need to thank the person for the invitation and then graciously accept or decline. While in conversation a simple "**Con mucho gusto**" might be an appropriate acceptance, it sounds abrupt in written form. It is usually better to add more information in written invitations and replies. You can use phrases similar to those below or adapt the phrases of the **Así se habla** section.

To extend a written invitation:
Mi familia / novio(-a) / amigo(-a) y yo vamos a tener una fiesta para el cumpleaños de... Te (Lo / La) invitamos (a Ud.) a celebrar con nosotros el sábado 21 de julio a las ocho de la noche en nuestra casa.

To accept a written invitation:
Muchas gracias por su invitación para la fiesta / cena / comida. Me (Nos) encantaría ir y acepto (aceptamos) con mucho gusto.

To decline a written invitation:
Muchas gracias por su invitación de cenar con Uds. Desgraciadamente no me es posible el viernes 16 porque tengo que trabajar. Lo siento mucho. Posiblemente podamos reunirnos otro día.

Composiciones

A. **Un(-a) antiguo(-a) profesor(-a).** Un(-a) antiguo(-a) profesor(-a) suyo(-a) le escribió a Ud. para invitarlo(-la) a comer con él (ella) el jueves a las siete. Desgraciadamente Ud. tiene una clase a las siete de la noche. Escríbale una carta explicándole que le gustaría ir pero no puede. También incluya algo sobre su vida y sus estudios ahora.

B. **Su tío(-a) favorito(-a).** Su tío(-a) favorito(-a) vive muy lejos del resto de la familia. Escríbale una carta diciéndole que su hermano mayor va a casarse en junio. Como su tío(-a) no conoce ni a la novia de su hermano ni a su familia, descríbaselas a su tío(-a). Cuéntele cómo está la familia y añada algunos detalles de la boda. Invítelo(la) a alojarse con Uds. el fin de semana de la boda.

C. **Una reunión escolar.** Ud. era el (la) presidente de su clase de la escuela secundaria. Ahora su clase va a celebrar el décimo aniversario de su graduación. Escríbales una carta a los miembros de su clase invitándolos a la fiesta; déles todos los detalles. Para que ellos recuerden su vida de entonces y para que tengan ganas de asistir a la fiesta, describa cómo era un día típico en su escuela. También describa cómo eran algunos estudiantes, lo que hacían los fines de semana, etc.

ACTIVIDADES

A. **Una fiesta.** Call a classmate to invite him / her to a party you are giving this weekend. Chat for a few minutes and then extend your invitation. Your classmate should inquire about the details of the party—who will be there, when it will start, where your house is located, if he / she can bring something to eat or drink. After your friend accepts your invitation, repeat the time, date, place, and address again.

B. **Celebraciones familiares.** As a grandparent you often remember your youth with great nostalgia. Tell your grandchildren (played by your classmates) what a typical family celebration was like in your family. Tell who was present and what you used to do. Describe what the people used to be like as well.

C. **La sobremesa.** You and three other classmates will each play the role of a member of a Hispanic family. It is Sunday afternoon, and you have just finished eating. You remain at the table and talk for a long time about family interests, activities, news about other family members, etc.

D. **La boda del año.** You are a reporter for a local radio station and have been assigned to cover the wedding of the only daughter of a wealthy and prominent citizen. As the guests and wedding party approach the church, describe them for your radio audience. Tell what the bride, groom, parents, and other relatives are like and how they look or are feeling today. Tell how many people are present, who they are, etc. As the bride and groom approach, ask them how they feel on this important day.

Contacto cultural

El arte y la arquitectura

Los grandes maestros del Prado: El Greco, Velázquez y Goya

El Prado, uno de los grandes museos de arte del mundo, se encuentra en el centro de Madrid. Allá se puede ver cuadros (*paintings*), dibujos (*drawings*) y esculturas (*sculpture*) desde la época clásica de los griegos y romanos hasta la época contemporánea. Pero sobre todo se puede ver las obras (*works*) de los grandes artistas españoles: El Greco, Velázquez y Goya.

Doménico Theotocópuli (1542–1614), llamado **El Greco,** nació en la isla de Creta (Grecia). En 1575 viajó a España y pasó la mayor parte de su vida en Toledo. Muchas de sus obras son religiosas o espirituales; pintó muchos retratos (*portraits*) de los santos.

El Greco, *Entierro del Conde Orgaz.* Toledo: Iglesia de Santo Tomé.

Aunque hay muchos cuadros de El Greco en el Prado, su obra más famosa, *El entierro* (burial) *del Conde de Orgaz* (1568–1588) está en la Iglesia de Santo Tomé en Toledo. El Conde de Orgaz fue un hombre muy rico y generoso y durante su vida le dio mucho dinero a la Iglesia de Santo Tomé. Según una leyenda (*legend*), San Agustín y San Diego presenciaron el entierro del Conde a causa de su generosidad.

Diego Rodríguez de Silva y Velázquez (1599–1660) fue el pintor de la Corte de Felipe IV y muchas de sus obras son retratos de la familia real o de otras personas de la Corte. Su obra maestra (*masterpiece*) es *Las Meninas* (Ladies-in-waiting) que según los críticos es uno de los mejores cuadros del mundo.

Diego Rodríguez de Silva y Velázquez, *Las Meninas.* Madrid: El Prado.

Las Meninas (1656) representa una escena en el taller (*workshop*) del palacio real. Velázquez está pintando al rey Felipe IV y a la reina Mariana, quienes se reflejan en el espejo (*mirror*). La hija de los reyes es la Infanta Margarita y ella y sus meninas miran la escena.

Francisco de Goya y Lucientes (1746–1828) fue pintor de gran originalidad y de muchos estilos. La mayor parte de sus obras pinta las costumbres típicas o los hechos (*happenings*) históricos de España. *El tres de mayo* representa una escena en la guerra (*war*) entre España y la Francia de Napoleón. El 2 de mayo, 1808 hubo una batalla muy sangrienta (*bloody*) en Madrid. A pesar de que lucharon valientemente, los españoles perdieron la batalla. El día siguiente—el tres de mayo—las tropas francesas ejecutaron (executed) a muchos soldados españoles.

Francisco de Goya y Lucientes, *El tres de mayo.* Madrid: El Prado.

Comprensión

A. El Greco. En *El entierro del Conde de Orgaz* hay dos escenas. ¿Cuáles son? ¿Quién está en el centro de la escena de abajo? ¿Quiénes están cerca? ¿Quién está en el centro de la escena de arriba? ¿Qué colores predominan en las dos escenas? ¿Es realista el cuadro?

B. Velázquez. ¿Quiénes son las personas en el cuadro *Las Meninas?* ¿Quién está en el centro del cuadro? ¿Por qué? Describa a la Infanta Margarita. ¿Qué otras cosas se ven en el cuadro? ¿Es realista el cuadro?

C. Goya. Hay dos grupos de personas en el cuadro *El tres de mayo.* Identifíquelos. ¿Quién está en el centro del cuadro? ¿Qué otras personas están cerca? ¿Qué emoción predomina? ¿Qué colores predominan? ¿Por qué? ¿Es realista el cuadro?

PARA LEER BIEN

You have learned to predict the content of a reading by using the title and accompanying information, and to guess meaning during your reading by using cognates. These same techniques can be applied to the reading of literature. In addition, there are special strategies that can be used for reading poetry. Poets do not generally express their ideas directly but rather suggest them through the use of symbols or vocabulary that evoke many ideas and feelings. As a result, poetry can be read on two levels—one a presentation of concrete ideas, and the other a higher, abstract level that uses figurative language and symbols.

Symbols

A symbol is a word or object that can be used to signify or represent something else. For example, a star is a heavenly body appearing in the sky at night. However, a star can be used to represent a variety of things according to its use and location. On an assignment returned to a first-grader, a star means a job well done; on a door inside a theater, it signifies the dressing room of the leading actress; on a holiday card, it symbolizes the birth of Christ. Many symbols are universal; others are culturally specific.

Authors use symbols to suggest multiple meanings or to present a point of view in a more subtle manner.

What do the following words often symbolize in literature?

las estaciones:	la primavera / el otoño / el invierno
el agua:	el mar / un río / un lago
los colores:	el blanco / el negro / el rojo / el verde / el amarillo
los animales:	un león / un águila (*eagle*) / una serpiente

As you read the following poems, ask yourself what nouns are used and what they mean or portray. Then ask yourself what adjectives are used and what ideas and emotions they evoke. What do the nouns and adjectives symbolize?

Lectura literaria

Dos poetas españoles: Federico García Lorca y Antonio Machado

Federico García Lorca y Antonio Machado son dos famosos poetas españoles del siglo XX. Como muchos poetas, usan su patria como una inspiración.

Federico García Lorca (1898–1936) fue de Andalucía, una región del sur de España. Como Machado, usa un vocabulario que pinta y evoca su región natal. El poema que sigue revela los pensamientos de un jinete, un hombre que monta a caballo. Por la noche este jinete viaja a Córdoba, una de las famosas ciudades de Andalucía.

Andalucía: Los olivares

Canción de jinete

Córdoba.
Lejana° y sola. — Distant

Jaca° negra, luna° grande — Young horse / moon
y aceitunas° en mi alforja°. — olives / saddlebag
Aunque sepa los caminos° — roads
yo nunca llegaré a Córdoba.

Por el llano°, por el viento — plain
jaca negra, luna roja.
La muerte° me está mirando — Death
desde las torres° de Córdoba. — towers

!Ay qué camino tan largo!
!Ay mi jaca valerosa!
!Ay que la muerte me espera,
antes de llegar a Córdoba!

Córdoba.
Lejana y sola.

Comprensión

A. Conteste las siguientes preguntas.

1. ¿Cómo y cuándo viaja el jinete?
2. ¿Qué lleva para comer?
3. ¿Conoce bien la ruta a Córdoba?
4. ¿Cuándo piensa llegar a Córdoba?
5. ¿Es optimista el jinete?
6. ¿De qué tiene miedo?

B. Con frecuencia en la literatura los autores usan un viaje como símbolo de la vida.

1. En «Canción de jinete», ¿es fácil o difícil el viaje / la vida? ¿Qué dice el jinete del viaje?
2. Si el viaje en «Canción del jinete» representa la vida, ¿qué representa Córdoba? ¿Qué hay en Córdoba? ¿Qué adjetivos usa Lorca para describirla?
3. ¿Va a llegar a Córdoba el jinete? Explique.

Antonio Machado (1875–1939) pasó mucho tiempo en Soria, un pueblo antiguo en el norte de la región de Castilla. El poema siguiente es de una colección llamada «Campos de Soria». El poema IX pinta un retrato de Soria y del territorio cercano. Mucho del vocabulario está asociado con ese lugar. El poema está escrito en forma de un diálogo; el poeta usa los verbos de segunda persona plural (vosotros) para hablarles a otros. Al principio el poeta les habla a los campos de Soria y en la segunda parte le habla a la gente de la región. ¿Qué les dice el poeta a estos dos grupos?

Soria: El castillo moro de Gormaz

Campos de Soria
IX

¡Oh, sí, conmigo vais, campos de Soria,
tardes tranquilas, montes° de violeta,
alamedas° del río, verde sueño
del suelo gris y de la parda tierra°,
agria° melancolía
de la ciudad decrépita
me habéis llegado al alma°,
¿o acaso° estabais en el fondo° de ella?
¡Gentes del alto llano numantino°
que a Dios guardáis como cristianas viejas,
que el sol de España os llene°
de alegría, de luz y de riqueza!

mountains
poplar groves
brown earth
bitter

soul
perhaps / bottom
Numantian plain (area around Soria)
fill

Comprensión

A. «Campos de Soria IX» contiene dos secciones. La segunda sección empieza con «¡Gentes del alto llano numantino...!» Ahora conteste las preguntas.

1. En la primera parte Machado describe Soria. Haga una lista de los sustantivos (*nouns*) de la primera parte. Estos sustantivos representan las cosas típicas de Soria. ¿Es rural o urbana Soria?
2. En la segunda parte Machado describe lo que quiere para la gente de Soria. Haga una lista de sustantivos de la segunda parte.
3. Compare las dos listas. ¿Qué lista y qué parte del poema es más optimista?

B. Conteste las siguientes preguntas.

1. Los colores casi siempre son simbólicos. ¿Qué colores predominan en la primera parte? ¿Representan el optimismo o el pesimismo?
2. En la segunda parte «el sol» tiene mucha importancia. ¿Qué cosas se asocian con el sol? Mire los otros sustantivos de la segunda parte. ¿Tienen algo en común con el sol?
3. Haga una lista de los otros adjetivos en las dos partes y otra vez compárelas.

C. En su opinión, ¿a Machado le gusta Soria? ¿Qué evidencia hay en el poema para apoyar (*support*) su opinión?

Bienvenidos a México

Los jardines flotantes de Xochimilco

Geografía y clima	El tercer país más grande de la América Latina Se divide en varias regiones; el altiplano (tierras altas entre las montañas) ocupa el 40 por ciento del territorio y tiene la mayor parte de la población El clima varía según la altura
Población	82.000.000 habitantes; 60% mestizos (personas con una mezcla de sangre europea e india), 30% indios y 10% europeos y otros
Lenguas	El español (92%) y varios idiomas indios (8%)
Ciudades principales	La ciudad de México = el Distrito Federal = México, D.F. = la capital con 20.000.000 habitantes; Guadalajara 3.000.000; Monterrey 2.000.000; Puebla 1.000.000; León 1.000.000
Moneda	El peso, cuyo símbolo es $
Gobierno	Los Estados Unidos Mexicanos es una república federal compuesta de 31 estados. Eligen a un nuevo presidente cada seis años.
Economía	El turismo; el petróleo; productos agrícolas; fabricación de equipo de vehículos, piezas de recambio y de maquinaria; materias primas; la artesanía
Fechas importantes	Además de las fiestas hispanas tradicionales se celebran otras fiestas nacionales y religiosas: 5 de mayo = Día de la Victoria; 16 de setiembre = Día de la Independencia; 2 de noviembre = Día de los Muertos; 12 de diciembre = Día de Nuestra Señora de Guadalupe (la santa patrona de México)

MÉXICO

ESTADOS UNIDOS
GOLFO DE MÉXICO
OCÉANO PACÍFICO
GOLFO DE CALIFORNIA
MAR CARIBE
BAHÍA DE CAMPECHE
GOLFO DE TEHUANTEPEC
ISTMO DE TEHUANTEPEC
PENÍNSULA DE YUCATÁN
ISLA DE COZUMEL
CUBA
BELICE
GUATEMALA
HONDURAS
SIERRA MADRE OCCIDENTAL
SIERRA MADRE ORIENTAL
SIERRA MADRE DEL SUR
Río Grande
Río Conchos
Río Yaqui
Río Pánuco
Río Balsas
Río Grijalva
Baja California del Norte
Baja California del Sur
Sonora
Chihuahua
Coahuila
Nuevo León
Tamaulipas
Sinaloa
Durango
Zacatecas
San Luis Potosí
Nayarit
Aguascalientes
Jalisco
Guanajuato
Querétaro
Hidalgo
Distrito Federal
Tlaxcala
Colima
Michoacán
México
Morelos
Guerrero
Puebla
Veracruz
Oaxaca
Tabasco
Chiapas
Campeche
Yucatán
Quintana Roo
Tijuana
Mexicali
La Paz
Hermosillo
Ciudad Juárez
Culiacán
Saltillo
Monterrey
Ciudad Victoria
Victoria de Durango
Tepic
Tampico
León
Guadalajara
Morelia
Toluca
Cuernavaca
Pachuca
Jalapa Enríquez
Chilpancingo
Villahermosa
Nezahualcóyotl
Tuxtla Gutiérrez
Mérida
Chichén Itzá
Chetumal
Escala de kilómetros
0 100 200 400 600
0 100 200 400
Escala de millas

Práctica

Usando el mapa de México conteste las siguientes preguntas.

1. ¿Cómo se llama el río que separa México de los EEUU?
2. ¿En qué estado se encuentra Guadalajara? ¿Monterrey? ¿Puebla? ¿León? ¿Veracruz? ¿la capital?
3. ¿Cuáles son tres sierras (*mountain ranges*) importantes?
4. ¿En qué mar está la isla de Cozumel?
5. ¿En qué estado de la República quedan las ruinas mayas?
6. ¿Qué países lindan (*border*) con México?
7. ¿Hay muchos ríos en México? ¿Qué problemas se asocian con esto?
8. ¿Qué ventajas y desventajas ofrece la geografía de México?

El Castillo de Chichén Itzá

CAPÍTULO 4

En la universidad

Estos estudiantes aprenden a usar una computadora.

Primera situación

Presentación ¿Dónde está la Facultad de Ingeniería?

Práctica y conversación

A. ¿Qué pasa? Cuente lo que pasa en el dibujo.

B. Situaciones. ¿Adónde va Ud. en las siguientes situaciones?

1. Necesita comprar libros para su clase de historia.
2. Quiere pagar la inscripción.
3. Tiene un examen oral de español y necesita practicar.
4. Va a encontrar a su compañero(-a) de cuarto para jugar al tenis.
5. Acaba de tomar un examen de matemáticas y tiene sueño.

6. La librería no tiene la novela que Ud. tiene que leer para su clase de literatura.
7. Tiene hambre.

C. **La Universidad Tecnológica de México.** Hágale a un(-a) compañero(-a) de clase preguntas sobre la Universidad Tecnológica de México.

Pregúntele...

1. si uno puede especializarse en administración de empresas.
2. si se puede estudiar periodismo.

3. si se puede seguir cursos de filosofía y letras.
4. si hay cursos de posgrado. ¿En qué campos?
5. si hay universidades tecnológicas en los Estados Unidos. ¿Cómo son?

D. **Creación.** ¿De qué hablan las varias personas que están en el dibujo de la **Presentación**? Con uno o dos compañeros(-as) de clase, escojan un grupo y dramaticen su conversación.

Vocabulario activo

El ingreso	***Admission***
la beca	*scholarship*
el examen de ingreso	*entrance exam*
la inscripción (Méx.) / la matrícula (España, S. Am.)	*tuition*
el requisito	*requirement*
estar en el primer año	*to be a freshman*
estar en la universidad	*to be at the university*
inscribirse	*to enroll in a class*
matricularse	*to register*

La ciudad universitaria	***University campus***
la biblioteca	*library*
el campo deportivo	*sports field*
el centro estudiantil	*student center*
el estadio	*stadium*
el gimnasio	*gymnasium*
el laboratorio de lenguas	*language lab*
la librería	*bookstore*
las oficinas administrativas	*administrative offices*
la residencia estudiantil	*dormitory*
el teatro	*theater*

Los cursos	***Courses***
la apertura de clases	*beginning of the term*
el campo de estudio	*field of study*
el catedrático / la catedrática	*university professor*
el curso electivo	*elective class*
el curso obligatorio	*required class*
la Facultad de	*School of*
Administración de empresas	*Business and Management*
Arquitectura	*Architecture*
Bellas artes	*Fine Arts*
Ciencias de la educación	*Education*
Ciencias económicas	*Economics*
Ciencias políticas	*Political Science*
Derecho	*Law*
Farmacia	*Pharmacy*
Filosofía y letras	*Liberal Arts (Philosophy and Literature)*
Ingeniería	*Engineering*
Medicina	*Medicine*
Periodismo	*Journalism*
la materia	*subject*
la facultad	*faculty*
el profesorado	*teaching staff*
especializarse en	*to major in*
seguir (i,i) / tomar un curso	*to take a course*
ser oyente	*to audit*

Los títulos	***Degrees***
el bachillerato	*high school diploma*
el doctorado	*doctorate*
la licenciatura	*bachelor's degree*
la maestría	*master's degree*
graduarse / licenciarse en	*to graduate*

ASÍ SE HABLA

Classroom expressions

La Universidad Nacional Autónoma de México: La Biblioteca

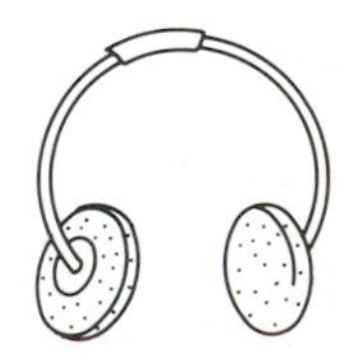

¿Qué oyó Ud.?

Escuche el siguiente intercambio entre la profesora López y sus estudiantes. Luego, elija la respuesta que mejor complete las siguientes frases.

1. La profesora López enseña en...
   a. la escuela secundaria.
   b. la universidad.
   c. la Facultad de Ingeniería.

2. Hoy día algunos estudiantes tienen que presentar...
   a. un resumen escrito.
   b. unos apuntes.
   c. un informe oral.
3. Los otros estudiantes tienen que...
   a. prestar atención.
   b. tomar apuntes.
   c. prestar atención y tomar apuntes.
4. Alejandro y Emilio son...
   a. responsables.
   b. desorganizados.
   c. estudiosos.
5. La profesora López parece ser...
   a. estricta.
   b. cariñosa.
   c. malhumorada.
6. Al salir de clase Alejandro y Emilio van a...
   a. hablar de los informes.
   b. ir a la biblioteca.
   c. estudiar cálculo.

If you are in a classroom, these are some of the expressions that your instructor will use. (Remember it is more polite to use "**por favor**" when giving a command.)

Escuchen.	*Listen.*
Abran / Cierren sus libros.	*Open / Close your books.*
Saquen una hoja de papel y un lápiz.	*Take out a sheet of paper and a pencil.*
Guarden todas sus cosas.	*Put all your things away.*
Escriban una composición / un párrafo de ... palabras / páginas.	*Write a composition / paragraph of . . . words / pages.*
De tarea tienen que...	*For homework you have to . . .*
Pregúntele / Dígale a otro alumno...	*Ask / Tell another student . . .*
Repita(-n).	*Repeat.*
Lea(-n) en voz alta / en silencio.	*Read out loud / in silence.*
Hable(-n) más alto.	*Speak louder.*
Conteste(-n).	*Answer.*

As the student, these are some of the expressions you can use.

No comprendo.	*I don't understand.*
No sé.	*I don't know.*
¿Puede repetir otra vez?	*Could you repeat (it) again?*

¿Cómo se dice...?	*How do you say . . .?*
¿Podría hablar más despacio?	*Could you speak slower?*
¿Podría explicar... otra vez?	*Could you explain . . . again?*
¿Para cuándo es?	*When is it due?*
¿De cuántas páginas / líneas?	*How many pages / lines long?*

EN CONTEXTO

PROF. LÓPEZ Bueno, ahora **cierren sus libros,** por favor, y **saquen una hoja de papel y un lápiz.** Vamos a escuchar los informes orales de algunos estudiantes. El resto de la clase debe tomar apuntes de lo que dicen. A ver, Emilio Delgado, empiece, por favor.

■ Práctica y conversación

A. Situaciones. ¿Qué dice un profesor cuando...

1. le hace una pregunta a un estudiante?
2. un estudiante responde y nadie lo oye?
3. los estudiantes tienen un examen?
4. los estudiantes tienen que leer en clase?

¿Qué dicen los estudiantes cuando...

5. no entienden lo que un profesor dice?
6. no saben una palabra?
7. no saben una respuesta?
8. un profesor habla muy rápido?

B. ¡Presten atención! En grupos, una persona hará el papel del (de la) profesor(-a) de español y las otras harán el papel de los estudiantes. El (La) profesor(-a) les dirá a los estudiantes lo siguiente:

Take out paper and pencil. / Put everything away. / Ask your classmate what he(she) did last week-end. / Write a composition describing what your classmate did.

Los estudiantes le pedirán al profesor la siguiente información:

Topic? / Length? / Deadline?

Estructuras

Indicating location, purpose, and time

Some prepositions; por *versus* para

In order to indicate purpose, destination, location, direction, and time, you will need to learn to use prepositions and to distinguish between the prepositions **por** and **para.**

SOME COMMON PREPOSITIONS

a	*to, at*	**hasta**	*until, as far as*
con	*with*	**menos**	*except*
de	*of, from, about*	**para**	*for, in order to*
desde	*from, since*	**por**	*for, by, in, through*
durante	*during*	**según**	*according to*
en	*in, on, at*	**sin**	*without*

SOME PREPOSITIONS INDICATING LOCATION

al lado de	*beside, next to*	**dentro de**	*in, inside of*
alrededor de	*around*	**detrás de**	*behind, in back of*
cerca de	*near*	**encima de**	*on top of, over*
contra	*against*	**enfrente de**	*in front of*
debajo de	*under, underneath*	**entre**	*between, among*
delante de	*in front of*	**lejos de**	*far (from)*
		sobre	*on top of, over*

A. When the masculine singular article **el** follows the preposition **de** or a compound preposition containing **de,** the contraction **del** is used.

La Facultad de Farmacia está al lado **del** edificio de química. — *The School of Pharmacy is next to the chemistry building.*

B. Both **por** and **para** can mean *for,* but they have separate uses. Study the following brief explanation.

Para is used to indicate

1. destination

Salgo **para mis clases** a las ocho. — *I leave for my classes at 8:00.*
Esta carta es **para mi compañero de cuarto.** — *This letter is for my roommate.*

2. purpose

Ricardo estudia **para abogado.** — *Ricardo is studying to be a lawyer.*
Llevo seis clases este semestre **para graduarme pronto.** — *I am taking six classes this semester in order to graduate soon.*

3. deadline

Tengo que escribir un informe **para el jueves.**	*I have to write a paper by Thursday.*

4. comparison

Para un estudiante Raúl sabe mucho de la medicina.	*For a student Raúl knows a lot about medicine.*

Por is used to express

1. length of time

Ayer escuché cintas en el laboratorio **por dos horas.**	*Yesterday I listened to tapes in the lab for two hours.*

2. *for, in exchange for* with respect to sales or gratitude

Pagué $50,00 **por este libro de física.**	*I paid $50.00 for this physics book.*
Muchas gracias **por toda tu ayuda.**	*Thank you very much for all your help.*

3. means of transportation or communication

Francisca me llamó **por teléfono** anoche para decirme que vamos a Madrid **por avión.**	*Francisca called me on the phone last night to tell me that we're going to Madrid by plane.*

4. cause or reason

No podemos ir al partido de fútbol **por el tiempo.**	*We can't go to the soccer game because of the weather.*

5. *through, along, by*

Anoche caminamos **por el parque.**	*Last night we walked through the park.*

6. **Por** is also used in many common expressions such as the following:

por aquí / allí	*around here / there*	por favor	*please*
por desgracia	*unfortunately*	por fin	*finally*
por ejemplo	*for example*	¿por qué?	*why?*
por eso	*therefore, for that reason*	por supuesto	*of course*

EN CONTEXTO

EMILIO Disculpe, profesora, pero yo no sabía que el informe oral era **para** hoy. Ayer fui **a** la biblioteca y comencé a hacer mi trabajo pero no pude terminarlo. Trabajé **desde** las dos de la tarde **hasta** las ocho de la noche.

Práctica y conversación

A. ¡Por favor, ayúdame! Ud. es un(-a) nuevo(-a) estudiante en su universidad y está totalmente perdido(-a). Pida ayuda a un(-a) compañero(-a).

Usted	**Compañero(-a)**
1. Disculpa, ¿pero me podrías decir, __________ favor, adónde tengo que ir __________ matricularme en un curso de ruso?	2. __________ desgracia, también soy nuevo(-a), pero creo que tienes que ir __________ las oficinas administrativas.
3. ¿Y cómo llego a las oficinas administrativas? ¿Están __________ aquí?	4. __________ ir a las oficinas administrativa creo que tienes que pasar __________ el edificio Harris. ¿Sabes dónde queda?
5. No, en realidad no. ¿Queda __________ del Centro Estudiantil?	6. No, no queda __________ del Centro Estudiantil. Pero espera, ¿__________ qué tienes que matricularte en ese curso?
7. Pues..., mi especialidad es ruso. ¿__________ qué preguntas?	8. Es un curso muy difícil. __________ ser un(-a) estudiante nuevo(-a), sabes lo que estás haciendo, ¿no? Pienso que debes hablar con tu consejero(-a).
9. Tienes razón. Muchas gracias __________ todo y disculpa la molestia.	10. No hay de qué.

B. ¿Qué clases vas a tomar? Con un(-a) compañero(-a), hable de las clases que piensan tomar y los deportes que piensan practicar el próximo semestre o trimestre.

1. ¿En qué edificios van a tener clases? ¿Dónde van a practicar los deportes?
2. ¿Dónde quedan estos sitios? ¿Quedan cerca o lejos de su residencia estudiantil? Expliquen.
3. ¿Cuándo van a tener clases? ¿Cuándo van a practicar los deportes?
4. ¿A qué hora van a salir de sus residencias para llegar a sus clases?
5. ¿Por qué prefieren esas clases? ¿Esos deportes?
6. ¿?

C. ¿Dónde está...? Sus padres lo (la) llaman por teléfono y le hacen preguntas acerca de su universidad. Dígales dónde queda su residencia estudiantil, la biblioteca, el centro estudiantil, la librería, el laboratorio de lenguas, ¿?

Indicating the recipient of something

Prepositional pronouns

To indicate the recipient of an action, the donor of a gift, or to express with whom you are doing certain activities, you use a preposition followed by a noun or a prepositional pronoun. These prepositional pronouns replace nouns and agree with the nouns in gender and number.

ALICIA ¡Qué bonitas flores! ¿Para quién son?
JUANA Son para ti.
ALICIA ¡Qué bien! ¿Son de Eduardo?
JUANA Por supuesto que son de él.

PREPOSITIONAL PRONOUNS

¿Para quién son las flores?

Son para mí.	*They're for me.*	Son para nosotros(-as).	*They're for us.*
Son para ti.	*They're for you.*	Son para vosotros(-as).	*They're for you.*
Son para él.	*They're for him.*	Son para ellos.	*They're for them.*
Son para ella.	*They're for her.*	Son para ellas.	*They're for them.*
Son para Ud.	*They're for you.*	Son para Uds.	*They're for you.*

A. Prepositional pronouns have the same forms as subject pronouns, except for the first- and second-person singular: **mí / ti.**

B. The first- and second- person singular pronouns combine with the preposition **con** to form **conmigo** (*with me*) and **contigo** (*with you*). The forms **conmigo** and **contigo** are both masculine and feminine.

EN CONTEXTO

EMILIO Alejandro, ¿quieres ir a la biblioteca **conmigo?**
ALEJANDRO Ahora mismo.

Práctica y conversación

A. ¿Qué es esto? Ud. tuvo una pequeña fiesta en su cuarto y ahora hay mucho desorden. Su compañero(-a) de cuarto entra y le hace algunas preguntas.

MODELO cuaderno / José
Compañero(-a): **¿De quién es este cuaderno? ¿De José?**
Ud.: **Sí, es de él.**

1. chocolates / sus amigos
2. regalo / Ángela y Elena
3. discos / los hermanos Gómez
4. fotos / Jacinto
5. libros /su novio(-a)
6. radio / Eduardo

B. ¡Llegó el correo! En grupos, un(-a) estudiante está encargado(-a) de repartir el correo a los otros estudiantes de su residencia. Posteriormente, uno(-a) de los estudiantes reportará a la clase quién recibió cartas y de quién(-es) eran.

MODELO Cartero(-a): **¡Dos cartas para Elena!**
Estudiante 1: **¡Ay! Una carta para mí de José y otra de mis padres.**
Estudiante 2: **¿De José?**
Estudiante 1: **¡Sí, de él!**

C. Adivina a quiénes vi hoy. Usando el dibujo, explíquele a un(-a) compañero(-a) a quiénes vio en la biblioteca hoy. Él (ella) querrá saber todos los detalles.

Refusing, finding out, and meeting

Verbs that change meaning in the preterite

Several common Spanish verbs have a meaning in the preterite that is different from the normal meaning of the infinitive.

A. **conocer** = *to know, be acquainted with*
Preterite = *met*

Conocemos bien al profesor Ochoa. — *We know Professor Ochoa well.*
Lo **conocimos** en una conferencia. — *We met him at a lecture.*

B. **poder** = *to be able*
Preterite affirmative = *managed*
Preterite negative = *failed*

Aunque Alfredo **no pudo** inscribirse en una clase de programación, **pudo** seguir una clase de contabilidad. Así puede graduarse en junio. — *Although Alfredo failed to enroll in a computer programming class, he managed to take an accounting class. So he is able to graduate in June.*

C. **querer** = *to want, wish*
Preterite affirmative = *tried*
Preterite negative = *refused*

¡Pobre Ángela! Quiere asistir a una universidad muy cara. **Quiso** obtener una beca pero uno de sus profesores **no quiso** escribirle una recomendación. — *Poor Ángela! She wants to attend a very expensive university. She tried to get a scholarship, but one of her professors refused to write her a recommendation.*

D. **saber** = *to know information, know how to*
Preterite = *found out*

Anoche **supe** que tenemos que escribir un informe para la clase de historia. Pero todavía no sé para cuándo es. — *Last night I found out that we have to write a paper for history class. But I still don't know when it's for.*

E. **tener** = *to have*
Preterite = *received, got*

Ayer **tuve** buenas noticias de Silvia. Ella se graduó en mayo y ahora tiene un puesto muy bueno. — *Yesterday I got good news about Silvia. She graduated in May and now has a very good job.*

EN CONTEXTO

EMILIO Disculpe, profesora, pero yo no sabía que el informe era para hoy. Ayer fui a la biblioteca y comencé a hacer mi trabajo pero no lo terminé. Traté de terminarlo pero **no pude.**

Práctica y conversación

A. ¿Qué pasó ayer? Explique lo que les pasó a las siguientes personas en la universidad ayer. Use el imperfecto o el pretérito según el caso.

1. Paco / conocer a María
2. yo / saber que hay un examen mañana
3. Isabel / tener buenas noticias de su compañera de cuarto
4. nosotros / no querer ir al centro estudiantil a causa de un examen importante
5. María y Tomás / poder terminar el informe
6. tú / querer comprar libros pero la librería estaba cerrada
7. Uds. / no poder resolver el problema porque la computadora no funcionó

B. ¿Qué sucede? Describa el dibujo siguiente utilizando los verbos **conocer, poder, querer, saber** y **tener** en el presente o el pretérito.

Segunda situación

Presentación Mis clases del semestre pasado

Práctica y conversación

A. ¿Qué pasa? Cuente lo que pasa en el dibujo.

B. Las asignaturas. ¿Qué cursos debe escoger un(-a) estudiante si se prepara para ser...?

periodista / arquitecto(-a) / científico(-a) / farmacéutico(-a) / sicólogo(-a) / maestro(-a) / hombre (mujer) de negocios

C. Entrevista. Hágale a un(-a) compañero(-a) de clase preguntas sobre sus estudios y su compañero(-a) debe contestar.
Pregúntele...

1. lo que hace cuando falta a clase.
2. cómo se puede sacar prestado un libro.

3. lo que debe hacer si sale mal en un examen.
4. cómo se puede dejar una clase.
5. lo que tiene que hacer para sacar buenas notas.
6. cuándo es necesario aprender de memoria.
7. lo que hace para aprobar un examen.

D. Los cursos obligatorios. En parejas, escriban una lista de las asignaturas que deben ser obligatorias para todos los estudiantes y expliquen por qué.

Fundación
José Ortega y Gasset
ESTUDIOS INTERNACIONALES
«SAN JUAN DE LA PENITENCIA»
TOLEDO (España)

HOJA DE EVALUACION

NOMBRE LOTERO, Richard
UNIVERSIDAD
DIRECCION POSTAL

ASIGNATURA HIST. 3326
SEMESTRE CURSADO VERANO/1988 CALIFICACION A

OBSERVACION DEL PROFESOR:
Richard Lotero ha mostrado un alto grado de madurez intelectual para enfrentarse a los retos académicos de la asignatura. Su labor merece ser destacada

FECHA:
26 de julio, 1988

EL PROFESOR, EL DIRECTOR ACADEMICO,

Vocabulario activo

Las asignatures	***Subjects***		
		el horario	*schedule*
		el idioma extranjero	*foreign language*
el arte	*art*	las matemáticas	*mathematics*
la biología	*biology*	la música	*music*
las ciencias exactas	*natural sciences*	la programación de computadoras	*computer programming*
las ciencias sociales	*social sciences*		
la contabilidad	*accounting*	la sicología	*psychology*
la física	*physics*	la química	*chemistry*
la historia	*history*	la sociología	*sociology*

En la clase	***In class***
la enseñanza	*teaching*
la investigación	*research*
el libro de texto	*textbook*
aplicado(-a)	*studious*
flojo(-a)	*lax, weak*
perezoso(-a)	*lazy*
sobresaliente	*outstanding*
trabajador(-a)	*hard-working*
asistir a una clase / una conferencia	*to attend a class / a lecture*
cumplir con los requisitos	*to fulfill requirements*
dar una conferencia	*to give a lecture*
dejar una clase	*to drop a class*
elegir (i, i)	*to elect*
entregar la tarea	*to hand in the homework*
faltar a clase	*to miss class*
pasar lista	*to take attendance*
prestar atención	*to pay attention*
requerir (ie, i)	*to require*
sacar prestado un libro	*to check out a book*

La temporada de exámenes	***Examination period***
aprender de memoria	*to memorize*
aprobar (ue) un examen	*to pass an exam*
salir mal en un examen	*to fail an exam*
repasar	*to review*
sacar buenas / malas notas	*to get good / bad grades*
sobresalir	*to excel*
tomar un examen	*to take an exam*

ASÍ SE HABLA

Talking about the weather

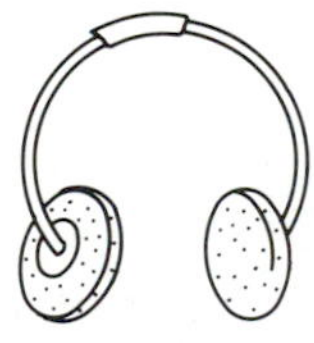

¿Qué oyó Ud.?

Escuche la siguiente conversación. Guillermo y Gerardo están hablando del clima. Luego, elija la respuesta que mejor complete las siguientes oraciones.

1. Según la conversación, se sabe que Guillermo y Gerardo...
   a. se habían visto el día anterior.
   b. no se habían visto en mucho tiempo.
   c. no se conocían.

2. El día de la conversación...
   a. hace sol y calor.
   b. hace frío y está lloviendo.
   c. está nublado.
3. Gerardo y Guillermo conversan...
   a. por teléfono desde sus casas.
   b. en la calle entre las clases.
   c. durante un viaje a la capital.
4. Guillermo...
   a. está preparado para el clima.
   b. no está preparado para el clima.
   c. prefiere el clima de la capital.
5. «Al mal tiempo buena cara» quiere decir que...
   a. La mayoría de las personas tienen la cara bonita cuando hace mal tiempo.
   b. cuando las cosas van mal hay que tener una buena actitud.
   c. cuando el clima está malo hay que imaginar que el clima está bueno.
6. Guillermo y Gerardo se despiden de una manera...
   a. amigable.
   b. agresiva.
   c. indiferente.

To talk about the weather, you can use the following phrases.

¿Qué tiempo hace? ¿Cómo está el día?	*What's the weather like?*
¿Hace sol / viento / frío / calor?	*Is it sunny / windy / cold / hot?*
¿Está lloviendo / nevando?	*Is it raining / snowing?*
Está nublado / húmedo.	*It's cloudy / humid.*
Hay neblina.	*It's foggy.*
¡Qué día tan bonito / feo! ¡Qué bonito / feo está el día!	*What a pretty / an ugly day!*
Parece que va a llover / nevar.	*It seems that it's going to rain / snow.*
¡Va a caer un aguacero!	*It's going to rain cats and dogs!*
Espera a que se despeje.	*Wait till it clears up.*
¡Me muero de frío / calor!	*I'm freezing / I'm burning up!*

EN CONTEXTO

GUILLERMO Hola, Gerardo. ¿Qué cuentas? ¡Tanto tiempo sin verte!

GERARDO Aquí, como siempre asistiendo a clases.

GUILLERMO Sí, yo también, aunque con **este tiempo tan feo** uno no tiene ganas sino de quedarse en casa, ¿no te parece? Todo **está nublado** y se ve tan triste.

Práctica y conversación

A. ¿Qué te parece este clima? Mire el termómetro. ¿Qué dice Ud. cuando...?

1. hace una temperatura de 10 grados centígrados y hay 100% de humedad
2. la temperatura está a 20 grados centígrados y hay 70% de humedad
3. llueve mucho
4. hace una temperatura de 41 grados centígrados
5. el sol brilla mucho y la temperatura está a 28 grados centígrados
6. no hay sol pero hay mucha neblina

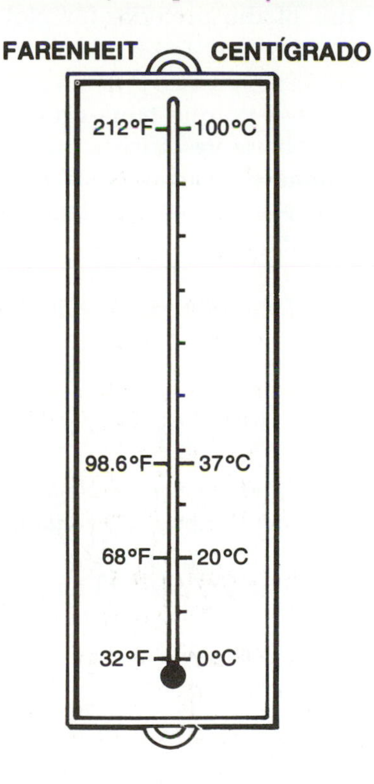

B. Nos vamos de viaje. Trabajen en parejas. Ud. es un(-a) estudiante de intercambio en México y está planeando un viaje para este fin de semana con su compañero(-a) de cuarto. El lugar adonde van dependerá del clima. A Ud. le gusta el clima cálido y él (ella) prefiere el clima frío. Escojan un sitio que les guste a los (las) dos.

Estructuras

Narrating in the past

Imperfect versus preterite

You have studied the formation and general uses of the imperfect and preterite, but you need to learn to distinguish between them so you can discuss, relate, and narrate past events.

In past narration the preterite is generally used to relate what happened; it tells the story or provides the plot. The imperfect gives background information and describes conditions or continuing events. The following sentences form a brief narration. Note the use of the preterite for plot and the imperfect for background information.

BACKGROUND	**Estaba** nerviosa porque **tenía** un examen de contabilidad que **iba** a ser bastante difícil.
PLOT	Anteayer **tomé** el examen. Esta mañana el profesor nos **devolvió** los exámenes. **Me alegré** mucho porque **saqué** una buena nota.

The following is a list of uses of the preterite and imperfect.

The preterite:

1. expresses an action or state of being that took place in a definite limited time period.
2. is used when the beginning and/or end of the action is stated or implied.
3. expresses a series of successive actions or events in the past.
4. expresses a past fact.
5. is generally translated as the simple past in English: **estudió** = *he studied, he did study.*

The imperfect:

1. expresses an on-going past action or state of being with an indefinite beginning and/or ending.
2. describes how life used to be.
3. expresses habitual or repetitive past actions.
4. describes emotional or mental activity.
5. expresses conditions or states of being.
6. expresses time in the past.
7. has several English equivalents: **estudiaba** = *he was studying, he used to study, he studied.*

A. Sometimes the preterite and the imperfect will occur together within the same sentence.

Cuando el profesor **entró** en la clase, los estudiantes **charlaban.**	*When the professor entered the classroom, the students were chatting.*

Here the imperfect is used to express the on-going action: **charlaban.** The preterite is used to express the action that interrupts the other one: **entró.**

B. The imperfect is also used to express two simultaneous past actions.

Mientras el profesor **dictaba** su conferencia, los alumnos **tomaban** apuntes.	*While the professor was giving his lecture, the students took notes.*

C. You have learned that certain words and phrases are generally associated with a particular tense. However, these phrases do not automatically determine which tense is used. Study the following examples.

Ayer asistí a una conferencia.	*Yesterday I attended a lecture.*
Ayer asistía a una conferencia cuando me llamó mi mamá.	*Yesterday I was attending a lecture when my mother called.*

The use of the imperfect or preterite is determined by the entire sentence, not by one word or phrase.

D. Often it is the speaker's intended meaning that determines the tense. When the speaker wants to emphasize a time-limited action or call attention to the beginning or end of an action, the preterite is used. When the speaker wants to emphasize an on-going or habitual condition or an action in progress, the imperfect is used.

Anoche Marcos **estuvo** enfermo.	*Marcos was sick last night.* (But he is no longer sick.)
Anoche Marcos **estaba** enfermo.	*Marcos was sick last night.*

The preterite emphasizes a change in thoughts, emotions, or conditions; the imperfect describes thoughts, emotions, or conditions without emphasizing their beginning or ending.

EN CONTEXTO

GERARDO Esta mañana cuando **salí** de casa **parecía** que **iba** a ser un día bonito, pero ahora se ha nublado.

GUILLERMO ¡Qué suerte la mía! No **esperaba** esta neblina. Como ayer **llovió,** yo **pensaba** que hoy el tiempo **iba** a estar mejor.

■ Práctica y conversación

A. **Esta mañana.** Cuente lo que le pasó a Ud. y cómo se sentía esta mañana. Use las frases siguientes en una forma afirmativa o negativa.

levantarme temprano / hacer buen tiempo / estar muy cansado(-a) / querer dormir más / llegar tarde a clase / tener buenas noticias / salir muy bien en un examen / sentirme muy contento(-a) / ¿?

B. **Su vida estudiantil.** Complete las siguientes oraciones de una manera lógica usando el pretérito o el imperfecto.

—Cuando yo estaba en la secundaria yo no (estudiar) ____________ tanto como ahora.

—Todo es diferente en la universidad. El año pasado, por ejemplo, (tomar) ____________ clases muy difíciles: español, biología, cálculo y economía, y (tener) ____________ que estudiar todo el tiempo.

—Sí. Y la vida en las residencias estudiantiles también es muy diferente. Por ejemplo, la semana pasada yo (dormir) ____________ cuando de repente mi compañero(-a) de cuarto (entrar) ____________ cantando, (prender) ____________ las luces y (despertarme) ____________.

—A mí también me (pasar) ____________ algo parecido. Anoche mientras yo (leer) ____________ mi libro de literatura inglesa, mi compañero de cuarto (gritar) ____________ y (desmayarse *faint*) ____________. Él ____________ (asustarme) muchísimo. Lo (llevar) ____________ al hospital pero ya está mejor, felizmente.

C. **Te digo que...** Ud. va a su casa por primera vez desde que empezó sus estudios en la universidad. Su hermanito(-a) quiere saber si hay alguna diferencia entre lo que Ud. hacía en la escuela secundaria y lo que hace ahora. Cuéntele acerca de sus profesores, sus cursos, sus amistades, sus distracciones, etc.

MODELO **En la secundaria yo no estudiaba tanto pero este semestre tengo que estudiar mucho.**

D. **No me sentía bien...** En grupos de tres, un(-a) de los(las) estudiantes hace el papel de profesor(-a) y otro(-a) el de estudiante. El(La) profesor(-a) quiere saber por qué el (la) estudiante no asistió a clase ayer. El (Ella) responde. El (La) tercer(-a) estudiante toma apuntes de lo dicho y luego informa a la clase. La clase decide si fue una buena excusa o no.

E. Recuerdo que... Cuente una anécdota de algo interesante que le haya pasado.
Sugerencias:

1. su primer baile
2. su primera cita
3. su llegada a la universidad
4. un viaje al extranjero

Talking about people and events in a series

Ordinal numbers

Ordinal numbers such as *first, second,* and *third* are used to discuss people, things, and events in a series.

primer(-o)	*first*	sexto	*sixth*
segundo	*second*	séptimo	*seventh*
tercer(-o)	*third*	octavo	*eighth*
cuarto	*fourth*	noveno	*ninth*
quinto	*fifth*	décimo	*tenth*

A. Ordinal numbers generally precede the noun they modify and agree with that noun in number and gender. They may also be used as nouns.

Mañana hay un examen sobre **el cuarto** y **el quinto** capítulos. — *Tomorrow there's an exam on the fourth and fifth chapters.*
El primer examen fue difícil; también **el segundo.** Pero **el tercer** examen fue imposible. — *The first exam was difficult; so was the second. But the third exam was impossible.*

Note that **primero** and **tercero** drop the **-o** before a masculine, singular noun.

B. When ordinal numbers refer to sovereigns, the ordinal number follows the noun.

Felipe Segundo — *Philip the Second*
Carlos Tercero — *Charles the Third*

C. Cardinal numbers are generally used to express ordinals higher than ten: **el siglo dieciocho** = *the eighteenth century;* **Luis Catorce** = *Louis the Fourteenth.*

EN CONTEXTO

GUILLERMO Este es mi **segundo** año aquí en la capital y todavía no me acostumbro al clima.

■ Práctica y conversación

A **¿Qué pasa?** Cuente lo que pasa en el dibujo.

B. **¿Qué te pasó?** Trabajen en grupos de tres. Un(-a) estudiante hace el papel de hijo(-a) y otro(-a) el de padre (madre). El (La) tercer(-a) estudiante toma apuntes y luego informa a la clase.

Situación: Son las cuatro de la madrugada y Ud. llega a su casa. Su padre (madre) está esperándolo(la) y le pregunta «¿Qué te pasó?» Ud. le responde.

DUDAS DE VOCABULARIO

School

La escuela primaria: a grammar or elementary school.

Jorge tiene seis años y va a la escuela primaria. — *Jorge is six years old and goes to elementary school.*

El colegio: a private educational institution that offers an elementary and high-school education. In some countries, **el colegio** refers just to a high school.

¿A qué colegio vas? — *What school do you go to?*
A San Jorge de Miraflores. — *Saint George's School in Miraflores.*

El liceo: a public high school in most countries.

Cuando termine el sexto grado, iré al liceo Andrés Bello. — *When I finish sixth grade, I'll go to the Andrés Bello High School.*

La universidad: a college or university.

Yo quiero ir a la Universidad Nacional Autónoma de México para estudiar economía. — *I want to go to the Universidad Nacional Autónoma de México to study economics.*

Dormitory / Residence / Bedroom

La residencia: used in the phrase **lugar de residencia** it means city or area of residence.

—¿Cuál es tu lugar de residencia? — *Where do you live?*
—Guadalajara, México. — *In Guadalajara, Mexico.*

La residencia can also be used as a synonym of *home,* but it has the connotation of a big and luxurious house.

La fiesta se llevó a cabo en la residencia de los López. — *The party took place at the López' residence.*

El dormitorio: bedroom.

Aquella casa tiene cuatro dormitorios y tres baños. — *That house has four bedrooms and three bathrooms.*

La residencia estudiantil: students' dormitory or residence hall.

—¿En qué residencia estudiantil vives tú? — *What dorm do you live in?*
—En Bishop Hall. — *Bishop Hall.*

Faculty / School / College

La facultad: A college or school within a university.

Susana trabaja en la Facultad de Filosofía y Letras y su hermana estudia en la Facultad de Ciencias. — *Susana works in the College of Liberal Arts, and her sister studies in the College of Sciences.*

El profesorado: the teaching staff of an educational institution.

El Dr. Álvarez forma parte del profesorado de la Universidad Nacional Autónoma de México. — *Dr. Álvarez is a faculty member of the Universidad Nacional Autónoma de México.*

Práctica

Complete los espacios en blanco con la palabra que corresponda. Haga los cambios necesarios.

—Felizmente las clases del / de la __________ (liceo / escuela) ya van a terminar. Quiero ir pronto a la __________ (escuela / universidad). Creo que me voy a especializar en sicología.

—¿Ah, sí? ¿Y a qué __________ (escuela / facultad) pertenece la sicología?

—Yo no sé, pero me han dicho que el / la __________ (colegio / profesorado) de sicología es estupendo.

—¿Y dónde vas a vivir? ¿En un apartamento o en __________ (un dormitorio / una residencia estudiantil)?

—Yo creo que en mi casa ya que está __________ (cerca de / cercano a) la universidad. Y tú, cuando termines el / la __________ (escuela primaria / colegio), ¿vas a ir a la __________ (escuela / universidad) también?

—Yo creo que sí __________ (porque / a causa de) creo que una buena educación es muy importante. Sin embargo, yo creo que voy a vivir en una __________ (residencia estudiantil / residencia).

—Me han dicho que los __________ (dormitorios / liceos) son muy pequeños y uno tiene que compartirlos con otros estudiantes.

—Sí, yo sé, pero prefiero vivir con otras personas de mi edad.

Tercera situación

ASÍ SE HACE

Horario de clases

	Lunes	Martes	Miércoles	Jueves	Viernes
8:00-8:50	Pedagogía	Geografía de México	Pedagogía	Geografía de México	Educación Religiosa
9:00-9:50	Literatura Hispana	Educación Artística	Literatura Hispana	Educación Artística	Literatura Hispana
9:50-10:15			RECESO		
10:20-11:10	Sicología del Niño y del Adolescente	Administración Escolar	Sicología del Niño y del Adolescente	Administración Escolar	Sicología del Niño y del Adolescente
11:20-12:10	Literatura Inglesa	Literatura Americana	Literatura Inglesa	Literatura Americana	Literatura Hispana
12:10-2:00			RECESO		
2:00-2:50	Historia Universal	Evaluación Escolar	Historia Universal	Evaluación Escolar	Historia Universal
3:00-3:50	Lingüística	Gramática Inglesa	Lingüística	Gramática Inglesa	Lingüística
4:00-4:50	Metodología	Redacción	Metodología	Redacción	Metodología

El horario de clases

En los países hispanos los estudiantes siguen un horario fijo a través de toda su educación, tanto primaria y secundaria como universitaria. Es decir, los horarios y los cursos que los estudiantes toman cada año o semestre son estipulados por la institución y no por el estudiante. De esta manera, los estudiantes no tienen la oportunidad de tomar cursos electivos ni elegir su horario de acuerdo con su conveniencia o preferencia.

Práctica y conversación

A. **¿Qué clases tiene?** Según el horario que tiene aquí, habla con un(-a) compañero(-a) de las clases que toma. Dígale cuántas horas tiene de pedagogía, literatura hispana, etc. Su compañero(-a) estudia Programación y él (ella) le explicará su horario.

B. **¡Estoy tan ocupado(-a)!** Con un(-a) compañero(-a), discuta su horario de clase y su rutina diaria. Su compañero(-a) tomará apuntes. Luego, informará al resto de la clase.

PARA LEER BIEN

Scanning

Scanning is the process used to discover the general content of a reading selection. People frequently scan books, magazines, and newspapers to choose the selections they wish to read. When scanning you run your eyes quickly over the written material. You look at its layout, that is, the design of the material on the page, the title and subtitles, any accompanying photos, drawings, or charts, and even the typeface used. Together these elements combine to provide general clues as to the content and purpose of the written material.

Scanning is a technique that good readers use automatically and frequently in their native language, and it can be even more valuable in a foreign language. Scanning the layout of a reading will provide you with clues as to the purpose of the reading; scanning the title and accompanying photos and art work will help you to predict and guess content. Finally, scanning will reveal cognates; these cognates will provide you with further clues as to the topic of the reading.

Práctica

A. El título «México lindo y dolido» significa *Beautiful and Pitiful Mexico.* Dé un vistazo a (*scan*) las siguientes cosas en la lectura que sigue: la composición (*layout*) general, el título y las fotos. ¿De qué trata la lectura? ¿Cuál es el tema general?

B. En su opinión, ¿por qué usa el autor estos dos adjetivos contradictorios: «lindo y dolido»? ¿Cuál será la relación entre estos dos adjetivos y el tema central del artículo?

C. Haga una lista de algunos cognados, especialmente los sustantivos. ¿Qué tienen en común? ¿Qué ideas nuevas le dan de la lectura?

LECTURAS

México lindo y dolido

La ciudad de México: Dos barrios de contraste

«México es un país de desigualdades donde no hay equidad en la distribución de riqueza y cultura.»

Así escribió el famoso autor-viajero alemán Alexander von Humboldt en 1803. Pero si regresara° al México de hoy, casi dos siglos después, con toda seguridad escribiría lo mismo.

La capital de México, el Distrito Federal, o « D.F. » como la llaman sus habitantes, es un símbolo de todo el país. Es la ciudad más contaminada° y poblada° del mundo. Es una ciudad de más de 20 millones de habitantes (no pregunten exactamente cuántos habitantes hay porque nadie lo sabe), que es casi la cuarta parte de toda la población de este inmenso país.

Cada minuto en la capital se topa con° algo sorprendente: por ejemplo, que México es la única ciudad del mundo en donde los teléfonos públicos son gratis. Pero

regresara° he were to return
contaminada° / poblada° polluted / populated
se topa con° one runs into

no porque la compañía, Telemex, sea generosa. No. Simplemente, la compañía telefónica mexicana no tiene dinero para reponer las cabinas y arreglar los cables que quedaron prácticamente destrozados° desde el trágico terremoto° de 1985.

Es el México de hoy un país cargado° de problemas con escasas° esperanzas de resolverlos a corto plazo°. Hay unos 27 millones de mexicanos en paro° o trabajando en la economía sumergida°.

Así en las miles de calles de México, D.F., centenares° de chavos° roban 55.000 automóviles por año (150 diarios). Y la mundialmente conocida «mordida»° forma casi parte del sistema de justicia.

Pero hay otro México. Al México dolido, se le contrapone° un México lindo y moderno, en donde científicos y empresarios° luchan por modernizar al país. Un México con más de dos docenas° de canales de televisión en español e inglés y donde por unos pocos pesos le llevan a la puerta de su casa *The Wall Street Journal*.

En busca de lo lindo y de lo dolido, de la modernidad y la miseria, de la belleza y de la contaminación, dos reporteros entrevistaron a varias personas de este México actual. Aquí tenemos dos ciudadanos representativos.

Raúl Cuéllar (28 años, casado, dos hijos, conductor) vive en la Colonia Avándaro, un conjunto° de casas de adobe al sur de la capital. La Colonia es sucia y siempre hay mucho polvo°. Casi todos los habitantes llevan pistola para defender lo poco que tienen de los muchos que aún tienen menos. Como dice Raúl, «El dinero para balas° no falta. Hay que estar siempre listos para disparar°».

Raúl comparte° su vivienda con una cuñada. En poco más de unos cuarenta metros cuadrados viven dos familias, varios niños imposibles de contar, y cinco perros con sarna°. La escuela está a pocos pasos° de la vivienda de Raúl. Pero el director no suele° ir y los otros maestros que tardan dos horas en llegar desde la capital se enferman muy a menudo a causa de este polvo. Así los niños crecen° como pueden, entre perros con sarna y polvo.

Las Lomas, el barrio más elegante de la capital, produce un gran contraste con el otro México, el México de la desesperación, la miseria y la angustia eterna. En Las Lomas conviven millonarios, financieros, diplomáticos, ex-presidentes y artistas de fama internacional.

Allí vive también Felipe Ruiz de Velasco, 54 años, de una de las familias más adineradas° del país. La esposa de Felipe, Cristina Alcayaga, es periodista de *El Universal* y de televisión. Es una mujer muy activa. Felipe representa el México lindo y moderno. Está orgulloso de su país y quiere mejorarlo. Tiene una hermosa colección de pintura mexicana. También tiene distintos negocios desde el transporte al acero°. Cree en algunas tradiciones típicas de su cultura como la tradición de la familia. Para él, la familia es absolutamente fundamental para la estabilidad del país. Pero como buen empresario moderno también cree que no tienen que ser necesariamente los hijos quienes manejen° los negocios familiares. Dice que es necesario ceder el paso° a ejecutivos mejor preparados para modernizar el sistema productivo del país.

Se puede ver claramente que hay mucha distancia entre la vida de Raúl Cuéllar y Felipe Ruiz de Velasco. Quizás en el futuro estos dos sectores de México puedan unirse.

Adaptado de *Cambio 16*

destroyed / earthquake
burdened / scant
in the short term / out of work / underground
hundreds / street urchins
bribe
contrast
businessmen
dozens
group
dust
bullets
to shoot
shares
mange / steps / isn't accustomed to
grow
rich
steel
manage / yield

Comprensión

A. ¿Cómo es México? Conteste las preguntas siguientes en español.

1. ¿Qué es el D.F.?
2. ¿Cuantos habitantes hay en la capital de México? ¿Y en el país?
3. ¿Por qué son gratis los teléfonos públicos del D.F.?
4. ¿Cuántos mexicanos están en paro o trabajan en la economía sumergida?
5. ¿Quién es Raúl Cuéllar? Describa su vivienda.
6. ¿Qué es Las Lomas? Descríbalo.
7. ¿Quién es Felipe Ruiz de Velasco? Describa a su familia.
8. Es una tradición hispana que los hijos manejan los negocios familiares. ¿Está de acuerdo con esta tradición Felipe Ruiz de Velasco? Explique.

B. México lindo y dolido. Haga una lista de las características del México lindo y otra lista del México dolido.

C. ¿Qué son? Dé una definición o una descripción en español: un chavo / una mordida / una cuñada / un periodista.

D. La defensa de una opinión. Usando ejemplos, estadísticas y otra evidencia del artículo, diga por qué la cita (*quote*) que aparece al principio del artículo todavía es válida.

NOTICIAS

Antes de leer la selección que sigue, dé un vistazo al título. ¿Dé qué trata el artículo?

El Supermán de los miserables

Los pobres de México tienen ya su héroe: el enigmático y justiciero Superbarrio.

Cualquiera° que lo ve por primera vez cree que está alucinado° o que el personaje° se ha escapado de alguna tira cómica°: camiseta roja con las iniciales SB, malla° amarilla, máscara que le cubre la cabeza y larga capa dorada. Es Superbarrio, el incansable luchador° por los derechos de los pobres contra las injusticias de los poderosos y de la Administración pública. Nadie sabe de dónde salió este extraño personaje pero en poco tiempo se ha convertido en una figura famosa en México.

La gente cree en él y no le ve tan fantástico. Al contrario, recibe el respeto y la admiración de los débiles° y perseguidos°. Con abogados y otros asistentes Superbarrio

Whoever / hallucinating
character / comic strip
tights
untiring fighter
weak / persecuted

ayuda a los inquilinos° a punto de ser desahuciados°, víctimas de otros abusos de los propietarios° o de la Administración. — tenants / evicted; landlords

Superbarrio toma muchas precauciones para mantener el misterio sobre su verdadera identidad. Acepta algunas entrevistas de periodistas pero sólo les ofrece información general sobre su otra vida. Asegura° que vive en una casa alquilada° en la ciudad de México, que se gana la vida como vendedor ambulante°, que en su juventud fue luchador profesional y que está casado y tiene un hijo.—Todos somos Superbarrio —declaró recientemente—. Si yo me quitase° la máscara, todo el efecto se perdería°. — He avows / rented; street vendor; took off / would be lost

Adaptado de *Cambio 16*

Comprensión

A. ¿Cierto o falso? Corrija las oraciones falsas.

1. Superbarrio es un héroe de la televisión.
2. En su otra vida Superbarrio es luchador profesional.
3. Superbarrio se cuida mucho de no revelar su identidad.
4. Superbarrio roba a los ricos para ayudar a los pobres.
5. Superbarrio lleva una camiseta roja y una capa dorada.
6. Superbarrio ayuda a los inquilinos y víctimas de abusos de los propietarios.
7. Superbarrio recibe el respeto y la admiración de los propietarios.

B. Una tradición larga. ¿Con qué otras figuras literarias o históricas puede Ud. comparar a Superbarrio? Explique cómo son similares y diferentes.

PARA ESCRIBIR BIEN

Improving accuracy

Writing is different from speaking in that the writer has more time to think about word choice, sentence and paragraph construction, and the general message than does a speaker. As a result, the writer is expected to produce material that is more error-free than normal speech. As a language student, you need to improve your accuracy so that your language becomes more and more comprehensible and acceptable to native speakers. The following techniques should help you.

A. Plan your written compositions.

1. Choose a topic consistent with your ability level. A topic that is too difficult will produce frustrations and errors. One that is too easy will not

allow you to be judged in the most favorable manner since you will use overly simplified constructions and vocabulary.
2. Prior to writing, make a mental or written outline of what you plan to say.

B. As you write the first draft, try to avoid errors.

1. Check spelling and meaning of vocabulary items you are unsure of.
2. Check the agreement of each subject and verb.
3. Check the tense and form of each verb.
4. Check agreement of all nouns and their articles or adjectives.
5. Be extra cautious with items such as: **ser/estar, por/para, saber/conocer,** etc.

C. Reread your composition for accuracy.

1. Upon completing your first draft, put it aside for some time.
2. Later, reread your first draft for content. Ask yourself if it says what you want it to.
3. Reread it again for accuracy using the "checks" in item B.

D. Re-copy your composition.

1. Pay attention to capitalization, punctuation, and over-all layout.
2. Proof read your composition, correcting any errors.

Composiciones

A. **La semana pasada.** Escríbale una carta a un(-a) amigo(-a) en otra universidad describiendo la semana pasada. Incluya información sobre el tiempo, sus sentimientos y emociones, sus actividades y sus clases.

B. **Mi universidad.** Describa su universidad para un folleto dirigido a estudiantes futuros. Describa las facultades y los programas, los edificios, las actividades y el tiempo que hace normalmente. Su descripción debe ser linda para atraer a un gran número de estudiantes.

C. **Unos consejos.** El director de una escuela secundaria le pide a Ud. que escriba un artículo en español para los estudiantes hispanos que van a su universidad el año próximo. Puesto que ellos no conocen bien el sistema educativo en los EEUU, Ud. tiene que explicar en orden cronológico lo que Ud. hizo para prepararse e inscribirse en la universidad. Incluya información sobre el primer día de clases.

ACTIVIDADES

A. **El Programa de Orientación.** You are a student guide for Orientation Week at your university. Prepare a brief introductory speech about your school including its history, number and type of students, outstanding features and programs, a description of the campus, where important buildings are located, and other information you think would interest new Hispanic students.

B. **Asuntos actuales.** You are the moderator of *Asuntos Actuales,* a popular Los Angeles radio show that examines contemporary and often controversial issues. The topic for this week's show is «Las escueles secundarias—¿buenas o malas?». The guests (played by classmates) are three typical university students. As moderator you must ask each university student about his / her high-school course work. Find out if the classes were difficult or easy, if instructors were well trained and effective, and what the assignments and exams were like. Then ask each student to explain if the high-school classes prepared him / her for university work.

C. **El (La) meteorólogo(-a).** You are the weather announcer for a morning news show on a Hispanic network. Each fall one of your most popular features is to provide the weather forecast for football weekends at universities around the U.S. In addition to the weather forecast, provide your audience with predictions about game winners and other short commentaries on the universities.

D. **El primer día de clases.** You and a partner will tell each other about your first day in the university. Describe what you did, where you went, how you felt, what you wore, what the day was like for you. Find out what activities and feelings you had in common, then describe them to the entire class. Was there a typical behavior pattern for all students on the first day?

CAPÍTULO 5

En una fiesta estudiantil

A los jóvenes hispanos les gusta bailar.

Primera situación

Presentación Ésta es mi amiga Elisa

Práctica y conversación

A. ¿Qué pasa? Cuente lo que pasa en el dibujo.

B. El (la) amigo(-a) ideal. Haga una lista de siete cualidades que debe tener un(-a) amigo(-a) ideal. Sin mirar esta lista, su compañero(-a) de clase le va a hacer preguntas hasta que adivine cinco de las cualidades que Ud. tiene en su lista. Luego, le toca a Ud. adivinar cinco cualidades que tiene el (la) amigo(-a) ideal de su compañero(-a).

C. **¡Vamos a celebrar!** En grupos, organicen una fiesta para su clase de español. ¿Dónde será la fiesta? ¿Cuándo? ¿Qué servirán Uds.? ¿Quiénes traerán la comida? ¿las bebidas? ¿Qué tipo de música habrá? ¿?

D. **Creación.** En el dibujo de la **Presentación** el hombre que toca a la puerta está furioso. ¿Qué le va a decir a la persona que abre la puerta? Con un(-a) compañero(-a) de clase, presenten su conversación.

Vocabulario activo

Las fiestas	***Parties***
el aniversario	*anniversary*
el cumpleaños	*birthday*
la despedida de soltero(-a)	*bachelor party, bridal shower*
el día feriado	*holiday*
el santo	*saint's day*
la sorpresa	*surprise*
estupendo(-a) / formidable / magnífico(-a) / maravilloso(-a)	*marvelous / terrific / wonderful*
ruidoso(-a)	*noisy*
celebrar / festejar	*to celebrate*
cumplir 20 años	*to turn 20*
hacer una fiesta	*to have a party*
organizar una fiesta	*to give a party*
regalar	*to give a present*
sorprender	*to surprise*

Los invitados	***Guests***
el aguafiestas	*party pooper*
el (la) anfitrión(-ona)	*host, hostess*
el chisme	*gossip*
la risa	*laughter*
conversar	*to converse*
convidar	*to invite*
meter la pata	*to blunder*
presentar	*to introduce*
ser pesado(-a)	*to be dull, boring*

Los amigos	***Friends***		
la amistad	*friendship*	dinámico(-a)	*dynamic*
el sentido del humor	*sense of humor*	enérgico(-a)	*energetic*
agradable	*pleasant*	fiel	*loyal*
animado(-a)	*lively*	hablador(-a)	*talkative*
comprensivo(-a)	*understanding*	sonriente	*smiling*
chistoso(-a) / gracioso(-a)	*funny, amusing*	caerle bien / mal	*to get along well / poorly*
		tener gracia	*to be witty*

ASÍ SE HABLA

Making introductions

Una fiesta

¿Qué oyó Ud.?

Escuche Ud. la siguiente conversación que se lleva a cabo en una fiesta en la casa de Roque. Luego, elija la respuesta que mejor complete la siguientes oraciones.

1. La persona que no es de la capital es...
   a. Gustavo.
   b. Violeta.
   c. Elisa.

2. Gustavo le ofrece a Elisa algo para...
   a. escuchar.
   b. beber.
   c. leer.
3. ¿Cuál de las siguientes personas no estudia derecho?
   a. Gustavo.
   b. Roque.
   c. Violeta.
4. Violeta conoció a Gustavo y a Roque en...
   a. la fiesta.
   b. la facultad.
   c. el centro estudiantil.
5. Según esta conversación, a estos jóvenes les gusta...
   a. conversar y bailar.
   b. reír y comer.
   c. leer y bailar.
6. La actitud de estos jóvenes es...
   a. descortés.
   b. indiferente.
   c. amigable.

If you want to introduce someone, you can use the following phrases.

Sr. Sánchez, le presento al Sr. Samaniego.	*Mr. Sánchez, this is Mr. Samaniego.*
Julio, te presento / quiero que conozcas a Mariela.	*Julio, this is / I want you to meet Mariela.*
Julio, ésta es Mariela de quien tanto te he hablado.	*Julio, this is Mariela, whom I've told you so much about.*

If you want to introduce yourself, you can use the following phrases.

Permítame / permíteme que me presente. Yo soy Mónica Valverde.	*Let me introduce myself. I'm Monica Valverde.*

If you are responding to an introduction, you can use the following phrases.

Mucho / Cuánto gusto.	*Nice to meet you.*
Es un placer.	*It's a pleasure.*
Encantado(-a) de conocerlo(-la).	*Delighted to meet you.*
El gusto es mío.	*It's my pleasure.*

EN CONTEXTO

ROQUE	Elisa, quiero presentarte a unos amigos. Gustavo, Violeta, **les presento a** Elisa.
VIOLETA	**Mucho gusto.**
GUSTAVO	**Encantado de conocerte.**
ELISA	**El gusto es mío.**

Práctica y conversación

A. **¿Conoces a...?** En grupos, un(-a) estudiante presenta a otros(-as) dos. Estos(-as) se saludan y se hacen preguntas para conocerse.

B. **En una fiesta familiar.** En grupos, dramaticen la siguiente situación. Ud. organiza una fiesta en su casa y ha invitado a un(-a) amigo(-a) suyo(-a) de la universidad. Preséntelo(-la) a las siguientes personas: sus padres / su hermano(-a) / su tío(-a) / su primo(-a) / su abuelo(-a).

Estructuras

Expressing actions in progress

Progressive tenses

The progressive tenses emphasize actions that are taking place at a particular moment in time. In English the present progressive tense is composed of *to be* + present participle: *I am dancing; John is eating.*

A. In Spanish the present progressive tense is composed of **estar** + the present participle.

ESTAR	PRESENT PARTICIPLE	
estoy	bailando	*I am dancing*
estás	comiendo	*you are eating*
está	discutiendo	*he / she is, you are discussing*
estamos	leyendo	*we are reading*
estáis	sirviendo	*you are serving*
están	durmiendo	*they, you are sleeping*

B. To form the present participle

1. add **-ando** to the stem of **-ar** verbs: **invitar → invit- → invitando.**
2. add **-iendo** to the stem of **-er** and **-ir** verbs: **beber → beb- → bebiendo; cumplir → cumpl- → cumpliendo.** When the stem ends in a vowel, add the ending **-yendo: oír → o- → oyendo; traer → tra- → trayendo.**

3. **-Ir** verbs whose stem vowel changes **e → i** or **o → u** in the third-person of the preterite have this stem change in the present participle: **pedir → pid- → pidiendo; dormir → durm- → durmiendo.**

C. With verbs in the progressive tenses, direct, indirect, and reflexive pronouns may precede the conjugated verb or be attached to the end of the present participle.

Están divirtiéndo**se.** **Se** están divirtiendo.	*They are having a good time.*

Note that a written accent mark is placed over the stressed vowel of the present participle when one or more pronouns are attached.

D. The Spanish present progressive is used only to emphasize an action that is currently in progress. Contrary to English, the Spanish present progressive is not used to refer to present actions that take place over an extended period of time or to an action that will take place in the future. Compare the following.

Este año Iliana **estudia** en España.	*This year Iliana is studying in Spain.*
Ahora mismo **está estudiando** historia.	*Right now she is studying history.*
Carlos **está llegando** en este momento.	*Carlos is arriving at this very moment.*
Sofía **llega** más tarde.	*Sofía is arriving later.*

E. To describe or express an action that was in progress at a particular moment in the past, the imperfect of **estar** + the present participle is used.

Anoche a esta hora **estábamos celebrando** el cumpleaños de Teresa.	*Last night at this time we were celebrating Teresa's birthday.*

F. The verbs **andar, continuar, ir, seguir,** and **venir** can also be used with the present participle to form progressive tenses.

En las fiestas Roberto **anda comiendo** y **bebiendo.**	*At parties Roberto goes around eating and drinking.*

EN CONTEXTO

GUSTAVO Roque me ha hablado mucho de ti y me dice que **estás visitando** a tus familiares aquí en la capital.

ELISA Así es, y **estoy disfrutando** mucho.

Práctica y conversación

A. **En la fiesta.** Explique lo que estas personas están haciendo ahora en la fiesta.

MODELO Carlos / charlar
Carlos está charlando.

1. Eduardo / bailar
2. tú y yo / divertirse
3. yo / comer y beber
4. Uds. / chismear
5. mi hija / dormir
6. tú / ofrecer refrescos
7. los jóvenes / oír discos
8. mi mamá / servir la torta

B. **Ahora mismo.** ¿Qué piensa Ud. que estas personas están haciendo ahora mismo?

mi mejor amigo(-a) / mi vecino(-a) / mi compañero(-a) de cuarto / mi profesor(-a) de español / mi abuelo(-a) / mi novio(-a)

Ahora, diga lo que ellos estaban haciendo anoche a las ocho.

C. **Entrevista.** Pregúntele a un(-a) compañero(-a) de clase lo que estaba haciendo...

hoy al mediodía / el sábado pasado por la noche / anoche a las ocho / antes de la clase / cuando empezó la clase / el cuatro de julio

D. **¡Cómo nos divertimos!** Ud. fue a una fiesta de disfraces (*costume party*) anoche. Su compañero(-a) de clase quiere que Ud. le cuente todos los detalles y le hace una serie de preguntas. Cuéntele quiénes fueron, qué disfraces llevaban, qué música tocaron, qué hicieron, con quién conversó, hasta qué hora se quedaron, quién ganó el premio del mejor disfraz. Cuéntele también si hubo alguien que no se divirtió.

MODELO
Usted: **¡Imagínate! Anoche me divertí muchísimo. Pasé toda la noche bailando.**
Compañero(-a): **No me digas. ¿Y José pasó toda la noche bailando también?**
Usted: **No, él pasó toda la noche comiendo.**

Indicating ownership

Possessive adjectives and pronouns

Possessive adjectives and pronouns are used in order to avoid repeating the name of the person who owns the item in question.

Is that *Ricardo's* girl friend?
No, *his* girl friend couldn't come to the party.

Spanish has two sets of possessive adjectives: the simple, unstressed forms and the stressed, longer forms. The stressed possessive adjectives are more emphatic than the unstressed forms.

POSSESSIVE ADJECTIVES

	UNSTRESSED	STRESSED
my	mi(-s)	mío(-a, -os, -as)
your	tu(-s)	tuyo(-a, -os, -as)
his, her, your	su(-s)	suyo(-a, -os, -as)
our	nuestro(-a, -os, -as)	nuestro(-a, -os, -as)
your	vuestro(-a, -os, -as)	vuestro(-a, -os, -as)
their, your	su(-s)	suyo(-a, -os, -as)

A. The possessive adjective refers to the owner / possessor, while the ending agrees with the person or thing possessed: *his friends* = **sus amigos / los amigos suyos;** *our party* = **nuestra fiesta / la fiesta nuestra.**

B. Unstressed possessive adjectives precede the noun they modify.

Mañana es **mi** cumpleaños. *Tomorrow is my birthday.*

C. Stressed possessive adjectives usually follow the noun they modify, and the noun is preceded by the definite article, indefinite article, or a demonstrative adjective.

un / el / este } primo nuestro — *a / the / this } cousin of ours*

D. Since **su / sus** and **suyo / suyos** have a variety of meanings, the phrase **article + noun + de + pronoun** is often used to avoid ambiguity. While **su aniversario** could have several meanings, **el aniversario de Ud.** can only mean *your anniversary*. Likewise, **el aniversario de ellos** can only mean *their anniversary*.

E. The definite article + the possessive pronoun can replace the stressed possessive adjective + noun: **la amiga mía → la mía** = *my friend → mine.* Both the article and the possessive pronoun agree in number and gender with the item possessed.

¿Cuándo es el cumpleaños de Tomás?	*When is Tomás' birthday?*
No sé, pero **el mío** es el 27.	*I don't know, but mine is the 27th.*

F. The stressed possessive pronoun is always preceded by the definite article, except after forms of **ser.**

Este abrigo no es **mío. El mío** es rojo.	*This coat isn't mine. Mine is red.*

EN CONTEXTO

ELISA ¿Cuál es **tu** especialización?
VIOLETA Ciencias políticas.
ELISA **La mía** es derecho internacional y la de Roque es derecho mercantil.

Práctica y conversación

A. **Vamos a la fiesta.** ¿Con quiénes van estas personas a la fiesta?

MODELO Anita / un amigo
Anita va con un amigo suyo.

1. Julio y yo / un primo
2. María / unas compañeras
3. yo / una amiga
4. Ud. / un hermano
5. tú / unos amigos
6. Javier y María / una prima

B. **¿Me prestas...?** Pídale a su compañero(-a) varias cosas suyas.

MODELO Usted: **¿Me prestas tu lápiz?**
Compañero(-a): **¿El mío? Está bien.**

apuntes / suéter / revista / cintas / coche / novela / cuaderno de ejercicios / bicicleta / ¿?

C. **¿Dónde está...?** Ud. no puede encontrar varias cosas suyas. Pregúntele a su compañero(-a) si él (ella) las tiene.

MODELO Usted: **¿Tienes mi lápiz?**
Compañero(-a): **¿El tuyo? No, no lo tengo.**

libro / cartas / sombrero / invitación / zapatos / revista / cintas / ¿?

Segunda situación

Presentación ¿Qué vas a tomar?

Práctica y conversación

A. ¿Qué pasa? Cuente lo que pasa en el dibujo.

B. Asociaciones. ¿Qué palabra no corresponde al grupo? Explique Ud. por qué.

1. la limonada / la cerveza / el jugo de manzana
2. la torta / los cacahuetes / el salchichón
3. el ponche / la sangría / el hielo
4. el jamón / el calamar / la salchicha
5. las aceitunas / el queso / el champán

C. ¿Qué va a tomar? ¿Qué va a tomar Ud. con esta comida o bebida?

el bocadillo de jamón y queso / los tacos / la cerveza / el pastel / la pizza / el jugo de naranja / los caracoles

D. **¡Organicemos la fiesta!** En grupos, preparen el menú para las siguientes fiestas.

el cumpleaños de su hermana menor / el aniversario de sus padres / el fin del semestre / la despedida de soltero de su mejor amigo / el equipo de fútbol que acaba de ganar el campeonato

LA MESA ESTA PUESTA PARA SU PROXIMA FIESTA

LA BAMBA
Algo muy especial para su dulce paladar. Ciruelas cocidas con bacon, jamón y mermelada de fresa, alrededor de una piña rellena con coctel de frutas frescas.

EL MALECON
Apetitoso plato de camarones listos para comer, servidos con limón y salsa de coctel.

BOCADITO TROPICAL
Pequeños panecillos rellenos con deliciosa pasta de bocaditos, adornados con uvas verdes y rojas.

ENTREMES DE POLLO
Muslitos de pollo servidos con salsa de barbacoa. El plato ideal para una cena o un coctel.

LOS SOCIABLES
Bocaditos de jamón, queso suizo, pernil y croquetas de jamón, decorados con aceitunas y un centro de piña.

LOS CUBANITOS
Riquísimos emparedados cubanos en miniatura.

Pida el Plato Deli de su gusto en cualquiera de estos tres tamaños:
Pequeño, para 8-12 personas;
Mediano, para 16-20 personas;
Grande, para 26-30 personas.

Publix

Vocabulario activo

Las bebidas	*Beverages*
el café	*coffee*
la cerveza	*beer*
el champán	*champagne*
el hielo	*ice*
el jugo (**A**) / el zumo (**E**) de naranja / manzana / papaya	*orange / apple / papaya juice*
la limonada	*lemonade*
el ponche	*punch*
la sangría	*wine punch*
la sidra	*cider*
el té	*tea*
el vino blanco / tinto	*white / red wine*

Los entremeses	*Hors d'oeuvres*
la aceituna	*olive*
el bocadillo (**E**) / el sandwich (**A**)	*sandwich*
los cacahuetes (**E**) / los cacahuates (**Méx.**) / el maní (**S. Am., Carib.**)	*peanuts*
el calamar	*squid*
los camarones (**A**) / las gambas (**E**)	*shrimp*
los caracoles	*snails*
el chorizo	*sausage*
los espárragos	*asparagus*
el jamón	*ham*
el olor	*aroma*
el pastel	*pastry*
el queso	*cheese*
el sabor	*flavor*
la salchicha	*sausage*
el salchichón	*salami*
la torta	*cake*
dulce	*sweet*
frito(-a)	*fried*
picante	*spicy*
salado(-a)	*salty*
picar	*to snack*
probar (ue)	*to taste, try*

ASÍ SE HABLA

Party talk

¿Qué oyó Ud.?

Escuche la conversación entre algunos amigos que están en una fiesta. Luego, haga el siguiente ejercicio.

1. La fiesta es en casa de ___________.
2. Uno de los invitados se llama ___________ y otro(-a) se llama ___________.
3. El comportamiento de Francisco indica que es un anfitrión muy...
   a. amable.
   b. descortés.
   c. egoísta.
4. Se puede inferir que...
   a. Paco está interesado en Miriam.
   b. Miriam no está interesada en Javier.
   c. Javier está interesado en Miriam.
5. Identifique a los personajes del dibujo. ¿Quién es Francisco (Paco)? ¿Miriam? ¿Javier?

If you are the host or hostess of a party and you want to greet your guests, you can use the following phrases.

Formal:

¡Bienvenido(-a)!	*Welcome!*
¡Qué gusto / encantado(-a) de verle (-les)!	*How nice to see you!*
Por favor, pase(-n). / Tenga(-n) la bondad de pasar. Está(-n) en su casa.	*Please, come in. Make yourself (yourselves) at home.*
Tome(-n) asiento.	*Take a seat.*
Siénte(-n)se, por favor.	*Sit down, please.*

Informal:

¡Hola! ¿Qué tal?	*Hi! How are you?*
¿Cómo estás(-n)?	*How are you?*
¡Adelante!	*Come in!*

To say good-bye to your guests, you can say the following.

Formal:

Muchas gracias por venir.	*Thank you for coming.*
Ya sabe(-n), aquí tiene(-n) su casa.	*Now you know, this is your house.*

Informal:

Hay / Habrá que repetirlo.	*We'll have to do it again.*
Me saludas a tu esposo(-a) / hijos.	*My regards to your husband (wife) / children.*
Muchos cariños a...	*My love to . . .*

If you are a guest and want to thank your host or hostess for inviting you, you can use the following phrases.

Muchas gracias por la invitación / invitarme.	*Thank you for the invitation / inviting me.*
Lo pasamos muy bien / de lo mejor.	*We had a great time.*
Muchas gracias, muy amable.	*Thank you, that was very kind.*

EN CONTEXTO

MIRIAM Paco, me voy. **Muchas gracias por la invitación.** Disculpa que me tenga que ir tan temprano pero tengo que levantarme temprano para estudiar mañana y...

FRANCISO No, no te puedes ir, Miriam. La fiesta está empezando...

MIRIAM De verdad, Paco. Me tengo que ir. Muchas gracias por todo. **Lo pasé de lo mejor.**

Práctica y conversación

A. ¡Muchas gracias! ¿Qué dice Ud. en las siguientes situaciones?

1. Un invitado(-a) llega a su fiesta.
2. Ud. llega a una fiesta y el (la) dueño(-a) de casa abre la puerta.
3. Su invitado no conoce a nadie en la fiesta.
4. Un invitado se va de su fiesta.

B. Disfrutando de la fiesta. En grupos, dos personas hacen el papel de los anfitriones y tres el papel de los invitados. Los anfitriones reciben a sus invitados. Los invitan a tomar algo. Les presentan a los otros invitados y al final todos se despiden.

Estructuras

Indicating to whom and for whom actions are done

Indirect object pronouns

Indirect object nouns and pronouns indicate to whom or for whom actions are done: *Elena sent* **us** *an invitation so we sent* **her** *a gift.*

—¿A quiénes **les** vas a dar esos regalos?
—**Le** doy este suéter **a mi papá** y **les** doy el juego **a mis hermanitos.**

INDIRECT OBJECT PRONOUNS

Luis	me	dio un regalo.	*Luis gave a gift to me.*
Luis	te	dio un regalo.	*Luis gave a gift to you. (fam. s.)*
Luis	le	dio un regalo.	*Luis gave a gift to him, her, you. (form. s.)*
Luis	nos	dio un regalo.	*Luis gave a gift to us.*
Luis	os	dio un regalo.	*Luis gave a gift to you. (fam. pl.)*
Luis	les	dio un regalo.	*Luis gave a gift to them, you. (form. pl.)*

A. The indirect object pronoun must precede a conjugated verb. It may be attached to the end of an infinitive or present participle.

B. The indirect object pronoun must be attached to the end of an affirmative command and must precede a negative command.

Cómpra**le** un lindo regalo a Laura pero no **le** des el regalo.	*Buy a nice gift for Laura, but don't give the gift to her.*

C. Indirect object pronouns can be clarified or emphasized by using **a + prepositional pronoun.**

Le doy el vino **a él,** y **a ti** te doy el champán.	*I'm giving the wine to him, and I'm giving the champagne to you.*

D. In Spanish, sentences that contain an indirect object noun also contain the corresponding indirect object pronoun.

Le regalé un suéter **a mi papá.** — *I gave a sweater to my dad.*

Once the identity of the indirect object noun has been made clear, the indirect object pronoun can be used alone.

Prepára**le** un bocadillo **a Miguel** y después da**le** una cerveza. — *Prepare a sandwich for Miguel and then give him a beer.*

EN CONTEXTO

FRANCISCO Miriam, ¿**te** puedo ofrecer un refresco? ¿un jugo? ¿una cerveza?

MIRIAM Tráe**me** un refresco, por favor, Paco.

■ Práctica y conversación

A. Ayúdeme, por favor. Ud. está organizando una fiesta. Sus amigos (-as) ofrecen ayudarlo(la). Dígales qué van a hacer para ayudarlo(la).

MODELO Isabel / comprar la sidra
Isabel, cómprame la sidra.

1. Susana / preparar una paella
2. José y Julio / prestar los discos
3. Paco / escribir las invitaciones
4. Marta / traer el ponche
5. Enrique y Chela / decorar la sala

B. Feliz cumpleaños. Ud. tiene que asistir a seis fiestas este mes. Diga lo que regala Ud.

MODELO unas cintas / a Susana
Le regalo unas cintas a Susana.

1. un libro / a Juan
2. unos discos / a los gemelos Sánchez
3. una raqueta de tenis / a ti
4. una videocinta / a Juana y Lupe
5. un suéter / a Isabel
6. un radio / a Esteban y María

Después de comprarles tantos regalos a sus amigos, Ud. decide comprarse algo especial. ¿Qué es?

C. Por favor... Pídale Ud. favores a su compañero(-a) de clase. Su compañero(-a) va a contestar.

MODELO mandar una tarjeta postal
Usted: **Mándame la tarjeta postal, por favor.**
Compañero(-a): **Sí, te la mando esta tarde.**

prestar el coche / mostrar las fotos / dar los apuntes de la clase de historia / decir el número de teléfono / prestar cincuenta dólares / explicar los verbos / ¿?

D. ¡Qué trabajo! En grupos, un(-a) estudiante hace el papel de jefe de una oficina, otro(-a) de secretario(-a) y el (la) tercer(-a) estudiante toma apuntes de lo que sucede y luego informa al resto de la clase.

Situación: El (la) jefe quiere que el (la) secretario(-a) le escriba una carta a un cliente, le mande flores a su esposo(-a) para su cumpleaños, haga reservaciones en su restaurante favorito para esa noche, saque fotocopias de un documento importante y ¿?

Talking about people and things

Uses of the definite article

The definite article in English and Spanish is used to indicate a specific noun: **La sidra está en la mesa.** *The cider is on the table.*

A. The forms of the definite article precede the nouns they modify and agree with them in gender and number: **el jugo; la sidra; las aceitunas; los cacahuetes.**

B. The masculine singular article **el** is used with feminine nouns that begin with a stressed **a-** or **ha-**. However, the plural forms of these nouns use **las: el agua / las aguas.**

C. In Spanish the definite article is used...

1. before abstract nouns and before nouns used in a general sense.

En mi opinión, **la** amistad es muy importante.	*In my opinion, friendship is very important.*
No me gustan **los** caracoles.	*I don't like snails.*

2. with the names of languages except when they follow **de, en,** or forms of **hablar.** The article is often omitted after **aprender, enseñar, escribir, estudiar, leer,** and **saber.**

Se dice que **el** chino es una lengua muy difícil.	*They say that Chinese is a very difficult language.*
Susana es bilingüe. Habla inglés y español y estudia japonés.	*Susana is bilingual. She speaks English and Spanish and is studying Japanese.*

3. before a title (except **don / doña, san(-to) / santa**) when speaking about a person, but omitted when speaking directly to the person.

—Miguel, éste es nuestro vecino **el doctor** Casona.	*Miguel, this is our neighbor Doctor Casona.*
—Mucho gusto, **doctor** Casona.	*Pleased to meet you, Dr. Casona.*

4. instead of a possessive pronoun with articles of clothing and parts of the body when preceded by a reflexive verb.

Al entrar en la fiesta se quitó **la** chaqueta.	*When he got to the party, he took off his jacket.*

5. with days of the week to mean *on.*

La fiesta de Julia es **el** viernes 25 de mayo.	*Julia's party is on Friday, May 25.*
Los domingos toda la familia se junta en nuestra casa.	*On Sundays the whole family gets together at our house.*

6. with the names of certain countries and geographical areas.

la América del Sur	los Estados Unidos	el Paraguay
la Argentina	la Florida	el Perú
el Brasil	la Habana	la República Dominicana
el Canadá	la India	el Uruguay
el Ecuador	el Japón	

7. to refer to a quantity or weight.

El chorizo cuesta ocho dólares **el kilo.**	*The sausage costs $8.00 a kilo.*

8. to tell time.

La fiesta empezó a **las** ocho.	*The party began at eight (o'clock).*

EN CONTEXTO

JAVIER Te llamo **el** lunes por **la** noche, ¿te parece?
MIRIAM Muy bien. Ahora voy a despedirme de Paco.
JAVIER Hasta **el** lunes, entonces.
MIRIAM Paco, me voy. Muchas gracias por **la** invitación.

Práctica y conversación

A. **¿Qué me pongo?** ¿Qué se pone Ud. para ir a los siguientes lugares?

un restaurante elegante / el cine / un partido de fútbol / la clase de español / una fiesta

B. **¿Qué le duele?** Pregúntele a su compañero(-a) de clase qué le duele(-n) cuando...

corre cinco millas / juega al tenis tres horas / levanta pesas toda la tarde / nada dos horas / baila toda la noche / estudia seis horas

C. **Fuimos a la fiesta.** Complete el siguiente diálogo con un(-a) compañero(-a) de clase usando la forma apropiada del artículo definido cuando sea necesario.

1. Hola, *(nombre de su compañero(-a)*. ¿No fuiste a ____________ fiesta de Juliana?
2. ¿Cuándo fue? ¿____________ viernes?
3. No, ____________ sábado por ____________ noche, a ____________ nueve.
4. Me olvidé por completo. Fui a ____________ casa de mi hermana y ni me acordé. Pero dime, ¿fue Guillermo?
5. Desgraciadamente, sí. Él me dijo que no tenía ni un centavo. Se ha gastado todo ____________ dinero que le mandaron sus padres ____________ mes pasado.
6. Y ¿qué va a hacer para pagar ____________ matrícula, ____________ libros y ____________ alquiler?
7. No se, pero de todas maneras quiere ir a ____________ Chile y ____________ Perú en ____________ próximas vacaciones.
8. ¡Está loco! Bueno, qué se va a hacer. ¿Quién más estuvo en ____________ fiesta?
9. ____________ gente de siempre. Todos me preguntaron por ti. Les dije que te habías ido a ____________ casa de tu hermana.
10. Gracias. En realidad se me olvidó.

Describing general qualities

Lo + *adjective*

To describe the best thing or the worst thing about someone or something, Spanish uses a phrase formed with the neuter article **lo.**

A. **Lo** + the masculine singular form of an adjective can be used to describe general qualities and characteristics: **lo bueno** = *the good thing, the good part.*

Lo bueno de Luisa es su sentido de humor.	*The good thing about Luisa is her sense of humor.*

B. The words **más** or **menos** can precede the adjective.

Lo más importante es comprar los refrescos para la fiesta.	*The most important thing is to buy the soft drinks for the party.*

C. The following are some common expressions.

lo bueno	*the good thing*	lo peor	*the worst thing*
lo malo	*the bad thing*	lo mismo	*the same thing*
lo mejor	*the best thing*		

EN CONTEXTO

MIRIAM **Lo malo** es que me tendré que ir pronto porque mañana me tengo que levantar temprano.

■ Práctica y conversación

A. **Entrevista.** Hágale preguntas a un(-a) compañero(-a) de clase sobre su vida. Su compañero(-a) debe contestar.

1. qué es lo bueno de sus amigos / de su familia.
2. qué es lo malo de sus amigos / de su familia.
3. qué es lo más interesante de la vida universitaria.
4. qué es lo mejor de su vida actual.
5. ¿?

B. **La fiesta.** Ud. y un(-a) compañero(-a) están hablando de la fiesta del sábado pasado. Comenten los aspectos positivos y negativos. Digan qué fue lo más interesante / divertido / agradable / desagradable de la fiesta.

MODELO **A mí me parece que lo más agradable fue la comida.**

DUDAS DE VOCABULARIO

To come / to go

For both **ir** and **venir** Spanish always takes the speaker's point of view.

Venir: to come from somewhere else to where the speaker is.
Ir: to go from where the speaker is to somewhere else.

Gerardo, ven a mi fiesta esta noche.	*Gerardo, come to my party tonight.*
Lo siento, Germán, pero no puedo ir.	*I'm sorry, Germán, but I won't be able to go.*

To meet

Conocer: to meet or to be acquainted with something or someone.

El proximo año conoceré Cancún.	*I'll know Cancún next year.*
¿Quién será ese hombre tan inteligente? Quisiera conocerlo.	*I wonder who that intelligent man is? I'd like to meet him.*

Encontrar: to find something or someone as a result of looking.

No encontré camarones en el mercado.	*I didn't find shrimp at the store.*

Encontrarse con: to meet somebody by previous arrangement or to bump into someone.

Fui a la fiesta y me encontré con Juliana. ¡Qué sorpresa!	*I went to the party and I bumped into Juliana. What a surprise!*
¡No te olvides! ¡Nos encontramos aquí dentro de 15 minutos!	*Don't forget! We're meeting here in 15 minutes!*

Reunirse con: to meet or get together by prearrangement or for a reunion.

Voy a reunirme con toda mi familia el cinco de mayo.	*I'll get together with all my family on May 5.*

Much / many

Mucho: a lot.

El tiene mucho dinero. ¡Es riquísimo!	*He has a lot of money. He's very rich!*

Tanto: so much; that much.

No creo que tenga tanto. Estás exagerando.	*I don't think he has that much. You are exaggerating.*

Demasiado: too much.

¡Ayer comí demasiado!	*I ate too much yesterday!*

Práctica

Complete los espacios en blanco con la palabra que corresponda. Haga los cambios necesarios.

—Mara, ¿vas a __________ (ir / venir) a mi fiesta de cumpleaños?

—¡Claro que voy a __________ (ir / venir)! Tú sabes que a mí me encanta __________ (reunirse con / conocer a) mis amigos.

—Cuánto me alegro, porque tienes que __________ (conocer / encontrar) a José, el nuevo estudiante de la escuela.

—¡No me digas que él __________ (va / viene)! Yo __________ (iré / vendré) de todas maneras. Él vive __________ (cercano / cerca) de mi casa y lo veo cada __________ (tiempo / vez) que camino a la escuela. Además me han hablado __________ (demasiado / tanto) de él que tengo ganas de __________ (conocerlo / encontrarlo) un poco más. Me han dicho que es __________ (mucho / demasiado) tímido y que no habla con nadie.

—No, eso no es verdad. Él no habla __________ (mucho / tanto), pero no es tímido.

Tercera situación

ASÍ SE HACE

Cómo se porta uno en una fiesta

En los países hispánicos las fiestas empiezan generalmente a las 9 o 10 de la noche y se extienden hasta las 2 o 3 de la madrugada. Como la actividad principal en las fiestas es el baile ya sea en parejas, en ruedas o rondas o en el famoso trencito, el anfitrión alquila o prepara una miniteca con la música de su preferencia e incluye una combinación de música bailable ya sea lenta (bolero, valses) o rápida y alegre (salsa, rock). En algunos casos, dependiendo de la ocasión y de las posibilidades económicas del anfitrión, éste contrata una orquesta de música popular.

Generalmente, tanto el anfitrión como los invitados se visten formalmente, es decir las mujeres llevan vestidos y los hombres un traje o una chaqueta deportiva. Estos últimos pueden o no llevar corbata, según la formalidad de la fiesta.

La comida y bebida que se sirve en las fiestas varía según la ocasión, preferencia y posibilidades económicas de la familia, pero puede ser desde un bufete frío contratado en una agencia de festejos a entremeses diversos preparados en casa. Las bebidas más comunes son las gaseosas, aunque también es común servir cerveza, ron o whiskey.

Práctica y conversación

Vamos a divertirnos. En grupos, Ud. y sus amigos planifican una fiesta de fin de año. Decidan lo siguiente.

1. la fecha y la hora de la fiesta
2. el lugar de la fiesta
3. la comida
4. las bebidas
5. la ropa
6. la música

Después de organizar su fiesta, comparen sus planes con los de los otros grupos y decidan cuál fiesta promete ser la más divertida.

PARA LEER BIEN

Skimming

Skimming is the technique used to locate specific or detailed information within a reading passage. Skimming is similar to scanning in that your eyes move quickly over the material. However, skimming differs from scanning in that the purpose is to notice a particular word, phrase, or piece of information.

When approaching a reading selection for the first time, you frequently scan the material to determine what type of information it contains. You then skim the reading to locate items or details of particular interest. You often apply this technique to the reading of schedules or menus. Skimming can also follow a close reading when you wish to recall particular details or review the information quickly.

Práctica

A. Un vistazo. Dé un vistazo (*scan*) al título, las fotos y la composición general del artículo que sigue. ¿Cuál es el tema central?

B. Un examen superficial. Examine superficialmente (*skim*) el primer párrafo de la lectura para obtener la información siguiente: Desde el punto de vista tecnológico, ¿cómo es el metro mexicano? ¿Cómo afectó el terremoto de 1985 al metro? Durante el terremoto, ¿cómo funcionaban los trenes?

LECTURA

El estupendo metro de México

La Ciudad de México: El metro

Los grandes sistemas de trenes metropolitanos son tan particulares como las ciudades donde se encuentran. El metro de la ciudad de México también tiene sus características singulares. Es uno de los más modernos y avanzados del mundo desde el punto de vista° tecnológico. El fuerte terremoto° de 1985 apenas° lo afectó. Por la tarde del día del desastre, la mayoría de las líneas funcionaban normalmente. Lo que parecía un milagro° era, según los ingenieros, el resultado de un diseño° que tuvo muy

point of view / earthquake / scarcely

miracle / design

en cuenta° la posibilidad de terremotos. Los trenes que estaban transitando durante el sismo° continuaron funcionando con energía suministrada° por baterías de emergencia hasta estaciones donde pudieron descargar a los pasajeros.

La finalidad° de este metro, como la de todos los demás del mundo, es brindar° transporte rápido y económico a los residentes. Y es indiscutible° que lo logra° admirablemente. El metro hacía mucha falta° en una ciudad que según se calcula tiene unos 20.000.000 de habitantes. Entre semana montan° en él unos 4.000.000 de personas al día, casi el 25% de la población. Los trenes del metro se mueven a una velocidad promedio° de 35 kilómetros por hora, contando las paradas° en las estaciones, y pueden llegar a 88 kilómetros por hora. El sistema ha mantenido siempre el precio del pasaje en un peso y, aunque es posible que la inflación lo haga subir, seguirá siendo el más barato del mundo.

Ahora que la línea tres llega a la Universidad Nacional, los estudiantes de toda la ciudad lo aprovechan° para ir a clases. El metro es un medio de transporte fácil para los empleados, visitantes y los enfermos que van a las consultas del Centro Médico y el Hospital General. También se ven hombres de negocios, bien vestidos y con su portafolio en la mano, entre los estudiantes y los trabajadores. Hasta los campesinos analfabetos° lo usan sin dificultad, guiados° por los símbolos de las estaciones que se hallan° en los terminales y en los vagones°. Por ejemplo, el símbolo de la estación del Zócalo, la plaza principal de la ciudad, es el águila° en un cacto con una serpiente en la boca. Este mismo emblema que se encuentra también en la bandera° mexicana es el simbolo del México antiguo y moderno.

El orgullo° que los residentes de la capital sienten por el metro se refleja en su limpieza y orden. Un estudio reciente sobre delitos° en los sistemas de trenes metropolitanos del mundo reveló que el metro de México es uno de los más seguros.

El metro es un mundo subterráneo, una ciudad debajo de otra. Los planificadores° han construido un metro con 105 estaciones brillantes, alegres y, en muchos casos, impresionantes. En ningún momento hay sensación de oscuridad ni de estar bajo tierra. Todo es vida y color. En las estaciones más concurridas° a veces hay zonas comerciales. Entre la estación del Zócalo y la de Pino Suárez hay un túnel largo, muy iluminado, donde uno puede comprar comida, ropa, libros y chucherías°. Por allí también se ven individuos que entretienen° a los pasajeros con suertes de prestidigitación° y malabarismos°.

Todas las estaciones están decoradas con mucho gusto°. La estación de Bellas Artes está adornada con reproducciones de murales mayas y tiene el piso de mármol°; el Zócalo tiene vitrinas° donde se reproduce la gran plaza en tiempos aztecas y coloniales.

Hasta la persona más agotada debe sentirse contenta al viajar por este mundo subterráneo tan ameno°. Para el que visita la ciudad, el metro no es sólo un medio rápido y conveniente de trasladarse a cualquier parte de la capital, sino que también le brinda la oportunidad de conocer a los que viven en ella. Y como la tercera parte de las líneas no son subterráneas, el metro es una buena manera de ver la ciudad.

Adaptado de *Las Américas*

took into account
terremoto / furnished
purpose / to offer
unquestionable / succeeds
was sorely lacking
ride
average / stops
take advantage of it
illiterate / guided
se encuentran / coaches
eagle
flag
pride
crimes
planners
crowded
trinkets
entertain / magic tricks
juggling
taste
marble
display windows
pleasant

Comprensión

A. Información básica. Hojee (*Skim*) el artículo para obtener la información siguiente.

1. El número de personas que transporta diariamente el metro del D.F. El porcentaje de la población que transporta diariamente.
2. El precio de un viaje.
3. La velocidad media del tren.
4. El número de estaciones.
5. Los tipos de personas que usan el metro.
6. Lo que hay en el túnel entre la estación del Zócalo y la de Pino Suárez.
7. Las decoraciones de unas estaciones.

B. Unas explicaciones. Conteste las siguientes preguntas explicando cómo funciona el sistema.

1. ¿Cómo usan los campesinos analfabetos el metro?
2. ¿De qué manera es el metro un mundo subterráneo?
3. ¿Por qué continuó funcionando el metro durante el terremoto de 1985?
4. ¿Por qué debe sentirse contenta una persona que está agotada al viajar por el metro mexicano?

C. La defensa de una opinión. ¿Qué evidencia hay en el artículo que confirma la idea siguiente? Los planificadores del metro de la ciudad de México tuvieron en cuenta lo estético y lo funcional al crear su sistema de trenes metropolitanos.

PARA ESCRIBIR BIEN

Preparing to write

Careful preparation is the most important phase of the writing process. The following suggestions should help you plan and organize beforehand so the actual writing is done more quickly and produces a more readable, interesting composition.

1. Choose a topic that interests you and one for which you have some background knowledge.

2. Brainstorm ideas that might possibly fit into the composition topic. Write down these ideas in Spanish.

3. Make a list of the best ideas obtained from your brainstorming.

4. Make a list of key vocabulary items for the composition. Look up words in the dictionary at this point.
5. Organize your key ideas into a logical sequence. These key ideas will form a basic outline for your composition.
6. Fill in your outline with the details and supporting elements for your key ideas.
7. You are now ready to write your composition.

Composiciones

A. **Una reunión familiar.** Un(-a) tío(-a) favorito(-a) no pudo asistir a una reciente reunión familiar. Escríbale una carta describiendo la fiesta. Explíquele lo que sirvieron y a quiénes se lo sirvieron, qué regalos dieron y a quiénes se los regalaron, a quiénes les hablaron, etc. También explíquele lo mejor y lo peor de la fiesta.

B. **Un servicio de fiestas.** Ud. es el (la) dueño(-a) de un servicio de comida (*catering service*) que se especializa en fiestas grandes. Escriba un anuncio (*advertisement*) para un periódico local explicando sus servicios. Dé información sobre la comida, la bebida, la música y las actividades que su compañía puede proveer.

C. **En aquel momento.** Ud. se siente nostálgico(-a) y trata de recordar unas cosas buenas del pasado. En su diario (*diary*) explique lo que estaba haciendo en un momento feliz del pasado. Describa dónde estaba, cómo se sentía y lo que estaba haciendo. También explique lo que estaban haciendo otras personas en aquel momento feliz.

ACTIVIDADES

A. **Un(-a) periodista.** You are a reporter for the television show *La vida de los ricos y los famosos*. You are covering a party given by a famous Hollywood couple. Explain to the viewing audience what the various guests are doing at this very moment as the camera records the party activities.

B. **Unas presentaciones.** A friend from another university (played by a classmate) has come to visit you for the weekend. The two of you go to a party to which the other members of your Spanish class have also been invited. Circulate around the room introducing your friend to at least three other classmates. Carry on a brief conversation with the guests before moving on to meet others.

C. **Unas preparaciones festivas.** You and two other classmates are in charge of the annual party for the Club Hispano. Decide when and where to have the party, what to serve, what gifts to give the two faculty club advisors, and what kinds of activities to include.

D. **Una fiesta estupenda.** Tell your classmates about the best party you ever attended. Explain when and where it took place, who attended, what you ate and drank, what you did during the party, and what made the party special.

CAPÍTULO 6

En el restaurante

Tomar algo al aire libre es muy común.

Primera situación

Presentación Me encantan las enchiladas suizas

El Restaurante Oaxaca
Menú Turístico*

Antojitos	**Appetizers**
Botana	A plate of tortilla chips, tomatoes, avocados, chilies and salsa
Ceviche	Marinated fish and seafood
Cóctel de camarones	Shrimp cocktail
Cóctel de mariscos	Seafood cocktail
Chile con queso	Chili cheese dip
Ensalada de jícama	Jícama salad
Ensalada mixta	Tossed salad
Guacamole	Avocado dip
Nachos	Tortilla chips
Sopas	**Soups**
Caldo de pollo con fideos	Chicken noodle soup
Gazpacho	Chilled vegetable soup
Menudo	Tripe soup
Sopa de aguacate	Avocado soup
Sopa de albóndigas	Meatball soup
Entradas	**Entrees**
Arroz con pollo	Chicken with rice
Chiles rellenos	Stuffed peppers
Enchiladas de pollo	Chicken enchiladas
Enchiladas suizas	Enchiladas with a sour cream sauce
Tacos de res o de pollo	Beef or chicken tacos
Huachinango	Red Snapper
Mole poblano	Chicken with a chocolate sauce
Tamales	Tamales
Postres	**Desserts**
Almendrado	Almond pudding with a custard sauce
Buñuelos	Deep-fried sugar tortillas
Empanadas de dulce	Turnovers with sweet fillings
Flan	Caramel custard
Fruta del tiempo	Fruit in season
Helados	Ice Cream
Bebidas	**Beverages**
Agua mineral	Mineral water
Café	Coffee
Cerveza	Beer
Chocolate	Hot chocolate
Margarita	Tequila with lime juice
Té	Tea
Vino blanco	White wine
Vino tinto	Red wine

Servicio 10%
Gratuity 10%

*New vocabulary

Práctica y conversación

A. ¿Qué pide Ud.? En el Restaurante Oaxaca ¿qué va a pedir Ud.?
de antojito / de sopa / de entrada / de postre / de bebida

B. El Restaurante Oaxaca. Pregúntele a un(-a) compañero(-a) de clase lo que va a pedir en el Restaurante Oaxaca.

Pregúntele...
1. si va a pedir un antojito. ¿Cuál?
2. si quiere una ensalada. ¿Cuál?
3. qué sopa quiere / tomar.
4. qué quiere de entrada.
5. qué quiere beber con la entrada.
6. si va a pedir un postre. ¿Cuál?

C. Creación. Trabajen en grupos. Un(-a) compañero(-a) de clase hace el papel de un(-a) camarero(-a) del Restaurante Oaxaca y los otros son los clientes. Antes de pedir, los clientes deben hacer preguntas sobre las comidas. Luego, pidan lo que quieren tomar y comer.

Vocabulario activo

Los platos	***Courses***
el antojito	*appetizer*
la bebida	*beverage*
la carne	*meat*
la entrada	*entree*
los mariscos	*seafood*
el pescado	*fish*
el postre	*dessert*
la sopa	*soup*
La comida	***Food***
el aguacate	*avocado*
la albóndiga	*meatball*
la almeja	*clam*
el arroz	*rice*
el atún	*tuna*
el caldo	*soup, broth*
la carne de res	*beef*
el ceviche	*marinated fish and seafood*
el cóctel	*cocktail*
el chile	*red or green pepper*
la empanada	*turnover*
la enchilada	*cheese or meat filled tortilla*
la ensalada	*salad*
el fideo	*noodle*
el flan	*caramel custard*
la fruta	*fruit*
el guacamole	*avocado dip*
el helado	*ice cream*
el huachinango	*red snapper*
el lenguado	*sole*
el mejillón	*mussel*
el menudo	*tripe soup*
el pollo	*chicken*
el taco	*soft tortilla filled with meat, cheese, chili*

ASÍ SE HABLA

Ordering in a restaurant

La Ciudad de México: Un restaurante

¿Qué oyó Ud.?

Escuche la conversación entre Eduardo, Ana María y el camarero. Luego, haga el siguiente ejercicio.

1. El camarero dice que entre los antojitos y ensaladas tienen ___________, ___________ y ___________.
2. Entre las entradas, el camarero menciona ___________, ___________, ___________.
3. Según la conversación, se sabe que...
   a. a Eduardo y a Ana María no les gusta la comida mexicana.
   b. nunca han comido comida mexicana.
   c. a Eduardo y a Ana María les encanta la comida mexicana.

4. Después de escuchar esta conversación, uno tiene la impresión que…
   a. el restaurante está muy lleno y el camarero no tiene tiempo.
   b. el camarero es muy amable y quiere ayudar a los clientes.
   c. el restaurante está vacío pero el camarero es muy descortés.
5. Eduardo escogió ese restaurante porque…
   a. le encantan las enchiladas suizas.
   b. sus compañeros de trabajo se lo recomendaron.
   c. él va a ese restaurante todos los días.
6. Ana María parece estar…
   a. disgustada.
   b. contenta.
   c. triste.

If you are in a restaurant, your waiter or waitress may use the following expressions.

¿Qué le(-s) puedo ofrecer?	*What can I offer you?*
¿Qué desearía(-n) comer / tomar hoy?	*What would you like to eat / drink today?*
¿Le apetecería(-n) un(-a)…?	*Would you like a . . . ?*
¿Desearía(-n) probar…?	*Would you like to try . . . ?*
Le(-s) recomiendo…	*I recommend . . .*
¿Qué le(s) parecería…?	*How would you like . . . ?*

If you are in a restaurant and you want to order, you can use the following phrases.

De entrada / plato principal / postre, quisiera / me gustaría / preferiría…	*For an appetizer / entree / dessert, I would like / prefer . . .*
Yo creo que voy a pedir…	*I think I'm going to have . . .*
Me provoca / provocaría comer…	*I feel / would feel like eating . . .*
No sé qué pedir / comer / tomar.	*I don't know what to order / eat / drink.*
¿Qué me / nos recomienda?	*What do you recommend to me / us?*
¿Podría regresar dentro de un momento, por favor?	*Could you come back in a minute, please?*
¿Tiene…?	*Do you have . . . ?*
¿Cuál es el plato / la especialidad del día?	*What's today's specialty?*
¿Cuál es el plato de la casa?	*What's the restaurant's specialty?*
¿Qué tiene el lenguado / bacalao / pulpo?	*How is the sole / cod / octopus prepared?*
¿Es… picante / muy condimentado / pesado?	*Is . . . hot / very spicy / heavy?*

EN CONTEXTO

EDUARDO ¿Qué dices, Ana María? ¿Qué te apetece?
ANA MARIA Yo creo que voy a pedir una ensalada mixta, y como entrada quisiera esos chiles rellenos porque me gustan muchísimo.

Práctica y conversación

A. ¡Hoy no estoy a dieta! Con un(-a) compañero-(a), dramaticen la siguiente situación. Una persona hará el papel de cliente, otra de camarero(-a).

El (la) cliente	**El (la) camarero(-a)**
1. No sabe qué pedir.	2. __________
3. Pide ayuda al mesero.	4. __________
5. Quiere saber cómo es...	6. Tiene ajos y cebollas.
7. Quiere pedir...	8. __________

B. ¡Esto está delicioso! Formen grupos de cinco. Cuatro estudiantes hacen el papel de clientes y uno(-a) el papel de camarero(-a).

Situación: Uds. se reúnen después de mucho tiempo y van a comer a su restaurante favorito, el Oaxaca. Pidan su cena.

Estructuras

Expressing likes and dislikes

Verbs like gustar

To express likes, dislikes, and interests, Spanish uses a group of verbs that function very differently from their English equivalents. The verb **gustar,** meaning *to like* or *to be pleasing,* is one of a number of common Spanish verbs that use an indirect object where English uses a subject.

Me gustan estas enchiladas.		*I like these enchiladas.*	
↓ Indirect Object	↓ Subject	↓ Subject	↓ Direct Object

A. With verbs like **gustar** the subject generally follows the verb; it is the subject that determines a singular or plural verb.

Me **gusta** esta ensalada pero no me **gustan** estos tacos. — *I like this salad, but I don't like these tacos.*

B. The use of **a + prepositional pronoun** is often necessary to clarify or emphasize the indirect object.

A mí no me gusta este restaurante pero **a ellos** les gusta muchísimo.	*I don't like this restaurant, but they like it a lot.*

C. The phrase **a + noun** can also be used with the indirect object pronouns **le/les.**

A Rita **le** gustan los tamales.	*Rita likes tamales.*
A mis padres no **les** gusta el pescado.	*My parents don't like fish.*

D. The following verbs function like **gustar.**

caer bien / mal	*to suit / to not suit*
disgustar	*to annoy, upset, displease*
encantar	*to adore, love, delight*
faltar	*to be missing, lacking; to need*
fascinar	*to fascinate*
importar	*to be important, to matter*
interesar	*to be interesting; to interest*
molestar	*to bother*
parecer	*to seem*
quedar	*to remain, have left*

EN CONTEXTO

ANA MARÍA Como entrada quisiera esos chiles rellenos porque **me gustan** muchísimo.

CAMARERO ¿Desearían algo para tomar?

ANA MARÍA Yo creo que **no me caería mal** una cerveza.

Práctica y conversación

A. Los gustos. Explique lo que les gusta a las siguientes personas.

MODELO a mí / gazpacho
Me gusta el gazpacho.

1. a Julio / tacos
2. a ti / sopa de aguacate
3. a Susana / flan
4. a nosotros / enchiladas
5. a María y a Tomás / tamales
6. a Ud. / mole
7. a mí / chiles rellenos
8. a Uds. / sangría

B. Entrevista. Pregúntele a un(-a) compañero(-a) de clase sobre sus gustos y preferencias. Su compañero(-a) debe contestar.

MODELO a ti / gustar / las canciones de Madonna
Usted: **¿Te gustan las canciones de Madonna?**
Compañero(-a): **Sí, (No, no) me gustan.**

1. a ti / interesar / el arte moderno
2. a ti / disgustar / la comida de la residencia estudiantil
3. a tus compañeros(-as) de clase / faltar / dinero
4. a tu amigo(-a) / fascinar / las fiestas
5. a ti / importar / la política
6. a Uds. / caer bien / los frijoles
7. ¿?

C. ¿Te gusta? Ud. quiere saber si su compañero(-a) tiene los mismos gustos que Ud. con respecto a la comida y otras cosas. Pregúntele y vea cuál es su reacción a lo siguiente. Después dígale a la clase si Ud. y su compañero(-a) son compatibles o no y explique por qué.

MODELO los frijoles / el arroz con pollo
Usted: **¿Te gustan los frijoles?**
Compañero(-a): **No, no me gustan los frijoles.**
Usted: **¿Y el arroz con pollo?**
Compañero(-a): **¡Me encanta el arroz con pollo!**

los tamales / el flan / los nachos / las sopas / los postres / las ensaladas / la cerveza / el café / el chocolate / el vino blanco / la comida china / ¿?

D. Me acuerdo que... Con un(-a) compañero(-a) de clase, discutan lo que a Uds. les gustaba o no les gustaba cuando eran niños(-as).

MODELO Usted: **Cuando era niño(-a) a mí me encantaba ir al parque. ¿Y a ti?**
Compañero(-a): **A mí me gustaba montar en bicicleta.**

jugar con amigos / practicar deportes / tocar el violín / los animales de los vecinos / dibujos animados / mis maestros / visitar a mis parientes / libros de cuentos / las frutas y vegetales / los dulces y caramelos / ¿?

Pointing out people and things

Demonstrative adjectives and pronouns

Demonstrative adjectives and pronouns are used to point out or indicate people, places, and objects that you are discussing: *this restaurant; that waiter.*

DEMONSTRATIVE ADJECTIVES

este taco	**ese** taco	**aquel** taco
esta ensalada	**esa** ensalada	**aquella** ensalada
estos tacos	**esos** tacos	**aquellos** tacos
estas ensaladas	**esas** ensaladas	**aquellas** ensaladas

A. Demonstrative adjectives are placed before the noun they modify and agree with that noun in person and number.

B. 1. **este, esta / estos, estas** = *this / these*
The forms of **este** are used to point out persons or objects near the speaker and are often associated with the adverb **aquí** = *here.*

El plato está **aquí** en **esta** mesa. *The dish is here on this table.*

2. **ese, esa / esos, esas** = *that / those*
The forms of **ese** are used to point out persons or objects near the person spoken to and are often associated with the adverb **ahí** = *there.*

Tu sandwich está **ahí** en **ese** plato. *Your sandwich is there on that plate.*

3. **aquel, aquella / aquellos, aquellas** = *that / those (over there, in the distance)*
The forms of aquel are used to point out persons or objects away from both the speaker and person spoken to and are often associated with the adverb **allí** = *there, over there.*

Prefiero **aquel** restaurante **allí** en la esquina. *I prefer that restaurant over there on the corner.*

DEMONSTRATIVE PRONOUNS

éste, ésta	*this (one)*	ése, ésa	*that (one)*	aquél, aquélla	*that (one)*
éstos, éstas	*these*	ésos, ésas	*those*	aquéllos, aquéllas	*those*
esto	*this*	eso	*that*	aquello	*that*

C. Demonstrative pronouns are used to replace the indicated person(-s) or object(-s). They occur alone and agree in gender and number with the nouns they replace. Note the use of written accent marks on all but the neuter forms.

Ana prefiere esta mesa pero yo prefiero **aquélla.**	*Ana prefers this table but I prefer that one.*

D. The neuter demonstrative pronouns are **esto** = *this,* **eso** = *that,* and **aquello** = *that.* They exist only in the singular. The neuter forms point out an item whose identity is unknown or they replace an entire idea, situation, or previous statement.

¿Qué es **esto / eso?**	*What is this / that?*
Eso no es verdad.	*That isn't true.*

E. The forms of **éste** can be used to express *the latter.* The forms of **aquél** can be used to express *the former.*

Los nachos y los tacos son platos mexicanos; **éstos** (los tacos) son una entrada y **aquéllos** (los nachos) son un antojito.	*Nachos and tacos are Mexican dishes; the former is an appetizer and the latter a main dish.*

Note that in Spanish "the latter" **(éstos)** is expressed first, followed by "the former" **(aquéllos).**

EN CONTEXTO

EDUARDO Espero que te guste la comida, Ana María. Seleccioné **este** restaurante porque me lo han recomendado.

■ Práctica y conversación

A. **Necesito...** Su amigo(-a) está ayudándolo(la) a preparar el almuerzo. Indique lo que Ud. necesita.

MODELO Los tomates que están aquí.
Necesito éstos.

1. El aguacate que está aquí.
2. El pollo que está ahí.
3. Los fideos que están allí.
4. El café que está allí.
5. Los quesos que están ahí.
6. Las albóndigas que están aquí.
7. La jícama que está allí.
8. La sopa que está ahí.

B. En el supermercado. Un(-a) amigo(-a) está ayudándolo(la) a Ud. a comprar comida para la cena. Conteste sus preguntas.

MODELO los tomates
Compañero(-a): **¿Quieres comprar estos tomates?**
Usted: **Sí, quiero comprar ésos.**

1. la cebolla
2. los mariscos
3. el queso francés
4. la cerveza
5. el vino alemán
6. las legumbres

C. ¿Qué dicen? Mire los siguientes dibujos y diga qué dicen las personas. Luego diga cómo son las personas y qué cree Ud. que va a pasar.

MODELO Niño: **Mami, quiero ir a esta tienda.**
Madre: **¿A ésa? ¡No!**

D. ¿Qué plato es éste? Un(-a) estudiante hace el papel de un(-a) empleado(-a) en una cafetería mexicana. Un(-a) cliente entra, ve los diferentes platos en el mostrador (*counter*) y le hace una serie de preguntas sobre los diferentes platos. El (La) empleado(-a) contesta.

MODELO Cliente: **¿Qué plato es éste?**
Empleado(-a): **Éste es el pollo en mole. Es un plato de pollo con una salsa muy condimentada.**

Segunda situación

Presentación Aquel restaurante es mejor

Práctica y conversación

A. ¿Qué pasa? Cuente lo que pasa en el dibujo.

B. Tengo hambre. ¿A qué restaurante va Ud. si quiere...?

el almuerzo / la cena / la comida completa / la comida ligera / el desayuno / la merienda / la comida mexicana

C. Consejos. ¿Qué debe tomar una persona que...?

quiere engordar / está a dieta / quiere una comida sabrosa / está muriéndose de hambre / tiene mucha sed / no tiene mucha hambre

D. **Vamos a McDonald's.** Hágale preguntas a un(-a) compañero(-a) de clase sobre lo que va a pedir en McDonald's.

Pregúntele...

1. qué va a tomar para el desayuno.
2. qué quiere para el almuerzo.
3. qué pide si no tiene mucha hambre.
4. qué va a beber.
5. qué quiere de postre.

E. **Preferencias.** Haga Ud. una lista de siete comidas que le encantan a Ud. y siete comidas que no le gustan. Sin mirar la lista, su compañero(-a) de clase le va a hacer preguntas hasta que adivine cinco comidas que le encantan y cinco que no le gustan. Luego, le toca a Ud. adivinar las preferencias de su compañero(-a).

Vocabulario activo

Las preferencias	***Preferences***
estar loco(-a) por	*to be crazy about*
soportar	*to tolerate*
Las comidas	***Meals***
el almuerzo	*lunch*
la comida completa	*complete meal*
la comida ligera	*light meal*
la comida regional típica	*typical regional meal*
el desayuno	*breakfast*
la merienda	*snack*
El apetito	***Appetite***
sabroso(-a) / rico(-a)	*delicious*
engordar	*to gain weight*
estar a dieta	*to be on a diet*
morirse de hambre	*to be starving*
tener hambre	*to be hungry*
En el restaurante	***In the restaurant***
una mesa afuera / cerca de la ventana / en el rincón	*a table outside / near the window / in the corner*
el mesero **(Méx.)** / el camarero **(E)** / el mozo **(S. Am.)**	*waiter*
un restaurante caro / económico / de lujo	*an expensive / inexpensive / luxurious restaurant*
tener una reservación en nombre de...	*to have a reservation in the name of . . .*
El menú	***Menu***
la lista de vinos	*wine list*
el menú del día / turístico	*fixed / tourist menu*
el plato principal	*main course*
pedir (i, i)	*to order*
recomendar (ie)	*to recommend*
sugerir (ie, i)	*to suggest*
El cubierto	***Place setting***
la copa	*goblet, glass with a stem*
la cuchara	*soup spoon*
la cucharita	*teaspoon*
el cuchillo	*knife*
el platillo	*saucer*
el plato	*plate*
el pimentero	*pepper shaker*
el salero	*salt shaker*
la servilleta	*napkin*
la taza	*cup*
el tenedor	*fork*
el vaso	*glass*

ASÍ SE HABLA

Table manners

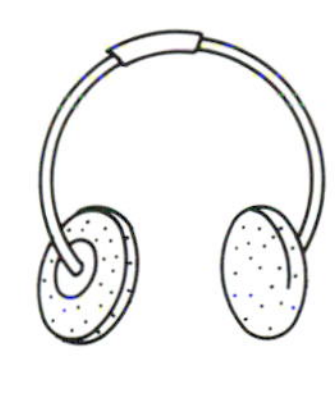

■ ¿Qué oyó Ud.?

Escuche la conversación entre tres amigos en un restaurante de comida mexicana. Luego, elija la respuesta que mejor complete las siguientes frases.

1. El restaurante es uno de los...
   a. mejores de la ciudad.
   b. más caros de la ciudad.
   c. más nuevos de la ciudad.
2. Uno de los problemas de este restaurante es que...
   a. sólo sirven comida típica mexicana.
   b. siempre está lleno y el servicio es muy malo.
   c. hay que hacer reservaciones con mucha anticipación.
3. Ignacio quiere hacer un brindis porque sus amigos...
   a. se van a casar.
   b. son muy buenos.
   c. se van de viaje.
4. Al final de esta comida Ignacio y Armando habrán tomado...
   a. sólo una cerveza.
   b. por lo menos dos cervezas.
   c. ni una cerveza.

If you are the host or hostess, you might want to use the following expressions when talking to your guests at the table.

¿Qué le (te) puedo servir / ofrecer? /	*What can I serve / offer you?*
¿Quisiera(-s) un vino / whiskey / refresco?	*Would you like a glass of wine / whiskey / soft drink?*
¿Quisiera(-s) tomar una copa?	*Would you like to have a drink?*
¿Cómo quiere(-s) su (tu) whiskey? ¿Con agua, con hielo o puro?	*How would you like your whiskey? With water, on the rocks, or straight?*
El almuerzo / La cena está servida. Pasemos a la mesa, por favor.	*Lunch / Dinner is served. Let's go to the dining room, please.*
Por favor, sírvanse.	*Please, help yourselves.*
Quiero brindar por / Quiero hacer un brindis...	*I want to toast . . .*
¡Salud!	*Cheers!*
Por favor, sírvase / sírvete un poco más.	*Please, serve yourself seconds.*
Buen provecho.	*Enjoy your meal.*
¿Quiere(-s) probar un poco de...?	*Would you like to try some . . . ?*

If you are a guest and you want to ask for something to eat or drink, you can use the following expressions.

Si tiene(-s)..., se (te) lo agradecería.	*If you have . . . , I would appreciate it.*
Gracias, pero no tomo.	*Thank you, but I don't drink.*
Muchas gracias, pero no apetezco más.	*Thank you, but I can't eat any more.*
¿Me podría(-s) pasar la sal / las verduras / el arroz, por favor?	*Could you please pass me the salt / the vegetables / the rice?*
La comida está sabrosa. Nunca había comido este plato. ¡Es delicioso!	*The food is delicious. I had never eaten this dish. It is delicious!*

EN CONTEXTO

SONIA **¡Nunca había comido** unos tamales más ricos que éstos! Son mucho mejores que los que sirven en el Oaxaca.

ARMANDO Cuánto me alegro, Sonia. Ya me habían dicho que este restaurante sólo sirve comida mexicana típica, pero de la mejor calidad.

Práctica y conversación

A. En un almuerzo. ¿Qué diría Ud. en las siguientes situaciones?

MODELO Anfitrión(-ona): **¿Qué te puedo ofrecer?**
Invitado(-a): **Si tienes agua mineral, te lo agradecería.**

Anfitrión(-ona)	**Invitado(-a)**
1. Ofrezca algo de beber.	2. Diga que no toma bebidas alcohólicas.
3. Invite a sus invitados a pasar al comedor.	4. Pida la sal.
5. Ofrezca más comida a sus invitados.	6. Diga que no quiere comer más.
7. Haga un brindis.	8. Responda al brindis.

B. En casa de su novio(-a). Ud. ha sido invitado(-a) a cenar en casa de su novio(-a). Con tres otros(-as) compañeros(-as), dramaticen la situación. Un(-a) estudiante hace el papel del (de la) novio(-a), otro(-a) del padre y otro(-a) de la madre.

Estructuras

Making comparisons

Comparisons of inequality

In conversation, you frequently compare persons or things that are not equal in certain qualities or characteristics such as age, size, or appearance.

A. When comparing the qualities of two or more unequal persons or things, the following structure is used:

más / **menos** + adjective / adverb / noun + **que**

ADJECTIVE:

Un limón es **menos dulce que** una naranja. — *A lemon is less sweet than an orange.*

ADVERB:

Nuestro mesero sirve **más rápidamente que** el otro. — *Our waiter serves more rapidly than the other one.*

NOUN:

Estos tacos tienen **más carne que** los del otro restaurante. — *These tacos have more meat than those in the other restaurant.*

B. When comparing the unequal manner in which persons or things act or function, the following structure is used:

verb + **más / menos que** + person or thing

Manolo siempre **come más que** tú.	*Manolo always eats more than you.*

C. A few adjectives use a special comparative form + **que.**

ADJECTIVES		COMPARATIVE	
bueno	*good*	mejor	*better*
malo	*bad*	peor	*worse*
joven	*young*	menor	*younger*
viejo	*old*	mayor	*older*
mucho	*many, much*	más	*more*
poco	*few, little*	menos	*less*

Este plato es bueno pero el tuyo es **mejor.**	*This dish is good, but yours is better.*
Aunque Julio no come muchas legumbres, siempre come **más** fruta que yo.	*Although Julio doesn't eat a lot of vegetables, he always eats more fruit than I.*

D. The age of persons is compared with **mayor / menor.**

Todos mis primos son **menores** que yo.	*All of my cousins are younger than I.*

The age of things is compared with **más / menos nuevo** and **más / menos viejo.**

Esta parte del restaurante es **más vieja que** aquélla.	*This part of the restaurant is older than that over there.*

E. When **grande / pequeño** refer to size, their comparatives are formed with **más / menos.** When **grande / pequeño** refer to age, their comparatives are the irregular forms **mayor / menor.**

Susana es grande.	*Susana is big.*
Es **más grande que** Teresa.	*She's bigger than Teresa.*
Es **mayor que** Nilda.	*She's older than Nilda.*

F. Some adverbs also have irregular comparative forms.

ADVERBS		COMPARATIVE FORMS	
bien	*well*	mejor	*better*
mal	*bad, sick*	peor	*worse*
mucho	*a lot*	más	*more*
poco	*a little*	menos	*less*

Antonio estuvo mal ayer pero hoy está mucho **mejor.** — *Antonio was sick yesterday, but today he's much better.*

G. When comparisons are followed by numbers, the form is **más de** + number.

Hay **más de cien** personas en la fiesta. — *There are more than one hundred people at the party.*

EN CONTEXTO

ARMANDO El servicio en este restaurante es **más rápido que** en la mayoría de los restaurantes de la ciudad.

■ Práctica y conversación

A. ¿Más o menos? Describa las siguientes comidas y bebidas.

MODELO las naranjas / dulce / los limones
Las naranjas son más dulces que los limones.

1. el gazpacho / frío / el caldo de pollo con fideos
2. el queso / dulce / el pastel
3. los cacahuetes / salado / los buñuelos
4. el café / caliente / el vino
5. el flan / frío / el helado
6. el ponche / dulce / la cerveza
7. el mole poblano / picante / el arroz con pollo

B. ¿Cuál es mejor? Indique lo que Ud. prefiere comer.

MODELO guacamole / chile con queso
El guacamole es mejor que el chile con queso.

1. calamares / gambas
2. naranja / manzana
3. Big Mac / McPollo
4. tacos de res / enchiladas de pollo
5. vino blanco / vino tinto
6. ceviche / botana
7. chiles rellenos / tamales
8. almendrado / helado

C. **¡Tengo menos dinero que nunca!** Ud. sólo tiene $50.000 pero va al Todo Fresco a comer con un(-a) amigo(-a). Miren el menú, comparen los precios de los diferentes platos y elijan lo que van a comer.

TODO FRESCO

ENTRADAS

Cóctel de camarones	16.000
Ensalada mixta	12.000

SOPAS

Sopa de ajo	11.000
Sopa de mariscos	13.000

CARNES

Lomo de res	36.000
Pierna de cordero al horno	39.000
Pollo al horno	30.000

POSTRES

Ensalada de frutas	8.000
Helados	9.000
Torta de chocolate	12.000
Flan	11.000

BEBIDAS

Café / Té	2.000
Agua mineral	1.260

D. **¿Qué piensas de...?** Con un(-a) compañero(-a), decidan cuál de las siguientes personas parece estar en mejor situación económica. También comparen sus características físicas.

DATOS PERSONALES

	Edad	Estatura	Peso	Sueldo mensual	Propiedades
Vicente	37	1.68 m	75 kg	225.000	1 apartamento
Jesús	34	1.70 m	76 kg	400.000	1 casa
Federico	45	1.80 m	85 kg	450.000	3 casas
Violeta	25	1.70 m	55 kg	520.000	1 casa
Ángela	22	1.66 m	52 kg	230.000	———
Gustavo	24	1.82 m	75 kg	670.000	2 casas

Talking about things and people

More about gender and number of nouns

In order to talk about people, places, objects, and ideas, you need to know how to use nouns in Spanish. It is also important to know the gender of nouns since that determines the endings of other words such as definite and indefinite articles and adjectives.

GENDER OF NOUNS

A. Masculine nouns include

1. nouns that refer to males.

   el policía *policeman* — el abuelo *grandfather*
   el hombre *man*

2. most nouns that end in **-o.**

   el vaso *glass* — el cuchillo *knife*

   Exceptions: la mano, la radio, la moto(cicleta), la foto(grafía)

3. some nouns that end in **-ma, -pa,** and **-ta.**

   el problema *problem* — el cometa *comet*
   el mapa *map*

4. most nouns that end with the letters **-l, -n, -r,** and **-s.**

   el frijol *bean* — el amor *love*
   el rincón *corner* — el interés *interest*

5. days, months, and seasons.

   el viernes *Friday* — el invierno *winter*
   el febrero pasado *last February*

   Exception: la primavera

B. Feminine nouns include

1. nouns that refer to females.

   la madre *mother* — la enfermera *nurse*
   la mujer *woman*

2. most nouns that end in **-a.**

   la comida *meal* — la cucharita *teaspoon*

   Exception: el día

3. most nouns that end in **-ión, -d, -umbre, -ie,** and **-sis.**

la reservación	*reservation*	la serie	*series*
la especialidad	*specialty*	la crisis	*crisis*
la costumbre	*custom*		

Exceptions: el avión, el camión, el paréntesis, el análisis

C. Nouns ending in **-e** can be either masculine or feminine.

la carne	*meat*	el postre	*dessert*
la gente	*people*	el restaurante	*restaurant*

D. Masculine nouns that refer to people and end with **-or, -n,** or **-és,** become feminine by adding **-a.**

el profesor	la profesora	*professor*
el bailarín	la bailarina	*dancer*
el francés	la francesa	*French man / woman*

Note that the accents are deleted in the feminine forms.

E. The gender of some nouns that refer to people is determined by the article, not the ending.

el artista	la artista	*artist*
el estudiante	la estudiante	*student*

F. Some nouns have only one form to refer to both males and females: **el ángel, el individuo, la persona.**

PLURAL OF NOUNS

A. Nouns that end in a vowel add **-s** to become plural.

el hombre	los hombres	*men*
el plato	los platos	*plates*
la ensalada	las ensaladas	*salads*

B. Nouns that end in a consonant add **-es** to become plural. Sometimes written accent marks must be added or deleted in the plural form to maintain the original stress.

la mujer	las mujeres	*women*
la reservación	las reservaciones	*reservations*
el frijol	los frijoles	*beans*
el francés	los franceses	*French persons*

C. Nouns ending in **-z** change the **z** to **c** before adding **-es: el lápiz → los lápices; una vez → unas veces.**

D. Nouns of more than one syllable ending in an unstressed vowel + **-s** have identical singular and plural forms: **el martes → los martes; la crisis → las crisis.**

EN CONTEXTO

ARMANDO Este **restaurante** sólo sirve **comida** mexicana típica, pero de la mejor **calidad.** Uno tiene que hacer **reservaciones** con mucha **anticipación.**

SONIA ¡No me digas! ¡Eso sí es un **problema!**

Práctica y conversación

A. **Cómprame...** Su amigo(-a) ofrece hacer las compras para la cena. Dígale lo que Ud. necesita.

MODELO el frijol
Cómprame los frijoles.

la fruta / el pastel / el calamar / el queso / la tortilla / el refresco / ¿?

B. **¿El / Los / La / Las?** Complete el siguiente diálogo utilizando los artículos definidos en el singular o en el plural según corresponda.

EMILIA Hola, Josefina. ¿Cómo están por tu casa?
JOSEFINA Todos bien, amiga, gracias.
EMILIA ¿Y qué haces por aquí?
JOSEFINA Comprando ________ alimentos, pero estoy muy preocupada. ________ precios son cada día más altos. Parece que cada día ________ inflación se pone peor.
EMILIA Sí, así es. Ahora fui a comprar pollo. ¿Sabes cuánto cuesta un kilo de pollo?
JOSEFINA Me da miedo preguntarte.
EMILIA Quince mil pesos ________ kilo. ¡Imagínate!
JOSEFINA ¡Esto cada día está peor! Ayer fui a comprar verduras. ¿Sabes cuánto cuestan ________ lechugas? Dos mil pesos ________ lechuga.
EMILIA ¿Y ________ carne? ¿Y ________ pescado? ¿Y ________ huevos? ¡No! ¡Esto está insoportable!
JOSEFINA ¿A qué vamos a llegar? ________ pueblo tiene que comer. ¡________ pobres siempre tenemos problemas!

DUDAS DE VOCABULARIO

Hot

Caliente: hot, in reference to temperature.

Este plato está muy caliente. ¡No lo agarres!	*This dish is very hot. Don't pick it up!*

Picante: hot, spicy, in reference to food.

La comida peruana es muy picante, pero sabrosa.	*Peruvian food is hot, but delicious.*

El calor: hot, referring to weather.

Hace mucho calor. Por favor, prende el aire acondicionado.	*It's very hot. Please, turn on the air conditioning.*

To try

Probar: to taste, to prove, or to test something.

Prueba este ceviche. No está muy picante.	*Taste this ceviche. It's not too hot.*
Él quiere probar su inocencia.	*He wants to prove his innocence.*

Probarse: to try on, as in clothes.

Voy a probarme este vestido, pero no me gusta mucho.	*I'm going to try this dress on, but I don't like it very much.*

Tratar: to handle or treat something or someone; to present or discuss something.

Por favor, trate esos muebles con mucho cuidado.	*Please handle those pieces of furniture with care.*
Su jefe lo trata muy bien.	*His boss treats him very well.*
El tema del aborto ni se trató durante el debate.	*The topic of abortion wasn't even discussed during the debate.*

Tratar de: to be about, to deal with.

Ese libro trata de la vida en los Estados Unidos.	*That book is about life in the United States.*

Tratar de + infinitive: to try, to make an attempt.

Voy a tratar de correr más rápido. *I'll try to run faster.*

Intentar: to try, to attempt to do something.

Ella va a intentar ganar la carrera, pero no sabe si podrá hacerlo. *She's going to try to win the race, but she doesn't know if she can make it.*

The bill / the story

La cuenta: the bill, the check.

Cuando el camarero me trajo la cuenta, casi me desmayé. Era doscientos pesos. *When the waiter brought me the check, I almost fainted. It was two hundred pesos.*

El cuento: the story, the tale.

Todas las noches antes de dormir, yo le contaba un cuento a mi hermanito. *Every night before going to sleep, I used to tell my little brother a story.*

■ Práctica

Complete los espacios en blanco con la palabra que corresponda. Haga los cambios necesarios.

MARÍA Ten cuidado, José. Esta comida es muy ________ (caliente / picante).

JOSÉ ¡No me digas! Yo la ________ (probarse / probar / tratar) pero no me pareció tanto.

MARÍA Además no debes comer tanto porque tienes que ________ (tratar de / probar) perder un poco de peso.

JOSÉ ¡Mujer! ¡Me vas a volver loco! Ayer ________ (probar / tratar / intentar) un tamal y me dijiste que yo comía mucho. Por favor, ¡olvídate de eso! Más bien preocúpate cuando el mesonero traiga ________ (la cuenta / el cuento).
Mira, ¿sabes con quién me ________ (encontrar / conocer) el otro día? ¡Con Mariano! Me dijo que va a ________ (ir / venir) a visitarnos uno de estos días. ¿Qué te parece? Dice que nos va a contar ________ (una cuenta / un cuento) que nos va a sorprender muchísimo.

MARÍA ¡Qué maravilla! ¿Qué será? Me encanta que nos visite. Nosotros siempre ________ (pasarlo bien / preguntar / intentar) con

Mariano. Él es encantador (*charming*). A él le encanta la comida bien ____________ (picante / caliente) como a ti.

JOSÉ ____________ (caliente / picante) sí, pero no ____________ (caliente / picante) porque no le gusta quemarse.

MARÍA Mira, José, cuando lleguemos a la casa vas a ____________ (probar / probarse / tratar) unos pantalones nuevos que te compré. En algunos días tenemos que ____________ (ir / venir) a una fiesta y no tienes nada que ponerte.

JOSÉ No es para tanto, María. ____________ (tratar de / tratarse) ser más comprensiva. A mí no me importa la ropa tanto como a ti.

Tercera situación

ASÍ SE HACE

Los menús en el mundo hispánico

Existen muchas diferencias en las comidas típicas de los países hispánicos y no es raro que un peruano o un chileno no entienda el menú en un restaurante mexicano, por ejemplo, y viceversa. En el menú de un restaurante peruano, Ud. puede encontrar los siguientes platos. (Recuerde que la moneda en el Perú es el inti y su símbolo es I /.)

Restaurante El Raymondi

Ceviche (Marinated fish or seafood)	12.000
Escabeche (Fried fish with onions)	13.000
Papas a la huancaína (Potatoes with cheese and hot pepper sauce)	15.000
Ají de gallina (Shredded chicken with hot sauce)	25.000
Arroz con pato (Rice with duck)	28.000
Lomo a la chorrillana (Tenderloin with onions and hot peppers)	30.000

En el menú de un restaurante venezolano, no encontrará ninguno de los platos peruanos. En su lugar, Ud. podrá encontrar los siguientes platos: (Recuerde que la moneda en Venezuela es el bolívar y su símbolo es Bs.)

Restaurante La Estancia

Parrilla mixta (Different kinds of grilled meat)	400.00
Parrilla a la criolla (Grilled beef and sausages)	480.00
Pabellón criollo (Shredded beef served with black beans, baked plantain, and rice)	440.00
Arroz con coco (Rice prepared with a coconut sauce)	200.00
Canasta de arepas (Basket of cornmeal bread)	100.00

Los postres varían mucho también de país a país, pero generalmente Ud. podrá pedir helados o flan en cualquier restaurante del mundo hispánico. Con respecto a las bebidas también hay una mayor uniformidad y Ud. podrá pedir aguas gaseosas, minerales, jugo de frutas, café, té, etc.

A continuación se presenta el menú de un restaurante español donde no verá ninguno de los platos anteriores.

El Rincón Viejo
Menú Turístico

Entremeses	**Appetizers**	
Jamón serrano	Cured mountain ham	350
Tortilla a la española	Egg and potato omelette	250
Entradas	**Main Dishes**	
Calamares en su tinta	Squid in its own liquid	950
Cocido a la madrileña	Stewed chicken, beef, potatoes, and beans	1100
Cordero lechal asado	Roast lamb	1300
Paella a la valenciana	Rice, seafood, chicken, and vegetable casserole	1450
Cochinillo asado	Roast suckling pig	1450

Práctica y conversación

A. **¿Qué puedo comer?** Ud. y su compañero(-a) de cuarto han decidido ir a un restaurante español. Discutan lo que van a pedir.

MODELO Usted: **Yo quiero una paella a la valenciana y un vaso de vino.**
Compañero(-a): **¡Qué barbaridad! Yo no puedo comer tanto. Yo sólo quiero calamares en su tinta y agua mineral.**

B. **Un restaurante internacional.** Utilizando la información de los diferentes menús, escriba un menú que contenga platos de diferentes países. Incluya ensaladas, entradas, postres y bebidas.

PARA LEER BIEN

Locating main ideas and supporting elements

Every reading selection is composed of a main idea and the details or supporting elements to develop this idea. In order to understand a reading passage, it is important to locate the main idea quickly and to separate it from the supporting details. In newspaper and magazine articles, the main idea is generally located in the first paragraph. The paragraphs that follow develop the main idea by providing details and examples. A similar structure exists within each paragraph. The topic sentence or main idea of the paragraph is frequently the first sentence and the succeeding sentences further develop and support the topic sentence.

Práctica

A. **Antes de leer.** Dé un vistazo al título y a las fotos de la lectura siguiente. (**El encanto** = *charm*) En su opinión, ¿cuál es la idea central? Usando el mapa de México en **Bienvenidos a México** antes del Capítulo 4, encuentre Guadalajara. ¿Qué es Guadalajara y dónde está?

B. **La idea central.** Lea el primer párrafo para descubrir la idea central del artículo. ¿Qué oración contiene el tema del artículo?

C. **Detalles secundarios.** Ahora lea la selección. Trate de encontrar la idea central de cada párrafo. Estas ideas centrales de los párrafos forman los detalles secundarios que apoyan el tema principal del artículo.

LECTURA

El encanto de Guadalajara

Guadalajara: La Plaza Mayor y la Catedral

Se podría° pensar que la segunda ciudad en tamaño° de un país de la extensión y la complejidad de México sería una versión en pequeño de la capital, que tendría° el mismo gentío° y el mismo frenesí° de tráfico y actividad comercial. Guadalajara, sin embargo, es diferente. Es una ciudad grande de encanto pueblerino,° una alternativa al torbellino° de la ciudad de México.

El viaje en auto desde el aeropuerto da la tónica°. Es un viaje de 20 minutos a través de campos con cultivos y ganado°. No tiene suburbios que se extienden. La transición del campo a los barrios residenciales de la ciudad es gradual. Los vehículos se mueven

One could / size
would have
crowd / frenzy
small town
whirlwind
keynote
livestock

con calma, aunque el tráfico se está haciendo más rápido. Guadalajara está creciendo° muy rápido, particularmente como consecuencia del plan de descentralización gubernamental; están trasladando° oficinas del gobierno del D.F. a otros lugares del país.

Guadalajara, que tiene una población de unos 4.000.000 de habitantes, es la capital de Jalisco. En la parte antigua de la ciudad se combinan armoniosamente edificios coloniales del gobierno con estructuras modernas de acero° y cristal°. El clima benigno de la ciudad hace que la gente disfrute de estar en la calle y gran parte de las diversiones son al aire libre. Para pasar un buen rato bajo el cielo azul de la ciudad muchas personas acostumbran a dar un paseo en coche de caballos° por las calles del centro.

Si a uno le gusta caminar, encuentra que hay una serie de parques que son excelentes para ir de picnic los domingos. Desde 1898, la banda del estado de Jalisco deleita° al público todos los jueves y domingos a las 6.30 de la tarde en la Plaza de Armas. El visitante puede oírla descansando en la plaza. O quizás prefiera sentarse en uno de los cafés de la Plaza de los Mariachis° y escuchar los conjuntos que tocan allá. No hay mariachis más auténticos que éstos, porque Jalisco es la cuna° del mariachi.

En la ciudad hay más de 200 iglesias; entre ellas se destaca° la catedral empezada

growing
moving
steel / glass
horse-drawn carriage
delights
typical Mexican musical group / birthplace
stands out

Unos mariachis

en 1561. Las cuatro plazas que están a los cuatro lados de la catedral crean° una sensación de espacio en el centro de la ciudad. — create

Si quiere ver museos, en Guadalajara hay muchos, desde museos de paleontología y arqueología hasta historia regional y arte popular. Sin embargo, lo que domina es la presencia de José Clemente Orozco, uno de los tres grandes muralistas° modernos de México. Orozco vivió en Guadalajara antes de su muerte en 1949 y su casa y su estudio están convertidos en museo. — *pintor de murales*

La comida principal del día es a la una, después de la cual muchos habitantes aún duermen la siesta. Esta costumbre, que está cayendo en desuso en la capital, se conserva en Guadalajara. La ciudad tiene una serie de restaurantes instalados en jardines de casonas° coloniales donde se pueden comer platos mexicanos típicos en un ambiente tranquilo y elegante. — *casas grandes*

En general vale la pena° ir de compras en Guadalajara, porque muchos artículos cuestan hasta un 30% menos que en la capital. En la ciudad hay seis grandes centros comerciales° modernos. Probablemente lo que se consigue a mejor precio son los zapatos porque Guadalajara es uno de los principales centros manufactureros de calzado° en México. — it's worth the trouble; shopping malls; footwear

Para terminar bien la visita a Guadalajara se puede viajar al sur de la ciudad para ver el lago de Chapala, el lago más grande de México. A orillas° de este lago hay muchos pueblecitos; entre ellos un lugar único que se llama Ajijic. Allá el viajero cansado puede sentarse en un bar cerca del lago para disfrutar de una margarita y mirar el lago. Se puede visitar todos los bares y clubes de la capital sin encontrar una margarita tan buena ni una vista tan hermosa. — shores

Adaptado de *Las Américas*

Comprensión

A. Identificaciones. Combine los elementos de la primera columna con los de la segunda.

1. una iglesia grande
2. un conjunto que toca música típica de México
3. un estado al noroeste de México
4. una bebida con tequila, limón y sal
5. un famoso pintor mexicano
6. el lago más grande de México
7. un pueblo cerca de Guadalajara

a. una margarita
b. Jalisco
c. Ajijic
d. José Clemente Orozco
e. los mariachis
f. una catedral
g. Chapala

B. Cierto o falso. Corrija las oraciones falsas.

1. Guadalajara es semejante a la capital de México.
2. Alrededor de Guadalajara hay suburbios grandes.
3. El gobierno está trasladando oficinas de la capital a otros lugares del país.
4. Guadalajara tiene un clima desagradable; por eso no hay muchas diversiones al aire libre.
5. La banda de Jalisco toca los jueves y los domingos a las 6.30.
6. Vale la pena ir de compras en Guadalajara.
7. Guadalajara es un centro manufacturero de coches.
8. Ajijic es un museo de arte moderno.

C. Las diversiones. Haga una lista de diversiones turísticas en Guadalajara. ¿Cuál prefiere Ud.? Explique.

D. La defensa de una opinión. ¿Qué evidencia hay en el artículo que confirma la idea siguiente? Guadalajara no es una versión en pequeño de la capital de México.

PARA ESCRIBIR BIEN

Summarizing

Summarizing is an important skill. People frequently need to summarize what they have read or listened to so they can remember it for the future.

A summary is a brief version of a reading selection or oral presentation. A good summary is basically a restatement of the main idea of the reading or oral passage followed and supported by the topic sentences of major paragraphs. Thus, the first step in preparing a summary is to identify the main idea and supporting elements. (You may need to re-read the **Para leer bien** section of this chapter to review this step.) The second step is to arrange the main idea and supporting elements into a cohesive unit. During this step you may need to rearrange supporting elements so they follow each other more logically. The final step is to write the summary. During the actual writing, you will probably need to add words and phrases that will link the ideas in a cohesive manner.

Composiciones

A. Un resumen. Escriba un resumen del artículo «El encanto de Guadalajara».

B. El (la) crítico(-a) culinario(-a). Ud. es el (la) crítico(-a) culinario(-a) para un periódico local. Escriba un resumen de una cena que tuvo recientemente en un restaurante. Describa el restaurante y la comida. Explique lo que le gustó y no le gustó. Compare el restaurante con otros.

C. **La comida universitaria.** Escríbale una carta a Julio(-a) Montoya, un(-a) estudiante de intercambio que va a venir a estudiar en su universidad. Dígale dónde, cuándo y qué se come en la universidad; también dígale cómo es la comida. Compare la comida norteamericana con la comida de un país hispano para prepararlo(la) para su visita aquí.

ACTIVIDADES

A. **Preferencias.** You are in charge of the menu for a party for the International Club. Interview your classmates to find out what foods or drinks they love, like, or dislike in each category. Then prepare a menu with two or three items in each category.

	Me encanta(-n)	Me gusta(-n)	Me disgusta(-n)
Antojitos o ensaladas Entradas Postres Bebidas			

B. **El Restaurante Oaxaca.** You are the waiter (waitress) in Restaurante Oaxaca. Two American tourists (played by your classmates) come to the restaurant for dinner. They are not familiar with Mexican food, and they ask you many questions about various dishes. You answer their questions and make recommendations. Finally, you take their order for a complete meal with beverages.

C. **Un experimento.** The psychology department is conducting a series of experiments on dormitory living conditions. You and a classmate will spend a week together in quarters resembling a college dormitory room. You will be allowed to bring food, books, music, videos, games, and clothing. Prior to packing, discuss with your classmate the types of games, movies, music, and books that interest you; the foods you love and hate, and the items that are important to you. Establish a list of items to bring, then share your list with your classmates.

D. **En casa de los Padilla.** You are studying in Lima, Perú, for a year. A Peruvian classmate, Antonio(-a) Padilla, invites you to Sunday dinner at his / her house. Role-play the scene from your arrival at the house to your departure. Present are Sr. Padilla; Sra. Padilla; Antonio(-a); Ricardo, the younger brother; and yourself.

Contacto cultural

El arte y la arquitectura

Los muralistas mexicanos

Los artistas mexicanos más famosos de este siglo son los muralistas Diego Rivera, José Clemente Orozco y David Alfaro Siqueiros. Los tres crearon pinturas y murales enormes que representan temas universales como la dignidad de las razas minoritarias o la justicia social y temas nacionales como la historia de México. A menudo usaban la pintura al fresco, una técnica que consiste en pintar sobre el yeso mojado (*wet plaster*) para que la pintura forme parte de la construcción del edificio. Se puede encontrar este arte del pueblo (como lo llaman muchos) en los edificios públicos en muchas ciudades mexicanas. De esa manera aun la gente más humilde y pobre puede verlo y apreciarlo.

Diego Rivera (1886–1957) Fue activista político y en muchas de sus obras trata de mostrar la importancia de los indios en el desarrollo (*development*) de México. En el Palacio Nacional en la capital pintó una serie de murales representando la historia de México. Los murales empiezan con *Tenochtitlán*, que fue la antigua capital de los aztecas. También se puede ver sus obras en los EEUU en San Francisco y Detroit.

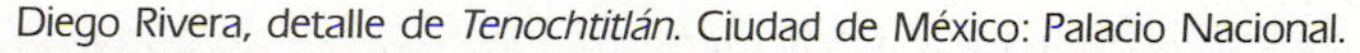
Diego Rivera, detalle de *Tenochtitlán*. Ciudad de México: Palacio Nacional.

David Alfaro Siqueiros (1898–1974) Del grupo de muralistas famosos fue el más activo políticamente. Siempre trató de crear un arte del pueblo y para el pueblo. Sus obras reflejan la vida de los pobres. Sus murales más importantes son los del Instituto Nacional de Bellas Artes y los del Polyforum Cultural Siqueiros en México, D.F. También pintó frescos en la Universidad Nacional Autónoma de México como éste que representa a los estudiantes devolviendo su sabiduría (*knowledge*) a la patria.

David Alfaro Siqueiros, mural. Ciudad de México: Universidad Nacional Autonoma de México.

José Clemente Orozco (1883–1949) No fue muy activo políticamente aunque sus obras reflejan las mismas ideas y actitudes de los otros muralistas. Sus obras están en edificios públicos en Guadalajara y en otras ciudades de México. También viajó por los EEUU y pintó murales en varias universidades incluyendo Dartmouth. El mural *Hidalgo* está en el Palacio del Gobernador en Guadalajara. El padre Hidalgo fue el líder de la Guerra de la Independencia en 1810.

José Clemente Orozco, detalle de Hidalgo. Guadalajara: Palacio del Gobernador.

■ Comprensión

A. Diego Rivera. ¿Qué tipo de personas hay en el mural? ¿Dónde están y qué están haciendo? ¿Por qué hay tantas personas en el mural? ¿Es realista o abstracta la obra? ¿Qué colores predominan? ¿Por qué? ¿Qué está tratando de enseñar el artista?

B. Siqueiros. ¿Cuántos estudiantes hay en el mural? ¿Qué tienen en las manos? ¿Qué facultades o materias representan estas cosas? ¿Cuál es la idea central de la obra? ¿Qué colores predominan? ¿Es abstracta o realista?

C. Orozco. ¿Qué tiene Hidalgo en la mano derecha? ¿Qué representa? ¿Qué colores predominan y por qué? ¿Cómo aparece el padre? ¿Es realista o abstracta la obra?

PARA LEER BIEN

The techniques of scanning, skimming, and locating the main and supporting ideas can be applied to literature as well as to journalistic articles. However, certain adaptations need to be made. Prior to reading you will need to scan the overall layout of the selection to determine its *genre,* that is, the literary category to which it belongs. The major genres include **la poesía, el drama, la novela, el cuento,** and **el ensayo** (*essay*). A quick glance at the following selection will show that it is a prose narration of relatively short length. It could be a short story or essay. However, by skimming the first paragraph it can be quickly determined that the author is not attempting to analyze or interpret a particular topic as in an essay. Rather, a tale begins to unfold in chronological order, a technique found in short stories.

Scanning a literary title may not prove to be as helpful in establishing the main idea as scanning the title of a journalistic article. Literary titles are frequently imprecise in order to establish a tone or suggest feelings rather than provide a detailed summary of what is to follow.

Skimming the opening paragraph of a short story will often provide clues as to content and main theme. In the opening paragraph look for the main ideas and supporting details. The tone of the first paragraph will often continue throughout the story.

Elements of a Short Story

As you read, you should also discover something about the following aspects of the story.

Los personajes = *characters.* The characters can include human beings, animals, and even things and objects. Sometimes the characters play an important role throughout the story; sometimes the characters are not even present but are simply talked about or alluded to.

El escenario = *setting.* The setting includes the geography, weather, environment, living conditions, and the year and time in which the story takes place.

El tono = *tone.* The tone is the emotional state of the literary work. The tone is generally expressed using adjectives such as happy, sad, melancholy, angry, mysterious, or satirical.

El punto de vista = *point of view.* Each literary selection has a particular point of view. The reader sees the characters and the action of the story through the eyes of someone else, generally a character in the story or possibly the author. Thus, you read and react to the story based on the mentality and personality of that other person. Sometimes the point of view is very biased, and you must try to find the truth in the situation.

El tema = *theme.* The theme of a literary work is its main idea. The theme frequently represents an author's philosophy or view of life.

Lectura literaria

Juan Rulfo (1918–1985) es un famoso autor de novelas y cuentos. En sus obras recrea la vida de los campesinos pobres de México. En ese mundo las personas tienen que luchar para sobrevivir (*survive*).

Es que somos muy pobres

Aquí todo va de mal en peor°. La semana pasada se murió mi tía Jacinta, y el sábado, cuando ya la habíamos enterrado° y comenzaba a pasársenos la tristeza°, comenzó a llover como nunca. A mi papá eso le dio coraje°, porque toda la cosecha de cebada° estaba asoleándose°. Y el aguacero° llegó de repente, en grandes olas de agua, sin darnos tiempo ni siquiera a esconder un manojo°; lo único que pudimos hacer, todos los de mi casa, fue estarnos arrimados° debajo del tejaván° viendo cómo el agua fría que caía del cielo arruinaba aquella cebada amarilla.

Y apenas ayer, cuando mi hermana Tacha acababa de cumplir doce años, supimos que la vaca° que mi papá le regaló para el día de su santo se la había llevado° el río.

El río comenzó a crecer° hace tres noches. Yo estaba muy dormido y, sin embargo, el estruendo° que traía el río me hizo despertar en seguida.

Cuando me levanté, la mañana estaba llena de nubes y parecía que había seguido lloviendo sin parar. Se notaba que el ruido del río era más fuerte y se olía el agua revuelta°. Cuando me fui a asomar° el río ya había perdido sus orillas°. Mi hermana y yo volvimos a ir por la tarde a mirar aquel amontonadero° de agua. Allí estuvimos horas y horas sin cansarnos viendo la cosa aquella. Después nos subimos por la barranca° donde también hay gente mirando el río y contando los perjuicios° que ha hecho. Allí fue donde supimos que el río se había llevado a *la Serpentina*, la vaca esa que era de mi hermana Tacha y que tenía una oreja blanca y otra colorada° y muy bonitos ojos.

No acabo de saber° por qué se le ocurriría a *la Serpentina* pasar el río. *La Serpentina* nunca fue tan atarantada°. Lo más seguro es que ha de haber venido dormida para dejarse matar así. Tal vez se le ocurrió despertar al sentir que el agua le golpeaba las costillas°. Tal vez entonces se asustó° y trató de regresar. Tal vez bramó° pidiendo que le ayudaran. Bramó como sólo Dios sabe cómo.

Yo le pregunté a un señor que vio cuando la arrastraba° el río si no había visto también al becerrito° que andaba con ella. Pero el hombre dijo que no sabía si lo había visto. Solo dijo que la vaca manchada° pasó patas arriba° muy cerca de donde él estaba.

from bad to worse
buried / grief
enraged him
barley harvest / drying out / downpour / handful (of barley) / huddle together / *techo*
cow / had been taken by
to grow
ruido fuerte
one smelled the foul water / *mirar* / overflowed its banks / *cantidad enorme* steep riverbank / damage
roja
no sé
estúpida
hit her sides / became frightened / bellowed
dragged
hijo pequeño de una vaca
spotted / with her feet in the air

Por el río rodaban° muchos troncos de árboles y él estaba muy ocupado en sacar leña°, de modo que no podía fijarse si eran animales o troncos los que arrastraba.

rolled
firewood

Nomás° por eso, no sabemos si el becerro está vivo, o si fue detrás de su madre río abajo°. Si así fue, que Dios ampare a los dos°.

Sólo
downriver / may God protect them both

La apuración° que tienen en mi casa es lo que pueda suceder ahora que mi hermana Tacha se quedó sin nada. Porque mi papá con muchos trabajos había conseguido a *la Serpentina* para dársela a mi hermana, con el fin de que ella tuviera un capitalito° y no se fuera a ir de piruja° como lo hicieron mis dos hermanas más grandes.

preocupación
un poco de dinero / *prostituta*

Según mi papá, ellas se habían echado a perder° porque éramos muy pobres en mi casa y ellas eran muy retobadas°. Cuando crecieron°, empezaron a andar con hombres de lo peor que les enseñaron cosas malas. Ellas aprendieron pronto y entendían los chiflidos°, cuando las llamaban a altas horas de la noche. Después, salían hasta de día. A veces, cuando uno menos se lo esperaba°, estaban en el corral, revolcándose° en el suelo, las dos desnudas y cada una con un hombre encima.

had been ruined / rebellious
they grew up
whistles
least expected it / rolling around

Entonces mi papá las corrió° a las dos. Ellas se fueron para Ayutla° o no sé para dónde; pero andan de pirujas.

threw them out / *pequeño pueblo en el estado de Guerrero*

Por eso está muy preocupado mi papá, por la Tacha, que no quiere que vaya a resultar como sus otras dos hermanas, al sentir que se quedó muy pobre viendo la falta de su vaca, viendo que ya no va a tener con qué entretenerse° mientras le da por crecer y pueda casarse con un hombre bueno, que la pueda querer para siempre. Y eso ahora va a ser difícil. Con la vaca era distinto, pues no hubiera faltado quién se hiciera el ánimo de casarse con ella° sólo por llevarse también aquella vaca tan bonita.

divertirse
since someone would have wanted to marry her

La única esperanza que nos queda es que el becerro esté todavía vivo. Ojalá no se le haya ocurrido pasar el río detrás de su madre. Porque si así fue, mi hermana Tacha está lista de hacerse piruja. Y mamá no quiere.

Mi mamá no sabe por qué Dios la ha castigado° tanto al darle unas hijas de ese modo, cuando en su familia nunca ha habido gente mala. Cada vez que piensa en ellas, llora y dice: «Que Dios las ampare a las dos».

punished

Pero mi papá alega° que aquello ya no tiene remedio°. La peligrosa° es la que queda aquí, la Tacha, que crece y crece y ya tiene unos comienzos de pechos° que prometen ser como los de sus hermanas.

dice / *alternativa* / The one in danger / breasts

—Si —dice—, le llenaría los ojos a cualquiera.° Y acabará° mal. Como que estoy viendo que acabará mal.

she would attract anyone / she will turn out

Ésa es la preocupación de mi papá. Y Tacha llora al sentir que su vaca no volverá porque se la ha matado el río. Está aquí, a mi lado, con su vestido color de rosa, mirando el río desde la barranca y sin dejar de llorar.

Yo la abrazo° tratando de consolarla, pero ella no entiende. Llora con más ganas°. De su boca sale un ruido semejante al que arrastra por las orillas del río, que la hace temblar° y sacudirse° y mientras, la creciente° sigue subiendo.

I hug / *fuerza*
tremble / shake / flood

■ Comprensión

A. Conteste las siguientes preguntas.

1. ¿Por qué le dio coraje al padre la lluvia? ¿Qué representa la lluvia para la familia?
2. ¿Cuántos años tiene la hermana Tacha? ¿Cómo es ella?
3. ¿Por qué le regaló el padre una vaca a Tacha? ¿Qué le pasó a la vaca? ¿Por qué tenía tanta importancia la vaca?
4. ¿Cómo son las dos hermanas mayores? ¿Dónde están?
5. ¿Cuál es la única esperanza de la familia?
6. ¿Qué creen todos que va a pasarle a Tacha ahora?
7. ¿Es semejante el destino de los animales y de las personas en este cuento? Explique.

B. Analice el cuento.

1. Haga una lista de todos los personajes en el cuento. ¿Cómo son? ¿Quién es el personaje central?
2. Describa el escenario del cuento. ¿Tiene el escenario un papel importante?
3. ¿Cómo es el tono del cuento? ¿Qué adjetivo mejor expresa la emoción central del cuento?
4. ¿Quién narra el cuento? ¿Cómo es este narrador? ¿Qué ventajas o desventajas ofrecen este narrador y su punto de vista? ¿Cuál es el efecto del uso de la narración en la primera persona?
5. ¿Qué papel tiene la naturaleza en el destino de los personajes? ¿Cómo reaccionan los personajes frente a la naturaleza?

Jaime Torres Bodet (1902–1974) poeta, novelista, ensayista y crítico literario. Nació en México, D.F. y se graduó de la Universidad Nacional Autónoma de México con una especialización en literatura francesa. Además de su vida literaria participó en la política nacional; entre 1943 y 1946 fue Ministro de Educación y mejoró todo el sistema nacional de enseñanza. El poema siguiente, «México canta en la ronda de mis canciones de amor», publicado en 1923, es un recuerdo melancólico en el cual el poeta ve México como una serie de contrastes.

Antes de leer el poema siguiente, repase (*review*) las estrategias para leer la poesía que se encuentran en el **Contacto Cultural I.**

México canta en la ronda de mis canciones de amor

México está en mis canciones,
México dulce y cruel,
que acendra° los corazones — purifies
en finas gotas de miel°. — drops of honey

Lo tuve siempre presente° — on my mind
cuando hacía esta canción;
¡su cielo estaba en mi frente;
su tierra en mi corazón!

México canta en la ronda° — serenade
de mis canciones de amor,
y en guirnalda° con la ronda — garland
la tarde trenza° su flor. — braids

Lo conoceréis un día,
amigos de otro país:
¡tiene un color de alegría
y un acre sabor de anís°! — bitter taste of anise

¡Es tan fecundo°, que huele — fertile
como vainilla en sazón° — ripe
y es sutil! Para que vuele
basta un soplo de oración°... — a breath of prayer is enough

Lo habréis comprendido entero
cuando podáis repetir
¿Quién sabe? con el mañero° — skill
proverbio de mi país...

¿Quién sabe? ¡Dolor, fortuna!
¿Quién sabe? ¡Fortuna, amor!
¿Quién sabe?, dirá la cuna°, — cradle
¿Quién sabe?, el enterrador°... — gravedigger

En la duda arcana y terca,
México quiere inquirir°:
un disco de horror lo cerca°
¿Cómo será el porvenir°?

México wants to investigate the secret and stubborn doubt
surrounds / future

¡El porvenir! ¡No lo espera!
Prefiere, mientras, cantar,
que toda la vida entera
es una gota en el mar;

una gota pequeñita
que cabe en el corazón:
Dios la pone, Dios la quita...
¡Cantemos nuestra canción!

Comprensión

A. Haga dos listas de adjetivos, sustantivos y otras frases contradictorias. En una lista escriba las palabras y frases que representan las cosas afirmativas o lo bueno de México. En la otra lista ponga las palabras y frases negativas. ¿Por qué usa el poeta palabras contradictorias? Según el poeta, ¿cómo es México?

B. ¿Qué productos agrícolas menciona el poeta? ¿Por qué los menciona?

C. ¿Cuál es la idea principal que expresa el autor en las dos últimas estrofas (*verses, strophes*)? Si la vida es muy breve y no muy significante, ¿qué debemos hacer durante la vida?

D. Compare el tema de este poema con el artículo «México lindo y dolorido» del **Capítulo 4.** ¿Qué tienen en común?

Bienvenidos a Centroamérica, Venezuela y Colombia

Guatemala: Lago Atitlán

Geografía y clima	Centroamérica es el puente entre la América del Norte y la América del Sur, mientras Colombia y Venezuela son dos países de la América del Sur. Tienen una geografía muy similar: una costa tropical y una región montañosa de clima templado. Venezuela también tiene llanos (*plains*). Temperatura variada según la altura.
Población	Centroamérica: 25.000.000 habitantes Venezuela: 15.000.000 habitantes Colombia: 32.000.000 habitantes
Lenguas	El español y varios idiomas indios
Gobierno	Centroamérica es como una América Latina en miniatura; allí hay gran variedad en los gobiernos y la política. Colombia y Venezuela: Democracia
Economía	Centroamérica: Productos agrícolas: frutas tropicales, verduras, café; turismo Venezuela: petróleo Colombia: café, turismo

■ Práctica

Conteste las siguientes preguntas usando el mapa.

A. Centroamérica

1. De los siete países de Centroamérica sólo Belice no es un país de habla española. ¿Cuáles son los seis países hispanos de la región? ¿Cuál es el único país que no tiene costa en el mar Caribe?
2. ¿Cuáles son las capitales de los países hispanos?
3. ¿Qué divide el país de Panamá en dos regiones? ¿Por qué lo construyeron? Antes de la construcción, ¿qué tenían que hacer los barcos para llegar al Océano Pacífico?

AMÉRICA CENTRAL Y ANTILLAS

B. Venezuela

1. ¿Cuál es la capital de Venezuela? ¿Cuáles son otras ciudades importantes? ¿Dónde están?
2. ¿Cómo se llama el río más grande de Venezuela?
3. ¿Dónde están los llanos?

C. Colombia

1. ¿Cuál es la capital? ¿Cuáles son otras ciudades importantes?
2. ¿Cómo se llaman las montañas de Colombia? ¿Dónde están las ciudades en relación con las montañas?
3. Colombia es el único país de la América del Sur con costas en el Mar Caribe y en el Océano Pacífico. ¿En qué costa hay más ciudades? ¿Por qué?

D. ¿Qué ventajas y desventajas ofrecen las geografías de Centroamérica, Venezuela y Colombia?

Colombia: Una Plantación de café

C A P Í T U L O 7

En Venezuela

Caracas: La Avenida Urdaneta

Primera situación

Presentación ¿Dónde está el Ateneo?

Práctica y conversación

A. ¿Qué pasa? Cuente lo que pasa en el dibujo.

B. Situaciones. Pregúntele a su compañero(-a) de clase adónde debe ir Ud. en las siguientes situaciones.

1. Ud. quiere información sobre los sitios de interés histórico de Caracas.
2. Ud. necesita comprar aspirina.
3. Ud. quiere ir al centro pero está demasiado lejos para caminar.
4. Ud. se da cuenta de que perdió el pasaporte.
5. Ud. desea comprar un periódico.
6. Ud. tiene que saber cuándo sale el autobús para Los Teques.
7. Ud. necesita cambiar cheques de viajero.

C. Una excursión a Caracas. Las siguientes personas van a pasar un día visitando Caracas. Con un(-a) compañero(-a) de clase, decida qué puntos de interés deben visitar y por qué.

una familia con tres hijos / cuatro estudiantes norteamericanos / un matrimonio joven / un venezolano que visita Caracas por primera vez / Ud. y su compañero(-a)

D. Creación. ¿De qué hablan las varias personas que están en el dibujo de la **Presentación**? Con uno(-a) o dos compañeros(-as) de clase, escoja un grupo y presente su conversación.

Vocabulario activo

En la calle	***On the street***
la acera	*sidewalk*
la avenida	*avenue*
el autobús	*bus*
la bocacalle / el cruce	*intersection*
el (la) conductor(-a)	*driver*
la cuadra (A) / la manzana (E)	*block*
el edificio de cemento / ladrillo / madera / piedra / vidrio	*a building of cement / brick / wood / stone / glass*
el embotellamiento	*traffic jam*
la esquina	*corner*
el estacionamiento	*parking area*
la fuente	*fountain*
el letrero / el rótulo	*sign, billboard*
el metro	*subway*
el peatón (la peatona)	*pedestrian*
el puente	*bridge*
el rascacielos	*skyscraper*
el semáforo	*traffic light*
la señal de tráfico	*traffic sign*
el taxi	*taxi*
el tranvía	*trolley*

Lugares	***Places***
el banco	*bank*
el centro	*downtown*
la clínica	*private hospital, clinic*

		Sitios de interés	***Places of interest***
la comisaría / el cuartel de policía	*police station*	el ayuntamiento	*city hall*
la estación de bomberos	*fire station*	el barrio colonial / histórico	*colonial / historic section*
la estación de taxis / de trenes	*taxi stand / train station*	la catedral	*cathedral*
la farmacia	*pharmacy*	el jardín zoológico	*zoo*
la gasolinera	*gas station*	el museo	*museum*
el hospital	*hospital*	el palacio presidencial	*presidential palace*
la oficina de turismo	*tourist bureau*	el parque	*park*
la parada de autobús	*bus stop*	la plaza de toros	*bullring*
el quiosco	*newsstand*	la plaza mayor	*main square*

ASÍ SE HABLA

Asking for, understanding, and giving directions

¿Qué oyó Ud.?

Escuche esta conversación entre una joven y un señor en una calle de Caracas. Luego, haga el siguiente ejercicio.

1. La joven pide información para ir a...
   a. un cine.
   b. un museo.
   c. un parque.

Caracas: El Teatro Ateneo

2. El señor que da las direcciones le dice que puede ir en...
   a. metro o en carro.
   b. autobús o a pie.
   c. metro, en carro o en autobús.
3. La joven debe bajar del autobús en...
   a. la esquina de Vollmer y Urdaneta.
   b. la Plaza Venezuela.
   c. la Estación Bellas Artes.
4. Según el diálogo, se puede decir que el señor que estaba dando la información era muy...
   a. descortés.
   b. cooperativo.
   c. irónico.
5. Describa a las personas que participaron en este diálogo tanto física como sicológicamente.

When you want to ask, understand, or give directions, you can use the following expressions.

Asking for directions:

¿Me podría(-s) decir +	*Could you tell me +*
cómo se llega / va a...?	*how to get to . . . ?*
dónde está...?	*where . . . is?*
dónde queda...?	*where . . . is?*
cómo puedo llegar/ ir a...?	*how I can get / go to . . . ?*
qué autobús tomo para ir a...?	*what bus I should take to go to . . . ?*
dónde para el autobús que va para...?	*where the bus going to . . . stops?*
por dónde pasa el autobús para...?	*where the bus to . . . goes by?*

Giving directions

Tome (Toma) el autobús / un taxi.	*Take the bus / a taxi.*
El autobús pasa por la otra cuadra / por la calle de atrás.	*The bus goes by the other block / the street behind this one.*
Camine (Camina) / Vaya (Ve) / Siga (Sigue) derecho.	*Go straight.*
Doble (Dobla) a la derecha / izquierda.	*Turn right / left.*
Al llegar a..., siga (sigue) / doble (dobla)...	*When you get to . . . , go / turn . . .*

EN CONTEXTO

HAYDÉE Disculpe, señor, pero **¿me podría decir, por favor, cómo se va** al Ateneo?

SEÑOR Cómo no, señorita. Mire, **tome** la línea Número Uno del Metro y bájese en la Estación Bellas Artes. El Ateneo está ahí mismo.

■ Práctica y conversación

A. ¿Cómo voy a...? Ud. y sus tres amigos(-as) están en el Parque Residencial Anauco en San Bernardino, un barrio de Caracas y todos quieren ir a diferentes sitios. Pidan direcciones al resto de la clase para llegar a los siguientes lugares **(Av. = Avenida).**

1. El I.N.O.S. (Instituto Nacional de Obras Sanitarias)
2. El Centro Médico
3. El Hotel Ávila
4. La Electricidad de Caracas
5. El Mercado «Quebrada Honda»
6. El Supermercado «Cada»
7. El Colegio Universitario

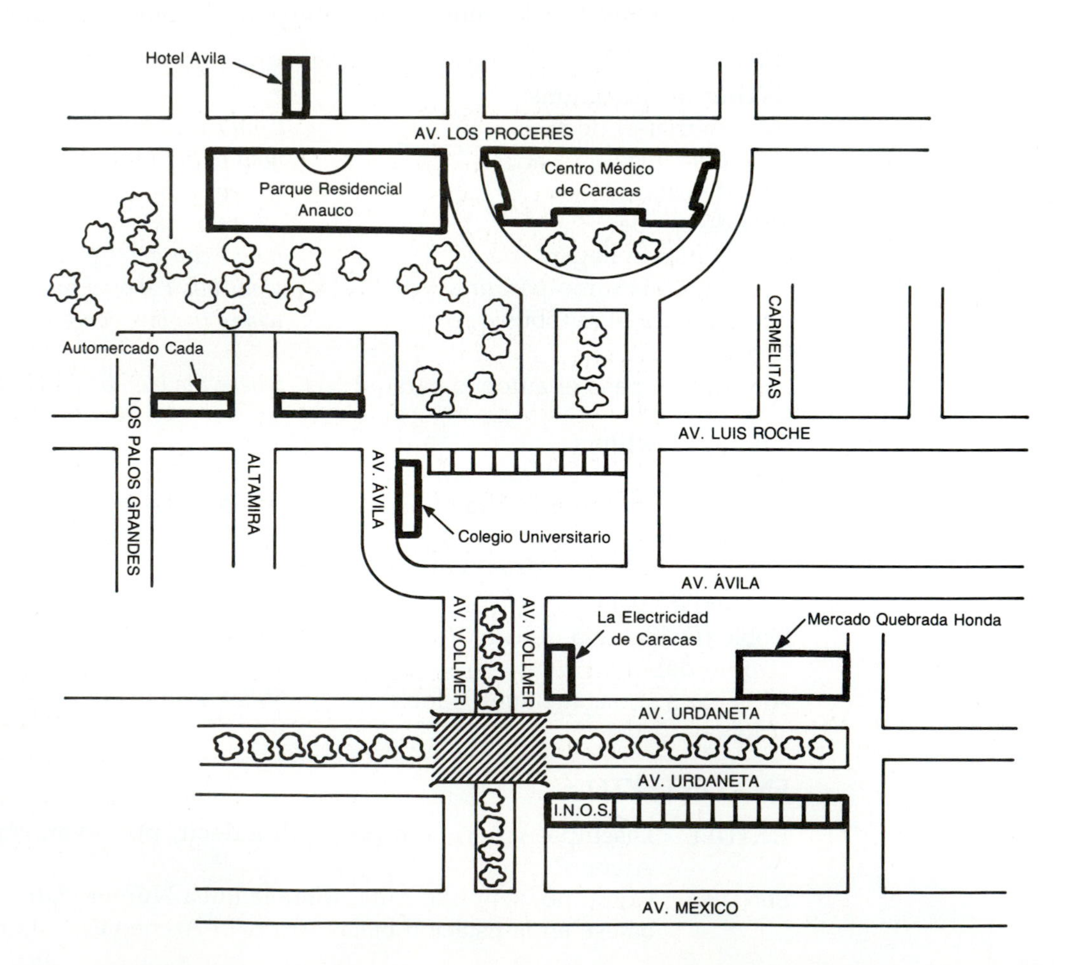

B. ¡Dime, por favor! Un(-a) estudiante pide direcciones a los siguientes lugares. Otro(-a) estudiante lo(-a) ayuda.

MODELO Estudiante 1: **¿Me podrías decir, por favor, cómo voy a la biblioteca?**
Estudiante 2: **Sí, por supuesto. Camina derecho dos cuadras, luego dobla a la derecha. Ahí mismo está.**

la biblioteca / el centro estudiantil / una gasolinera / el hospital / un banco / el centro de la ciudad / la parada de autobús / el museo de arte

Estructuras

Telling others what to do

Formal commands

Commands are used to give orders and directions. You will need to use formal commands when giving orders to a person you address with **usted,** or more than one person you address with **ustedes.**

	-AR Verbs TOMAR		-ER Verbs COMER		-IR Verbs ABRIR	
Ud.	**tome**	*take*	**coma**	*eat*	**abra**	*open*
Uds.	**tomen**	*take*	**coman**	*eat*	**abran**	*open*

A. To form the formal commands of regular verbs, obtain the stem by dropping the **-o** from the first-person singular of the present tense: **paso → pas-; hago → hag-.** To the stem, add the endings **-e/-en** for **-ar** verbs or **-a/-an** for **-er** and **-ir** verbs: **pas- → pase/pasen; hag- → haga/hagan.**

B. Some regular commands will have spelling changes in the stem to preserve the consonant sound of the infinitive.

1. With verbs ending in **-car** such as **buscar, c → qu: buscar → busque/busquen.**
2. With verbs ending in **-gar** such as **llegar, g → gu: llegar → llegue/lleguen.**
3. With verbs ending in **-zar** such as **cruzar, z → c: cruzar → cruce/crucen.**
4. With verbs ending in **-ger** such as **escoger, g → j: escoger → escoja/escojan.**

C. Dar, estar, ir, saber, and **ser** have irregular formal command stems.

DAR	dé / den	SABER	sepa / sepan
ESTAR	esté / estén	SER	sea / sean
IR	vaya / vayan		

D. Formal commands become negative by placing **no** before the verb.

Doble Ud. en la esquina pero **no cruce** la calle.	*Turn at the corner but don't cross the street.*

E. The pronouns **Ud. / Uds.** may be placed after the command form to make it more polite.

Sigan Uds. derecho y verán el museo.	*Go straight ahead and you will see the museum.*

F. Direct object, indirect object, and reflexive pronouns follow and are attached to affirmative commands. They precede negative commands.

—¿Cuándo debemos visitar la catedral?	*When should we visit the cathedral?*
—Visítenla por la mañana pero no la visiten durante la misa.	*Visit it in the morning but don't visit it during mass.*

When adding pronouns to commands of two or more syllables, a written accent mark is placed over the stressed vowel of the affirmative command.

EN CONTEXTO

HAYDÉE Disculpe, señor, ¿pero me podría decir, por favor, cómo se va al Ateneo?

SEÑOR Cómo no, señorita. **Mire, tome** la línea Número Uno del Metro y **bájese** en la Estación Bellas Artes. El Ateneo está ahí mismo.

■ Práctica y conversación

A. Consejos. Dígale a un(-a) turista lo que debe hacer para disfrutar de una visita a su ciudad.

MODELO empezar el día temprano
Empiece el día temprano.

1. saber el nombre de su hotel
2. dar un paseo por el barrio colonial
3. tomar el metro al centro
4. ir a la plaza mayor
5. tener cuidado con el pasaporte
6. llegar al aeropuerto a tiempo

B. Más consejos. En Caracas su compañero(-a) le pide algunos consejos. Contéstele.

MODELO visitar la catedral / sí
Compañero(-a): **¿Debemos visitar la catedral?**
Usted: **Sí, visítenla.**

1. comprar los regalos / sí
2. quedarse en el hotel / no
3. almorzar en un restaurante típico / sí

4. sacar fotos en el museo / no
5. mandar tarjetas postales / sí
6. llevar los pasaportes a la plaza de toros / no
7. ver el palacio nacional / sí

C. **Mi pueblo.** Sus compañeros(-as) de clase piensan hacer una excursión a su pueblo. Dígales tres lugares que deben visitar y tres lugares que no deben visitar. Explíqueles por qué deben o no deben visitar estos lugares.

D. **¡Qué ciudad!** Ud. y sus compañeros(-as) piensan visitar la ciudad de Caracas y sus alrededores. Discutan qué lugares van a visitar, qué cosas quieren hacer, qué quieren comprar, qué ropa y cuánto dinero tienen que llevar, ¿?

Sitios de interés: Casa Natal de Bolívar, Museo de Arte, la Plaza Bolívar, el Congreso, el Centro Simón Bolívar, el Centro Cultural Carreño, el Parque los Caobos, la Ciudad Universitaria, la Quinta Anauco (casa colonial), el teleférico del Ávila, las playas (Macuto), la Colonia Tovar (colonia alemana a una hora de Caracas)

Asking for and giving information

Passive se and third-person plural passive

When giving information, you often use an impersonal subject such as *one, they, you,* or *people* rather than referring to a specific person. In this way, the information or action is stressed.

People say that Caracas is very expensive.
You can take the metro or bus downtown.

A. The Spanish equivalent of an impersonal subject + verb is **se + third-person singular verb.**

—¿Dónde **se come** bien por aquí?	*Where can you get good food (eat well) around here?*
—Se dice que el Restaurante Maracaibo es muy bueno.	*They say that the Maracaibo Restaurant is very good.*

B. The impersonal **se** can also be used to express an action in the passive voice when no agent is mentioned. In such cases the following format is used:

Se + third-person singular verb + singular subject
Se + third-person plural verb + plural subject

Se abre la oficina de turismo a las 8:30, pero no **se abren** las tiendas hasta las 10.	*The tourism bureau opens at 8:30, but the stores don't open until 10:00.*

C. The **se** passive is a very common construction and is frequently seen in signs giving information or a warning.

Se alquila(-n).	*For rent.*
Se arreglan.	*Repairs made (here).*
Se habla español.	*Spanish spoken (here).*
Se necesita camarero.	*Waiter needed.*
Se prohibe fumar.	*No smoking.*
Se ruega no tocar.	*Please don't touch.*
Se vende(-n).	*For sale.*

D. The third-person plural of a verb may also be used to express an action in the passive voice when no agent is mentioned.

Venden periódicos en el quiosco.	*Newspapers are sold at the newsstand.*
Construyeron el ayuntamiento en el siglo XVIII.	*The city hall was built in the eighteenth century.*

EN CONTEXTO

HAYDÉE Dígame, ¿**se puede** ir a pie o en autobús? A mí no me gusta subir al Metro.

SEÑOR Sí, señorita, por supuesto. **Se puede** ir en carro o en autobús.

■ Práctica y conversación

A. **¿En qué lugar?** Conteste las siguientes preguntas de una manera lógica.

1. ¿Dónde se venden periódicos?
2. ¿Dónde se consigue información turística?
3. ¿Adónde se lleva a una persona herida?

4. ¿Dónde se deposita el dinero?
5. ¿Dónde se compran aspirinas?
6. ¿Dónde se vende gasolina?
7. ¿Dónde se espera el autobús?
8. ¿Dónde se ven muchos animales?

B. Diviértase. Use el **se** impersonal para indicar lo que se puede hacer para divertirse en la ciudad de Caracas

MODELO Toman el metro al centro.
Se toma el metro al centro.

1. Piden un plano de la ciudad en la oficina de turismo.
2. Visitan el palacio presidencial.
3. Caminan por el parque.
4. Toman un refresco en un café al aire libre.
5. Ven la nueva exposición en el museo.
6. Admiran la arquitectura en el barrio colonial.
7. Visitan el jardín zoológico.

C. Conduzca con cuidado. A veces es difícil conducir en la ciudad. Explíquele a su compañero(-a) de clase lo que se debe hacer en las siguientes situaciones.

1. Hay un accidente.
2. La luz del semáforo está amarilla.
3. Unos peatones cruzan la calle.
4. Hay un embotellamiento.
5. Necesita estacionar el coche.
6. Hay una escuela cerca.
7. Debe comprar gasolina.

Telling when things happened

Expressing dates

In order to explain when an action took place or will take place, you need to be able to express dates in Spanish.

A. To inquire about the date, the following questions are used.

¿Cuál es la fecha? }
¿A cuántos estamos? } *What is the date?*

B. The date is expressed using the following formula:

article +	date +	**de** +	month +	**de** +	year
el	doce	de	octubre	de	1492

The first day of the month is called **el primero;** the other days use cardinal numbers.

Hoy es **el treinta y uno** de enero; mañana es **el primero** de febrero. — *Today is January 31; tomorrow is February 1.*

C. When the day of the week is mentioned along with the date, the following formula is used:

article +	day of week +	date	+ **de** +	month
el	jueves	catorce	de	abril

D. The article **el + date** = *on + date.*

—¿Cuándo llegó tu hermano de Caracas? — *When did your brother arrive from Caracas?*
—Llegó **el viernes 4 de agosto.** — *He arrived on Friday, August 4.*

E. When talking about the year of an event, the expression is **en** + *year.*

Construyeron la catedral **en 1659.** — *The cathedral was built in 1659.*

EN CONTEXTO

HAYDÉE Apúrate, Lucía. Ojalá que lleguemos a tiempo porque la exposición sólo estará en el Ateneo hasta **el 5 de marzo** y si no vamos hoy no la vamos a poder ver.

Práctica y conversación

A. **El árbol genealógico.** ¿En qué fecha nacieron estas personas?

su abuelo paterno / su abuela materna / su padre / su madre / su hermano(-a) mayor / Ud. / su hermano(-a) menor

B. **Un poco de historia.** Dígale a un(-a) compañero(-a) cuando ocurrieron los siguientes hechos.

1. Cristóbal Colón / llegar a Venezuela / 1498
2. Diego de Lozada / fundar Caracas / 1567
3. Los colonizadores / construir la Catedral de Caracas / 1593
4. Simón Bolívar / nacer / 1783

5. Francisco Miranda / declarar la independencia de Venezuela / 1811
6. Rómulo Gallegos / escribir la novela *Doña Bárbara* / 1929
7. Los ingenieros / construir el metro de Caracas / 1983

C. **Entrevista.** Pregúntele a su compañero(-a) de clase algunas fechas.

Pregúntele…

1. a cuántos estamos.
2. cuándo nació.
3. cuándo se graduó del colegio.
4. cuándo empezó sus estudios en la universidad.
5. cuándo va a terminar sus estudios.
6. cuándo van a empezar las próximas vacaciones.
7. ¿?

Segunda situación

Presentación ¿Qué vamos a hacer hoy?

Práctica y conversación

A. **¿Qué pasa?** Cuente lo que pasa en el dibujo.

B. **¡Vamos a divertirnos!** Complete Ud. las oraciones de una manera lógica.

1. Este domingo podemos ver ___________.
2. Si hace buen tiempo podemos ir ___________ o ___________.
3. Compramos las entradas en ___________.
4. Si queremos asientos buenos es necesario ___________.
5. Si nos gusta mucho lo que vemos, al final vamos a ___________.
6. Y si no nos gusta, vamos a ___________.

C. **Creación.** Uds. son los tres amigos del dibujo de la **Presentación.** Escoja una actividad y trate de convencer a sus compañeros(-as) de hacer lo que Ud. quiere. Mencione las ventajas y desventajas de la actividad. Luego, sus compañeros(-as) van a tratar de convencerlo(la) a Ud. de hacer lo que ellos quieren.

Vocabulario activo

El centro cultural	***Cultural center***
el cuadro / la pintura	*painting*
el espectáculo de variedades	*variety show*
la exposición de arte	*art exhibit*
la galería	*art gallery*
la obra de arte	*work of art*
el retrato	*portrait*
admirar	*to admire*
aplaudir	*to applaud*
comentar sobre	*to comment on*
criticar	*to criticize*
discutir	*to discuss*
reservar los asientos	*to reserve seats*
ver una exposición	*to see an exhibit*
La corrida de toros	***Bullfight***
los billetes / los boletos / las entradas	*tickets*
el desfile	*parade*
la espada	*sword*
el matador	*bullfighter*
la taquilla	*ticket window*
la tauromaquia	*art of bullfighting*
el toro	*bull*
el traje de luces	*bullfighter's suit*
chiflar	*to boo, hiss*
gritar	*to shout*
El parque de atracciones	***Amusement park***
el algodón de azúcar	*cotton candy*
la atracción	*ride, attraction*
los caballitos / el tiovivo **(E)** / el carrusel **(A)** / la calesita **(A)**	*carousel*
la casa de los espejos	*house of mirrors*
la casa de los fantasmas	*house of horrors*
el globo	*balloon*
la gran rueda	*Ferris wheel*
el juego de suerte	*game of chance*
la montaña rusa	*roller coaster*
las palomitas	*popcorn*
el puesto	*booth, stand*
asustado(-a)	*scared*
peligroso(-a)	*dangerous*
tímido(-a)	*shy, timid*
valiente	*brave, courageous*

ASÍ SE HABLA

Persuading

Caracas: Plaza Venezuela

■ ¿Qué oyó Ud.?

Escuche la siguiente conversación entre tres amigas que hablan sobre cómo van a pasar la tarde. Luego, haga el siguiente ejercicio.

1. ¿En qué día de la semana cree Ud. que se lleva a cabo esta conversación? ¿Por qué?
2. Una de las actividades bajo consideración es…
   a. la corrida de toros.
   b. la película *Soto*.
   c. una obra de teatro.
3. Tienen problemas en decidir adónde van porque…
   a. no tienen dinero para las entradas.
   b. el concierto ha sido cancelado.
   c. cada una quiere hacer algo diferente.

4. Al fin deciden ir esa tarde a...
   a. un parque de atracciones.
   b. una exposición.
   c. un concierto.
5. La actitud de dos de las participantes en esta conversación es...
   a. conflictiva.
   b. conciliatoria.
   c. amable.
6. Elija la mejor respuesta. Las participantes de esta interacción son...
   a. jóvenes / viejas.
   b. aburridas / cansadas / activas
   c. solteras / casadas

When you are suggesting group activities, you can use the following expressions.

Quizás deberías(-n) / debieras(-n) considerar...	*Perhaps you should consider . . .*
¿No crees(-n) / te (les) parece que podrías(-n)...?	*Don't you think that you could . . . ?*
¿No crees(-n) que sería mejor si...?	*Don't you think it'd be better if . . . ?*
Haz (Hagan) lo que quieras(-n), pero...	*Do what you want, but . . .*
Tienes(-n) que ver las ventajas / desventajas de...	*You have to see the advantages / disadvantages of . . .*
Si te(se) fijas(-n) en...	*If you look at . . .*
Hay que tener en cuenta que...	*You have to take into account that . . .*

EN CONTEXTO

IRIS ¡No discutamos más! **¿No creen que sería mejor si** vamos a un parque de atracciones? No nos quedemos aquí sentadas discutiendo toda la tarde. ¿Qué les parece? ¡Hagamos eso! ¡Vamos! ¿Qué dicen?

VILMA No sé... No me convence mucho...

Práctica y conversación

A. ¡Vamos! Ud. y sus compañeros(-as) de cuarto tienen que hacer una serie de cosas pero nadie se decide. Ud. toma la iniciativa. ¿Qué les dice si tienen que...?

1. estudiar para el exámen de física
2. hacer la tarea de español
3. comer temprano
4. comprar las entradas para el concierto

B. **¡Cuidémonos!** Ud. y su compañero(-a) han empezado un régimen de dieta y ejercicios. ¿Qué dicen?

1. no comer muchos dulces
2. hacer gimnasia todos los días
3. no acostarse tarde
4. no tomar gaseosas
5. comer comida saludable
6. no darse por vencidos(-as)

Estructuras

Suggesting group activities

Nosotros *commands*

When suggesting group activities, the speaker often includes himself / herself in the plans. In English these suggestions are expressed with the phrase *let's + verb: Let's go to the amusement park.* In Spanish these suggestions can be expressed using:

A. The phrase **vamos a + infinitive.**

Primero **vamos a comer** y después **vamos a ir** al cine.	*First, let's eat and then let's go to the movies.*

B. The **nosotros** or first-person plural command. To form the **nosotros** command, drop the **-o** from the first-person singular of the present tense: **bailo → bail-; salgo → salg-.** To the stem, add the ending **-emos** for **-ar** verbs or **-amos** for **-er** and **-ir** verbs: **bail- → bailemos; salg- → salgamos.**

C. The **nosotros** commands have the same spelling changes as formal commands.

Verbs ending in **-car**	**c → qu**	**practicar → practiquemos**
Verbs ending in **-gar**	**g → gu**	**pagar → paguemos**
Verbs ending in **-zar**	**z → c**	**almorzar → almorcemos**
Verbs ending in **-ger**	**g → j**	**escoger → escojamos**

D. The following verbs have irregular stems as in the formal commands:

DAR → demos   ESTAR → estemos   SABER → sepamos

The verb **ir** has the following forms.

AFFIRMATIVE	**Vamos** a la corrida.	*Let's go to the bullfight.*
NEGATIVE	**No vayamos** a la exposición.	*Let's not go to the exhibit.*

E. Pronouns follow and are attached to the end of affirmative **nosotros** commands and precede the negative forms.

—¿Quieres regalarle este disco a Antonio? — *Do you want to give this record to Antonio?*
—Sí, **comprémoslo** ahora pero **no se lo demos** hasta su cumpleaños. — *Yes, let's buy it now but let's not give it to him until his birthday.*

When adding pronouns to commands of two or more syllables, a written accent mark is placed over the stressed vowel of the affirmative command.

F. The final **-s** is dropped from the **nosotros** command before adding the pronouns **se** or **nos.**

—¿Cuándo vamos a enviarle la tarjeta a Roberto? — *When are we going to send the card to Roberto?*
—**Sentémonos** y **escribámosela** ahora. — *Let's sit down and write it to him now.*

EN CONTEXTO

IRIS **No nos quedemos** aquí sentadas discutiendo toda la tarde. ¿Qué les parece? **¡Hagamos** eso! **¡Vamos!**

Práctica y conversación

A. ¿Qué vamos a hacer? Haga sugerencias sobre lo que Ud. y su compañero(-a) pueden hacer el sábado.

ir de compras / mirar la tele / dar un paseo / jugar al tenis / escuchar discos / cenar en un restaurante / organizar una fiesta / ¿?

B. Más sugerencias. Ud. sigue haciendo sugerencias para mañana, pero su compañero(-a) no está de acuerdo. Cada vez que Ud. sugiere algo, su compañero(-a) responde con una idea diferente.

MODELO caminar / subir al metro
No caminemos. Mejor subamos al metro.

1. estudiar / divertirnos
2. ir al cine / ir al concierto
3. comprar las entradas más baratas / escoger los mejores asientos
4. llamar a Carlos / invitar a Susana y José
5. llevar los jeans / ponernos algo más elegante
6. comer en casa / cenar en un restaurante

C. **Vamos al concierto.** Ud. y su compañero(-a) deciden ir al concierto. ¿Qué deben hacer o no hacer?

arreglarse con cuidado / reunirse temprano / olvidarse de llevar las entradas / sentarse en la primera fila / despedirse tarde / ¿?

D. **Una sorpresa.** Ud. y su compañero(-a) van a organizar una fiesta sorpresa para su mejor amigo(-a). Mencione por lo menos cinco actividades que pueden hacer en la fiesta.

Indicating quantity

Adjectives of quantity

In order to talk about the number or size of people, places, and things, you will need to learn to use adjectives of quantity.

alguno	*some*	numerosos	*numerous*
bastante	*enough*	otro	*other, another*
cada	*each, every*	poco	*little, few*
demasiado	*too much / many*	tanto	*so much / many*
más	*more*	todo	*all, every*
menos	*less*	todos	*all, every*
mucho	*much, many, a lot*		

A. Adjectives of quantity precede the nouns they modify.

Compramos **muchas** entradas para la exposición. — *We bought a lot of tickets for the exhibit.*

B. Some adjectives of quantity have special forms and/or usage.

1. **Alguno** is shortened to **algún** before a masculine singular noun: **algún retrato.**
2. **Cada** is invariable; it is used with singular nouns only: **cada dibujo y cada pintura.**
3. Forms of **todo** are followed by the corresponding article + noun:

   toda la pintura — *all the picture, the whole picture*
   todos los juegos — *all the games, every game*

4. **Más** and **menos** are invariable.

   En mi opinión, ese artista debe usar **más** colores. — *In my opinion, that artist ought to use more colors.*

5. **Numerosos(-as)** and **varios(-as)** are used only in the plural.

Hay **numerosas** obras modernas en esta galería.	*There are numerous modern works in this art gallery.*

6. The forms of **otro** are never preceded by **un / una.**

¿Vas a **otra** corrida esta tarde?	*Are you going to another bullfight this afternoon?*

EN CONTEXTO

VILMA ¿Una corrida de toros? Pero, ¿tú estás loca, muchacha? En primer lugar se necesitan entradas, segundo siempre hay **mucha** gente y **mucho** ruido y por último las corridas son muy violentas y a mí no me gusta la violencia.

Práctica y conversación

A. Este fin de semana. Ud. tiene muchos proyectos para este fin de semana. Diga lo que va a hacer.

1. Vamos al museo el viernes. Quiero ver *todos los cuadros.*
   Galería nueva / obras de arte / museo
2. El sábado vamos al parque de atracciones. Espero comprar *algunos globos.*
   algodón de azúcar / palomitas / entradas para las atracciones
3. ¿Sabe Ud. adónde vamos el domingo? Al centro cultural. Deseo ver *otras pinturas.*
   exposición de arte / dibujos / espectáculo de variedades

B. Deseos y quejas. Complete las siguientes oraciones de una manera lógica.

1. Quiero otro(-a) __________.
2. Nunca hay bastante(-s) __________.
3. Compro poco(-a) __________.
4. Tengo que hacer mucho(-a) __________.
5. Algunos(-as) __________ son interesantes.
6. Siempre hay demasiado(-a) __________ en esta universidad.

C. Entrevista. Hágale preguntas a un(-a) compañero(-a) de clase.

Pregúntele...

1. qué hace para divertirse todos los fines de semana.
2. si puede recomendar alguna película.
3. si quiere asistir a otro concierto.
4. si le gusta cada atracción que ve en el parque.
5. si juega varios juegos de suerte.

6. si tiene mucha suerte cuando juega.
7. si tiene bastante tiempo para estudiar.
8. ¿?

DUDAS DE VOCABULARIO

Date

La cita: date, as in having a date.

Gregorio está nerviosísimo porque tiene una cita con Myrna. — *Gregorio is very nervous because he has a date with Myrna.*

La fecha: date, as in the day and month of the year.

¿Qué fecha es hoy? — *What is today's date?*

To look

Buscar: to look for, to seek.

Antonio busca un nuevo apartamento. — *Antonio is looking for a new apartment.*

Cuidar: to look after, to take care of.

Yo siempre cuido a mi hermanito. — *I always take care of my little brother.*

Mirar: to look at.

Él se quedó mirando a Myrna una hora sin decir una sola palabra. — *He stayed there looking at Myrna for an hour without saying a single word.*

Parecer: to look, seem.

Sin embargo, él parece ser inteligente, ¿no? — *However, he seems to be intelligent, doesn't he?*

Ver: to look, see

Quiero ver qué dice Myrna después de todo esto. — *I want to see what Myrna says after all this.*

Real

Real / verdadero(a): real, actual, true.

La verdadera razón es que él no quiere ir a tu fiesta. — *The real reason is that he does not want to go to your party.*
El real valor de sus propiedades es mínimo. — *The actual value of their properties is minimal.*

Actually

En realidad: actually, as a matter of fact.

En realidad, lo único que tienen es una gran fuerza de voluntad. — *As a matter of fact, the only thing they have is great will power.*

Nowadays

Actualmente / hoy día: at the present time, nowadays.

Actualmente el problema de las drogas está más difundido que hace unos veinte años. — *Nowadays, the drug problem is more widespread than twenty years ago.*

Práctica

Complete los espacios en blanco con la palabra que corresponda.

HAYDÉE: Hola, María Elena. ¿Cómo estás? ¡Qué gusto de __________ (*see you*)! Te estaba __________ (*looking for*).

MARÍA ELENA: ¡No me digas! Bueno, aquí estoy. ¿Qué te sucede? __________ (*You seem*) preocupada.

HAYDÉE: Bueno, __________ (*actually*) no es gran cosa, pero tú sabes que __________ (*nowadays*) la vida es más complicada que antes... y tengo un __________ (*real*) problema.

MARÍA ELENA: A ver, Haydée, ¿en qué te puedo ayudar?

HAYDÉE: __________ (*Look*), María Elena, necesito pedirte un favor...

MARÍA ELENA: Sí, dime.

HAYDÉE: __________ (*Look*), este fin de semana tengo que ir a una conferencia fuera de la ciudad y necesito alguien que __________ (*look after*) a mis hijos.

MARÍA ELENA: Con mucho gusto, Haydée, pero me vas a tener que decir la __________ (*date*) y la hora exacta para hacer todos los preparativos necesarios.

HAYDÉE: Bueno, __________ (*as a matter of fact*) es el próximo viernes... Si pudieras ir a mi casa a las seis de la tarde, estaría muy bien.

MARÍA ELENA: Perfecto, no hay ningún problema. Entonces el viernes estoy en tu casa temprano. Así los niños y yo podemos comer, jugar un poco y luego quizás __________ (*look at*) la televisión.

Tercera situación

ASÍ SE HACE

Cómo se toma el metro

Es muy fácil comprar sus boletos del Metro

El Sistema de Venta Automatizada de Boletos del Metro es muy sencillo y uno de los más modernos del mundo. Para hacerle más fácil la adquisición de sus Boletos, El Metro pone a su servicio:

* Mapas de Precios (para averiguar el precio exacto de su pasaje).

* Máquinas Cambiadoras de Monedas (para el cambio de monedas de Bs. 5,oo, Bs. 2,oo y Bs. 1,oo).

* Máquinas Vendedoras de Boletos (para adquirir su Boleto rápidamente).

* Casetas del Operador (para comprar su Boleto Multiviaje o varios Boletos de 1 Viaje).

¿Cómo adquirir un Boleto del Metro?

Si va a comprar un Boleto de 1 Viaje, hágalo con sencillo en las Máquinas Vendedoras siguiendo estos pasos:

a) En el Mapa de Precios, averigüe el valor de su pasaje.

Sobre el nombre de la estación adonde Ud. se dirige, figura el precio exacto del pasaje que debe comprar.

b) En la Máquina Vendedora de Boletos, oprima el botón que marca el precio de su pasaje.

En caso de cometer alguna equivocación, ¡No hay problemas! Oprima el botón de "anulación" (el último debajo de los botones de precios) y repita el proceso.

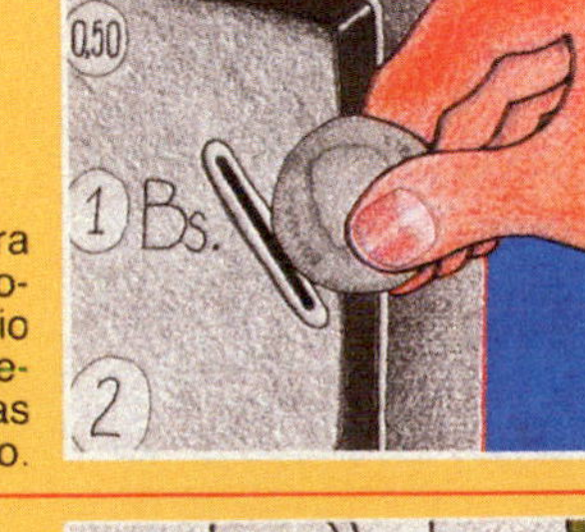

c) Introduzca por la ranura correspondiente las monedas por el precio exacto del pasaje. Asegúrese que las monedas estén en buen estado.

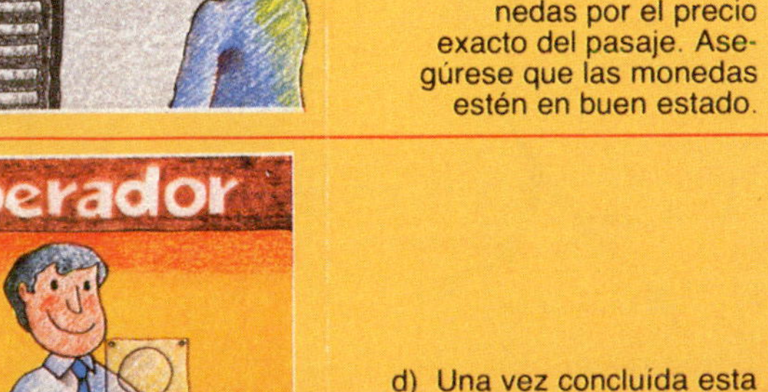

d) Una vez concluida esta sencilla operación, la Máquina le despachará su Boleto por la ventanilla iluminada.

Práctica y conversación

A. ¿Cómo hago...? Conteste las siguientes preguntas.

1. ¿Qué servicios ofrece el metro de Caracas para ayudar a los pasajeros?
2. ¿Cómo sabe Ud. cuánto cuesta su pasaje?
3. ¿Cómo paga Ud. por su boleto?
4. ¿Qué hace Ud. si comete un error?
5. ¿Qué clases de boletos puede Ud. adquirir?

B. Quiero ir a... Ud. y su compañero(-a) están en la Plaza Venezuela y tienen que hacer una serie de cosas. Usando el mapa del metro de Caracas como referencia, discuta con su compañero(-a) cómo y cuándo van a ir a los diferentes lugares.

1. A Sabana Grande para hacer unas compras.
2. A la U.C.V. (Universidad Central de Venezuela) para ir a la biblioteca.
3. A la Maternidad para visitar a tía Emilia.
4. A La Yaguara para ver unos muebles.
5. A Las Adjuntas.
6. Al Zoológico para divertir a su hermanito(-a).

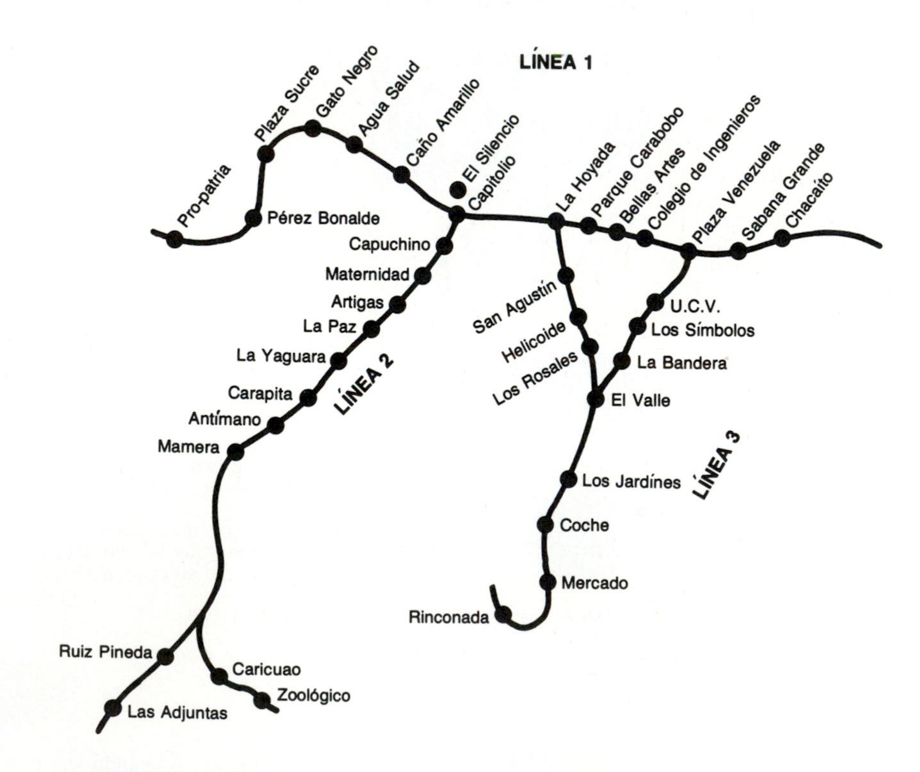

PARA LEER BIEN

Background knowledge: geographical references

As you know from experience, it is generally easier to read a selection containing a topic with which you are familiar than one which you know little about. This familiarity with a topic is called background knowledge. Using your background knowledge can greatly facilitate your reading in a foreign language.

A glance at the title and photo of the following reading indicates that the general topic is the geography of Venezuela. The following suggestions will help you activate and expand your background knowledge of geographical terms and the geography of Venezuela.

1. Scan the opening paragraphs of the selection for the specific topic of the article.
2. Familiarize yourself with the names of towns, cities, and places in Venezuela by skimming the entire selection.
3. Be prepared to guess the meaning of cognates related to geography.
4. Review the geographical information contained in **Bienvenidos a Venezuela.**
5. Think about the relationship between geography and life-style.

Práctica

A. Dé un vistazo al título y al primer párrafo para determinar el tema general y el tema específico.

B. Examine superficialmente la lectura y haga una lista mental de las ciudades, los pueblos y otros lugares geográficos mencionados en la lectura. Búsquelos en el mapa de Venezuela. ¿Por qué hay tantos lugares con el nombre Bolívar?

C. Mire esta lista de palabras geográficas y trate de adivinar *(guess)* lo que significan.

los Andes	andino	los valles
la tierra	el terreno	subtropical
el trópico	tropical	la elevación
alto	la altura	
el clima	árido	

LECTURA

El techo de Venezuela

Venezuela: Pico Bolívar

Si uno les pregunta a los residentes de Caracas dónde se puede ver la Venezuela de antaño°, muchos contestan que en las montañas del estado Mérida. Mérida es una muestra° de cómo era Venezuela antes del descubrimiento° del petróleo y antes de que el 75% de la población se concentrara en los grandes centros urbanos.

long ago
un ejemplo / discovery

En Mérida se disfruta de la tranquilidad y del encanto del ayer. Éste es el techo de Venezuela, tierra de contrastes sorprendentes°, donde la caña de azúcar se cultiva en la sombra° del Pico Bolívar, de 5.002 metros de altura, y donde se halla Mérida, moderna ciudad rodeada de aldeas° andinas.

surprising
shadow
villages

La mayoría de los visitantes van de Caracas a Mérida en avión. Es sólo una hora de vuelo. Sin embargo, es mucho más interesante hacer el viaje por carretera°, en particular el tramo° de 173 kilómetros que forma parte de la Carretera Panamericana.

highway
section

Este tramo está bien pavimentado pero el viaje en auto lleva mucho tiempo. Hay que hacerlo despacio a causa de la cantidad de curvas cerradas.

El camino sube abruptamente desde las llanuras° tropicales hasta el paso en la cima° del Pico del Águila°. A esta altura la temperatura es agradable en julio aunque a los pocos kilómetros es bien diferente. En los Andes la elevación determina, no sólo la temperatura, sino también la manera de vivir de la gente. Según la altura, se cultiva café o papas, se lleva ropa de algodón o ponchos de lana gruesa°. Se dice que hasta el carácter de las personas varía con la altura.

plains
summit / Eagle
thick

A medida que° el camino asciende hacia el Pico del Águila, con cada curva surgen° nuevos panoramas de las montañas y los valles. Dan ganas de parar a cada paso y contemplar el paisaje°, pero hay muy pocos lugares donde el camino es lo bastante ancho° para estacionar el coche. Pronto empieza el páramo°, región alta y fría a más de 3.000 metros de altura. El paisaje es desolado. Los colores vivos han desaparecido y la tierra es oscura. Hay pocas casas, pues sólo los venezolanos más recios° pueden ganarse la vida en este ambiente. Cerca de la cima una niebla° densa y fría se cierne° como una cortina blanca frente al coche. Al atravesarla°, los viajeros se encuentran en lo alto del Pico del Águila a 4.115 metros de altura. En este paso de la montaña hay una inmensa estatua de un águila con las alas° extendidas, símbolo del valor de Bolívar, quien cruzó los Andes buscando la libertad de América.

As / emerge
landscape
wide / high plateau
robust
fog / hangs over
crossing it
wings

La ciudad de Mérida está a sólo 55 kilómetros y el descenso del Pico del Águila se hace rápido.

Apartaderos, situado a 3.470 metros de altura, es una aldea turística al estilo de los Alpes. Es un lugar excelente donde parar y disfrutar del paisaje andino.

Pasado Apartaderos el camino desciende hacia Mérida y el terreno es más suave y la vegetación más exuberante. Se pasa por Mucuchiés, Mucuruba y Tobay, pueblecitos coloniales preciosos que están en el camino a Mérida. Cada uno de ellos tiene una plaza Bolívar, una iglesia antigua y bien cuidada y edificios muy juntos.

Mérida está en una mesa° baja rodeada de° altísimas montañas, entre ellos el Pico Bolívar, el más alto del país. Durante muchos años las montañas constituían un gran obstáculo al cambio, pero hoy día Mérida es una capital estatal moderna, de 125.000 habitantes. En la ciudad quedan pocos edificios históricos pero por todas partes se encuentran parques y plazas llenos de flores. La Plaza Bolívar, la más interesante de la ciudad, está rodeada de edificios gubernamentales y de la catedral. Cerca de la plaza hay varios restaurantes pequeños que sirven típica comida venezolana. También se puede ver artistas jóvenes pintando escenas de la vida de las aldeas andinas, uno de los temas populares de los pintores venezolanos.

plateau / surrounded by

La visita a Mérida no está completa si uno no se monta en el teleférico°. Éste, que es el más largo y más alto del mundo, asciende hasta la cima del Pico Espejo, a 4.765 metros de altura. Aparte de ser un viaje emocionante para el visitante, el teleférico es un medio de transporte muy útil para los habitantes de los Andes que viven en remotas aldeas de las montañas. Para algunos el teleférico es el único medio de comunicación con Mérida.

cable railway

El teleférico no funciona los lunes ni martes y éstos son días buenos para visitar las aldeas andinas históricas de los alrededores de Mérida. Una de las más visitadas es Jají, a unos 45 kilómetros al suroeste. Los habitantes de Jají son muy orgullosos° de su

proud

pueblo. Fue reconstruido a fines de la década de 1960 y tiene arquitectura colonial típica.

Si uno quiere visitar una localidad menos turística, puede ir a Pueblo Nuevo del Sur, declarado monumento nacional en 1960. A las cuatro de la tarde, Pueblo Nuevo del Sur descansa. Los vecinos° están sentados indolentemente en la plaza o en el frente de sus casas conversando en voz baja. Un hombre carga° un pesado saco en un burro como lo han hecho innumerables generaciones antes que él. De las puertas abiertas de la vieja iglesia de Santa Rita salen las delicadas notas de un violín.

Los habitantes
carries

El que llega a Pueblo Nuevo del Sur ha viajado por el espacio y en el tiempo. Aquí no hay hoteles ni restaurantes. El paso de los siglos no ha dejado más que algún que otro retoque°. Es lógico que Pueblo Nuevo sea un monumento histórico. Desde este apacible° lugar se puede regresar a Mérida en una hora, pero el viaje supone el transcurso de varios siglos. Al salir de Pueblo Nuevo uno se da cuenta de que ha visto lo que vino a ver en Mérida: una visión de la Venezuela de ayer.

a few traces
peaceable

Adaptado de *Las Américas*

Comprensión

A. Lugares venezolanos. Combine los elementos de la primera columna con los de la segunda para identificar los lugares venezolanos.

1. La capital de Venezuela
2. El estado que es el techo de Venezuela
3. El camino largo entre México y la Argentina
4. Una región fría y alta
5. Un paso con una inmensa estatua que representa a Bolívar
6. Una aldea turística al estilo de los Alpes
7. El pico más alto de Venezuela
8. Uno de los pueblecitos coloniales en el camino a Mérida
9. Un medio de transporte para ascender una montaña
10. Un popular pueblo turístico reconstruido
11. Un pueblo poco turístico declarado monumento nacional en 1960

a. el Pico del Águila
b. el Pico Bolívar
c. el Pico Espejo
d. Caracas
e. Mucuruba
f. Pueblo Nuevo del Sur
g. Mérida
h. Apartaderos
i. Jají
j. un teleférico
k. un páramo
l. la Carretera Panamericana

B. Rasgos geográficos. Haga una lista de las varias características geográficas que se pueden ver en el estado de Mérida.

C. **Descripciones.** Describa las cosas siguientes que se encuentran en el estado de Mérida.

las montañas / los valles / la ciudad de Mérida / Jají / Pueblo Nuevo del Sur

D. **La defensa de una opinión.** ¿Qué evidencia hay en el artículo que confirma la idea siguiente? El estado de Mérida es una visión de la Venezuela de ayer.

NOTICIAS

Venezuela quiere superar la crisis con la magia de Carlos Andrés.

Carlos Andrés Pérez, 66 años, se convierte° en el primer venezolano en acceder a la presidencia de su país por segunda vez y a través del siempre difícil camino de las urnas°. Nadie en Venezuela dudaba de su triunfo.

Carlos Andrés sólo consiguió la mayoría absoluta en las elecciones presidenciales, pero la perdió en las del Parlamento. Se podía afirmar que había derrotado° a la oposición, Eduardo Fernández, por un 54,5 por ciento frente a un 41,7 por ciento.

Las elecciones registraron una participación que casi roza° el 80 por ciento, la más baja en la historia democrática de este país, un 10 por ciento menos que la registrada en los comicios° de 1983.

Los venezolanos recuerdan a Carlos Andrés con nostalgia porque en su primer mandato presidencial (1974–1979) el bienestar° se instaló en el país, el paro° no superaba el 3 por ciento y los dólares entraban y salían alegremente. El país que actualmente hereda es muy distinto al que él dejó.

Unos de los problemas son la deuda° venezolana de 32.000 millones de dólares, el desempleo creciente°, el empobrecimiento° de la población acostumbrada a años de bienestar, la caída de los precios de petróleo (principal explotación en Venezuela) y la inquietud° en algunos sectores del Ejército°.

becomes
ballot box
defeated
touches on
las elecciones
well-being / unemployment
debt
growing unemployment / impoverishment
uneasiness / army

Comprensión

¿Entiende? Conteste las preguntas siguientes.

1. ¿Cómo se llama el nuevo presidente de Venezuela?
2. El presidente actual accede a la presidencia por segunda vez. ¿Cuándo fue presidente por primera vez?
3. ¿Se sorprendieron de los resultados los venezolanos?
4. ¿Ganó su partido en el Parlamento?
5. ¿A quién derrotó el nuevo presidente?
6. ¿Qué porcentaje de la población votó? Compare este porcentaje con el de previas elecciones.
7. En el primer mandato de Carlos Andrés, ¿cómo era el país?
8. Y ahora, ¿cómo es el país?
9. ¿Cuáles son algunos de los problemas que enfrenta Carlos Andrés?

PARA ESCRIBIR BIEN

Keeping a journal

There are many situations in both private and professional life for which journal entries are useful. In the business world, journals are used for logging phone calls and discussions with clients, remembering the content of meetings, and recording travel expenses. In private life, journals and diaries provide interesting personal records of daily events, travel experiences, special occasions, and family and school activities.

Keeping a personal journal is an effective tool for improving your writing in Spanish, for it provides writing practice on a daily basis. The following suggestions will help you write your journal entries.

1. Keep your entries in a special notebook you use only for this purpose.
2. Set aside a period each day for journal writing. It is traditional to write diary entries each evening just prior to going to bed.
3. Try to develop a natural, personal style with emphasis on content.
4. Learn to rephrase and circumlocute in order to express meaning and to avoid excessive use of the dictionary.
5. Spanish diary entries have a format similar to that of letters.

DATE	el 27 de abril, 1942
SALUTATION	Querido diario:
PRE-CLOSINGS	Bueno, querido diario, mi mamá / papá / amigo me llama.
	Como siempre, querido diario, tengo que irme / dormirme.
CLOSINGS	Hasta mañana, *Susana.* (your name)
	Hasta pronto, *Jaime.* (your name)

Composiciones

A. Querido diario: Escriba un apunte (*diary entry*) por cuatro días sucesivos. Incluya información sobre su rutina diaria, su trabajo, sus estudios y sus actividades con otras personas.

B. Un viaje. Escriba un diario de un viaje real o imaginado. Incluya los detalles de tres días por lo menos.

C. Un(-a) guía turístico(-a). Ud. es el (la) guía para un grupo de estudiantes venezolanos que estudian en su universidad. Prepare una lista de información básica acerca de la ciudad o el pueblo y la universidad. Explique dónde, qué y cuándo se come, dónde está la biblioteca y las horas de operación, qué se hace en el centro, etc.

ACTIVIDADES

A. Un sábado libre. It is Saturday morning. You and three friends have the entire afternoon and evening free. Discuss what you will do and suggest group activities. Try to persuade others to do what you want to do. After you have made your decisions, inform your classmates of your plans.

B. El quiosco turístico. You work in a tourist information booth located in the Plaza Bolívar. Two tourists (played by your classmates) come to the booth to obtain information on how to get to various sites in Caracas. Using the map of Caracas, tell them how to get to la Catedral de Caracas, el Capitolio Nacional, el Parque Carabobo, la Casa Natal de Simón Bolívar, and el Museo de Bellas Artes.

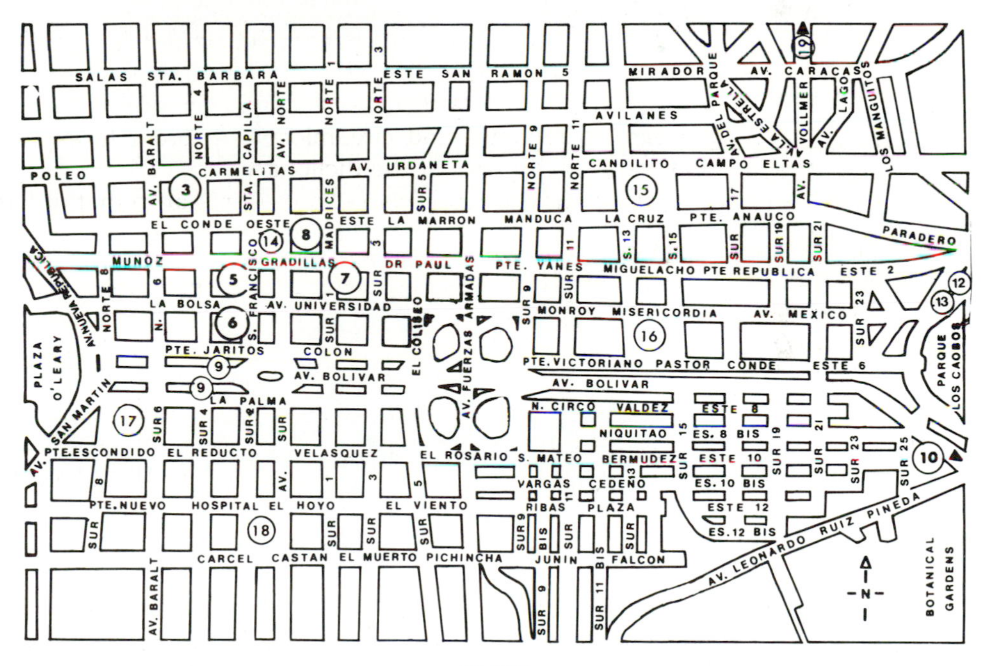

CLAVE

- 3 Oficina de Correos
- 5 Capitolio Nacional
- 6 Biblioteca Nacional
- 7 Casa Natal del Libertador (Simón Bolívar) Museo Bolivariano
- 8 Catedral de Caracas
- 9 Centro Simón Bolívar
- 10 Carretera a la Universidad
- 12 Museo de Bellas Artes
- 13 Museo de Ciencias Naturales
- 14 Plaza Bolívar
- 15 Plaza Candelaria
- 16 Parque Carabobo
- 17 Plaza Miranda
- 18 Plaza La Concordia
- 19 Carretera al Museo de Arte Colonial

C. **El taxista.** You arrive at the airport / train station / bus station nearest your university. From there you must take a taxi to your dorm / apartment / house. Explain to the taxi driver (played by a classmate) how to get there.

D. **El (La) turista alegre.** As **"El (La) Turista Alegre"** you have a weekly five-minute travel segment on a morning television news show. Discuss your favorite city. Describe the famous buildings and sights and tell when they were built. Explain what one can see and do there; provide opening and closing hours for museums and events. Explain where one should shop and what one can buy and where and what one can eat. Include other information you think is interesting.

CAPÍTULO 8

De compras en Bogotá

Bogotá: Un centro comercial

Primera situación

Presentación En un centro comercial

Práctica y conversación

A. ¿Qué pasa? Cuente lo que pasa en el dibujo.

B. Regalos de cumpleaños. Ud. necesita comprarles regalos de cumpleaños a las siguientes personas. Piensa comprarles joyas con una piedra que corresponde al mes de su nacimiento. ¿Qué les va a comprar?

1. su hermana / 16 de octubre
2. su novio(-a) / 27 de noviembre
3. su papá / 12 de setiembre

enero	el granate	julio	el rubí
febrero	la amatista	agosto	el ágata
marzo	el aguamarina	setiembre	el zafiro
abril	el diamante	octubre	el ópalo
mayo	la esmeralda	noviembre	el topacio
junio	la perla	diciembre	la turquesa

4. su mamá / 6 de junio
5. su tía / 3 de mayo
6. su primo / 15 de enero
7. Ud. / ¿?

C. **En el centro comercial.** ¿Dónde compra Ud. las siguientes cosas?

los jeans / un reloj de pulsera / un sofá / un vestido elegante / un paraguas / una novela / una cadena de oro / las pantuflas / las toallas / un estéreo

D. **Creación.** Ud. y un(-a) compañero(-a) de clase van a abrir una tienda en el centro estudiantil de la universidad. ¿Cómo será la tienda? ¿la mercancía? ¿los precios? ¿los empleados? ¿?

Vocabulario activo

El centro comercial	***Shopping mall***
la boutique	*boutique*
el (la) cajero(-a)	*cashier*
el (la) dependiente(-a)	*salesclerk*
el escaparate	*store window* (**E**), *display case* (**A**)
la etiqueta	*label*
la ganga	*bargain*
el gran almacén	*department store*
la liquidación	*clearance sale*
la marca	*brand*
la mercancía	*merchandise*
la rebaja	*reduction*
la talla	*size (of clothing)*
la tienda de liquidaciones	*discount store*
la tienda de lujo	*expensive store*
la tienda de regalos	*gift shop*
la vitrina	*display case* (**E**), *store window* (**A**)
estar en liquidación	*to be on sale*

La joyería	*Jewelry shop*	La zapatería	*Shoe store*
los aretes	*earrings*	las botas	*boots*
la cadena de oro	*gold chain*	el número	*size (of footwear)*
el collar de brillantes	*diamond necklace*	las pantuflas	*slippers*
la esmeralda	*emerald*	el par	*pair*
la perla	*pearl*	las sandalias	*sandals*
la piedra preciosa	*precious stone*	el tacón	*heel*
la pulsera	*bracelet*	los zapatos bajos	*low-heeled shoes*
el reloj de pulsera	*wristwatch*	los zapatos deportivos	*athletic shoes*
		los zapatos de tacón	*high heels*
asegurar	*to insure*	los zapatos de tenis	*tennis shoes*
regalar	*to give (a present)*		
valorar	*to appraise*	apretarle (ie)	*to pinch, be too tight*
		calzar	*to wear (shoes)*
		quedar	*to fit*

ASÍ SE HABLA

Making routine purchases

Bogotá: Un boutique

■ ¿Qué oyó Ud.?

Escuche esta conversación entre una joven y una vendedora en una tienda. Luego, haga el siguiente ejercicio.

1. La joven está buscando un vestido __________.
2. La vendedora le enseña un vestido __________ que cuesta __________ y uno __________ que cuesta __________.
3. A la joven le gusta más el __________.
4. La vendedora parece ser muy cortés / descortés.
5. Esta conversación podría / no podría llevarse a cabo en los Estados Unidos porque __________.
6. Según la conversación, ¿piensa Ud. que la vendedora y la compradora se conocían / no se conocían antes? ¿Por qué?

When you want to purchase something, you need to know the following expressions.

Salesperson:

¿Qué desearía ver?	*What would you like to see?*
¿En qué puedo servirle / ayudarlo?	*Can I help you?*
¿A la orden?	
¿Qué desea? / ¿Qué se le ofrece?	*What would you like?*
¿Le gusta(-n)...?	*Do you like . . . ?*
¿Qué le parece...?	*What do you think of . . . ?*
¿Qué número necesita?	*What size do you need?*
¿Quisiera probarse / llevar / ver...?	*Would you like to try on / take / see . . .*
No nos queda(-n) más.	*We don't have any left.*
¿Desearía algo más / otra cosa?	*Would you like anything else?*
Aquí lo (la, los, las) tiene.	*Here you are.*
Pase por la caja, por favor.	*Please step over to the cashier's.*
... está en oferta.	*. . . is on sale.*

Shopper:

Hágame el favor de mostrarme...	*Please show me . . .*
Busco...	*I'm looking for . . .*
(No) me gusta(-n)...	*I like / I don't like . . .*
Me encanta(-n)...	*I love . . .*
No me parece mal / feo / horrible / apropiado.	*I don't think it's bad / ugly / horrible / appropriate.*
Lo encuentro barato / muy caro / ordinario / fino / delicado.	*I find it inexpensive / very expensive / ordinary / of good quality / delicate.*
¿Cuánto cuesta / vale, por favor?	*How much is it, please?*

¿Me podría decir / Sería tan amable de decirme cuánto cuesta?	*Could you tell me how much it is?*
¿Me lo podría dejar en...?	*Could you lower the price to . . . ?*
¡Ay, no! Eso es mucho.	*Oh, no! That's too much.*
Quisiera algo más barato.	*I'd like something cheaper.*
Está bien.	*That's fine.*
Me lo (la, los, las) llevo.	*I'll take it (them).*
Lo compro.	*I'll buy it.*
¿Me lo podría envolver?	*Could you wrap it for me?*

EN CONTEXTO

VENDEDORA Buenos días. **¿En qué puedo servirle?**

GRACIELA Estoy buscando un vestido pero necesito algo elegante. ¿Me podría ayudar a encontrar algo apropiado?

■ Práctica y conversación

A. En la tienda. ¿Qué dice Ud. cuando va a la tienda y...

1. quiere saber si venden jeans?
2. no le gustan los que el (la) vendedor(-a) le enseña?
3. quiere probarse los pantalones?
4. le quedan bien?
5. quiere saber el precio?
6. quiere comprarlos?

B. ¡Necesito ropa! Ud. y su amigo(-a) van a la tienda porque necesitan pantalones/faldas, blusas/camisas y zapatos. Pidan lo que necesitan. Otro(-a) estudiante hace el papel de vendedor(-a) y él (ella) los (las) ayudará.

Estructuras

Expressing hopes, desires, and requests

Present subjunctive after verbs of wishing, hoping, commanding, and requesting

Verbs in the indicative mood are used in statements or questions that are objective or factual.

Siempre **compro** mi ropa en rebaja. — *I always buy my clothes on sale.*

Verbs in the subjunctive mood are used in subjective or doubtful statements or questions.

Mi madre insiste en que yo **compre** mi ropa en rebaja. — *My mother insists that I buy my clothes on sale.*

My mother's insistence that I buy my clothes on sale does not mean that I will do it, so this action is not an observable fact. Therefore the subjunctive is used.

FORMATION OF THE PRESENT SUBJUNCTIVE

A. The present subjunctive is formed in the same manner as formal commands. Obtain the stem by dropping the **-o** from the first-person singular of the present tense. To the stem, add **-er** endings to **-ar** verbs and **-ar** endings to **-er** and **-ir** verbs.

-AR VERBS COMPRAR	-ER VERBS VENDER	-IR VERBS RECIBIR
compr**e**	vend**a**	recib**a**
compr**es**	vend**as**	recib**as**
compr**e**	vend**a**	recib**a**
compr**emos**	vend**amos**	recib**amos**
compr**éis**	vend**áis**	recib**áis**
compr**en**	vend**an**	recib**an**

B. Verbs that are irregular in the first-person singular of the present indicative will show that irregularity in all forms of the present subjunctive.

HACER: haga, hagas, haga, hagamos, hagáis, hagan
CONOCER: conozca, conozcas, conozca, conozcamos, conozcáis, conozcan

C. Certain verbs will show spelling changes in the present subjunctive.

Verbs ending in . . .

1. **-CAR** change the **c → qu:** **buscar → busque.**
2. **-GAR** change the **g → gu:** **pagar → pague.**
3. **-ZAR** change the **z → c:** **calzar → calce.**
4. **-GER** change the **g → j:** **escoger → escoja.**

D. Stem-changing **-ar** and **-er** verbs follow the pattern of the present indicative: all forms stem-change except **nosotros** and **vosotros.**

e → ie RECOMENDAR	o → ue MOSTRAR	e → ie PERDER	o → ue DEVOLVER
recomiende	muestre	pierda	devuelva
recomiendes	muestres	pierdas	devuelvas
recomiende	muestre	pierda	devuelva
recomendemos	mostremos	perdamos	devolvamos
recomendéis	mostréis	perdáis	devolváis
recomienden	muestren	pierdan	devuelvan

E. Stem-changing **-ir** verbs follow the pattern of the present indicative, but also have an additional stem change in the **nosotros** and **vosotros** forms.

e → ie,i DIVERTIRSE	e → i,i PEDIR	o → ue,u DORMIR
me divierta	pida	duerma
te diviertas	pidas	duermas
se divierta	pida	duerma
nos divirtamos	pidamos	durmamos
os divirtáis	pidáis	durmáis
se diviertan	pidan	duerman

F. Verbs whose present indicative **yo** form does not end in **-o** have irregular subjunctive stems. The endings of these verbs are regular.

DAR: dé, des, dé, demos, deis, den
ESTAR: esté, estés, esté, estemos, estéis, estén
IR: vaya, vayas, vaya, vayamos, vayáis, vayan
SABER: sepa, sepas, sepa, sepamos, sepáis, sepan
SER: sea, seas, sea, seamos, seáis, sean

The present subjunctive of **hay** = **haya.**

USES OF THE SUBJUNCTIVE

A. The subjunctive in Spanish is used to express subjectivity or that which is unknown. Thus, expressions of desire, hope, command, or request create a doubtful or unknown situation and require the use of the subjunctive.

DESIRE:	desear, querer
HOPE:	esperar, ojalá (que)
COMMAND:	decir, dejar, es necesario, es preciso, exigir, insistir en, mandar, ordenar, permitir, prohibir
ADVICE / REQUEST:	aconsejar, pedir, proponer, recomendar, rogar, sugerir

B. **Decir** is followed by the subjunctive when someone is told or ordered to do something. It is followed by the indicative when information is given.

Mi madre le **dice** a Ricardo que **compre** botas nuevas.	*My mother tells Ricardo to buy new boots.*
Mi madre **dice** que Ricardo **compra** nuevas botas.	*My mother says that Ricardo is buying new boots.*

C. Many of the expressions of command, advice, or request will have indirect objects. In such cases, the indirect object pronoun and the subjunctive verb ending refer to the same person.

Te aconsejo que nunca **compres** en aquella tienda. Es muy cara.	*I advise you never to buy in that store. It's very expensive.*

D. Generally, the subjunctive occurs in sentences with two clauses. The main or independent clause contains an expression that requires the use of the subjunctive in the second or subordinate clause when the subject is different from that of the main clause. If there is no change of subject, the infinitive is used.

CHANGE OF SUBJECT: Subjunctive

Bárbara quiere que yo **compre** ese suéter.	*Barbara wants me to buy that sweater.*

SAME SUBJECT: Infinitive

Bárbara quiere **comprar** ese suéter.	*Barbara wants to buy that sweater.*

E. There is little direct correspondence between the use of the subjunctive in Spanish and English. As a result, the Spanish subjunctive often translates into English as the present or future indicative or an infinitive. Compare the following translations of similar Spanish sentences.

Espero que lo compren.	*I hope they are going to buy it.*
Ojalá que lo compren.	*Hopefully they will buy it.*
Quiero que lo compren.	*I want them to buy it.*
Insisto en que lo compren.	*I insist that they buy it.*

EN CONTEXTO

GRACIELA Mi esposo insiste en que **compre** algo en rebaja pero también quiere que **escoja** lo que a mí me gusta.

Práctica y conversación

A. En el centro comercial. Explique lo que quieren las siguientes personas.

MODELO ¿Qué esperan los dueños de la tienda?
yo / comprar mucho
Los dueños esperan que yo compre mucho.

1. ¿Qué esperan los dueños de la tienda?
   a. Uds. / no devolver las camisas
   b. el cliente / pagar al contado
   c. nadie / robar las joyas
   d. tú / gastar mucho dinero
   e. nosotros / volver pronto
2. ¿Qué quieren los clientes?
   a. los precios / ser bajos
   b. los dependientes / tener mucha paciencia
   c. todo / estar en liquidación
   d. la cajera / aceptar la tarjeta de crédito

B. Consejos. ¿Qué les sugiere Ud. a sus amigos?

MODELO Tomás / hacer compras en un gran almacén
Le sugiero a Tomás que haga compras en un gran almacén.

1. Mónica / no comprar ropa cara
2. tú / probarte los zapatos primero
3. Lola y Julia / buscar las gangas
4. Uds. / pedirle recomendaciones a la dependienta
5. Yolanda / escoger marcas conocidas
6. tú / leer las etiquetas

C. De compras. Ud. va de compras pero no tiene mucho dinero. Complete las siguientes oraciones con sus propias ideas.

1. Ojalá que los precios ___________.
2. Es necesario que ___________.
3. Mi padre / madre prohibe que yo ___________.
4. Mi amigo(-a) recomienda que ___________.
5. Mis padres insisten en que yo ___________.
6. Les aconsejo a mis amigos(-as) que ___________.

D. Una fiesta importante. Ud. tiene que ir a una fiesta importante y necesita un nuevo traje / vestido pero no tiene el dinero para comprarlo. Hable con dos compañeros de clase y ellos le aconsejarán qué hacer.

Making comparisons

Superlative forms of adjectives

In certain situations such as shopping or discussing family or friends, you often want to compare objects or persons and set them apart from all others: *This is the largest mall in the state.* To make statements comparing one item to many others in the same category, the superlative form of the adjective is used. The English superlative is composed of *the most* or *the least* + adjective or the adjective + the ending *-est*.

A. In Spanish the superlative of adjectives is formed using the following construction:

definite article (+ noun) + **más** / **menos** + adjective + **de**

Antonio compró la cadena de oro **más cara de** la joyería.	*Antonio bought the most expensive gold chain in the jewelry store.*

Note that **de** = *in* in these superlative constructions.

B. In superlative constructions, the irregular forms **mejor** and **peor** usually precede the noun.

Tienen los **mejores** precios del pueblo.	*They have the best prices in town.*

The irregular forms **mayor** and **menor** follow the noun.

Carolina es la hija **mayor** de la familia.	*Carolina is the oldest daughter in the family.*

C. After forms of **ser,** the noun is frequently omitted from superlative constructions to avoid redundancy.

Esta zapatería es **la más grande** de Bogotá, pero aquélla es **la mejor.**	*This shoe store is the largest in Bogotá, but that one is the best.*

EN CONTEXTO

VENDEDORA Aquí tiene este rojo y este verde.
GRACIELA Yo creo que el azul es **el más bonito de** todos.

Práctica y conversación

A. **Yo sólo quiero lo mejor.** Ud. va de compras a una tienda muy elegante. Explíquele al (a la) vendedor(-a) lo que le gustaría comprar.

MODELO vestido / elegante
Quisiera el vestido más elegante de la tienda.

1. zapatos / cómodo
2. cadena de oro / hermoso
3. aretes / fino
4. perlas / caro
5. regalos / lindo
6. botas / grande
7. sandalias / bueno
8. pantuflas / barato

B. **Lo mejor en su categoría.** Describa a estas personas y cosas comparándolas con otras en la misma categoría.

MODELO mi hermano
Mi hermano es el más alto de la familia.

Donald Trump / Bloomingdale's / Cadillac / Elizabeth Taylor / el presidente de los EEUU / mis padres / las cataratas de Niágara / Monte Everest / mi novio(-a)

C. **¿Dónde compro?** Antes de ir de compras Ud. y sus compañeros(-as) comparan los precios de diferentes almacenes. Miren estos anuncios y decidan qué artículos Uds. van a comprar. Explique por qué. ¿Qué almacén tiene los mejores precios? ¿los peores?

BAZAR BOLÍVAR

Zapatería	
Zapatos de ante	350 pesos
Sandalias de cuero	280 pesos
Botas de cuero	560 pesos
Artlículos de ropa	
Blusas	300 pesos
Faldas	480 pesos
Pantalones para dama	470 pesos
Pantalones para caballero	700 pesos
Joyería	
Joyas de fantasía desde	170 pesos
Relojes finos desde	700 pesos
Aretes de oro	900 pesos

SARELA

Zapatería	
Zapatos de ante	550 pesos
Sandalias de cuero	180 pesos
Botas de cuero	390 pesos
Artículos de ropa	
Blusas	380 pesos
Faldas	560 pesos
Pantalones para dama	490 pesos
Pantalones para caballero	780 pesos
Joyería	
Joyas de fantasía desde	70 pesos
Relojes finos desde	540 pesos
Aretes de oro	1500 pesos

CASA FERNÁNDEZ

Zapatería	
Zapatos de ante	250 pesos
Sandalias de cuero	550 pesos
Botas de cuero	670 pesos
Artículos de ropa	
Blusas	450 pesos
Faldas	650 pesos
Pantalones para dama	390 pesos
Pantalones para caballero	550 pesos
Joyería	
Joyas de fantasía desde	90 pesos
Relojes finos desde	820 pesos
Aretes de oro	1290 pesos

Segunda situación

Presentación Esta blusa no me queda bien

Práctica y conversación

A. ¿Qué pasa? Describa el dibujo.

B. ¡De buen gusto! ¿Qué cambios deben hacer las siguientes personas para vestirse bien?

1. María lleva una falda a cuadros, una blusa estampada y unas pantuflas rosadas.

2. José lleva un traje azul marino, una camiseta anaranjada y unos zapatos deportivos grises.
3. Susana lleva un vestido de seda negra, unos zapatos de tacón negros y unos calcetines de lana roja.
4. Tomás lleva un pijama azul, un sombrero de paja y unas botas rojas.
5. Isabel lleva un traje de baño de lunares, un abrigo de pieles y unas botas de cuero.
6. Paco lleva unos pantalones azules, una camisa de seda morada y una chaqueta a rayas.

C. **Entrevista.** Pregúntele a un(-a) compañero(-a) de clase qué debe ponerse para las siguientes situaciones.

Pregúntele qué se pone para...

1. una entrevista importante.
2. esquiar.
3. una fiesta elegante.
4. un día en la playa.
5. lavar el coche.
6. un fin de semana en el campo.

Vocabulario activo

La ropa de caballeros[1]	***Men's clothing***
la bufanda	*scarf*
los calcetines	*socks*
el chaleco	*vest*
la camiseta	*tee shirt*
el impermeable	*raincoat*
el paraguas	*umbrella*
el pijama	*pajamas*
el sobretodo	*overcoat*

La ropa femenina	***Women's clothing***
el abrigo	*coat*
la bata	*robe*
la bolsa (**E**)	*purse*
el calentador (**A**) / el chandal (**E**)	*jogging suit*
la camisa de noche	*nightgown*
los guantes	*gloves*
las medias	*stockings*
el traje de baño	*bathing suit*

El diseño	***Design***
a cuadros	*plaid, checkered*
a rayas	*striped*
de flores	*flowered*
de lunares	*polka-dot*
de un solo color	*solid color*
estampado(-a)	*printed*

La tela	***Fabric, material***
el algodón	*cotton*
el cuero	*leather*
el encaje	*lace*
la lana	*wool*
el lino	*linen*
la piel	*fur*
la seda	*silk*

[1]Common articles of clothing are listed in Appendix A.

De compras	***Shopping***	probarse (ue)	*to try on*
acortar	*to shorten*	quedarle bien	*to fit well*
devolver (ue)	*to return (something)*	quedarle un poco	*to be a little*
envolver (ue)	*to wrap*	ancho / apretado /	*wide / tight /*
estar de moda / pasado de moda	*to be in style / out of style*	corto / chico /	*short / small /*
hacer juego / combinar con	*to match*	estrecho / flojo /	*narrow / loose /*
mostrar (ue)	*to show*	grande / largo	*large / long*
		ser de buen gusto /	*to be in good taste /*
		elegante / feo /	*elegant / ugly /*
		lindo / vistoso	*pretty / dressy*

ASÍ SE HABLA

Complaining

■ ¿Qué oyó Ud?

Escuche la conversación entre Yajaira y una vendedora en una tienda de Bogotá. Tome los apuntes que considere necesarios y luego conteste las siguientes preguntas.

1. ¿Por qué va Yajaira a la tienda? Explique.
2. ¿Qué le dice la vendedora al oír su problema?
3. ¿Qué quiere hacer Yajaira para solucionar su problema?
4. ¿Cómo le responde la vendedora?
5. ¿Se podría llevar a cabo esta interacción en los Estados Unidos? ¿Por qué sí o por qué no?

When you want to complain, you can use the following expressions.

Lamento / Siento decirle que...	*I'm sorry to tell you that . . .*
Disculpe, pero la verdad es que...	*Excuse me, but the truth is that . . .*
Creo / Me parece que aquí hay un error.	*I think there is a mistake here.*
Creo que se ha equivocado.	*I think you have made a mistake.*
¡No puedo seguir esperando!	*I can't keep waiting!*
¡Esto no puede ser!	*It can't be!*
¡Pero qué se ha creído!	*But who do you think you are!*
¡Por quién me ha tomado!	*Who do you think I am!*
Ud. me dijo que... y ahora me viene con eso.	*You told me that . . . , and now you say something else.*
¡Qué falta de responsabilidad!	*How irresponsible!*
Y ahora, ¿qué voy a hacer?	*And now, what am I going to do?*
¡Ya me cansé de tantas excusas / pretextos!	*I'm tired of so many excuses!*

EN CONTEXTO

YAJAIRA **¡Pero eso no puede ser! Me parece que aquí hay un error.**

VENDEDORA Lo siento, señorita, pero nosotros no aceptamos devoluciones ni cambios. Va a ser imposible cambiársela.

Práctica y conversación

A. Perdón, pero... ¿Qué dice Ud. en las siguientes situaciones?

1. Ud. está en un restaurante y el mesero le da un helado en vez de un sandwich.
2. Ud. está en el aeropuerto y le dicen que Ud. no tiene reservación.
3. Ud. está en el consultorio del dentista y ha estado esperando dos horas y media.
4. Ud. está en un restaurante y le traen la cuenta de otra persona.
5. Ud. se inscribió en la clase de español pero su nombre no aparece en la lista del (de la) profesor(-a).

B. Pero, ¿qué es esto? Con dos compañeros(-as) de clase, dramaticen la siguiente situación. Ud. y su amigo(-a) van de compras porque necesitan ropa. En la tienda se les acerca un vendedor(-a) y Uds. le piden ayuda. Al principio todo va bien pero después hay muchos problemas: les da las tallas equivocadas, se demora mucho en atenderles, les cobra más de lo necesario y al final no quiere aceptar sus cheques.

Estructuras

Avoiding repetition of previously mentioned people and things

Double object pronouns

In conversation you avoid the repetition of previously mentioned people and things by using direct and indirect object pronouns, for example: *Did you give Charles that sweater? No, his parents gave* ***it to him.*** These double object pronouns are also used in Spanish.

A. When both an indirect object pronoun and a direct object pronoun are used with the same verb, the indirect object pronoun precedes the direct object pronoun.

—¿Quién te regaló esa pulsera?	*Who gave you that bracelet?*
—Mi hermano **me la** dio para mi cumpleaños.	*My brother gave it to me for my birthday.*

B. Double object pronouns follow the rules for placement of single object pronouns; that is, both pronouns must be attached to the end of affirmative commands and precede negative commands.

—¿Quiere ver esta camisa?	*Do you want to see this shirt?*
—Sí, muéstre**mela,** por favor, pero no **me la** envuelva todavía.	*Yes, show it to me please, but don't wrap it for me yet.*

C. When an infinitive follows a conjugated verb, both object pronouns can precede the conjugated verb or be attached to the end of the infinitive.

—Me gustaría ver tu traje nuevo.	*I would like to see your new suit.*
—Bueno, voy a mostrár**telo.** —Bueno, **te lo** voy a mostrar.	*Okay, I'm going to show it to you.*

Note that when two pronouns are attached to an infinitive, a written accent mark is placed over the stressed vowel of that infinitive.

D. When both pronouns are in the third person, the indirect object pronoun **le / les** becomes **se.**

—¿**Les** enviaste el regalo a tus padres?	*Did you send the gift to your parents?*
—Sí, **se** lo envié ayer.	*Yes, I sent it to them yesterday.*

E. The pronoun **se** can be clarified by adding the phrase **a + prepositional pronoun.**

—¿Le diste la chaqueta a tu hermano?	*Did you give the jacket to your brother?*
—Sí, **se** la di **a él** ayer.	*Yes, I gave it to him yesterday.*

EN CONTEXTO

VENDEDORA Lo siento, señorita, pero no aceptamos devoluciones ni cambios. Va a ser imposible cambiár**sela.**

YAJAIRA Pues, la persona que me atendió me dijo que si no me quedaba **me la** podía cambiar.

Práctica y conversación

A. Las compras. Explique lo que Ud. compró para las siguientes personas.

MODELO a Jaime / la camiseta
Sí, se la compré. o **No, no se la compré.**

1. a Pepe / la corbata
2. a ti / el sombrero
3. a Silvia / el calentador
4. a nosotros / los guantes
5. a su hermana / la bufanda
6. a Ud. / las camisas
7. a Luis / los calcetines
8. a Luz y Diego / los suéteres

B. Y por fin, ¿compraste...? Ud. se encuentra con un(-a) amigo(-a) que quiere saber cómo fue su viaje al centro comercial. Conteste sus preguntas.

MODELO Compañero(-a): ¿Te compraste los zapatos de cuero?
Usted: **Sí, (No, no) me los compré.**

1. ¿Te compraste una guitarra eléctrica?
2. ¿Te mostraron las joyas?
3. ¿Te dieron crédito?
4. ¿Les compraste regalos a tus padres?
5. ¿Le compraste los juguetes a tu hermanito?
6. ¿Me compraste algo?
7. ¿?

C. Necesito mucha ropa. Con dos compañeros(-as), dramaticen la siguiente situación. Ud. habla con sus padres y les dice que necesita comprar mucha ropa porque no tiene nada que ponerse en la universidad. Dígales todo lo que necesita. Sus padres no están de acuerdo y rechazan todo lo que Ud. dice. Lleguen a un acuerdo.

Denying and contradicting

Indefinite and negative expressions

Negative expressions such as *no, never, no one, nothing,* or *neither* are used to contradict previous statements or deny the existence of people, things, or ideas. These negatives are frequently contrasted with indefinite expressions such as *someone, something,* or *either* that refer to nonspecific people and things.

INDEFINITE EXPRESSIONS		NEGATIVE EXPRESSIONS	
algo	*something*	nada	*nothing*
alguien	*someone*	nadie	*no one, nobody*
algún alguno(-a) algunos(-as)	*any, some, someone*	ningún ninguno(-a) ningunos(-as)	*no, none, no one*
alguna vez	*sometime*	nunca jamás	*never*
siempre	*always*		
o	*or*	ni	*nor*
o...o	*either . . . or*	ni...ni	*neither . . . nor*
también	*also, too*	tampoco	*neither, not . . . either*
de algún modo	*somehow*	de ningún modo	*by no means*
de alguna manera	*some way*	de ninguna manera	*no way*

A. To negate or contradict a sentence, **no** is placed before the verb.

No vamos de compras hoy. — *We aren't going shopping today.*

B. There are two patterns for use with negative expressions:

1. negative + verb phrase.

Julio **nunca** está de moda. — *Julio is never in style.*
Nadie tiene tanta ropa como Ana. — *No one has as many clothes as Ana.*

2. **No** + verb phrase + negative.

Julio no está de moda **nunca.** — *Julio is never in style.*
No compro **nada** en aquella tienda. — *I don't buy anything in that store.*

C. Indefinite expressions frequently occur in questions, while negatives occur in answers.

—¿Quieres probarte el suéter **o** el chaleco? — *Do you want to try on the sweater or the vest?*
—No quiero probarme **ni** el suéter **ni** el chaleco. — *I don't want to try on either the sweater or the vest.*

D. **Algún** and **ningún** are used before masculine singular nouns.

Compraré ese vestido de **algún modo.** — *I will buy that dress somehow.*

Ninguno is used in the singular unless the noun it modifies is always plural.

—¿Tienes algunas camisas limpias? — *Do you have any clean shirts?*
—No, no tengo **ninguna.** — *No, I don't have any.*
Y no tengo **ningunos** pantalones limpios tampoco. — *And I don't have any clean pants either.*

E. The personal **a** is used before **alguien / nadie** and **alguno / ninguno** when used as direct objects.

—¿Viste **a alguien** en el centro comercial? — *Did you see anyone at the mall?*
—No, no vi **a nadie.** — *No, I didn't see anyone.*

F. The Spanish word **no** cannot be used as an adjective:

ningún dependiente *no salesclerk* **ninguna persona** *no person*

G. **Algo / nada** can be used to modify adjectives.

Este traje es **algo** nuevo. — *This suit is somewhat new.*
Aquel vestido no es **nada** bonito. — *That dress isn't pretty at all.*

H. In Spanish, multiple negative words in the same sentence are common.

Reprinted by permission of UFS, Inc.

EN CONTEXTO

VENDEDORA Lo siento, señorita, pero nosotros **no** aceptamos **ni** devoluciones **ni** cambios. **No** puedo hacer **nada.**

Práctica y conversación

A. ¡No quiero nada de nada! Su compañero(-a) le hace algunas preguntas pero Ud. está de mal humor y le contesta negativamente a todo.

MODELO Compañero(-a): ¿Le compraste algún regalo a Rodrigo?
Usted: **No, no le compré ningún regalo.**

1. ¿Viste a alguien en la tienda?
2. ¿Te encontraste con alguien en el café?
3. ¿Comiste algo?
4. ¿Te compraste pantalones o un suéter?
5. ¿Fuiste al cine también?
6. ¿Alguna vez has estado de tan mal humor como ahora?

B. ¡Enséñamelos, por favor! Ud. acaba de regresar de un viaje por Colombia donde compró regalos para su familia y amistades. Su hermano(-a) quiere que le enseñe los regalos y que le diga para quién son, si los va a dar inmediatamente, si los va a envolver con papel de regalo, etc.

MODELO Hermano(-a): **Enséñame los regalos.**
Usted: **No quiero enseñártelos.**
Hermano(-a): **¡Enséñamelos, por favor!**
Usted: **Bueno, este suéter es para papá.**

Linking ideas

y → e; o → u

The words **y** (*and*) and **o** (*or*) change before certain words so they will be heard distinctly and understood.

A. When the word **y** meaning *and* is followed by a word beginning with **i** or **hi,** the **y** changes to **e.**

suéteres **e** impermeables — *sweaters and raincoats*
padres **e** hijos — *fathers and sons*

Exceptions: Words beginning with **hie** as in **hielo** or **hierro.**

B. When the word **o** meaning *or* is followed by a word beginning with **o** or **ho,** the **o** changes to **u.**

plata **u** oro — *silver or gold*
ayer **u** hoy — *yesterday or today*

EN CONTEXTO

YAJAIRA Señorita, por favor, la semana pasada compré esta blusa **y** hoy cuando me la fui a poner me di cuenta que no me quedaba bien. Quisiera cambiarla por otra de una talla más grande, quizás talla siete **u** ocho.

Práctica y conversación

Estoy de moda. Complete el siguiente diálogo utilizando **y, e, o,** o **u,** según corresponda.

USTED Tengo una chaqueta nueva, muy elegante ________ impermeable.
AMIGO ¡Pero qué bien! Te felicito. ¿Pagaste mucho ________ poco por ella?
USTED No me acuerdo si pagué mil ________ ochocientos pesos.
AMIGO ¿Es pesada ________ liviana?
USTED Es un poco pesada porque es de cuero pero la uso todo el tiempo porque me abriga mucho. Creo que Juan ________ Óscar tiene una parecida.
AMIGO No sé, no me acuerdo. Pero dime, ¿ese reloj es de plata ________ oro?
USTED De oro blanco. ¿Te gusta?
AMIGO ¡Por supuesto!

DUDAS DE VOCABULARIO

To return

Regresar / Volver: to return, go back.

¿Cuándo vas a regresar / volver a Colombia? — *When are you going back to Colombia?*

Volver a + infinitive: to start to do something again.

Después de recuperarse de su bronquitis, él volvió a fumar. — *After recovering from bronchitis, he started to smoke again.*

Devolver: to return something, to give something back.

Ud. tiene que devolver los libros la próxima semana. — *You have to return the books next week.*

Window

La ventana: window.

¡Qué cuarto tan oscuro! ¡No hay ni una sola ventana! — *What a dark room! There is not one single window!*

La ventanilla: small window; window where tickets are sold.

Los carros modernos ya no tienen una ventanilla en la puerta delantera. — *Modern cars don't have a small window in the front door anymore.*

Pase por la ventanilla para recoger las entradas. — *Go by the window to pick up the tickets.*

La vitrina: store window (**A**); display case (**E**).

Me encanta ver las decoraciones de Navidad en las vitrinas de Macy's. — *I love to see the Christmas decorations in the store windows at Macy's.*

El escaparate: cabinet used to display crystal or china; store window **(E);** display case **(A).**

Mi madre guarda los platos finos en el escaparate para que mi hermanito no los agarre. — *My mother puts the fine china in the china cabinet so that my little brother doesn't grab it.*

Light: adjectives

Claro: light, referring to color.

Ese vestido es azul claro. — *That dress is light blue.*

Ligero: light, referring to weight.

Tú puedes cargar eso porque es muy ligero; no es pesado. — *You can carry that because it's light; it's not heavy.*

Débil: light, referring to sound.

Me asusté cuando oí un suspiro débil en la noche oscura. — *I got scared when I heard a light whisper in the dark night.*

Light: nouns

La luz: light; electricity.

¡Aquí no hay luz! Todo está oscuro. — *There is no light here! It's all dark.*

La lámpara: light, lamp.

¿Dónde está la lámpara? Prende la luz, por favor.	*Where's the lamp? Turn the light on, please.*

Práctica

Complete los espacios en blanco con la palabra que corresponda de la siguiente lista. Haga los cambios que considere necesarios.

lámpara / ligero / regresar / vitrina / luz / devolverlo / volver / escaparate / claro / ventanilla

Después de mucho tiempo __________ a Nueva York porque esa ciudad me fascina. Me gustan sus calles llenas de __________, avisos de neón por todas partes, la gente caminando apresuradamente y todo el ruido. Para mí todo esto no es sino una señal de la energía e intensidad de esa ciudad.

Disfruto caminando por las calles y parándome en cada __________ que veo imaginándome las cosas que voy a comprar. Paso por Broadway y veo a mucha gente frente a una __________ para comprar entradas. Me pregunto si debo ir a ver el espectáculo que parece muy entretenido, pero decido seguir caminando.

Más tarde entro en una tienda inmensa donde venden de todo, desde muebles para la casa, __________ y adornos, hasta ropa y joyas. Entusiasmada compro un abrigo para mi esposo, pero después de unas horas me arrepiento. —Me parece que el color es muy __________—me digo. —A él le gustan los colores más oscuros. —Con mis dudas doy vueltas por la ciudad, pero pienso —No importa, después de todo puedo __________ a la tienda otro día y __________.—

¡Qué maravillosa es Nueva York!

Tercera situación

ASÍ SE HACE

Cómo se usan las páginas amarillas

COMO USAR LAS PAGINAS AMARILLAS

CUANDO NECESITE COMPRAR ALGO...

Por ejemplo: MUEBLES: Busque primero en el índice la sección Mueblerías y Muebles por Especialidades y refiérase directamente al número de la página que allí se le indica. Localice bajo esta sección el establecimiento que más le interese, que esté más próximo o que le describa el artículo que Ud. desee.

CUANDO NECESITE COMPRAR UN PRODUCTO DE MARCA

Supongamos que Ud. necesite un conocido artículo de Ferretería o accesorio para automóviles y desea saber quién lo vende. Primero, busque en el índice y guiándose por los títulos en el margen superior de cada página, podrá rápidamente localizar las páginas que desea. Después en las secciones correspondientes le será fácil encontrar el artículo deseado y las empresas que indican en su aviso las marcas que venden.

CUANDO SOLO CONOZCA EL APELLIDO

Usted necesita comunicarse con la oficina del abogado Dr. Martínez. Los abogados se pueden localizar fácilmente bajo la sección Abogados. Sin duda, es mucho más fácil encontrar al Dr. Martínez que Ud. busca entre los que figuran en "Abogados" que en la larga lista de los Martínez que aparecen en las Páginas Blancas o Alfabéticas.

COMO BUSCAR EN LAS PAGINAS AMARILLAS

El ordenamiento que se sigue en las Páginas Amarillas es por estricto orden alfabético de las Secciones. Con finalidad de facilitar la búsqueda de los suscriptores dentro de estas Secciones, mantenemos continuidad en los listados evitando interrumpir su lectura con avisos de un cuarto de columna en adelante.

Debido a lo anterior, algunos avisos no quedan ubicados exactamente debajo de su Sección. En estos casos, siempre los encontrará al pie o al margen de la columna donde está listada su clasificación.

Además, todos los anunciantes que tienen avisos de un cuarto columna o mayores, están listados dentro de cada Sección indicando con una línea adicional debajo de su nombre el lugar donde figuran sus avisos.

Los avisos de las Páginas Amarillas aparecen por orden de tamaño (de mayor a menor) y dentro de aquellos de igual tamaño por orden alfabético, siempre y cuando lo permita el emplane de cada página.

Práctica y conversación

A. ¿Dónde puedo encontrar...? Diga en qué sección de las páginas amarillas puede encontrar lo siguiente:

1. la oficina del Doctor Ayala (abogado)
2. la tienda de muebles «Capuy»
3. una agencia de alquiler de automóviles
4. una cartera de cuero
5. un sistema de alarmas contra incendio y robo
6. una refrigeradora «Westinghouse»

B. Ay, yo quiero... Revise los siguientes anuncios de las páginas amarillas y diga qué productos o servicios se ofrecen.

IMPOCERO C.A.
MAYORISTA - FABRICANTE
IMPORTADOR DIRECTO
Policiales, Militares
Artículos para Camping
Implementos para Supervivencia en la Selva
Todo para la Montaña - Excursiones
Cordeles para Paracaidistas
Tiendas de Campaña para Jungla
Mosquiteros Especiales - Binóculos
Impermeables contra Impactos
Hamacas - Cuerdas de Repel
Guayabal a Río 187 - Sta. Rosalía - Caracas
(Industrias Comas C.A.)
Telfs.: 441.3080 - 45.2337

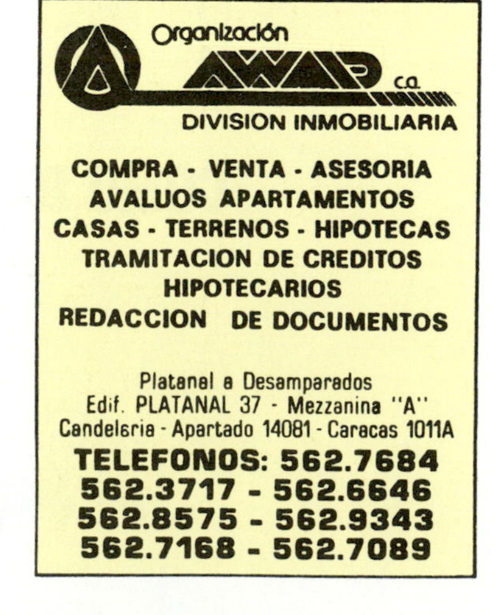

PARA LEER BIEN

Identifying the core of a sentence

The reading techniques discussed to this point have been designed to help you with a process called pre-reading; that is, guessing and predicting content by looking for broad, general topics in the reading selection.

The process of reading for detail and deeper understanding is called decoding. In the native language, readers go through the pre-reading process quickly and automatically before proceeding to decoding. Beginning foreign language students often make the mistake of rushing into the decoding process before pre-reading. As you learn techniques for decoding, you will need to remind yourself to avoid this mistake.

In pre-reading, you focus on the entire reading passage or important paragraphs. In decoding, your attention is focused on individual sentences, phrases, and words. It is important to identify the core of each sentence, which generally consists of a main verb and the nouns or pronouns associated with it. In most sentences, identification of the verb core will be simple. The following criteria will help you identify the core of Spanish sentences that are particularly long or difficult.

1. Identify the main verb(s). Spanish sentences may contain more than one verb core. Sentences linked by **y** or **pero** will have at least two main verb cores. Sentences with clauses introduced by words such as **que**, **cuando**, or **mientras** will contain a main and a subordinate verb core.
2. After locating the main verb, identify its subject. Remember that subject pronouns are rarely used with first- and second-person verbs. When mentioned for the first time, third-person subjects are generally nouns; once the noun subject is established, it can be replaced with a pronoun or identified simply by the third-person verb ending.
3. Identify verb objects. Verb objects are generally located close to the verbs with which they are associated. Object nouns usually follow the verb; direct object nouns referring to persons are preceded by the personal **a.** Object pronouns precede conjugated verbs.
4. Note that the important or core nouns are generally those not preceded by a preposition (except the personal **a**).

■ Práctica

Una guayabera = una camisa tradicional y típica de la América Latina

A. Dé un vistazo al título, a las fotos y al primer párrafo para determinar el tema del artículo.

B. Identifique el verbo principal en las oraciones del primer párrafo.

C. Identifique el sujeto de los verbos principales del primer párrafo.

D. Identifique el núcleo (*core*) total de las oraciones del primero y del segundo párrafo.

LECTURA

La guayabera: Cómoda, fresca y elegante

Una tienda de guayaberas

Tal vez no haya prenda de vestir° tan universal como la guayabera, chaquetilla usada por los hombres desde hace varias generaciones en muchos de los países antillanos° y latinoamericanos. En los EEUU ya es una prenda usual para muchos en el verano, y es tan práctica para los climas calurosos y húmedos que se está haciendo popular en el Oriente Medio.

El uso de la guayabera está muy extendido. Esta prenda, que antes era con frecuencia de hilo° y ahora es, por lo general, de algodón, forma parte de la cultura hemisférica hasta tal punto que no se sabe a ciencia cierta cuál fue su origen.

Se cuenta que en el siglo XVII, un rico terrateniente° de Granada, España, se radicó° en Cuba. Pronto empezó a quejarse de que su vestimenta acostumbrada era demasiado calurosa para el clima tropical de la isla. Encargó° que le hicieran una especie de chaqueta ligera de tela fresca con cuatro bolsillos°. Según algunos cubanos, ésa fue la primera guayabera.

prenda de vestir: article of clothing
antillanos: of the Antilles, islands in the Caribbean
hilo: linen
terrateniente / se radicó: landowner / settled
Encargó: *Mandó*
bolsillos: pockets

La prenda le resultó tan práctica que fue adoptada por sus vecinos de Sancti Spiritus, ciudad a unos 370 kilómetros de La Habana. Ésta era también una zona donde se daban° las guayabas° que servían de comida de animales. Algunos vecinos° de la cercana ciudad de Trinidad se burlaban de° los de Sancti Spíritus llamándoles guayaberos, como si fueran ellos los que se alimentaban de° guayabas y no los animales. Fue así que la prenda que usaban los guayaberos empezó a llamarse guayabera, o por lo menos ése es el cuento.

they produced / guavas, berry-like tropical fruit / *habitantes*
made fun of / fed on

Igual que la guayabera original, la actual es ajustada como una chaqueta de safari y se lleva por fuera del pantalón. Suele ser blanca, pero también las hay *beige*, azules, grises y de otros colores claros. Tiene alforcitas° que van de arriba a abajo en el frente y en la espalda o un bordado en hilo° del mismo color de la tela en lugar de las alforzas° del frente. Las costuras° laterales quedan abiertas en la parte de abajo para dar libertad de movimiento. La guayabera tiene botoncitos en muchos lugares donde no hay nada que abotonar°; si tiene bolsillos, dos van en el pecho° y dos a la altura de la cintura°. Hay una variación deportiva de mangas° cortas, pero también las hay de seda o de hilo para más vestir.

small pleats, tucks
thread / pleats
seams
to button / chest / near the waist / sleeves

Durante la guerra de independencia de Cuba en la década de 1890, José Martí y otros cubanos llevaban la guayabera por patriotismo; simbolizaba la independencia. Con este legado° esta prenda es muy importante para los cubanos radicados° ahora en los EEUU y, desde hace años, en algunos circulos de Miami el primero de julio se celebra el Día de la Guayabera.

legacy / established

Muchos creen que la guayabera no es una creación de Cuba sino de México, donde la confección° de guayaberas prospera. En Yucatán hay alrededor de 80 talleres° donde se hacen. Más o menos la mitad de las guayaberas hechas en México se exportan. Los EEUU y las Antillas compran muchas de ellas, pero los países del Oriente Medio resultan también muy buenos mercados. Se dice que en México «la guayabera no es una moda pasajera. Es una prenda duradera».

manufacturing / shops

La guayabera es lo que se lleva corrientemente en la mayoría de los países de Centroamérica desde Guatemala hasta Panamá. Sin duda es su comodidad° la que encariña a la gente con° ella. La guayabera es perfecta para la temperatura tropical que hay el año entero, sobre todo en la costa.

comfort
makes people grow fond of

Los colombianos de todas las edades usan la guayabera, aunque ésta se ve menos en Bogotá. No obstante, en ciudades costeras° como Santa Marta y Cartagena hay hombres en guayabera por todas partes, a pesar de que parece que su popularidad ha decaído en los últimos diez años. Los vecinos de estas ciudades dicen que «...siempre se ha llevado» y que no creen que pase de moda.

de la costa

Algunos peruanos comentan que en su país la guayabera se tiene por prenda veraniega° para los que no pueden gastar mucho en ropa. Para muchos es algo así como un uniforme.

summer

En los EEUU el uso de la guayabera se está extendiendo, particularmente en los estados más meridionales°. Si la categoría de la guayabera varía en algunos lugares, en los EEUU no es así. En este país ha llegado a aceptarse de tal modo en algunas zonas, que en los restaurantes y clubes particulares es considerada un buen sustituto para el saco° y la corbata.

southern

la chaqueta

Así y todo, la guayabera, de humilde origen, creada sólo pensando en la comodidad, es ahora casi una prenda *chic*. Aunque en muchos países son baratas, últimamente en algunas tiendas de los EEUU han empezado a aparecer guayaberas hechas por diseñadores°. Adolfo es uno de los que confecciona variaciones de guayaberas para el mercado estadounidense y en tiendas desde Panamá hasta Puerto Rico se hallan algunas etiquetas de Givenchy, de la Renta y Dior.

designers

Dado que algunos países del mundo están compitiendo por el mercado de las guayaberas y que algunos ricos estan dispuestos a pagar hasta 250 dólares por una guayabera de seda hecha a la medida°, el porvenir° de esta prenda parece estar asegurado.

custom-made / *el futuro*

Adaptado de *Las Américas*

Comprensión

A. ¿Ciertas o falsas? Identifique las oraciones falsas y corríjalas.

1. La guayabera es una prenda de vestir muy rara; la usan sólo unos indios de la península de Yucatán.
2. Antes la guayabera era de lino; ahora suele ser de algodón.
3. Un rico terrateniente de la Argentina creó la primera guayabera.
4. La llaman una guayabera porque está hecha con el jugo de las guayabas.
5. Las guayaberas suelen ser de colores oscuros.
6. Para los cubanos la guayabera puede ser un símbolo de la independencia.
7. Se usa mucho la guayabera en Centroamérica, especialmente en los lugares donde hace fresco todo el año.
8. En el Perú los de la clase alta usan la guayabera.
9. En los EEUU no se permite llevar la guayabera en los restaurantes.
10. La guayabera siempre es una prenda barata.

B. Descripciones. Haga una lista de los adjetivos que se usan en el artículo para describir la guayabera.

C. Sitios geográficos. En el artículo se mencionan muchos lugares geográficos. Identifique o explique los términos siguientes.

Las Antillas	Trinidad	Bogotá
el Oriente Medio	La Habana	Cartagena
Granada	Sancti Spíritus	Santa Marta
Cuba	Miami	Guatemala
Panamá	Yucatán	Puerto Rico

D. La defensa de una opinión. ¿Qué evidencia hay en el artículo que confirma la idea siguiente? La guayabera es una prenda universal, cómoda y elegante y tiene un porvenir asegurado.

PARA ESCRIBIR BIEN

Letters of complaint

If you are dissatisfied with a product or a service, it is sometimes necessary to write a letter of complaint in order to resolve the problem. Letters of complaint are different than complaining directly to a person, for you cannot ask or answer questions or negotiate a settlement quickly. To complain effectively in written form, you will first need to give a brief history of the problem, then state what is unsatisfactory, and finally explain what you would like the person(s) or company to do.

Historia breve del problema

Hace dos meses / El 20 de junio / La semana pasada compré un traje nuevo en su tienda. Al llevarlo la primera vez / En casa / Más tarde descubrí algunos problemas.

Two months ago / On June 20 / Last week I bought a new suit in your store. When I wore it for the first time / At home / Later I discovered some problems.

El problema específico

La blusa me queda demasiado pequeña / grande / corta / larga.

The blouse is too small / large / short / long for me.

Los pantalones están sucios / rotos / descosidos.

The pants are dirty / torn / unsewn.

Remedio deseado

Quisiera cambiarlo por otro.

I would like to exchange it for another.

Quisiera devolverlos y que me devuelvan el dinero.

I would like to return them and get my money back.

Note that business letters have a different salutation and closing than personal letters.

Muy señor(-es) mío(-s): — *Dear Sir(s):*

Atentamente, — *Sincerely yours,*

Composiciones

A. Un pedido equivocado. Ud. vive en Cali, Colombia. Hace un mes Ud. pidió un abrigo gris, talla 40, del catálogo de Almacenes Alcalá en Bogotá. Ayer recibió un abrigo azul oscuro, talla 42. Escríbale una carta a la compañía. Todavía quiere el abrigo gris, talla 40.

B. Una maleta perdida. En un vuelo reciente la Aerolínea Avianca perdió su maleta con toda su ropa. Ud. habló con el gerente en el aeropuerto pero él no pudo encontrar la maleta; tampoco le dio dinero para ropa nueva. Escríbale una carta al presidente de la compañía. Explique el problema y pida el dinero para comprar una maleta nueva y más ropa. Incluya una lista de la ropa perdida.

C. Un regalo de cumpleaños. Sus padres le regalaron un vestido / traje muy caro para su cumpleaños pero le quedó grande. Sus padres le dieron el recibo y Ud. trató de devolverlo a la tienda. La dependienta no fue muy amable y no hizo nada. Escríbale una carta al gerente de la tienda; explique el problema, pida otro vestido / traje o el dinero para comprar algo distinto.

ACTIVIDADES

A. Un regalo de cumpleaños. Your sister / brother / asks you to buy a birthday gift for a new boy / girl friend. Unfortunately you don't know the person well, but your brother / sister tells you to buy clothing the same size as yours. Go to the store, ask the salesperson (played by a classmate) for suggestions for a gift. Ask to try on the clothing items and purchase one. Have it wrapped, pay, and leave.

B. El (La) dependienta desagradable. You received a new sweater as a gift from your aunt. The sweater doesn't fit and you want to return it and get a refund. The salesperson (played by a classmate) is not at all pleasant. You can't get your money back, but you can exchange the sweater for something else. Resolve the situation.

C. Un(-a) hijo(-a) rebelde. You are the parent of a teenager. Your son / daughter (played by a classmate) is packing for a two-week trip to Colombia to visit friends. You offer advice on what to pack and wear on various occasions. Your son / daugther is feeling very negative and rebellious, refuses to follow your advice, and contradicts everything you say. Try to resolve the situation.

D. Un(-a) comprador(-a) personal. You are a personal shopper. Your job is to help busy Hispanic clients by making suggestions about clothing purchases and then actually doing the buying for them. The following clients come to consult you: a businessman who is taking a combined business and pleasure trip to Bogotá for five days; a student who will be studying in Cali for the academic year; a twenty-five-year old woman who is going to Medellín to meet her fiancé's family for the first time and will be attending a lot of parties. Make suggestions and give advice to each person about what to buy.

CAPÍTULO 9

En casa

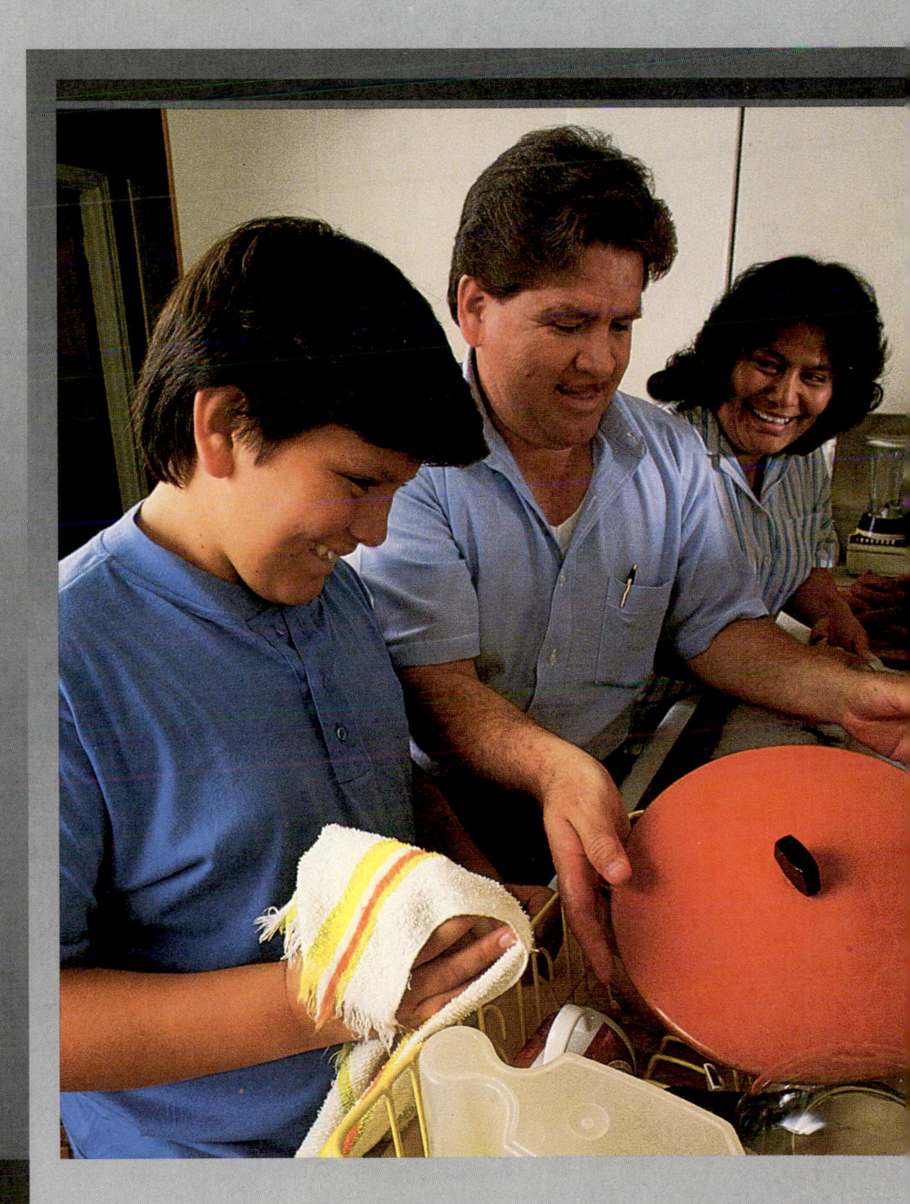

Esta familia comparte las tareas domésticas.

Primera situación

Presentación Lava los platos y saca la basura

Práctica y conversación

A. ¿Qué pasa? Cuente lo que pasa en el dibujo.

B. ¡Manos a la obra! ¿Qué cosas necesita Ud. para hacer estos quehaceres domésticos?

1. sacudir los muebles
2. lavar los platos
3. barrer el piso
4. planchar la ropa
5. cortar el césped
6. lavar la ropa

C. Le toca a Ud. Explíquele a su compañero(-a) de clase lo que él (ella) debe hacer para ayudarlo(la) a arreglar la casa. Déle por lo menos tres tareas para cada cuarto.

Vocabulario activo

Los quehaceres domésticos	*Housework*
En la cocina	***In the kitchen***
la escoba	*broom*
la esponja	*sponge*
el trapo	*rag*
fregar (ie) / lavar / secar los platos	*to scrub / wash / dry the dishes*
limpiar el fregadero	*to clean the sink*
sacar la basura	*to take out the trash*
En el comedor	***In the dining room***
poner la mesa	*to set the table*
recoger la mesa	*to clear the table*
En el dormitorio	***In the bedroom***
arreglar	*to straighten up*
barrer el piso	*to sweep the floor*
colgar (ue) la ropa	*to hang up clothes*
hacer la cama	*to make the bed*
En el jardín	***In the yard***
el cortacésped	*lawnmower*
la manguera	*hose*
cortar el césped	*to cut the lawn*
plantar	*to plant*
regar (ie)	*to water*
En la lavandería	***In the laundry room***
el detergente	*detergent*
la lavadora	*washing machine*
la plancha	*iron*
la secadora	*clothes dryer*
la tabla de planchar	*ironing board*
planchar la ropa	*to iron clothes*
En la sala	***In the living room***
pasar la aspiradora	*to vacuum*
sacudir los muebles	*to dust the furniture*
recoger	*to pick up, put away*

ASÍ SE HABLA

Enlisting help

Interior y exterior de una casa hispana

¿Qué oyó Ud?

Escuche la siguiente conversación entre Elsa y su familia. Elsa pide que la ayuden a arreglar la casa. Tome los apuntes que considere necesarios y luego haga el siguiente ejercicio.

1. ¿Por qué quiere Elsa que su familia arregle la casa?
2. ¿Quién se queja más del trabajo? ¿Por qué?
3. Diga qué tiene que hacer el esposo de Elsa.
4. ¿Y Elsa? ¿Qué va a hacer ella?
5. ¿Cree Ud. que todos van a colaborar? Explique.
6. Describa a esta familia. Diga qué edades tienen, a qué nivel socioeconómico pertenecen y qué ocupaciones tienen.

When you want to request a favor or enlist someone's help, you can use the following expressions.

Si fuera(-s) tan amable...	*Would you be so kind as to . . .*
Si me hace(-s) / hiciera(-s) el favor... Si me pudiera(-s) hacer el favor...	*If you could do me the favor of . . .*

Disculpe, ¿pero sería(-s) tan amable de...?	*Excuse me, but would you be so kind as to . . . ?*
Sr. / Sra. / Srta, ¿me podría hacer el favor de...?	*Sir / Madam / Miss, could you do me the favor of . . . ?*
Disculpe(-a) la molestia, pero ¿podría(-s)...?	*Excuse me for disturbing you, but could you . . . ?*
Quiero pedirle(te) un favor.	*I want to ask you a favor.*
Quería saber si...	*I wanted to know if . . .*
¿Cree(-s) que sería posible...?	*Do you think it would be possible to . . . ?*

Accepting a request:

¡Cómo no! ¡Por supuesto! ¡No faltaba más!	*Of course!*
¡Con mucho gusto!	*My pleasure!*
No se (te) preocupe(-s).	*Don't worry.*
¡No es para tanto!	*No big deal.*
¡Qué ocurrencia!	*No problem!*
Está bien.	*Fine.*

Refusing a request:

¡Ay, qué pena! Pero...	*Oh, what a shame! But . . .*
Creo que me va a ser difícil / imposible porque...	*I think it's going to be difficult / impossible because . . .*
Cuánto lo lamento, pero creo que no voy a poder... porque...	*I'm very sorry, but I think I won't be able to . . . because . . .*
Tengo otro compromiso.	*I have other plans.*
Voy a pensarlo.	*I'll think about it.*
A ver si puedo.	*I'll see if I can.*

EN CONTEXTO

ELSA Hay muchas cosas que hacer hoy en esta casa. Vamos a ver... Guillermo, por favor, tú corta el césped, saca la basura y cuando termines, baña al perro. Jorge, mueve los muebles de la sala, pasa la aspiradora y lava los platos.

JORGE Pero mamá... yo iba a jugar fútbol.

GUILLERMO Y **yo tengo otro compromiso.**

■ Práctica y conversación

A. En la residencia estudiantil. ¿Qué dice Ud. en las siguientes situaciones?

Estudiante 1	**Estudiante 2**
1. Ud. quiere que su compañero(-a) de cuarto limpie la habitación.	2. Ud. no quiere limpiar la habitación.
3. Ud. quiere que su compañero(-a) de cuarto baje el volumen del radio.	4. Ud. acepta. Ud. quiere que su compañero(-a) de cuarto no fume.
5. Ud. no acepta.	6. Ud. se queja.

B. ¡Vamos a tener una fiesta! Con algunos compañeros, dramaticen la siguiente situación. Ud. está organizando una fiesta sorpresa para el aniversario de sus padres pero necesita la cooperación de muchas personas: de su hermano(-a) para que mueva los muebles y pase la aspiradora, de su hermano(-a) mayor para que compre los adornos de la casa, de su hermano(-a) menor para que limpie los baños y la cocina, de su tío(-a) para que compre la comida y cocine. Algunas de las personas no quieren cooperar.

Estructuras

Telling others what to do

Familiar commands

When telling others what to do, the familiar commands are used with relatives, friends, small children, pets, or persons with whom you use a first name or the **tú** form.

REGULAR FAMILIAR COMMANDS

	-AR Verbs	-ER Verbs	-IR Verbs
Affirmative	limpia	barre	sacude
Negative	no limpies	no barras	no sacudas

A. The affirmative familiar command of regular and stem-changing verbs has the same form as the third-person singular of the present indicative tense.

B. The negative familiar command has the same form as the second-person singular (**tú**) form of the present subjunctive.

Arregla tu cuarto pero **no arregles** el de Ramón; él debe hacerlo. — *Straighten up your room but don't straighten up Ramón's; he ought to do it.*

C. The affirmative familiar command of several command Spanish verbs is irregular. However, the corresponding negative **tú** command is regular. Compare the following.

IRREGULAR FAMILIAR COMMANDS

Infinitive	Affirmative Command	Negative Command
decir	di	no digas
hacer	haz	no hagas
ir	ve	no vayas
poner	pon	no pongas
salir	sal	no salgas
ser	sé	no seas
tener	ten	no tengas
venir	ven	no vengas

D. As with all commands, reflexive and object pronouns are attached to the end of affirmative familiar commands and precede the negative forms.

—Mamá, ¿tengo que lavar el vestido de Teresa?
Mom, do I have to wash Teresa's dress?

—Claro. Láva**lo** y séca**lo** ahora mismo pero no **lo** planches. Yo lo plancharé mañana.
Of course. Wash it and dry it right now but don't iron it. I'll iron it tomorrow.

EN CONTEXTO

ELSA Bueno, muchachos, lo siento mucho, pero esta noche tenemos invitados y todos tenemos que colaborar. Sara, por favor, **haz** las camas, **arregla** los cuartos y **limpia** los baños.

■ Práctica y conversación

A. Los quehaceres. Su hermano(-a) le pregunta qué puede hacer para ayudarlo(la) a Ud. a arreglar la casa. Dígale lo que debe hacer.

MODELO ¿Debo poner la mesa?
Sí, ponla.

1. ¿Debo recoger la mesa?
2. ¿Debo lavar los platos?
3. ¿Debo hacer la cama?
4. ¿Debo arreglar el dormitorio?
5. ¿Debo colgar la ropa?
6. ¿Debo sacudir los muebles?
7. ¿Debo sacar la basura?

B. Consejos. Dé consejos a su hermano(-a) menor.

MODELO llegar a clase a tiempo / llegar tarde
Llega a clase a tiempo. No llegues tarde.

1. decir la verdad / decir mentiras
2. ser amable / ser antipático(-a)
3. venir a casa temprano / venir a casa tarde
4. salir con amigos / salir con personas desconocidas
5. tener cuidado / ser distraído(-a)
6. ir al parque / ir al centro solo(-a)
7. hacer la tarea / hacer otras cosas
8. ponerse los zapatos / ponerse las pantuflas

C. Ayúdame, por favor. Esta noche Ud. y su compañero(-a) de cuarto van a dar una fiesta. Dígale a su compañero(-a) lo que necesita hacer. Déle por lo menos cinco tareas.

Comparing people and things of equal qualities

Comparisons of equality

Spanish uses a slightly different construction than English to compare people or things with equal qualities.

A. For making comparisons of equality with adjectives or adverbs, the following formula is used.

(NO) + **TAN** + Adjective / Adverb + **COMO** = (*not*) + *as* + Adjective / Adverb + *as*

—Este cuarto no está **tan limpio como** el tuyo.	*This room isn't as clean as yours.*
—Sí, porque Eduardo no lo barre **tan regularmente como** yo.	*Yes, because Eduardo doesn't sweep it as regularly as I.*

Note that the subject pronouns are used after **como.**

B. For making comparisons of equality with nouns the following formula is used. Note that **tanto** agrees with the noun it modifies in number and gender.

(NO) + **TANTO(-A, -OS, -AS)** + Noun + **COMO** = (*not*) + *as much / many...as*

Mamá, no es justo. Roberto no tiene que lavar **tantos platos como** yo.	*Mom, it's not fair. Roberto doesn't have to wash as many dishes as I.*

C. For making comparisons with verbs, the phrase **tanto como** is used.

En mi opinión, nadie sacude **tanto como** tu mamá.	*In my opinion, no one dusts as much as your mother.*

D. In addition to their use in expressions of equality, forms of **tan(-to)** can also be used to express quantity: **tan** = *so;* **tanto** = *so much / so many.*

Elena tiene **tanta ropa.**	*Elena has so many clothes.*
No limpies **tan** despacio.	*Don't clean so slowly.*
¡No bebas **tanto!**	*Don't drink so much.*

EN CONTEXTO

SARA ¡Pero, mamá,! ¿Por qué tengo que hacer más que los demás? ¡No es justo! ¿Por qué los otros no hacen **tanto como** yo?

■ Práctica y conversación

A. **Los gemelos.** Julio y José son gemelos idénticos. Haga oraciones describiendo a estos hermanos.

MODELO alto
Julio es tan alto como José.

joven / travieso / mono / gracioso / enérgico / listo

B. **Más quehaceres.** Haga oraciones indicando que Ud. trabaja tanto como su compañero(-a) de cuarto.

MODELO lavar platos
Yo lavo tantos platos como él (ella).

lavar ropa / secar platos / planchar camisas / recoger periódicos / sacar basura / ¿?

C. **Comparaciones.** Complete las siguientes frases de una manera lógica.

1. Espero tener tanto(-a) __________ como mi mejor amigo(-a).
2. En esta clase yo __________ tanto como mis compañeros(-as).
3. No debo __________ tanto.
4. Quiero ser tan __________ como mis compañeros(-as).
5. Yo __________ tanto como los otros.

D. **¡Tú no trabajas tanto como yo!** En grupos un(-a) estudiante hace el papel de padre / madre y tres hacen el papel de hijos(-as). El / La quinto(-a) estudiante reportará a la clase lo que ocurrió en la conversación.

Situación: Sus hijos(-as) no hacen nada en la casa, sólo ven televisión, comen y duermen. Ud. los (las) llama y les dice que tienen que hacer algunas labores en la casa. Cada uno(-a) de ellos piensa que trabaja tanto como los (las) otros(-as).

Doing things for others

Non-reflexive actions

When discussing chores and actions that you do for others, Spanish uses a construction similar to English.

Ayer Bárbara cuidó a su hermanita. La despertó, la lavó, la peinó y la vistió.	*Yesterday Bárbara took care of her little sister. She woke her up, washed her, combed her hair, and dressed her.*

A. Many reflexive verbs have a non-reflexive form that can be used to describe actions done to or for others. In such cases the person or thing to or for whom the action is done is the direct object.

Bárbara lavó **los platos** y vistió **a su hermanita.**	*Bárbara washed the dishes and dressed her little sister.*

B. The direct object nouns can be replaced with direct object pronouns.

—¿Acostó Bárbara a Elena?	*Did Bárbara put Elena to bed?*
—Sí, **la** acostó hace una hora.	*Yes, she put her to bed an hour ago.*

C. When the person does the action to or for himself or herself a reflexive pronoun is used; when the action is done for others, a direct object is used.

Bárbara **acostó a Elena** y luego ella **se acostó** también.	*Bárbara put Elena to bed and then she went to bed also.*

EN CONTEXTO

ELSA Guillermo, por favor, tú corta el césped, saca la basura y cuando termines, **baña al perro.**

Práctica y conversación

A. **¿Qué hago?** Describa lo que Ud. hace. Use verbos reflexivos o no reflexivos según los dibujos.

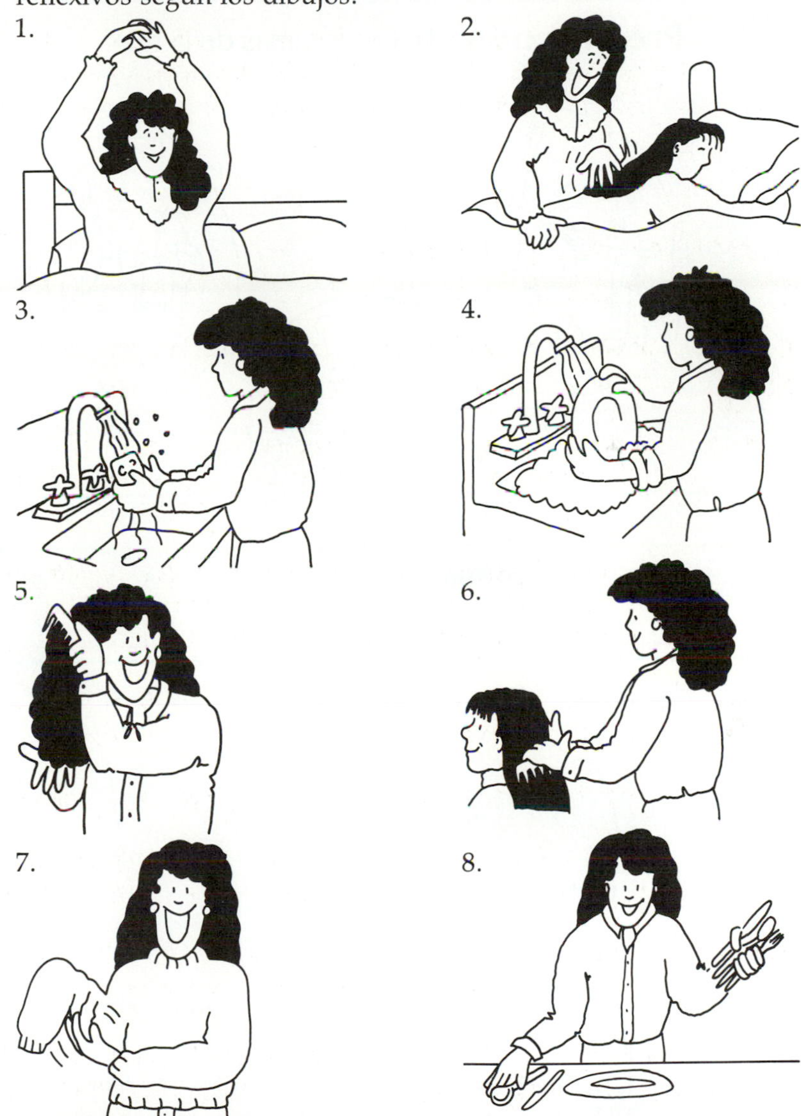

B. **Entrevista.** Hágale preguntas a su compañero(-a) de clase. Pregúntele...

1. quién lo (la) despierta.
2. cuándo se aburre.
3. qué lo (la) aburre.
4. cuándo se cansa.
5. qué lo (la) cansa.
6. ¿?

Segunda situación

Presentación Los programas de la tele

Práctica y conversación

A. ¿Qué pasa? Cuente lo que pasa en el dibujo.

B. Definiciones. Dé las palabras que corresponden a las siguientes definiciones.

1. La persona que mata a alguien.
2. Una máquina que sirve para tocar videocintas.
3. La persona que da las noticias.
4. Lo que se puede leer para informarse de los programas que dan en la televisión.
5. La persona que lee los anuncios en la televisión.
6. La persona que ve un crimen.

C. **Más definiciones.** Explíquele las siguientes palabras a su compañero(-a) de clase.

la víctima / el diputado / la guerra / el juez / la cárcel / la ley / el terremoto

D. **Creación.** Con un(-a) compañero(-a) de clase, prepare un noticiero breve usando los siguientes titulares. Luego, presente su noticiero a la clase.

1. Terremoto en Santiago
2. Huelga de profesores
3. Robo en el Banco Nacional
4. Manifestación estudiantil
5. Tres días de inundaciones

Vocabulario activo

La tele	***TV***
el anuncio comercial	*commercial*
el canal	*channel*
la guía de televisión	*TV guide*
el (la) locutor(-a)	*announcer*
el programa de concursos	*game show*
el televisor	*television set*
la videocasetera	*VCR*
la videocinta	*videotape*
El noticiero	***News program***
las noticias locales / nacionales / internacionales	*local / national / international news*
el (la) reportero(-a)	*reporter*
los titulares	*headlines*
anunciar	*to announce*
entrevistar	*to interview*
informar	*to inform*
El crimen	***Crime***
el (la) acusado(-a)	*accused person*
el asesinato	*murder*
el (la) asesino(-a)	*murderer*
la cárcel	*jail*
el delito	*crime, offense*
el (la) juez	*judge*
el (la) ladrón(-ona)	*thief*
la ley	*law*
el robo	*robbery*
el (la) sospechoso(-a)	*suspect*
el (la) testigo(-a)	*witness*
arrestar	*to arrest*
rendirse (i)	*to give oneself up*
rescatar	*to rescue*
robar	*to rob*
culpable	*guilty*
El desastre	***Disaster***
el incendio	*fire*
la inundación	*flood*
el terremoto	*earthquake*
ahogarse	*to drown*
quemar	*to burn*

La política	***Politics***		
la campaña electoral	*electoral campaign*	la manifestación	*demonstration*
el (la) diputado(-a)	*representative*	el (la) político(-a)	*politician*
el discurso	*speech*	elegir (i)	*to elect*
las elecciones	*election*	evitar la guerra	*to avoid war*
la huelga	*strike*	mantener la paz	*to maintain peace*
		protestar	*to protest*

ASÍ SE HABLA

Polite dismissal

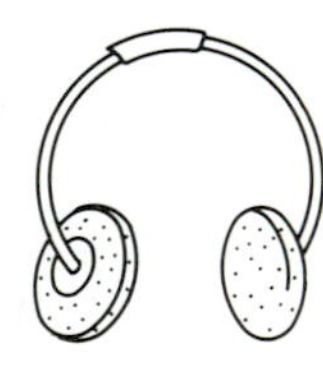

■ ¿Qué oyó Ud.?

Escuche esta conversación entre dos señoras. Tome los apuntes que considere necesarios y luego conteste las siguientes preguntas.

1. ¿Cómo se llaman las dos personas que participan en esta conversación?
2. ¿Qué lleva la persona que llega de visita? ¿Por qué?
3. ¿Cómo reaccionó la amiga al recibir el regalo?
4. ¿Qué estaba haciendo la señora antes de la llegada de su amiga?
5. ¿Cuál es el problema que estas personas encuentran con los programas de televisión?
6. Según el diálogo, ¿qué es mejor que ver televisión?
7. ¿Qué deciden hacer estas señoras al final? ¿Por qué?

When you want to dismiss something in order to be polite or to reassure someone, you can use the following expressions.

No te hubieras molestado.	*You shouldn't have bothered.*
Gracias. No se (te) moleste(-s).	*Thank you. Don't trouble yourself.*
No es necesario, gracias.	*It's not necessary, thank you.*
No se (te) preocupe(-s) (por eso).	*Don't worry (about that).*

EN CONTEXTO

ROSITA Hola, Anita. Mira, aquí te traje esta revista que tanto te gusta. Estaba de compras, la vi y me dije —Ésa es la revista que le gusta a Anita. Quizás todavía no la haya comprado.

ANITA Ay, hija, **no te hubieras molestado.** Tienes razón, todavía no la había comprado. **Muchísimas gracias.**

■ Práctica y conversación

A. Eres muy amable. ¿Qué dice Ud. en las siguientes situaciones?

1. Un amigo le trae un ramo de rosas el día de su cumpleaños.
2. Una amiga quiere llevarlo(la) a la escuela porque su carro no funciona, pero Ud. tiene problemas con eso.
3. Unos amigos insisten en ayudarlo(la) con su tarea de español pero Ud. no quiere que lo hagan.
4. Sus padres le traen la ropa de otoño que Ud. olvidó en casa.
5. Su madre insiste en comprarle una enciclopedia pero Ud. no cree que la necesita.
6. Su novio(-a) le compra su revista favorita.

B. ¡Qué buen(-a) amigo(-a) eres! Con un(-a) compañero(-a) complete el siguiente diálogo.

USTED: Hola, ____________, sabía que estabas enfermo(-a) y por eso vine a visitarte.
COMPAÑERO(-A): Ay, ____________, qué bueno. Pero ____________.
USTED: No, si no es ninguna molestia. Al contrario, ¿te puedo ayudar en algo?
COMPAÑERO(-A): ____________.
USTED: Quizás necesitas ____________.
COMPAÑERO(-A): ____________.
USTED: ¿Quieres ____________?
COMPAÑERO(-A): ____________.
USTED: Bueno, yo creo que ya me voy. Chau.
COMPAÑERO(-A): ____________.

Estructuras

Expressing judgment, doubt, and uncertainty

Subjunctive after expressions of emotion, judgment, and doubt

In addition to the uses you have already learned, the subjunctive is used to doubt or deny the actions of others or to express a judgment about them.

A. Spanish verbs and phrases that express an emotion or judgment about another action require the use of the subjunctive when the subject of the first verb is different from the second.

Me enojo de que **haya** tantos delitos en esta ciudad. Siempre tengo miedo de que me **roben** el coche.	*I'm very angry that there are so many crimes in this city. I'm always afraid that my car will be stolen.*

1. Expressions of emotion or judgment include many impersonal expressions.

es bueno	es (in)útil	es preferible
es conveniente	es una lástima	es ridículo
es importante	es malo	es sorprendente
es (im)posible	es mejor	es terrible

Es bueno que el gobierno **mantenga** la paz.	*It's good that the government maintains the peace.*

2. Other expressions of judgment include the following:

alegrarse de	lamentar	sorprender
enfadarse con	preferir	temer
enojarse de	sentir	tener miedo de
estar contento(-a) de		

Me sorprende que tu compañía **esté** de huelga.	*It surprises me that your company is on strike.*

B. The subjunctive is used after the following expressions of doubt or denial when the speaker expresses uncertainty or negation about the situation he / she is discussing.

dudar	acaso	es dudoso
negar	quizá(-s)	
no creer	tal vez	
no pensar		
¿creer?		
¿pensar?		

1. The subjunctive is used after **dudar, negar, no creer, no pensar,** and **es dudoso** when there is a change of subject.

   No creo que ese candidato **pueda** ganar. — *I don't think that candidate can win.*

2. Interrogative forms of **creer** and **pensar** require the subjunctive only when the speaker is uncertain about the outcome of the action.

   —¿**Crees** que el acusado **sea** culpable? — *Do you think the accused man is guilty?*
   —No, y **dudo** que lo **vayan** a arrestar. — *No, and I doubt that they are going to arrest him.*

3. Verbs following the expressions **acaso / quizá(-s) / tal vez,** meaning *maybe* or *perhaps,* will be in the subjunctive when the speaker doubts that the situation will take place.

   Quizás el juez **tenga** razón pero es dudoso. — *Perhaps the judge is right, but it's doubtful.*

EN CONTEXTO

ANITA Acabo de poner la televisión pero para decirte la verdad, dudo que **haya** algo bueno...

■ Práctica y conversación

A. **¿Qué le parece?** Exprese su opinión sobre el siguiente desastre. Use las siguientes expresiones: **es importante, es ridículo, es terrible, es (in)útil, es mejor, es una lástima.**

1. Hay un terremoto en San José.
2. Alguien roba el Banco Nacional.
3. No hay víctimas.
4. Algunos ladrones entran en las casas desocupadas.
5. La policía los detiene en seguida.
6. Muchas personas protestan contra la construcción de más rascacielos en San José.

B. **Más opiniones.** Exprese su opinión sobre los siguientes temas. Use las siguientes expresiones: **me enojo de, me sorprende, estoy contento(-a) de, prefiero, siento, tengo miedo de.**

los programas de la tele / la política / las huelgas / los anuncios comerciales / la universidad / los exámenes / las vacaciones.

C. **¿Qué cree Ud.?** Complete las siguientes oraciones de una manera lógica.

1. Tal vez __________ hoy.
2. ¿Cree Ud. que yo __________ el examen?
3. Quizás el (la) profesor(-a) no __________.
4. ¿Piensa Ud. que mañana __________?
5. Creo que __________.
6. Acaso __________.
7. No dudo que __________.

D. **¿Qué vamos a ver?** Ud. y un(-a) compañero(-a) están leyendo la guía de televisión que sigue pero no pueden ponerse de acuerdo en lo que quieren ver en la televisión. Cada uno(-a) critica lo que el (la) otro(-a) dice y trata de imponer su opinión.

MODELO Compañero(-a): **Quiero ver *Falcon Crest* esta noche.**
Usted: **Dudo que sea muy bueno. Prefiero que miremos *Telediario*.**

TELEVISION

LUNES, 29

8.00.—Buenos días.
8.30.—Telediario Matinal.
9.00.—Por la mañana.
13.00.—El pajaro loco.
13.30.—3 × 4.
14.30.—Informativos territoriales.
15.00.—Telediario-1.
15.35.—Falcon Crest.
16.30.—Por la tarde.
17.55.—Avance telediario.
18.00.—Los mundos de Yupi.
18.30.—Reloj de luna.
19.00.—Dale la vuelta.
19.30.—De película.
20.30.—Telediario-2.
21.15.—El Precio Justo.
23.05.—El local de Frank.
23.35.—Documentos TV: El Ira.
0.35.—Telediario-3.
0.55.—Teledeporte.
1.10.—La noche.
2.00.—Estrenos TV: *Bienvenido a casa, Bobby.*

13.00.— Programación centros territoriales.
14.30.—Informativos territoriales.
15.00.—Telediario-1.
15.30.—Obras maestras.
15.45.—Giro de Italia.
16.45.—Caballo Viejo.
17.30.—Si amanece mañana.
18.15.—David Bellamy en el techo del mundo (nueva serie).
18.40.—Musical: Tina en Río.
19.35.—FM-2.
20.05.—Ni a tontas ni a locas.
21.00.—Mundo deporte. Incluye Vía Olímpica.
21.30.—El mirador.
21.45.—Arte y tradiciones populares.
22.05.—Cine Club, ciclo Nikita Mihalkov. *Algunos días en la vida de Oblomov*.

Algunos días en la vida de Oblomov de Nikita Mihalkov. 1979, 135 minutos, URSS. Oleg Tabakov, Yuri Bogatitiov, Elena Solovei, Andrei Popou. Historia de un hombre abúlico y perezoso que se ve incapaz de superarse. Melodrama.

0.25.—Ultimas preguntas.
0.55.—Jazz entre amigos: *Jan Garbarek.*

136/CAMBIO16

MARTES, 30

8.00.—Buenos días.
9.00.—Por la mañana.
13.00.—Johnny Quest.
13.30.—3 × 4.
14.30.—Informativos territoriales.
15.00.—Telediario-1.
15.35.—Falcon Crest.
16.30.—Por la tarde.
17.55.—Avance telediario.
18.00.—Los mundos de Yupi.
18.30.—El misterio de la flor mágica.
19.00.—La Princesita (último episodio).
19.30.—Entre líneas.
20.00.—Casa de locos.
20.30.—Telediario-2.
21.00.—El tiempo.
21.15.—La luna.
22.20.—Sesión de noche: *Ciclo parejas de Hollywood. Indiscreta.*

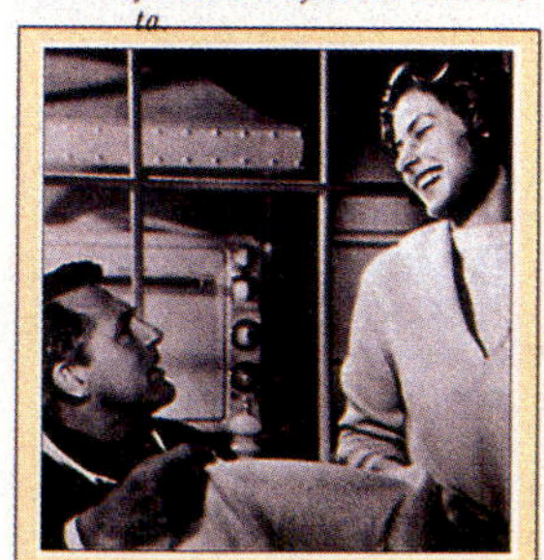

Indiscreta, de Stanley Donen. 1958, 94 minutos, EE.UU. Cary Grant, Ingrid Bergman, Cecil Parker, Phyllis Calvert. Comedia.

0.15.—Telediario-3.
0.35.—Teledeporte.
0.50.—Testimonio.
0.55.—La noche.
2.00.—*Filmoteca del martes. Aida.*

Aida de Clemente Fracassi. 1953, 92 minutos, Italia. Con Sofia Loren, Luciano Della Marra, Afro Poli, Lois Marxwell. Historia épica. Drama.

13.00.—Programación centros territoriales.
14.30.—Informativos territoriales.
15.00.—Telediario-1.
15.30.—Obras maestras.
15.45.—Giro de Italia.
16.45.—Caballo Viejo.
17.30.—La comedia musical española: *Ana María.*
19.00.—El tiempo que vivimos.
19.55.—Baloncesto: selección nacional—selección all star.
21.30.—Vuelta ciclista a Asturias.
21.45.—Vía Olímpica.
21.50.—El mirador.
22.05.—Arte y tradiciones.
22.20.—El nuevo espectador.
23.20.—Tendido cero.
23.50.—Suplementos—4.
0.00.—La buena música.

Expressing desires, requests, judgments, and doubts

Review of uses of the subjunctive in noun clauses

You have learned to use the subjunctive in the following situations.

A. After **ojalá, tal vez, quizá(-s),** and **acaso.**

Ojalá que haya buenas noticias hoy.

B. When there is a change of subject after...

1. Expressions of wishing and hoping: **desear, querer, esperar, es de esperar.**

   Quiero que pongas la televisión.

2. Expressions of command: **decir, dejar, es necesario, es preciso, exigir, insistir en, mandar, ordenar, permitir, prohibir.**

   Te prohibo que mires ese programa—es terrible.

3. Expressions of advice and request: **aconsejar, pedir, proponer, recomendar, rogar, sugerir.**

   Te recomiendo que compres un televisor nuevo. Este no funciona bien.

4. Impersonal expressions of emotion or judgment: **es bueno / conveniente / importante / (im)posible / (in)útil / lástima / malo / mejor / preferible / ridículo / sorprendente / terrible.**

   Es ridículo que pongas la televisión cuando estudias.

5. Other expressions of judgment: **alegrarse de / enfadarse con / enojarse de / estar contento(-a) de / lamentar / preferir / sentir / sorprender / temer / tener miedo de.**

   Tengo miedo de que me roben el coche.

6. Expressions of doubt or denial: **dudar / negar / no creer / no pensar / ¿creer? / ¿pensar? / es dudoso.**

   ¿Crees que este hombre **sea** el ladrón?

EL CONTEXTO

ROSITA Mira, ¿por qué no te cambias y nos vamos a comer a la calle? Además es preferible que **salgas** un poco y **no te quedes** metida en la casa.

■ Práctica y conversación

A. Cuando mira Ud. la tele... ¿Qué consejos les da Ud. a las siguientes personas? Haga por lo menos seis oraciones usando una frase de cada columna.

Deseo que	mis amigos	mirar el noticiero cada día
Es de esperar que	tú	poner atención a los anuncios comerciales
Aconsejo que	Uds.	comprar un televisor en colores
Es mejor que	el (la) profesor(-a)	evitar los programas de concursos
Prefiero que		alquilar las videocintas
		mantener la videocasetera en buenas condiciones
		mirar los documentales de vez en cuando
		¿?

B. Las noticias. Exprese su reacción a los siguientes titulares.

1. Timoteo «el Terrible», un criminal peligroso, se escapa de la policía.
2. La campaña electoral va a terminar el martes.
3. El jefe de estado y el ejército evitan un golpe de estado.
4. Los terroristas secuestran un avión lleno de turistas.
5. Los bomberos apagan el incendio en la Biblioteca Nacional.
6. Paco González gana millones de pesetas en el programa de concursos *Que tengas suerte.*
7. Los reporteros y los locutores del Canal 3 están de huelga.

C. Mi opinión. Complete las siguientes oraciones de una manera lógica.

1. Me sorprende que ___________.
2. Tal vez el (la) profesor(-a) ___________.
3. Quiero que ___________.
4. Ojalá que ___________.
5. No dudo que ___________.
6. Siento que ___________.
7. Recomiendo que ___________.

D. La televisión a su gusto. Ud. y dos compañeros(-as) de clase son ejecutivos para una red de televisión. Uds. pueden cancelar programas y crear otros. Exprese su opinión sobre varios programas, ofrezca consejos y dé órdenes para cambiar la televisión a su gusto.

Expressing sequence and purpose of actions

Infinitives after prepositions

To express the sequence or purpose of actions such as what you did after watching television or for what reason you cleaned the house, Spanish uses a different structure than English.

A. In English the present participle is the verb form generally used after prepositions: *after ironing, before cutting the grass.* Contrary to English, Spanish always uses the infinitive after prepositions.

SPANISH preposition + infinitive	ENGLISH preposition + present participle
después de mirar la televisión	*after watching television*
antes de limpiar	*before cleaning*

B. **Al** + infinitive = *on* or *upon* + present participle or *when* + a verb in the past tense.

Al poner la televisión vi el desastre. — *When I turned on the television, I saw the disaster.*

C. **Para** + infinitive = *in order to* + *verb*

Para evitar una huelga los obreros no protestaron contra la compañía. — *In order to avoid a strike the workers didn't protest against the company.*

EN CONTEXTO

ROSITA Hija, **para ver** algo bueno hay que ir al teatro o a un buen cine.

■ Práctica y conversación

A. **¿Qué hace Ud.?** Diga lo que Ud. hace antes y después de las siguientes actividades.

MODELO comer
Antes de comer me lavo las manos.
Después de comer lavo los platos.

mirar la tele / votar / estudiar / sacudir / planchar la ropa / pasar la aspiradora / hacer la cama

B. Entrevista. Hágale preguntas a un(-a) compañero(-a) de clase.

Pregúntele qué hace...

1. al llegar a casa.
2. después de clase.
3. en vez de estudiar.
4. antes de acostarse.
5. después de trabajar.
6. ¿?

DUDAS DE VOCABULARIO

To take

Tomar: to take, to drink.

Si quieres mejorarte, tienes que tomar este remedio. — *If you want to get better, you have to take this medicine.*

Tengo mucha sed. Tengo que tomar un poco de agua. — *I'm very thirsty. I have to drink some water.*

Sacar: to take out.

Por favor, saca la basura. — *Please, take the garbage out.*

Llevar: to take something or somebody from one place to another.

¿Qué vas a llevar a la fiesta de Rosalía? — *What are you going to take to Rosalía's party?*

Coger: to take, to seize.

En la oficina del médico cogí una revista y me puse a esperar pacientemente. — *At the doctor's office, I took a magazine and waited patiently.*

Television

La televisión: television.

¿Vas a mirar la televisión? — *Are you going to watch television?*

La tele: TV.

Ella se pasa toda la tarde en frente de la tele. — *She spends all afternoon in front of the TV.*

Poner la tele: To turn on the TV.

Por favor, pon la tele. Ahora dan mi programa favorito. — *Please, turn on the TV. They are showing my favorite program now.*

El televisor: TV set.

¡Ay! ¿Qué voy a hacer? Mi televisor no funciona. — *Oh! What am I going to do? My TV set doesn't work.*

To raise

Levantar / alzar: to raise, to lift.

¿Puedes levantar esa caja, por favor? Pesa mucho para mí. — *Could you please lift that box? It's too heavy for me.*

Criar: to raise, bring up children; to raise animals.

Ellos adoptaron a los hijos de su hermana y los criaron. — *They adopted his sister's children and raised them.*

Ellos crían toda clase de animales en su casa. — *They raise all kinds of animals at their house.*

Cultivar: to grow plants.

Quisiera tener una huerta en mi casa y cultivar tomates y lechugas. — *I'd like to have a garden at my house and grow tomatoes and lettuce.*

Crecer: to grow.

Los niños crecen rápidamente. Antes que uno se dé cuenta ya son más altos que sus padres. — *Children grow up very fast. Before you know it, they are taller than their parents.*

■ Práctica

Escoja la palabra que mejor corresponda.

1. A mí me parece que lo único que les interesa es ver (televisión / televisor).
2. Si ése es el caso, lo único que queda es (coger / llevar / levantar) (la televisión / el televisor) a otro cuarto.
3. Ojalá fuera tan fácil, hija. Cuando menos espero, están peleando y para calmarlos tengo que (llevar / poner) la televisión.

4. Pero esos hijos tuyos son una cosa seria. ¿Cómo los has (criado / crecido)? ... ¡Espero que no te (levanten / alcen) la voz!
5. No, eso no, pero los muchachos son muy difíciles de controlar. No es fácil (criar / cultivar) a niños en esta época.
6. Ya veo. Por eso mejor yo me dedico sólo a (crecer / cultivar) rosas, orquídeas y claveles.
7. Parece más fácil. Sin embargo, (criar / crecer) a niños también tiene sus ventajas. Los ves (criar / crecer) y hacerse hombres y mujeres y te sientes orgullosa de ellos.

Tercera situación

ASÍ SE HACE

Cómo se habla con los empleados domésticos

Una de las costumbres que está desapareciendo debido a la precaria situación económica de los países hispanos es la existencia de personas de servicio doméstico en las casas de familia de clase media y alta. Estas personas, llamadas criados, muchachos o empleados domésticos hacen todas las labores de la casa: cocina, limpieza, lavado, cuidado de los niños, etc. Los miembros de la familia generalmente las llaman por su primer nombre y usan el pronombre *tú*. Los domésticos por el otro lado utilizan el pronombre *Ud.* cuando se dirigen a los miembros adultos de la familia y el pronombre *tú* cuando se dirigen a los niños.

Práctica y conversación

Necesito que me ayudes. Un(-a) estudiante hace el papel de empleado(-a) doméstico(-a) y otro(-a) hace el papel del (de la) señor(-a) de la familia. ¿Qué dicen en las siguientes situaciones?

Señor(-a):	Necesita ropa limpia.
Empleado(-a):	No ha tenido tiempo para lavarla.
Señor(-a):	Quiere tener su cuarto arreglado.
Empleado(-a):	____________.
Señor(-a):	Quiere saber a qué hora va a estar lista la cena y qué hay de comida.
Empleado(-a):	A las 8. Arroz con pollo.
Señor(-a):	Quiere comer más temprano.
Empleado(-a):	____________.
Señor(-a):	No encuentra sus gafas.
Empleado(-a):	____________.
Señor(-a):	Quiere tomar un café / una limonada.
Empleado(-a):	____________.

PARA LEER BIEN

Using prefixes and suffixes to decode

As you read for detail and understanding, it is necessary to recognize or discover the meaning of individual words. Beginning readers often resort to a dictionary immediately, especially when they encounter a long and difficult-looking word. However, long words frequently are made up of a root word and its prefixes or suffixes. Recognition of the prefixes, suffixes, and the root word will help you accurately guess the meaning of many new words without using the dictionary. Remember, overuse of the dictionary is time-consuming and often frustrating; it breaks your concentration and train of thought. More importantly, excessive reliance on the dictionary actually hinders your ability to assimilate new words and build a vocabulary base for effective decoding.

Learn the meanings of the following prefixes and suffixes so that, when you encounter them attached to a root word you know, you can guess the meaning of the new word.

Prefixes

1. **em-** / **en-** + noun or adjective + verb ending = *to become or get a certain quality*

   engordar = *to get fat;* **empobrecer** = *to become poor*

2. **in-** + adjective = *in, un-* + adjective

   indestructible = *indestructible;* **inculto** = *uncultured*

3. **ex** = *ex-;* indicates a former title, position, or state

   la ex esposa = *ex wife*

4. **re-** + verb = *re-* + verb; *to repeat, do again*

   reabrir = *to reopen*

5. **anti-** = *anti-; against, opposed to*

   antidemocrático = *against democracy; antidemocratic*

Suffixes

1. **-ista** = *-ist;* a person who holds certain principles or beliefs; a person who practices or is concerned with something

   un socialista = *a socialist;* **un artista** = *an artist*

2. **-ismo** = *-ism;* denotes a distinctive doctrine, theory, system, or set of beliefs

   el catolicismo = *teachings of the Catholic Church*

3. **-ado, -ido** = *-ed, -en;* indicates a condition or quality resulting from the action of the verb

   tomado = *taken;* **permitido** = *permitted*

4. **-mente** = *-ly;* describes how something is done

   rápidamente = *rapidly*

Combined Words

Spanish also forms new compound words by combining two root words.

1. Third-person singular verb + plural noun = noun

   parar = *to stop;* **brisa** = *breeze*
   parabrisas = *windshield* (a breeze stopper)

2. A compound name of a country or geographic area combines to form an adjective of nationality. Note that when the second word begins with an **r-**, it becomes **-rr-** in the new adjective.

   Estados Unidos = estadounidense
   Puerto Rico = puertorriqueño

Práctica

A. Determine el tema de la lectura. Examine su conocimiento del tema; repáselo si es necesario.

B. Identifique los sufijos y entonces adivine lo que significan las palabras siguientes. Todas las palabras se encuentran en el artículo que sigue.

1. comunista / liberacionista / militarista / progresista / sandinista
   Note: **Sandinista** originally referred to a sympathizer and follower of César Augusto Sandino, a Nicaraguan guerrilla fighter in the 1920s and 1930s. Many Latin Americans revered him as a patriot and freedom fighter for his anti-imperialist and anti-U.S. sentiments and actions.
2. sandinismo / protagonismo (**protagonizar** = *to take the main role in a situation or a play*)
3. armados / atacado / consultados / perpetradas
4. excelentemente / típicamente / sustancialmente / difícilmente / internacionalmente

C. Identifique los prefijos y adivine lo que significan las palabras siguientes. Fíjese que algunas palabras están formadas con prefijos y sufijos.

1. anticomunista / antimilitarista
2. ex secretario / ex presidente
3. empobrecidos / encaminaron
4. renacer / renació
5. inútiles

D. Identifique las palabras principales que combinan para formar una nueva palabra. Adivine lo que significan las palabras combinadas.

1. guardaespaldas
2. costarricenses / centroamericanos

LECTURA

Costa Rica, la perla democrática

La carretera° excelentemente pavimentada que conduce desde la capital San José a la pequeña población° de Guapiles atraviesa° el parque nacional Braulio Carrillo. Por la carretera del parque circulan pocos vehículos. De repente, el coche es detenido° por un insólito° control. Dos hombres de paisano° se acercan al coche mientras, a lo lejos, dos agentes de la Guardia Civil observan la escena. «Disculpe, es una inspección. Somos de la organización *Vida Silvestre* y vigilamos para evitar el robo de plantas del parque.»

highway
pueblo / crosses
stopped
unusual / plainclothed

San José, Costa Rica: Una plaza

Este primer encuentro nos devuelve a una realidad distinta. Aunque se trata de la América Central, esta pequeña experiencia sirve para recordarnos que Costa Rica es diferente. Aquí, nada de militares de uniforme armados hasta los dientes ni convoyes de camiones de color oliva.

Costa Rica, este pequeño país de 2,8 millones de habitantes, parece encontrarse fuera del habitual contexto conflictivo centroamericano. Sacudido° y varias veces amenazado° por sus vecinos, la *pequeña Suiza*° mantiene su identidad.

Los costarricenses viven en un relativo aislamiento° pero han llevado al exterior la voz popular de ser el «país de la paz». Puesto que Costa Rica no tiene ejército° es lógico que su símbolo es el maestro y no el soldado.

En 1948 el pueblo costarricense se alzó° en contra del entonces presidente Rafael Calderón Guardia y su fraude electoral. El líder del pueblo fue José Figueres Ferrer, llamado don Pepe. Al triunfar el pueblo, don Pepe disolvió los cuerpos armados el primero de diciembre de 1948. La abolición del ejército fue acompañada de una serie de medidas° progresistas que encaminaron a Costa Rica hacia cuatro décadas de paz y

Shaken
threatened / Switzerland
isolation
army
rose up
measures

bienestar económico y social. Don Pepe, considerado como «el prócer° de la Patria», nacionalizó la Banca°, los seguros°, la sanidad° y el transporte. Convirtió Costa Rica en un país fuerte bajo la teoría del *Estado benefactor*.

líder, padre

banking system / insurance / public health system

Pero esta vieja paz fue sacudida por las eternas crisis centroamericanas y, en particular, por la revolución sandinista en Nicaragua de 1979. Aquel año el gobierno y el pueblo costarricense apoyaron en su inmensa mayoría la lucha del sandinismo, un factor importante para su triunfo.

Sin embargo, dos años después, la situación cambió sustancialmente; el gobierno sandinista de Nicaragua se radicalizó bastante. «El pueblo (costarricense) resintió mucho el fraude sandinista y en nuestra gente, de tradición antimilitarista, renació el miedo ante el recuerdo histórico de numerosas agresiones anteriores» comenta Rolando Araya, ex secretario general del Partido de Liberación. Hoy día una gran mayoría de la población observa con recelo° al gobierno sandinista. Temen los éxodos masivos de exiliados y refugiados nicaragüenses porque este pequeño país de menos de tres millones de habitantes y con serios problemas económicos no puede aguantar° otros miles de refugiados.

suspicion

support

El actual presidente de Costa Rica, Óscar Arias Sánchez, propuso un plan de pacificación para el área. El presidente estaba convencido de que nunca podrían solucionarse los problemas económicos de Costa Rica mientras perdurara la guerra en los países vecinos. Arias recibió el Premio Nobel de la Paz por su plan de pacificación. Rolando Araya afirma, «El gran mérito de Arias ha sido el pasar de un peligro de guerra a un protagonismo pacificador. El Premio Nobel de la Paz tiene gran importancia para la seguridad del país: hemos ganado más con este galardón° que con la compra de mil tanques.»

prize

Oscar Arias: El presidente de Costa Rica

A pesar de serios problemas económicos Costa Rica ha logrado un relativo bienestar si se compara con sus empobrecidos y militarizados vecinos. El noventa por ciento de las viviendas posee un televisor, el sueldo medio semanal alcanza los cuatro mil colones (80 dólares) y los precios de los productos básicos no se han disparado°. La Seguridad Social cubre a todos los ciudadanos, el 2,5 por ciento de la población se encuentra en la universidad y hay buena remuneración para los jubilados°.

shot up

retired persons

En este país en donde el presidente vive en su casa y no en palacio, conduce su propio automóvil sin guardaespaldas y en el que no existe protocolo oficial, cualquier ciudadano puede acercarse al presidente.

En Costa Rica los jóvenes se divierten, salen de noche a bailar o pasear, sin el temor de ser aprehendidos por la fuerza en el servicio militar.

Costa Rica es diferente y así lo afirmó el presidente Óscar Arias cuando se celebró el 39 aniversario de la abolición del ejército: «En estas cuatro décadas todos los países de nuestra América Latina conocieron la dictadura militar. Costa Rica, no. En estos 39 años todos los países de nuestra América han visto morir al joven estudiante, al campesino, al obrero, en crueles e inútiles matanzas° perpetradas por bestias° en botas... En Costa Rica, no.»

killings / beasts

Adaptado de *Cambio 16*

Comprensión

A. **Identificaciones.** Identifique con una o dos oraciones breves los siguientes lugares o personas mencionados en el artículo.

San José	Don Pepe	José Figueres Ferrer
Braulio Carrillo	Rolando Araya	Rafael Calderón Guardia
Óscar Arias Sánchez	Guapiles	

B. **Símbolos y metáforas.** A veces el autor usa símbolos y metáforas para referirse a personas y lugares. Conteste estas preguntas que tienen que ver con las alusiones.

1. ¿A qué se refiere «la pequeña Suiza»? ¿Por qué es una buena designación?
2. Según el artículo, es lógico que el símbolo de Costa Rica es el maestro. ¿Por qué?
3. Al final del artículo mencionan «...crueles e inútiles matanzas perpetradas por bestias con botas...» ¿Quiénes son estas «bestias con botas»? ¿Existen en Costa Rica?

C. **Un presidente y un país excepcional.** Describa al presidente de Costa Rica. ¿En qué manera es excepcional? Describa el gobierno, la economía y el estado social de Costa Rica. ¿En qué es excepcional?

D. Defensa de una opinión. Según el artículo, ¿por qué es Costa Rica la excepción y la esperanza en la América Central?

PARA ESCRIBIR BIEN

Giving written instructions

It is often necessary to leave written instructions so that other persons will carry out certain tasks in your absence. These instructions could include "how-to" advice for someone, lists of after-school chores for family members, recipes, tasks for cleaning personnel and other service workers, as well as notes to mail carriers, delivery persons and movers.

Instructions can be formal or informal depending on the person(s) addressed and can be stated using direct commands, the subjunctive, or softened requests. Some examples follow.

1. **Instructions to family members: tú** forms

   Hazme el favor de + infinitive
   Hazme el favor de preparar la comida.
   No te olvides de + infinitive
   No te olvides de limpiar tu cuarto.

2. **Instructions to a forgetful son / daughter: tú** forms

   Te he dicho cien veces que no + negative **tú** command
   Te he dicho cien veces que no comas en la sala.

3. **Instructions to a maid or cleaning lady: tú** forms

   Limpia toda la casa. Sacude los muebles. Lava los platos. No laves las cortinas.

4. **Instructions to service personnel: Ud.** forms

   Por favor, señor, arregle la refrigeradora. Déjeme la cuenta sobre el escritorio en la sala de estar.

Composiciones

A. Después de clase. Ud. es el padre / la madre de un joven de dieciséis años. Todos los días Ud. trabaja fuera de casa hasta las seis. Escríbale una nota a su hijo explicándole que su abuela va a llegar hoy a las 6:30. Él tiene que preparar la casa y la comida cuando llegue a casa después de sus clases.

B. Una casa vieja. Ud. y su esposo(-a) acaban de comprar una casa que tiene muchos problemas: todas las ventanas están muy sucias, una ventana está rota, las paredes están sucias y necesitan pintura, el lavabo en un cuarto de baño no funciona, el lavaplatos no funciona, no hay luz en dos de los dormitorios, no se puede cerrar fácilmente la puerta principal, la alfombra de la sala huele mal. Escríbale una nota al hombre que viene para trabajar en la casa. Explíquele los problemas y lo que debe hacer para resolverlos.

C. Los quehaceres domésticos. Hay cuatro personas en su familia y en su casa hay unos veinte quehaceres domésticos que alguien tiene que hacer todas las semanas. Prepare una lista de instrucciones para estos quehaceres. Cada persona tiene que hacer cinco.

ACTIVIDADES

A. Sus compañeros de cuarto. You live in an apartment with two roommates. It's Parents' Weekend at school, and you must clean up the place before your parents arrive. Enlist your roommates' help and tell each of them what to do to prepare the apartment and some refreshments for your parents.

B. Un nuevo criado. As a wealthy and busy career person you are trying to find a replacement for your live-in servant, who is about to retire. Interview a candidate (played by your classmate). Find out if he / she has qualitites equal to or better than your present servant. Explain what you want him / her to do on the job. You are quite demanding and the prospective servant is not certain if he / she wants the job.

C. Telediario. You and a classmate are the newscasters on *Telediario,* a brief news broadcast that occurs each evening from 8:58–9:00. Provide the highlights of the day's news for your audience. Include local, national, and international news as well as sports and a brief weather forecast.

D. Los candidatos. You are Víctor / Victoria Romero, the host / hostess of a Hispanic television talk show geared to 18–25 year olds. This week's guests are three candidates for President of the U.S. You hold a brief debate with the candidates, asking them questions about items of concern to the viewers of your show. Each candidate should compare himself / herself to the others and explain what he/she wants the voters and Congress to do. Each candidate should express judgment or doubt about what other candidates say.

Contacto cultural

El arte y la arquitectura

Unos artistas modernos

La mayoría de los artistas modernos de Latinoamérica forman parte de una tendencia internacional. Aunque usan temas latinos también tratan de representar temas universales del hombre contemporáneo y sus problemas como miembro de una sociedad urbana. Los artistas viajan mucho por el mundo, se conocen e intercambian sus ideas y técnicas. Tienen exposiciones de sus obras en sus propios países y en las grandes capitales de Europa y las Américas.

Fernando Botero (1932–) Nació en Medellín, Colombia, pero se trasladó a Bogotá donde presentó sus primeras obras. Pasó a Madrid y allá estudió los cuadros de Goya y Velázquez. De éste aprendió la técnica realista y de aquél su punto de vista crítico. Muchas de las obras de Botero son sátiras de otras obras famosas o de la vida colombiana; sus personajes representan las instituciones del país—la Iglesia, el gobierno, el ejército. Una de sus obras famosas es *La familia presidencial* (1967), una sátira de la familia presidencial colombiana.

Fernando Botero, *La familia presidencial,* 1967. Oil on canvas, 6′8⅛″ × 6′5¼″. Collection, The Museum of Modern Art, New York. Gift of Warren D. Benedek.

Jesús Rafael Soto (1923–) Nació en Ciudad Bolívar, Venezuela. Es un escultor conocido y pertenece a la escuela de arte geométrico y kinético. Sus obras están en la Universidad de Caracas, en Alemania y los EEUU entre otros lugares. Su obra *Vibraciones* (1965) es una escultura de alambres (*wires*) y cuadrados (*squares*) suspendidos sobre una superficie rayada; el efecto es de una ilusión óptica. Cree en la participación del espectador en la obra artística. Por eso creó *Penetrable* (1971) que consiste en una serie de tubos de aluminio que cambian cuando el público camina por ellos.

Jesús Rafael Soto, *Penetrable*. Museum of Modern Art of Latin America, Washington, D. C. Courtesy of OAS.

Comprensión

A. Fernando Botero. ¿Es realista el cuadro *La familia presidencial?* ¿Qué instituciones representan los personajes en este cuadro? ¿Por qué son gordos? ¿Qué está diciendo el artista sobre el gobierno y las instituciones de su país? Compare este cuadro con *Las Meninas* de Velázquez.

B. Jesús Rafael Soto. Según Soto, el público debe participar en la creación artística. ¿En qué manera participa el público en la creación de la escultura *Penetrable?*

Lectura literaria

PARA LEER BIEN

The pre-reading techniques of using background knowledge and the decoding techniques of identifying the core of a sentence and using prefixes and suffixes can help you read literature as well as journalism more effectively.

Using background knowledge will help in predicting and guessing content as well as decoding specific meanings of words and phrases. The use of prefixes and suffixes can help you maintain the tone of a story or poem without breaking the mood by resorting to a dictionary. Identifying the verb core is particularly useful when decoding poetry, for poetic language often does not follow normal word order.

When approaching the following literary selections, remember to use the pre-reading and decoding techniques you have learned. You can also use the background knowledge of literary terminology presented in previous sections.

Gabriel García Márquez (1928–) Célebre escritor de cuentos y novelas y ganador del Premio Nobel de Literatura en 1982. Nació en Aracataca, Colombia, una pequeña aldea en la costa del Caribe. Más tarde García Márquez transformó esta aldea en Macondo, el escenario mítico de su ficción. Su novela más famosa, *Cien años de soledad,* se publicó en 1967; probablemente es la novela más leída y más traducida de este siglo.

Sus cuentos y novelas tratan los mismos temas: la soledad, la violencia, la corrupción, la pobreza y la injusticia. «Un día de éstos» tiene lugar en un país sin nombre en la América del Sur. Los antecedentes históricos del cuento son «la violencia», el conflicto que empezó en Colombia en 1948 y continuó por más de diez años. Unas 200.000 personas murieron en ese conflicto entre los liberales y los conservadores. Este cuento presenta la violencia en un microcosmo.

Un día de éstos

El lunes amaneció tibio° y sin lluvia. Don Aurelio Escovar, dentista sin título y buen madrugador°, abrió su gabinete° a las seis. Sacó de la vidriera una dentadura postiza° montada aún en el molde de yeso° y puso sobre la mesa un puñado° de instrumentos que ordenó de mayor a menor, como en una exposición. Llevaba una camisa a rayas sin cuello, cerrada arriba con un botón dorado, y los pantalones sostenidos con cargadores° elásticos. Era rígido, enjuto°, con una mirada que raras veces correspondía a la situación, como la mirada de los sordos.

warm
early riser / office / set of false teeth / plaster / handful

suspenders / lean

Cuando tuvo las cosas dispuestas sobre la mesa, rodó la fresa° hacia el sillón de resortes° y se sentó a pulir la dentadura postiza. Parecía no pensar en lo que hacía, pero trabajaba con obstinación, pedaleando en la fresa incluso cuando no se servía de ella.

he rolled the drill
dentist's chair

Después de las ocho hizo una pausa para mirar el cielo por la ventana y vio dos gallinazos° pensativos que se secaban al sol en el caballete° de la casa vecina. Siguió trabajando con la idea de que antes del almuerzo volvería a llover. La voz destemplada° de su hijo de once años lo sacó de su abstracción.

buzzards / ridge of a roof
loud

—Papá.

—Qué.

—Dice el alcalde° que si le sacas una muela°.

—Dile que no estoy aquí.

mayor / you'll pull his molar

Estaba puliendo un diente de oro. Lo retiró a la distancia del brazo y lo examinó con los ojos a medio cerrar°. En la salita de espera volvió a gritar su hijo.

half closed

—Dice que sí estás porque te está oyendo.

El dentista siguió examinando el diente. Sólo cuando lo puso en la mesa con los trabajos terminados, dijo:

—Mejor.

Volvió a operar la fresa. De una cajita de cartón° donde guardaba las cosas por hacer, sacó un puente° de varias piezas y empezó a pulir el oro.

small cardboard box
dental bridge

—Papá.

—Qué.

Aún no había cambiado de expresión.

—Dice que si no le sacas la muela te pega un tiro.°

he will shoot you

Sin apresurarse, con un movimiento extremadamente tranquilo, dejó de pedalear en la fresa, la retiró del sillón y abrió por completo la gaveta inferior° de la mesa. Allí estaba el revólver.

lower drawer

—Bueno, dijo. —Dile que venga a pegármelo.

Hizo girar° el sillón hasta quedar de frente de la puerta, la mano apoyada en el borde° de la gaveta. El alcalde apareció en el umbral.° Se había afeitado la mejilla° izquierda, pero en otra, hinchada° y dolorida, tenía una barba de cinco días. El dentista vio en sus ojos marchitos° muchas noches de desesperación. Cerró la gaveta con la punta de los dedos y dijo suavemente:

He turned
edge / doorway / cheek
swollen
tired

—Siéntese.

—Buenos días, dijo el alcalde.

—Buenos, dijo el dentista.

Mientras hervía° los instrumentos, el alcalde apoyó el cráneo en el cabezal° de la silla y se sintió mejor. Respiraba un olor glacial. Era un gabinete pobre: una vieja silla de madera, la fresa de pedal, y una vidriera con pomos de loza°. Frente a la silla, una ventana con un cancel de tela° hasta la altura de un hombre. Cuando sintió que el dentista se acercaba, el alcalde afirmó los talones° y abrió la boca.

he boiled / leaned his head on the headrest
porcelain bottles
cloth curtains
dug in his heels

Don Aurelio Escovar le movió la cara hacia la luz. Después de observar la muela dañada°, ajustó la mandíbula° con una cautelosa presión de los dedos.

rotten / jaw

—Tiene que ser sin anestesia, dijo.

—¿Por qué?

—Porque tiene un absceso.

El alcalde lo miró en los ojos.

—Está bien, dijo, y trató de sonreír. El dentista no le correspondió. Llevó a la mesa de trabajo la cacerola° con los instrumentos hervidos y los sacó del agua con unas pinzas frías, todavía sin apresurarse. Después rodó la escupidera° con la punta del zapato y fue a lavarse las manos en el aguamanil°. Hizo todo sin mirar al alcalde. Pero el alcalde no lo perdió de vista.

pot
moved the spittoon
washstand

Era un cordal inferior°. El dentista abrió las piernas y apretó° la muela con el gatillo° caliente. El alcalde se aferró a las barras° de la silla, descargó toda su fuerza en los pies y sintió un vacío helado en los riñones°, pero no soltó un suspiro°. El dentista sólo movió la muñeca°. Sin rencor, más bien con una amarga ternura°, dijo:

—Aquí nos paga veinte muertos, teniente°.

El alcalde sintió un crujido° de huesos en la mandíbula y sus ojos se llenaron de lágrimas. Pero no suspiró hasta que no sintió salir la muela. Entonces la vio a través de las lágrimas. Le pareció tan extraña a su dolor, que no pudo entender la tortura de sus cinco noches anteriores. Inclinado sobre la escupidera, sudoroso°, jadeante°, se

lower wisdom tooth / gripped / forceps / grabbed the arms
kidneys / let out a sigh
wrist / bitter tenderness / Here you will pay us for 20 deaths (you caused), lieutenant. / crunch

sweaty / panting

desabotonó la guerrera° y buscó a tientas° el pañuelo° en el bolsillo del pantalón. El dentista le dio un trapo limpio.

military jacket / blindly / handkerchief

—Séquese las lágrimas, dijo.

El alcalde lo hizo. Estaba temblando. Mientras el dentista se lavaba las manos, vio el cielo raso desfondado° y una telaraña polvorienta° con huevos de araña e insectos muertos. El dentista regresó secándose las manos. —Acuéstese, dijo, —y haga buches° de agua de sal. El alcalde se puso de pie, se despidió con un displicente° saludo militar, y se dirigió a la puerta estirando° las piernas, sin abotonarse la guerrera.

cracked ceiling / dusty spiderweb

gargle / casual

stretching

—Me pasa la cuenta, dijo.

—¿A usted o al municipio?

El alcalde no lo miró. Cerró la puerta, y dijo, a través de la red metálica°:

screen

—Es la misma vaina°.

It's one and the same.

Comprensión

A. El contenido. Conteste las siguientes preguntas sobre el contenido.

1. ¿Qué tiempo hace al principio del cuento?
2. Al abrir el gabinete, ¿qué hace el dentista? ¿Por cuánto tiempo lo sigue haciendo?
3. ¿Qué le anuncia su hijo?
4. Describa el problema físico del alcalde.
5. ¿Por qué dice el dentista «Dile que no estoy aquí» cuando sí está?
6. ¿Es verdad que el dentista no puede usar anestesia porque el alcalde tiene un absceso? Explique su respuesta. ¿Por que le hace sufrir al alcalde?
7. ¿Qué implica el dentista con la frase, «Aquí nos paga veinte muertos, teniente»?
8. ¿Cómo se comporta el alcalde al sacársele la muela?
9. Compare estas líneas del principio y del final del cuento.

   El hijo le repite las palabras del alcalde a su papá:—Dice que si no le sacas la muela te pega un tiro.

   El dentista le dice al alcalde:—Séquese las lágrimas.

   ¿Quién tiene el control al principio y al final del cuento? ¿Hay un cambio en la actitud del alcalde? ¿Por qué?

10. ¿A quién debe pasar la cuenta el dentista?
11. Explique la oración: «Es la misma vaina.»

B. El aspecto literario. Analice los siguientes aspectos del cuento.

1. **Los personajes.** ¿Cuántos y quiénes son? Descríbalos. ¿Qué llevan? ¿Qué representan los dos personajes centrales? (Para contestar piense en «la violencia» en Colombia en aquella época.)

2. **El escenario.** ¿Qué indicaciones hay que el pueblo y los habitantes son pobres? Describa el escenario. ¿Qué representa el gabinete?
3. **La acción.** ¿Hay mucha o poca acción? ¿Qué implican las acciones frías y casi mecánicas del dentista? ¿Qué predomina en el cuento: la acción, el diálogo o la descripción? ¿Por qué? La acción culminante es cuando el dentista le da un trapo limpio al alcalde para secarse las lágrimas. ¿Qué simboliza esta acción?
4. **El tono.** ¿Cómo es el tono del cuento? ¿Qué adjetivo(-s) mejor expresa(-n) la emoción central del cuento?
5. **El punto de vista.** ¿Quién narra el cuento? ¿Cuál es el efecto de una narración en tercera persona?
6. **El tema.** ¿Qué papel tiene la violencia en la vida de los personajes? ¿Cuál es la relación entre el título del cuento y el tema de la violencia?

Rubén Darío (1867–1916) Poeta, cuentista, ensayista y crítico literario. Nació en Nicaragua y de adolescente empezó a imitar a los poetas franceses de la época. Viajó a Chile donde estudió a otros poetas y publicó su primer libro de poesía en 1887. Pronto llegó a la opinión de que la poesía en lengua española necesitaba una renovación. Por eso viajó mucho dentro de la América Latina y entre América y Europa; sirvió de lazo de unión entre los poetas de muchas nacionalidades. Los otros poetas imitaron su poesía. Según muchos críticos literarios fue el primer escritor verdaderamente profesional de Latinoamérica. Gracias a su ejemplo la poesía hispanoamericana tiene una preocupación más seria por la forma y el lenguaje.

En sus primeros poemas escribió acerca de temas como el placer, el amor y la vida bohemia. Más tarde cambió a temas más serios como el significado de la vida y el destino personal. El poema que sigue pertenece a este período.

Lo fatal

Dichoso° el árbol, que es apenas° sensitivo, — *Feliz* / scarcely
y más la piedra, porque ésa ya no siente,
pues no hay dolor más grande que el dolor de ser vivo,
ni mayor pesadumbre que la vida consciente.

Ser, y no saber nada, y ser sin rumbo° cierto, — course
y el temor de haber sido, y un futuro terror...
Y el espanto° seguro de estar mañana muerto, — fright
y sufrir por la vida, y por la sombra, y por

lo que no conocemos y apenas sospechamos.
Y la carne° que tienta° con sus frescos racimos° — flesh / tempts / clusters
y la tumba que aguarda° con sus fúnebres ramos°, — awaits / bouquets
¡y no saber a dónde vamos,
ni de dónde venimos!

De *Cantos de vida y esperanza*

■ Comprensión

A. Identifique el núcleo verbal de cada verso del poema. Identifique los verbos. ¿Por qué hay tantos verbos negativos? En la estrofa final, ¿por qué usa el poeta la primera persona plural?

B. Haga una lista de los adjetivos y sustantivos. En una lista escriban las palabras que representan las cosas afirmativas y en la otra las cosas negativas. ¿Son contradictorias las dos listas o tienen algo en común?

C. Aunque el poeta no repite sus sustantivos o adjetivos, repite la estructura de sus frases. ¿Cuál es el efecto de repetir la frase «y + sustantivo»: «y el temor,» «y un futuro terror,» «Y el espanto,» «Y la carne,» «Y la tumba,»? ¿Qué más se repite en el poema?

D. ¿Cuál es el tema central del poema? ¿Es un tema particular del escritor, un tema hispánico o un tema universal?

Bienvenidos a la comunidad hispana en los EEUU

San Antonio, Texas: El paseo del río

Población	19.000.000 de hispanos dentro de los EEUU: chicanos 63%; puertorriqueños 12%; cubanos 5%; 20% los demás países del mundo hispano. Para el año 2000 habrá 30.000.000 de hispanos dentro de los EEUU.
Concentración	Chicanos (personas en los EEUU de origen mexicano): el suroeste de Texas a California; puertorriqueños: Ciudad de Nueva York y la región cosmopolita; cubanos: Miami y el sur de la Florida.
La fuerza de trabajo hispana	Gran variedad de puestos en muchos sectores económicos.
Hispanos famosos	**El cine y la televisión:** María Conchita Alonso, Lorenzo Lamas, Ricardo Montalbán, Rita Moreno, Edward James Olmos.
	Los deportes: Joaquín Andújar, Pedro Guerrero, Willie Hernández, Nancy López, Tony Pérez, Lee Treviño, Fernando Valenzuela.
	La moda: Adolfo, Carolina Herrera, Óscar de la Renta.
	La música: Rubén Blades, Celia Cruz, Los Lobos, Miami Sound Machine, Linda Ronstadt.
	La política: Enrique Cisneros, alcalde de San Antonio, Texas; César Chávez, líder del sindicato United Farm Workers; Xavier Suárez, alcalde de Miami, Florida.

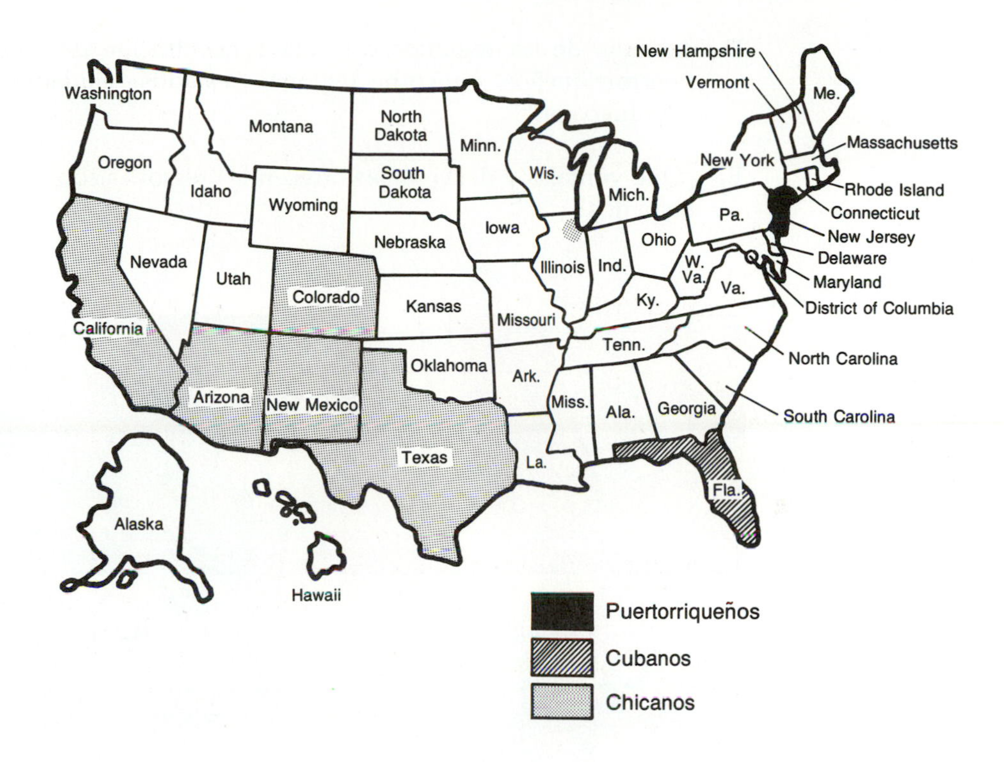

■ Práctica

Usando el mapa y la información dada conteste las siguientes preguntas.

A. Los chicanos

1. ¿De dónde son los chicanos? ¿Por qué emigran a los EEUU?
2. ¿En qué región de los EEUU se encuentran los chicanos? ¿Por qué?
3. ¿Cuáles son algunas ciudades con gran número de chicanos?

B. Los cubanos

1. ¿Cuándo llegó la mayoría de los cubanos aquí? ¿Por qué salieron muchos cubanos de su patria?
2. ¿Dónde se encuentran actualmente? ¿Por qué?

C. Los puertorriqueños

1. ¿Por qué emigran los puertorriqueños?
2. ¿Dónde se encuentran?
3. ¿Por qué van y vienen con frecuencia?

D. Además de las regiones con alta concentración de chicanos, cubanos y puertorriqueños, ¿qué otras regiones / estados / ciudades tienen una población hispana?

E. ¿Qué ventajas y desventajas ofrecen las regiones con alta concentración de hispanos?

Nueva York: El desfile del Día de la Raza

CAPÍTULO 10

En la agencia de empleos

Una entrevista

Primera situación

Presentación ¿Dónde trabajará Ud.?

LA COMPAÑÍA RUBÍ
solicita
Secretaria Ejecutiva Bilingüe

REQUISITOS:
- Experiencia mínima de tres años
- Dominio inglés y español
- Excelente nivel de comunicación

OFRECEMOS:
- Sueldo atractivo
- Beneficios sociales excelentes
- 21 días de vacaciones

Interesadas favor de presentar curriculum vitae a la siguiente dirección: Av. ANDRÉS BELLO, Centro Plaza, Torre «A» Piso 14.

REPRESENTANTE DE VENTAS

Importante compañía internacional solicita un licenciado en ciencias económicas con tres años de experiencia en ventas internacionales, edad de 25 a 35 años, excelente presentación.

Interesados comunicarse con el señor Flores al teléfono 686-53-44, ext. 216, lunes a viernes.

BANCO MUNICIPAL
solicita
Asistente de Contador

Buena oportunidad para recién graduados con sólidos conocimientos contables. Sueldo según aptitudes, seguro de vida y gastos médicos, días de utilidades y de vacaciones. Interesados presentarse de lunes a viernes de 9 a 13 en la calle de la REVOLUCIÓN No. 123. Atención Juan Jiménez.

Práctica y conversación

A. **¿Qué pasa?** Cuente lo que pasa en el dibujo.

B. **Conseguir un empleo.** ¿Qué hay que hacer para conseguir un empleo? Ordene las oraciones en forma lógica. Escriba el número del orden delante de la oración.

______ Se habla de las aptitudes personales.
______ Se leen los anuncios clasificados.
______ Se consigue una entrevista.
______ Se toma una decisión.
______ Se manda un curriculum vitae con cartas de recomendación.
______ Se entera de las condiciones del trabajo.
______ Se llena una solicitud.

C. **El empleo ideal.** En grupos, preparen una descripción del empleo ideal. Mencione por lo menos cinco características.

D. **El mundo del futuro.** Con un(-a) compañero(-a) de clase, describa cómo será el mundo en el año 2010. Mencione por lo menos siete características.

Vocabulario activo

La solicitud de trabajo	***Job application***
el anuncio clasificado	*classified ad*
el (la) aspirante	*applicant*
el desempleo	*unemployment*
la destreza	*skill*
el empleo / el puesto	*job, position*
el personal	*personnel*
el (la) supervisor(-a)	*supervisor*
cuidadoso(-a)	*careful*
maduro(-a)	*mature*
responsable	*responsible*
encargarse de	*to be in charge of*
enterarse de	*to find out about*
llenar una solicitud	*to fill out an application*
solicitar	*to apply (for a job)*

La entrevista de trabajo	***Job interview***
las aptitudes personales	*personal skills*
el ascenso	*promotion*
los beneficios sociales	*fringe benefits*
la carrera	*career*
la carta de recomendación	*letter of recommendation*
la confianza	*confidence, trust*
el curriculum vitae	*resumé*
el sueldo	*salary*
conseguir una entrevista	*to get an interview*
despedir(i)	*to fire from a job*
emplear	*to employ*
ofrecer un puesto	*to offer a job*

La entrevista de trabajo	***Job interview***	**El progreso**	***Progress***
tener conocimientos técnicos / experiencia / iniciativa / talentos artísticos / buen sentido para los negocios	*to have technical knowledge / experience / initiative / artistic talent / business sense*	el robot	*robot*
		la tecnología	*technology*
		construir	*to build*
		desaparecer	*to disappear*
		desarrollar	*to develop*
		hacerse	*to become*
		predecir	*to predict*
		resolver (ue) el problema	*to solve the problem*

ASÍ SE HABLA

Changing directions in a conversation

Una entrevista

■ ¿Qué oyó Ud?

Escuche la siguiente conversación entre un joven que está buscando trabajo y una persona en una agencia de empleos. Tome los apuntes que considere necesarios y luego conteste las siguientas preguntas.

1. ¿Qué profesión tiene el Sr. Ortega y qué tipo de trabajo busca?
2. ¿Qué experiencia profesional ha tenido el Sr. Ortega?
3. ¿Cuál es la relación entre las personas que participan en este diálogo? ¿Formal? ¿Informal? ¿Cómo sabe Ud. eso?
4. ¿Quién es el Sr. Núñez? ¿Cómo piensa Ud. que es el Sr. Núñez? Explique.
5. ¿Cree Ud. que Industrias La Favorita va a contratar al Sr. Ortega? ¿Por qué sí o por qué no?

When you want to express your ideas, change topics of conversation or interrupt a speaker, you can use the following expressions.

Introducing an idea:

Se me ocurrió esta idea.	*I had this idea.*
Tengo otra idea.	*I have another idea.*
Ya que estamos en el tema...	*Since we are on the topic . . .*
Yo propongo...	*I propose . . .*
Hablando de...	*Speaking of / about . . .*
Yo quisiera decir que...	*I would like to say that . . .*

Changing the subject:

Cambiando de tema...	*Changing the subject . . .*
Pasemos a otro punto.	*Let's move on to something else.*
Por otro lado... / En cambio...	*On the other hand . . .*

Interrupting:

Un momento.	*Wait a minute.*
Escuche(-n).	*Listen.*
Antes que me olvide...	*Before I forget . . .*
Perdón, pero yo...	*Excuse me, but I . . .*

Returning to the topic:

¿De qué estábamos hablando?	*What were we talking about?*
Volviendo a...	*Going back to . . .*
Como decía...	*As I / he / she was saying . . .*

EN CONTEXTO

SR. NÚÑEZ Muy bien, muy bien... **Pasemos a otro punto,** si no le importa... Dígame Ud. algo de su vida familiar.

Práctica y conversación

A. Con amigos. Ud. está conversando con unos amigos acerca de sus estudios. ¿Qué dicen Ud. y sus amigos en las siguientes situaciones?

1. Ud. tiene una idea maravillosa para sacar una «A» en cálculo.
2. Ud. quiere proponer la idea de estudiar juntos.
3. Su amigo(-a) piensa que su idea no es muy buena y presenta otra solución.
4. Ud. defiende su proposición.
5. Su amigo(-a) lo(-a) interrumpe.
6. Ud. quiere añadir algo.

B. ¡Ya estoy cansado de estudiar! Ud. ha estado estudiando muchísimo y está muy cansado(-a) y quiere comer algo y divertirse en poco. Con un(-a) compañero(-a), complete el siguiente diálogo.

Usted

1. ..., tengo una idea. ¿Qué te parece si...
3. Ya que estamos en el tema...
5. Perdón, pero yo...

Su compañero(-a)

2. Bueno, pero... Tengo otra idea...
4. Un momento...
6. Bueno, como tú digas. ¡Vamos, pues!

C. ¿Adónde vamos, por fin? Ud. y su amigo(-a) están planificando un viaje a Cancún pero sus otros(-as) dos amigos(-as) no están de acuerdo y tienen otras ideas. Discutan adónde van a ir y qué arreglos van a hacer. Luego, reporten a la clase su decisión.

Estructuras

Discussing future activities

Future tense

The future tense is used to discuss or describe what will happen at some time in the future. In English, the future is formed with the auxiliary verb *will* + main verb: *I will work.* In contrast, the Spanish future tense is not formed with an auxiliary verb.

A. In Spanish, the future tense of regular verbs is formed by adding the endings **-é, -ás, -á, -emos, -éis, -án** to the infinitive.

TRABAJAR: trabajaré, trabajarás, trabajará, trabajaremos, trabajaréis, trabajarán.

OFRECER: ofreceré, ofrecerás, ofrecerá, ofreceremos, ofreceréis, ofrecerán

CONSEGUIR: conseguiré, conseguirás, conseguirá, conseguiremos, conseguiréis, conseguirán

Sé que pronto **conseguirás** un buen puesto. — *I know that you'll get a good job soon.*

B. A few common Spanish verbs do not use the infinitive as a stem for the future tense. These verbs fall into three categories.

Drop the infinitive vowel		**Replace infinitive vowel with -d**		**Irregular form**	
haber	habr-	poner	pondr-	decir	dir-
poder	podr-	salir	sald-	hacer	har-
querer	querr-	tener	tendr-		
saber	sabr-	valer	valdr-		
		venir	vendr-		

The future tense of **hay (haber)** is **habrá** = *there will be.*

C. There are three ways to express a future idea or action in Spanish.

1. The construction **ir a + infinitive** corresponds to the English *to be going + infinitive.*

   Voy a solicitar un empleo. — *I'm going to apply for a job.*

2. The present tense can be used to express an action that will take place in the very near future.

   Mañana voy a la agencia y **solicito** un empleo. — *Tomorrow I am going to the agency, and I will apply for a job.*

3. The future tense can express actions that will take place in the near or distant future. The future tense is not used as frequently as the other two constructions, because often it implies a stronger commitment on the part of the speaker than the **ir a + infinitive** construction.

   Solicitaré un empleo después de graduarme. — *I will apply for a job after graduating.*

EN CONTEXTO

SR. NÚÑEZ Aquí hay una posición en Industrias La Favorita que posiblemente le interese. Yo creo que Ud. no **tendrá** ningún problema en conseguir empleo con ellos.

Práctica y conversación

A. Planes de trabajo. ¿Qué hará Ud. para conseguir un buen puesto?

MODELO leer los anuncios clasificados
Leeré los anuncios clasificados.

escribir una carta de solicitud / llenar una solicitud / conseguir una entrevista / saber los requisitos del puesto / tener mucha confianza / contestar todas las preguntas en la entrevista / ¿?

B. El trabajo en 2010. ¿Cómo será el mundo del trabajo en el año 2010?

MODELO la tecnología / desarrollar nuevos puestos
La tecnología desarrollará nuevos puestos.

1. nosotros / venir a la oficina sólo veinte horas a la semana
2. el robot / hacer todo el trabajo monótono
3. los sueldos / subir cada seis meses
4. la computadora / poder predecir el futuro

5. los empleados / disfrutar de muchos beneficios sociales
6. no haber desempleo
7. yo / estar muy contento(-a)

C. **¿Qué vas a hacer?** Con un(-a) compañero(-a), haga planes para el fin de semana. Discutan sus obligaciones, compromisos, fiestas, etc.

MODELO Usted: ¿Qué harás este fin de semana?
Compañero(-a): Creo que estudiaré todo el tiempo.

D. **¿Quién sabe?** En grupos, hablen de lo que piensan hacer cuando se gradúen. Un(-a) estudiante reportará a la clase lo discutido.

Expressing probability

Future of probability

In order to express probability in Spanish, you can use the future tense.

A. The English equivalents for the future of probabilty include *wonder, bet, can, could, must, might,* and *probably.*

—¿Qué **será** esto? — *I wonder what this is?*
—**Será** una solicitud de empleo. — *It must be a job application.*

—¿Dónde **estará** el supervisor? — *Where could the supervisor be?*
—Pues, **llegará** tarde, como siempre. — *Well, he will probably arrive late, as usual.*

EN CONTEXTO

SR. NÚÑEZ Sus notas son excelentes y las recomendaciones no podrían ser mejores. Me imagino que **tendrá** muy claro el tipo de trabajo que quiere hacer.

Práctica y conversación

A. **Mi primer trabajo.** Ud. está pensando en su primer trabajo después de graduarse. Exprese sus opiniones e ideas.

MODELO trabajar muchas horas
Trabajaré muchas horas.

recibir un buen sueldo / conseguir un ascenso pronto / tener beneficios sociales excelentes / encargarse de muchas personas / tomar muchas decisiones / resolver problemas con los clientes / disfrutar de vacaciones largas / ¿?

B. **¿Cómo estará Cristina?** Con sus compañeros(-as), discutan el trabajo de Cristina, quien ha estado ausente dos semanas.

Estudiante 1	**Estudiante 2**	**Estudiante 3**
1. ¿Qué (pasar) con Cristina?	2. Yo creo que (estar) muy enferma	3. ¿(Estar) en el hospital?
4. Sí, seguro (estar) en el hospital.	5. ¿Cuándo (regresar)?	6. Pues, (volver) pronto, espero...
7. Probablemente la (llamar) a su casa.	8. Seguramente te (contestar) sus padres.	9. ¿Saben Uds. quién (hacer) su trabajo hasta que regrese?
10. Supongo que el jefe nos (decir) pronto.	11. ¡Ay, Dios mío! Seguramente (ser) yo!	12. ¿?

Describing how actions are done

Adverb formation

Adverbs are words that modify or describe a verb, an adjective, or another adverb such as those in the following phrases: *He always works* = Trabaja **siempre;** *rather pretty* = **bastante** bonita; *very rapidly* = **muy** rápidamente.

A. Some adverbs are formed by adding **-mente** to an adjective. The **-mente** ending corresponds to *-ly* in English: **finalmente** = *finally.*

1. The suffix **-mente** is attached to the end of an adjective having only one singular form: **final → finalmente; elegants → elegantemente.**

2. The suffix **-mente** is attached to the feminine form of adjectives that have a masculine and feminine singular form: **rápido → rápida → rápidamente.**

3. Adjectives that have a written accent mark will retain it in the adverb form: **fácil → fácilmente.**

B. Adverbs are usually placed after the verb. When two or more adverbs are used to modify the same verb, only the last adverb in the series will have the suffix **-mente.**

Ricardo terminó su trabajo **rápida y eficazmente.** — *Ricardo finished his work rapidly and efficiently.*

C. Adverbs generally precede the adjective or adverb they modify.

Esta solicitud es **demasiado** larga. No voy a llenarla **muy** rápidamente.	*This application is too long. I'm not going to fill it out very quickly.*

D. The preposition **con** + a noun is often used in place of very long adverbs: *affectionately* = **cariñosamente, con cariño;** *responsibly* = **responsablemente, con responsabilidad.**

Berta siempre trabaja con cuidado.	*Berta always works carefully.*

EN CONTEXTO

SR. ORTEGA Ud. sabe que nosotros trabajamos **eficaz y eficientemente** y tratamos de colocar a nuestros clientes en las mejores posiciones posibles.

■ Práctica y conversación

A. Los nuevos trabajos ¿Cómo trabajarán estas personas en sus nuevos trabajos?

MODELO Carlota / rápido
Carlota trabajará rápidamente.

1. Juan / eficaz
2. Anita / perezoso
3. Esteban / cuidadoso
4. Mercedes / atento
5. Gerado / paciente
6. Marcos / feliz
7. Elisa / claro y conciso

B. Yo trabajaré eficazmente... Ud. está hablando con su compañero(-a) y le cuenta sus planes de establecer un pequeño negocio. Dígale cómo lo piensa empezar, cómo va a amueblar el local, cómo piensa trabajar Ud., cómo va a seleccionar a sus empleados, cómo va a administrarlo, etc.

Segunda situación

Presentación Necesito una secretaria

Práctica y conversación

A. ¿Qué pasa? Cuente lo que pasa en el dibujo.

B. ¿Qué sección? Indique qué sección de una empresa tiene las siguientes responsabilidades.

1. Se decide dónde y cómo se venden los productos.
2. Se preocupa de la planificación y la coordinación de todas las responsabilidades.
3. Se pagan las obligaciones financieras.
4. Se compran las acciones y los bonos.
5. Se preocupa de los pedidos, los vendedores y las zonas de ventas.
6. Se controla el presupuesto.
7. Se coordina el uso de las computadoras.

C. Creación. ¿Con quién habla la mujer en el dibujo de la **Presentación?** ¿De qué hablan? Con un(-a) compañero(-a) de clase, dramatice esta conversación telefónica para la clase.

Vocabulario activo

Las secciones	***Departments***
la administración	*management*
la bolsa (de acciones)	*stock market*
la contabilidad	*accounting*
las finanzas	*finance*
la informática	*computer science*
el mercadeo	*marketing*
la publicidad	*advertising*
las relaciones públicas	*public relations*
las ventas	*sales*

La oficina comercial	***Business office***
el archivo	*file cabinet*
la calculadora	*calculator*
la carpeta	*file folder*
la cinta adhesiva	*tape*
el dictáfono	*dictaphone*
la grapa	*staple*
la grapadora	*stapler*
el informe	*report*
la papelera	*wastebasket*
el quitagrapas	*staple remover*
el sacapuntas	*pencil sharpener*

La computadora	***Computer***
el chip	*microchip*
el disco	*disk*
la impresora	*printer*
el lector de discos	*disk drive*
la maquinaria	*hardware*
la pantalla	*screen*
el programa	*program*
el software	*software*
la tecla	*key*
el teclado	*keyboard*

ASÍ SE HABLA

Checking comprehension

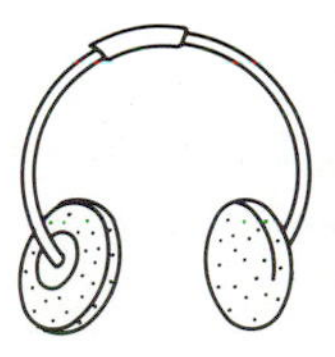

■ ¿Qué oyó Ud?

Escuche a dos compañeros de trabajo mientras hablan de cómo solucionar algunos problemas en la oficina. Tome los apuntes que considere necesarios y luego conteste las siguientes preguntas.

1. ¿Qué problema tienen estas personas y qué necesitan hacer para solucionarlo?
2. ¿Qué pasó con la antigua secretaria? ¿Cómo era ella?
3. ¿Cuál es la relación que existe entre estos dos hombres? ¿Es formal? ¿informal?
4. ¿Qué tipo de persona piensa Ud. que es Mario? ¿y Gerardo?
5. ¿Piensa Ud. que estas personas se llevan bien o existe un conflicto entre ellos? Explique.
6. ¿Qué piensa Ud. que va a pasar?

When you want to check comprehension, you can use one of the following expressions.

¿Oíste?	*Did you hear (me)?*
¿Me has oído bien?	*Did you hear me well?*
¿Ya?	*Okay?*
¿Comprende(-s)?	*Do you understand?*
¿Te das cuenta?	*Do you realize?*
¿Está(-s) seguro(-a)?	*Are you sure?*
¿De acuerdo? ¿Conforme?	*Do you agree?*
¿Le (Te) parece bien?	*Does it seem okay to you?*
¿Está bien?	*Is it okay?*

EN CONTEXTO

MARIO Mira, Gerardo, necesitamos contratar otra secretaria.
GERARDO ¿Otra secretaria dices? **¿Estás seguro?**
MARIO Sí, sí. Y lo más pronto posible. Todo está atrasado aquí.

■ Práctica y conversación

A. ¿Qué te parece? ¿Qué dicen Ud. y su compañero(-a) en las siguientes situaciones?

Estudiante 1

1. Ud. ha sugerido ir a comer tacos pero su compañero(-a) no contesta. Ud. le dice: ___________.

3. Ud. prefiere ir a un sitio más cercano porque tiene mucha hambre y quiere saber si su compañero(-a) está de acuerdo. Ud. dice: ___________.

Estudiante 2

2. Ud. prefiere ir a la ciudad más cercana para comer algo más exótico, pero quiere saber si su compañero(-a) está de acuerdo. Ud. le dice: ___________.

4. Ud. sugiere ir al restaurante chino. Su compañero(-a) no contesta. Ud. dice: ___________.

B. Por favor, no agarres mis cosas. Con un(-a) compañero(-a), dramatice la siguiente situación. Ud. ha notado que su compañero(-a) ha estado usando sus libros, lápices, suéteres y zapatos sin volver a ponerlos en su sitio. Ud. le habla a su compañero(-a) pero éste(-a) parece no prestarle atención.

Estructuras

Talking about unknown or nonexistent people and things

Subjunctive in adjective clauses

Adjective clauses are used to describe preceding nouns or pronouns: I need a secretary **who speaks Spanish.** I'm looking for a job **that pays well.**

A. In Spanish, when the verb in the adjective clause describes something that may not exist or has not yet happened, the verb must be in the subjunctive. When the adjective clause describes a factual situation, the indicative is used. Compare the following examples.

Subjunctive: Unknown or indefinite antecedent

Busco una secretaria que **hable** español.	*I'm looking for a secretary who speaks Spanish.* (Such a person may not exist.)

Indicative: Existing antecedent

Busco la secretaria que **habla** español.	*I'm looking for the secretary who speaks Spanish.* (Such a person exists.)

B. Likewise, when the verb in the adjective clause describes something that does not exist, the subjunctive is used.

Subjunctive: Negative antecedent

—Necesitamos alguien que **comprenda** este nuevo programa de computadoras.	*We need someone who understands this new computer program.*
—Lo siento, pero en nuestra sección no hay nadie que lo **comprenda.**	*I'm sorry, but in our department there isn't anyone who understands it.*

Indicative: Existing antecedent

—Pero en la sección de contabilidad hay dos o tres secretarias que lo **usan** y lo **comprenden** bien.	*But in the accounting department there are two or three secretaries who use it and understand it well.*

C. Remember that it is the meaning of the main clause and not a particular word that signals the use of the subjunctive. When the main clause indicates that a person or thing mentioned is outside the speaker's knowledge or experience, then the subjunctive is used.

1. The speaker is looking for a specific computer and knows that it exists.

   Buscamos una computadora que **tiene** un teclado español. — *We are looking for a computer that has a Spanish keyboard.*

2. The speaker is not looking for a specific computer and doesn't know if such a computer exists.

   Buscamos una computadora que **tenga** un teclado español. — *We are looking for a computer that has a Spanish keyboard.*

EN CONTEXTO

MARIO Necesitamos contratar otra secretaria. Pero quiero alguien que **sea** eficiente y responsable, que **sepa** manejar la computadora y que **tenga** algún conocimiento de contabilidad.

Práctica y conversación

A. **Otro contador.** Ud. es el (la) gerente del departamento de finanzas en una pequeña empresa que necesita otro contador. Explique las calificaciones necesarias de este empleado nuevo.

1. Buscamos un contador que...

   ser inteligente / conocer nuestro programa de computadoras / saber mucho de contabilidad / aprender rápidamente / resolver problemas eficazmente

2. No necesitamos ninguna persona que...

   equivocarse mucho / perder tiempo / dormirse en su oficina / siempre estar de mal humor / no querer trabajar

B. **Las fantasías.** Complete las siguientes oraciones de una manera lógica.

1. Quiero un trabajo que ___________.
2. Quiero un(-a) novio(-a) que ___________.
3. Deseo una casa que ___________.
4. Quiero comprar un coche que ___________.
5. Busco un(-a) profesor(-a) que ___________.

C. **Se necesita empleados(-as).** Ud. es el (la) jefe(-a) de personal de una compañía y necesita contratar un(-a) contador(-a), un(-a) secretario(-a) y un(-a) mensajero(-a). Hable con su compañero(-a) de trabajo y discuta las caracteristicas que busca en estos empleados.

Discussing former jobs, old acquaintances, and great people

Position, form, and meaning of adjectives

Certain adjectives may either precede or follow the noun they modify. The form and/or meaning of these adjectives may change according to position.

un buen jefe	*a good boss*	un jefe bueno	*a good boss*
un mal jefe	*a bad boss*	un jefe malo	*a bad boss*
una gran mujer	*a great woman*	una mujer grande	*a big woman*
un antiguo museo	*a former museum*	un museo antiguo	*an ancient museum*
cierto puesto	*a certain job*	un puesto cierto	*a definite job*
la misma agencia	*the same agency*	la agencia misma	*the agency itself*
una nueva computadora	*a new (new to owner, different) computer*	una computadora nueva	*a new (brand new) computer*
el pobre niño	*the poor (unfortunate) child*	el niño pobre	*the poor (indigent) child*
el único archivo	*the only file cabinet*	el archivo único	*the unique file cabinet*
un viejo amigo	*an old (long-standing) friend*	un amigo viejo	*an old (elderly) friend*

A. When **bueno** or **malo** precede a masculine singular noun the forms are *shortened:* **bueno → buen; malo → mal.** Note that they do not change meaning.

B. **Grande → gran** before any singular noun: **un gran hombre / una gran mujer.** Note that **gran** = *great;* **grande** = *big, large.*

C. The other adjectives listed change meaning but not form when they precede the noun.

EN CONTEXTO

MARIO Necesitamos contratar **otra** secretaria.
GERARDO ¿Estás seguro?
MARIO Sí y necesitamos alguien que sea como nuestra **antigua** secretaria.

Práctica y conversación

A. No es lo mismo decir... Ponga la forma adecuada de los adjetivos en paréntesis en los espacios en blanco.

1. (bueno) Si Ud. busca un trabajo que pague bien, Ud. necesita un ___________ trabajo ___________.
2. (único) Si Ud. sólo tiene una amiga, entonces ella es su ___________ amiga ___________.
3. (único) Si su amiga es una persona muy especial, entonces Ud. puede decir que tiene una ___________ amiga ___________.
4. (viejo) Si Ud. se encuentra con una persona a quien Ud. conoce hace muchos años, entonces Ud. se encuentra con un ___________ amigo ___________.
5. (viejo) Y si esta persona es muy viejecita, entonces Ud. puede decir que es un ___________ amigo ___________.
6. (pobre) Si Ud. ve a un niño que está llorando y Ud. siente lástima, Ud. puede decir, «___________ niño ___________».
7. (pobre) Pero, si ese niño no tiene qué comer y no tiene ni casa ni ropa, Ud. puede decir que es un ___________ niño ___________.

B. La lucha contra el hambre. Ud. va a trabajar el próximo verano con una agencia de trabajo social que se ocupa de dar refugio (*shelter*) y comida a personas muy pobres. Ud. está muy contento(-a) y le cuenta a su compañero(-a) acerca de su trabajo. Él (Ella) reacciona a lo que Ud. dice y le hace preguntas.

MODELO Usted: **Quiero ayudar a la gente pobre.**
Compañero(-a): **¡Eres una gran mujer / un gran hombre!**

DUDAS DE VOCABULARIO

Job / work

El puesto: job, position.

Vilma consiguió un buen puesto con la IBM. — *Vilma got a good job with IBM.*

El trabajo: work, job.

¡Yo no sabía que estabas buscando trabajo! — *I didn't know you were looking for a job!*

El empleo: employment, job.

Sí, tú sabes que ella estuvo sin empleo por varios meses.	*Yes, you know she was without a job for several months.*

La tarea: homework.

¿Tienes mucha tarea para mañana?	*Do you have a lot of homework for tomorrow?*

La obra: literary / artistic / charitable work.

Él no ha leído ni una de las obras de Shakespeare.	*He hasn't read even one of Shakespeare's works.*
Las obras de la Madre Teresa le han ganado el amor y el respeto de todo el mundo.	*The (charitable) works of Mother Theresa have earned her everybody's love and respect.*

Trabajar: to work.

Ella trabaja mucho. Uno de estos días se va a enfermar.	*She works too much. She is going to get sick one of these days.*

Funcionar: to work, to operate, to function.

Este lavaplatos no funciona. Vas a tener que lavar los platos a mano.	*This dishwasher doesn't work. You'll have to do the dishes by hand.*

To become

Hacerse: to become. It implies a personal effort and can be followed by either a noun or an adjective.

Se hizo rico trabajando día y noche.	*He became rich working day and night.*
Se hizo abogado después de muchos años.	*He became a lawyer after many years.*

Llegar a ser: to become. It implies a gradual change, but does not necessarily imply a personal effort. It can also be followed by a noun or an adjective.

Llegó a ser un buen médico.	*He became a good doctor.*
Contrario a lo que todos pensaban, llegó a ser muy delgada.	*Contrary to what everybody thought, she came to be (became) very thin.*

Ponerse: to become. It indicates a change in physical and/or emotional state, and can only be followed by an adjective.

Se puso gordo.	*He become fat.*

Volverse: to become. It implies sudden physical and/or emotional change, and can only be followed by an adjective.

Se volvió loco cuando la conoció.	*He went crazy when he met her.*
No comprendo cómo los cantantes de rock no se vuelven sordos con el ruido.	*I don't understand how rock singers don't become deaf with the noise.*

Práctica

Escoja la palabra que mejor corresponda.

CLEYDES Supe que tu amiga Rebeca casi (hacerse / volverse) loca cuando perdió su (trabajo / tarea).

MARISOL Ay sí, hija, pero no es para menos. Después de tanto esfuerzo para (hacerse / volverse) abogada y ahora se encuentra sin (obra / empleo).

CLEYDES He oído que es una mujer muy buena y que ha trabajado duro para (levantar / criar) a sus cinco hijos ella sola.

MARISOL Sí, su esposo murió cuando sus hijos estaban (menores / pequeños).

CLEYDES ¿Tú eres su amiga (unida / íntima)?

MARISOL No, pero vivimos muy (cerca / cercano) y me (encuentro / conozco) con ella (muchas / tantas) veces.

CLEYDES Yo quisiera (llegar a ser / volverme) su amiga pero no sé cómo, ¿Por qué no me la presentas?

MARISOL Encantada. ¿Qué te parece si uno de estos días cuando (devuelvas / vuelvas) del (trabajo / empleo) vamos (al cine / a la película)? Yo llamo a Rebeca y así la (conoces / encuentras). Además, si vamos al cine de repente se (vuelve / pone) más tranquila y relajada.

CLEYDES Me parece magnífico. Te llamo entonces.

Tercera situación

ASÍ SE HACE

Cómo se usa una agencia de empleos

LOS ERRORES MÁS COMUNES AL BUSCAR TRABAJO

Como regla general y para no equivocarse, piense cómo reaccionaría usted en caso de ser el(la) futuro(-a) empleador(-a) y actúe en consecuencia. Por ejemplo, ¿qué impresión le causaría una persona que fuera a solicitar trabajo y se peinara en su despacho? ¿O la llamara para saber si ya vio su resumé a las cinco menos cuarto de un viernes por la tarde?

Aquí le vamos a relacionar unos cuantos de los más comúnes (pero nada inócuos) de esos errores.

1. "No se siente" a esperar que le avisen.
2. Haga una gestión de trabajo en un buen momento. Escoja cualquier día que no sea ni lunes ni viernes.
3. No emita opiniones personales sino sólo aquéllas que reflejen la imagen que a la empresa le interesa que usted proyecte.
4. No hable ni se comporte descuidadamente.
5. No pida una entrevista si no sabe qué plazas hay disponibles.
6. No se descuide cuando le parece que no tiene oportunidades.
7. No se considere «definitivamente» rechazado(-a) cuando le den el primer «no».
8. Apréndase el nombre de los empleados o ejecutivos que han conversado con usted.
9. Pregunte cuándo habrá otra oportunidad en el mismo momento que lo(la) rechazan.
10. Envíe una nota de agradecimiento después de una entrevista de trabajo.
11. Demuestre un interés especial por trabajar en esa oficina.

Graziella González
Adaptada de *Vanidades*

Práctica y conversación

Busco trabajo. A continuación se presenta una serie de avisos económicos ofreciendo diferentes trabajos. Siga las recomendaciones de Graziella González y solicite a cualquier trabajo que le interese. Con un(-a) compañero(-a), dramaticen una entrevista en una oficina de personal.

NUEVO CENTRO medico capacita senores(ras) señoritas 30 dias para seleccionar su personal estable en laboratorio RX RRPP instrumentacion emergencia guardia etc. Rz. Marañon 391 Altos Rimac 12 m - 4 pm., L - S.

PANADERIA necesita señoritas despachadoras. Presentarse de lunes a viernes Berlín 580 Miraflores

PARA EQUIPAR nuevo policlinico requerimos profesionales c/equipo dental RX laboratorio ecografo zona central estrategica excelentes ambientes c/telefono Raz. Marañon 391 Rimac frente a Bco. de La Nacion horas oficina.

PARA TI que posees un espiritu emprendedor te invitamos asociarte con nosotros integrando nuestro exclusivo equipo de consejeras de belleza de una linea de productos de calidad europea pagamos buenas comisiones, grandes premios, excelentes promociones y ascensos llamar al Telef. 705759

PEINADORA c/s experiencia buen sueldo para San Miguel, Pando, Magdalena. 615598.

PERSONAL de vigilancia para turnos de 12 horas diurno I/. 6,500.- nocturnos 5,900.- necesita Viconsa Lampa 879 Of. 408 atencion toda la semana en las mañanas

PERSONAL De mensajeria solicita compañia presentarse Jr. Moquegua 112 - 301 Lima

POLICLINICO requiere 1 doctora Medicina General, Serumista, honorarios mensuales 1 médico radiólogo, ecografista para sus 2 sedes, contamos con pool de pacientes y movilidad una vez por semana. Presentarse asímismo 1 Oftalmólogo, 1 Otorrino, dirección Av. Alfredo Mendiola 5361, Panamericana Norte, frente Acersa Ceper.

POR EXPANSION Solida organizacion sudamericana solicita personas ambos sexos remuneracion excelente de acuerdo a preparacion personal presentarse en horario de oficina en Jr. Contumaza 950 Of. 303 a espalda del Cine Metro

PRACTICANTE de Contabilidad (2) y administracion (2) Presentarse Av. San Luis 1992 Of. 203 San Borja

PROFESIONALES abogados ingenieros economistas administradores contadores institucion educativa Miro Quesada 113 Altos Lima.

PROFESORA de educacion inicial necesito urgente Arturo Suarez # 297, San Juan de M. Telef. 677936

PROMOTORES de venta, necesito jóvenes o señoritas para promocionar cursos de alto nivel, buena presencia, Presentarse con documentos al día. Av. José Pardo 240, 3er. piso Lince.

SE NECESITA recepcionista 8 a 3 buena presencia y facilidad de palabra para centro Pre Universitario Presentarse lunes en la mañana en Av. Tacna 643 Lima.

SE NECESITA señoritas para trabajos de encuestas sueldo minimo comisiones movilidad presentarse Jr. Chancay # 856, 10 a.m.

SE NECESITA universitario medicina y enfermeria presentarse Jirón Chancay # 850, a las 10 a.m.

SE NECESITA cortadores, compostureros, saqueros y pantaloneros para empresa de confecciones de prestigio en el mercado presentarse a Jr. Cuzco # 417 Of. 709, Lima

SE NECESITA Secretarias y auxiliares de contabilidad tiempo 1/2 día, turno mañana o tarde. Presentarse el día lunes de 9.00 a 14.00 hrs. a Alfonso Ugarte N° 1271 La Perla, Callao

SE NECESITA practicantes de contabilidad de preferencia señoritas con conocimiento de mecanografia para oficinas contables las practicas son pagadas cuyo horario es de 9 a.m. a 5 pm. con posibilidades de quedarse a trabajar en forma estable presentarse al Jr. Apurimac N° 224 Ofc. 413 eficicio Encarnacion (a media cuadra de la Plaza San Martin) el dia lunes de 8 a.m. a 10 a.m.

SE NECESITA Srta. Auxiliar Contabilidad con documentos. Presentarse el día lunes 23 de 10 a 12 m. Manuel Segura 732, Lince

SECRETARIAS ejecutivas bilingues c. experiencia presentarse c. documentos Jose Pardo # 620 of. 214 Miraflores

SECRETARIA mecanografa señorita(ra) 18-25 años, buena presencia, educada, responsable, oficina administrativa de sólida empresa comercial Puerto Bermudez # 122, San Luis, altura Cdra. 15, Nicolas Arriola

SECRETARIA necesito estudio abogados buena presencia documetnos Huancavelica 470 Of. 308 9 am a 1 pm

SECRETARIA mecanografa para oficina Ingenieria sueldo a tratar Presentar currículum de 4 a 8 p.m. Rufino Torrico 438 Of 202 - 203 Telefonos: 285112, 272691.

SECRETARIA taqui-mecanografa buena presencia no es necesario experiencia horario 2-7 pm presentarse jr. A. Mendiola 178 frente consejo S.M.P. Ingenieria

SECRETARIA con experiencia, buena presencia, excelente redaccion, ortografia egresada de Academia Margarita Cabrera Brown Canadiense remuneracion de acuerdo a calificacion. Presentarse de 3 a 5 p.m. en Av. Venezuela 2600 Lima (Estacion de Servicio ubicada al costado de D'onofrio)

SECRETARIA competente, con experiencia, para trabajar en fábrica de muebles. Presentarse en Domingo Elías 1105, Surquillo.

SECRETARIA practiante para oficina de arquitectura, Contralmirante Montero 820-402, Surquillo.

SECRETARIA con experiencia trato agradable y buena presencia requiere interesadas presentarse portando documentos y fotografia reciente el lunes y martes de 9 a 12 en Republica de Chile 476 Of. 502 Jesus Maria

SECRETARIA recepcion imprenta buena presencia Huancavelica # 359 Of. 02, Sr. Zuñiga

SECRETARIA comercial necesita pequeña empresa, buena presencia, presentarse lunes a partir de 10.00 a.m. Av. Tacna 592 Of. 113 Lima. Preguntar Sr. Parodi.

SECRETARIA honrada responsable empresa importante Felipe Santiago Crespo 320 San Luis preguntar señorita Elizabeth

SECRETARIO(A) con estudiso de secretariado jurídico se necesita. Presentarse en Pachitea 354, Oficina 409 Lima

SEÑORAS o señoritas vendedoras para producto novedoso facil venta y gran aceptacion ofrecemos movilidad comisiones y otros. Presentarse en Almirante Guisse 1637 Lince, frente al Hospital del Empleado

SEÑORIA (ita) con clientela para venta ropa y zapatos damos a consignacion Av. Arenales 1080- 504 J. Maria

SEÑORITA auxiliar de oficina mecanografa buena letra estudios basicos contabilidad, trabajo de lunes a sabado presentar curriculum incluyendo fotografia y pretensiones Jr. Juan Manuel del Mar y Bernedo 1277 Chacra Rios Sur Lima

SEÑORITA auxiliar oficina 18 a 22 Jose Santos Chocano 105 urb. San Joaquin cdra. 53 Av. Colonial 8 a 9 am lunes 23

SEÑORITA auxiliar de contabilidad buena letra mecanografa remuneracion minima llamar 277094.

SEÑORITA Atención al público, documentos al día, buena presencia. Aramburú 365 San Isidro

SEÑORITA administradora para boutique de ropa pago buen sueldo de 20 a 25 años presentarse de 10 am a 6 pm Centro Camino Real tienda c. 87 San Isidro

SEÑORITA buena presencia para ventas optica Jiron Chancay 547 Lima.

SEÑORITA con conocimientos de contabilidad, mecanografía, no menor de 20 años. Presentarse en Jr. Atahualpa 390 Miraflores, cuadra 50 Av. Arequipa, de 9 a.m. a 12 m. con certificados de estudio y/o trabajo

SEÑORITAS enfermeras tecnicas auxiliares necesita centro medico Av. Militar 2267 Lince (Alt. 22 Av. Arequipa)

SEÑORITAS recepcion informes buena presencia trato agradable Arenales Nro 773 II Block ofic. 304 presentarse 9 - 1.00 pm

SEÑORITAS para atencion en Floreria no estudiantes ultimos certificados Jr. CAmana 790 Lima

SEÑORITAS y jovenes trabajo inmediato 5,000 10,000 presentarse c/documentos lunes 23 pte. 9 am 5 pm Av. Tacna 211 of. 605 Lima

SEÑORITAS 18 a 25 años muy buena presencia para la atención al público en tienda con o sin experiencia trabajo estable en Av. 28 de Julio 2221 La Victoria

SEÑORITAS practicantes y auxiliares contabilidad c/e presentarse lunes 2.30 a 7.00 pm Jiron Ica 318 of. 103 Lima

SEÑORITAS para recepcion otras para secretaria y contabilidad necesita centro medico Av. Militar 2267 (Alt. 22 Av. Arequipa)

SEÑORITAS para atencion en tienda articulos fotograficos, sueldo 8,000 trabajo sencillo de 10 a.m 7 p.m damos almuerzo, requisitos 17 a 25 años, quinto Secundaria, libre de compromisos para algunos viajes dentro del pais y el extranjero no requiere experiencia. Razon: Miro Quesada 575 Of. 4 Lima, lunes martes, miercoles, de 8 - 12 a.m

SEÑORITAS necesito buena presencia trabajo sencillo sueldo I/. 6,000 10 a.m. a 6 p.m. Jiron Moquegua 270 6to piso 603

SEÑORITAS necesito sueldo I/. 6,000 a I/. 30,000 atender publico y modelos aficionados sepan bailar 10 a.m a 2 p.m. Avenida Garcilaso de la Vega 1168 Piso 10 Of 1004

SEÑORITAS y jovenes para labores de oficina y otros atencion mostrador, sueldo fijo, trabajo estable, Jr. Cailloma 359 Lima

SEÑORITAS practicantes contabilidad estudiantes ultimos ciclos, Av. Tacna 407 - 1004 A Lima

SEÑORITAS secretarias mecnografas auxiliares de oficina necesitmaos para oficinas contables presentarse Jr. Moquegua 718 of. 503 Lima

SEÑORITAS buena presencia para vendedoras en boutique prestigiosa presentarse en C.C. Camino Real Tda. C-23, hora 10.30 a.m.

SEÑORITAS y jovenes cantantes aficionados deseen grabar discos cassettes presentarse Jr. Chancay 918 Lima 11.30 a.m. 7 p.m.

10 SEÑORITAS operarias trabajo sencillo manual ensobrado figuritas presentarse jr. Ayacucho 857 of. 405 9-1 pm SRta. Amparo altura parque Universit.

PARA LEER BIEN

Identifying point of view

Pre-reading and decoding are two steps that lead to comprehension. Comprehension is a global task and involves assigning meaning to the entire reading selection. In reading selections containing material that is simple to understand, comprehension may result merely from using pre-reading techniques and from decoding key words and phrases. Comprehension of more complex reading selections will involve more than just these initial two stages. One key to comprehension is the identification of point of view. The authors of articles and editorials frequently present their own ideas and try to convince the reader to accept these ideas or points of view. You need to learn to identify point of view in order to comprehend and interpret the selection.

The following techniques will aid you in this process.

1. Identify the main theme. Using pre-reading techniques, identify the main theme of the reading. Decide if the author is merely relaying information or is trying to present an idea and persuade you to his / her point of view.

2. Identify the point of view. If the author is trying to present a point of view and convince you of its worth, you as reader must identify that point of view.

   a. Find out information about the author that will provide clues as to his / her beliefs. Ask yourself: Who is the author? Where is he / she from? Where and for whom does he / she work? With what political / religious / social groups is he / she associated?

   b. As you decode, make a mental list or outline of the main points or ideas of the article.

3. Evaluate the point of view. As a reader you need to decide if the author's point of view is valid.

   a. Decide if the main points are presented logically and clearly.
   b. Decide if the author is trying to convince you through emotional appeal or logic and reasoning.
   c. Ask if the main points are supported with legitimate examples, statistics, or research.

4. Agree or disagree with the point of view.

   a. Does the author's point of view depend upon special circumstances or cultural background?
   b. Does the author's point of view correspond to your background, experience, and beliefs?
   c. Does the article reinforce or change your opinion?

Práctica

A. Lea el párrafo siguiente sobre el autor del artículo de la **Lectura** de este capítulo. Decida qué información puede tener una influencia en el punto de vista del autor.

El autor es el Dr. Manuel Cereijo; es hispano (cubano). Trabaja en la Universidad Internacional de la Florida donde es el vice-decano de la Facultad de Ingeniería y Ciencias Aplicadas.

B. Dé un vistazo al título y a los dos primeros párrafos de la lectura a continuación: «Perspectiva: Los melting pots». Decida si el autor está informándole al lector o si está tratando de convencerle de algo.

C. Decida si el autor va a estar en contra o de acuerdo con el gobierno de los EEUU. ¿Va a ser liberal o conservador el punto de vista del autor?

PERSPECTIVA

Los melting pots

Los Estados Unidos están regidos° por una cultura nacional ecléctica°. Incluso el idioma inglés ha sido modificado miles de veces para adaptarse a la cultura e idiosincracia de los distintos grupos étnicos, inmigrantes o exilados. La pizza es hoy en día tan americana como el pastel de manzana o el perro caliente. El jazz ya no es sólo una música de los negros americanos, sino parte de la cultura musical universal de este país.

governed / of many sources

Todo esto forma parte del llamado «melting pot». Pero la realidad es que no existe un «melting pot», sino varios «melting pots». Los «melting pots» dan como resultado, no un país homogéneo, sino un país variado, lleno de experiencias disímiles° y con una fuerte conciencia de los valores de la clase media y de la movilidad y superación° social.

dissimilar
improvement

No hay más alternativa que adaptarse a la sociedad moderna en que uno vive. De no ser así°, estaríamos° condenados al aislamiento° y a la pobreza económica y cultural. Ahora bien, adaptarse no significa renunciar a nuestros ideales, valores y cultura, sino muy al contrario, saberlos conservar pero no en una forma estática°, sino en forma dinámica y susceptibles a los cambios y adaptaciones necesarios.

If this weren't so / we would be / isolation
static, unchanging

La diversidad cultural y la etnicidad, quizás única de este país, constituyen la mejor contribución al desarrollo socio-económico de este país. El hogar°, la familia, la religión y las comunidades étnicas son parte integrante del desarrollo cultural, social y económico de una comunidad. Estas instituciones no deben ser reemplazadas° por programas gubernamentales°, escuelas o centros de cuidados infantiles°, que tienden° a minar° los valores humanos esenciales y a corroer° nuestras raíces° y costumbres.

Homelife
replaced
del gobierno / day care / tend / undermine / to corrode / roots

Debemos integrarnos cabalmente° a esta sociedad (la de los EEUU) para hacerla mejor, más justa y democrática, y que nuestro grupo étnico sirva de ejemplo a otros grupos étnicos existentes en el país, y aun a aquéllos que están por emigrar.

completely

Nuestra comunidad puede, y debe servir de puente° para otros países y regiones de este hemisferio. Podemos ser los iniciadores de una verdadera y justa forma de cooperación entre este país y la América Latina, donde existe una interdependencia basada en la libertad, la democracia y el sistema de libre empresa°.

bridge

free enterprise

Adaptado de *Miami Mensual*

Comprensión

A. Las ideas principales. ¿Cuáles de las siguientes ideas representan el punto de vista del autor?

1. Los EEUU representan una sola cultura.
2. El idioma inglés cambia para adaptarse a la cultura de los grupos étnicos.
3. Los EEUU no es un país homogéneo.
4. Los valores de la clase media predominan en los EEUU.
5. Uno tiene que adaptarse a la sociedad en que vive.
6. Para adaptarse hay que renunciar a los ideales, valores y costumbres.
7. Los programas del gobierno pueden reemplazar las instituciones como el hogar, la religión y la familia.
8. Los hispanos deben servir de ejemplo a otros grupos étnicos.
9. Los hispanos no pueden ser los iniciadores de una nueva forma de cooperación.
10. Hay una interdependencia entre los EEUU y la América Latina basada en la libertad, la democracia y el sistema de libre empresa.

B. La política. ¿Es liberal o conservador el autor? Explique.

C. Su opinión. ¿Con qué ideas está Ud. de acuerdo? ¿Cree Ud. que los EEUU es un «melting pot»? Explique.

LECTURA

Creo que Puerto Rico no será independiente

Cristóbal Colón descubrió Puerto Rico en 1493; la isla tenía una población india. El nombre indio de la isla era Borinquén. Actualmente muchos de los habitantes se llaman a sí mismos «borinqueños» o «boriqueños».

Desde 1493 hasta la guerra de 1898 Puerto Rico fue una colonia de España; pero como resultado de la Guerra de '98 la isla llegó a ser territorio de los EEUU. El nombre

San Juan, Puerto Rico: El Morro

oficial de la isla es Estado Libre Asociado° de Puerto Rico; eso indica que Puerto Rico no es ni colonia ni estado de los EEUU. Los puertorriqueños son ciudadanos de los EEUU pero no pueden votar en las elecciones presidenciales y no tienen que pagar impuestos° federales. Su representante en el Congreso tiene voz pero no voto; así que tiene un poder muy limitado.

Commonwealth

taxes

Casi la mitad de la población quiere mantener la relación tradicional con los EEUU. Otro grupo que también representa casi la mitad quiere que Puerto Rico se convierta en un estado de los EEUU. Sólo una minoría muy pequeña quiere la independencia para su isla.

El artículo que sigue es una entrevista entre una periodista española y Rafael Hernández Colón, el gobernador de Puerto Rico que va a hacer una visita oficial a España. La periodista empieza la entrevista.

—Usted será recibido en España casi con honores de jefe de Estado.

—Existe una magnífica relación entre España y Puerto Rico. Una muy buena relación entre la monarquía y nosotros, entre el Rey° y yo.

King

—Sin embargo, estos honores especiales molestan aquí a sus enemigos políticos y a los Estados Unidos.

—A los Estados Unidos, no. Los norteamericanos son víctimas de acusaciones injustas por parte de ciertos países respecto a sus relaciones con Puerto Rico, que llaman coloniales. En 1952, el pueblo° estableció libremente la relación que hoy tiene con los Estados Unidos y obtuvo el reconocimiento° de la ONU (Organización de las Naciones Unidas) para su condición de comunidad autónoma. Nuestro pueblo se ha reafirmado democráticamente, una y otra vez, a favor de esta relación.

people
recognition

—El estatuto de ELA (Estado Libre Asociado), que para muchos ni es Estado ni Libre, aunque sí está muy bien Asociado, es un matrimonio de conveniencia. Se dice que aquí el corazón tira° hacia la tradición española, hacia el puertorriqueñismo, pero el bolsillo° hacia la asociación.

pulls
pocketbook

—El pueblo está mayoritariamente contento. ... No hay contradicción entre la condición puertorriqueña o hispanoamericana y la asociación política con los Estados Unidos. Dentro de esa relación nos movemos con entera° libertad. Somos los que somos y no pretendemos ser norteamericanos en sentido cultural o étnico. Pero llevamos con gran orgullo° nuestra ciudadanía° estadounidense. Un puertorriqueño no le va a decir soy norteamericano, porque entiende que el norteamericano es el que viene de los Estados Unidos continentales.

complete
pride / citizenship

—Lo he preguntado en la calle y la conclusión es que la gente mayor se siente sobre todo puertorriqueña. Pero me ha sorprendido que muchos jóvenes se sientan

Puerto Rico moderno

más norteamericanos y que su ideal es irse a los Estados Unidos porque es mejor. Si esta tendencia aumenta, gobernador, ¿hacia dónde va la cultura? ¿Qué será de Borinquén?

—Sé que hay, siempre ha habido algunas personas que piensan así. No se trata de los jóvenes de ahora. Había gente, antes, que hablaba inglés en su casa. Aquí se los llama pitiyanquis, *petit*-yanqui°. Pero ese tipo de personas casi ha desaparecido. Lo que me dice es raro. No es raro, por el contrario, que el joven, sintiéndose puertorriqueño, piense que tiene una mejor opción de futuro en los Estados Unidos. No es malo que tenga ese horizonte abierto.

—A su juicio°, ¿nunca será independiente Puerto Rico?

—No lo veo. Veo una relación permanente con los Estados Unidos. El tema de la independencia fue resuelto por la historia hace tiempo y hay unas relaciones inquebrantables° entre ambos paises. Somos cinco millones de puertorriqueños y dos millones de ellos están en distintas ciudades de los Estados Unidos. Unos van por una semana, otros por un mes o por una vida. Pero salen tantos como regresan.

—¿Nunca fue independentista en su juventud?

—Nunca. Mi madre lo fue. Fue candidata a alcaldesa° por el municipio de Ponce en 1948. Cuando empezaron mis inquietudes° políticas ya existía el ELA. Lo estudié y me adscribí° a él.

petit-yanqui: from the French "little Yankee"
juicio: *en su opinión*
inquebrantables: unbreakable
alcaldesa: mayor
inquietudes: concerns
adscribí: I attached myself

Adaptado de *Cambio 16*

Comprensión

A. ¿Qué dice el gobernador? Complete estas oraciones para comprender el punto de vista del gobernador.

1. Llevamos con gran orgullo nuestra ____________.
2. No hay contradicción entre la condición puertorriqueña y ____________.
3. La gente mayor se siente ____________.
4. Los jóvenes se sienten más ____________.
5. La ideal de los jóvenes es irse a los Estados Unidos ____________.
6. Somos ____________ de puertorriqueños. ____________ están en distintas ciudades de los EEUU.
7. El puertorriqueño entiende que el norteamericano es el que ____________.
8. Puerto Rico no será independiente. Veo una ____________.

B. El punto de vista del gobernador. ¿Cuál de las tres posibilidades representa el punto de vista del gobernador?

1. Quiere mantener la relación tradicional con los EEUU.
2. Quiere ser el estado número cincuenta y uno de los EEUU.
3. Quiere que Puerto Rico sea una nación independiente.

C. **Identificaciones.** Explique lo que son las cosas siguientes.

ONU	un pitiyanqui	Borinquén
ELA	un independentista	una alcaldesa

D. **Otros puntos de vista.** ¿Representa la periodista española el punto de vista del gobernador? Y Ud., ¿cuál es su punto de vista acerca de Puerto Rico? ¿Tiene algún efecto la nacionalidad de la persona en su punto de vista político?

E. **En defensa de una opinión.** Según el gobernador, ¿por qué no será independiente Puerto Rico?

PARA ESCRIBIR BIEN

Filling out an application

One of the most common types of writing that many persons do on a regular basis involves filling in forms and applications. While the writing of letters, reports, papers, and compositions requires extensive text, the completion of forms requires only individual words and phrases. Thus, the accuracy of filling out forms is largely dependent on your ability to read the phrases requesting information. Knowledge of the following vocabulary items should help you to fill in most forms.

Antigüedad: Número de años que ha trabajado en el mismo lugar
Apellido: El nombre de familia, como Gómez o Smith
Código postal (C.P.): Unos números que indican la zona postal donde vive Ud.
Colonia: Un pequeño pueblo en las afueras de una ciudad
Cónyuge: El (la) esposo(-a)
Dependencia: En México es un barrio dentro de una colonia
Dirección / Direcciones / Domicilio actual: El lugar donde Ud. vive ahora
Empresa: Una compañía
Estado civil (Edo. civil): Casado(-a), soltero(-a), viudo(-a), divorciado(-a), separado(-a)
Estado de Cuenta (Edo. de Cuenta): La cuenta que recibe al fin de cada mes y que tiene que pagar
Ingreso: El sueldo o el salario; el dinero que recibe de su trabajo
Núm.: Número
Solicitante: La persona que llena la solicitud
Teléfono: El número de teléfono

■ Composiciones

A. Solicitud Personal. Llene la siguiente solicitud.

SOLICITUD PERSONAL PARA LA TARJETA AMERICAN EXPRESS[MR]

Para Uso Exclusivo de American Express | Folio | Núm. de Cuenta:

DATOS GENERALES DEL SOLICITANTE

Apellidos: Paterno | Materno | Nombre

Cómo desearía que apareciera su nombre en La Tarjeta (considere espacios)

Edad | Reg. Fed. Contribuyentes | Edo. Civil

Domicilio Actual: Calle | Núm. | Colonia

Delegación | C.P. | Ciudad | Estado

Tiempo de residir ahí | Teléfono Lada

Vive en casa: Rentada ☐ Familiares ☐ Propia ☐ Pagándola ☐

Deseo recibir mi Edo. de Cuenta: Domicilio ☐ Oficina ☐

Núm. Licencia o Pasaporte | Fecha de Nacimiento

Nombre Completo del Cónyuge | Separación de Bienes ☐ Sociedad Conyugal ☐

Número Dependientes

Domicilio Anterior (si tiene menos de 3 años en el actual) | Calle | Núm.

Colonia | Delegación | C.P.

Ciudad | Estado | Tiempo de residir ahí

Es o ha sido Tarjetahabiente American Express Si ☐ No ☐
Cuenta Núm.

EMPLEO ACTUAL Y ANTERIOR

Nombre de la Empresa Actual

Actividad de la Empresa

Puesto | Profesión | Antigüedad

Domicilio: Calle | Núm. | Colonia | Teléfono

Delegación | C.P. | Ciudad | Estado

Nombre de la Empresa Anterior

Actividad de la Empresa

Puesto | Profesión | Antigüedad

Domicilio: Calle | Núm. | Colonia | Teléfono

Delegación | C.P. | Ciudad | Estado

INGRESOS MENSUALES COMPROBABLES

Favor de especificar Ingreso Mensual $
Otros Ingresos Mensuales $
(Fuente)
Total $

Indique cualquier información adicional para facilitar la expedición de La(s) Tarjeta(s) (bienes raíces, valores, etc.)

REFERENCIAS PERSONALES

Nombre, Domicilio, Teléfono de 3 parientes o Amigos que no vivan con Ud., indicando si tienen Tarjeta American Express

1

2

3

REFERENCIAS BANCARIAS Y/O COMERCIALES

Bancarias (Tipo de cuenta, y Sucursal) | Núm. de Cuenta

1

2

3

Comerciales (Tarjetas de Crédito)

1

2

3

Las cuotas anuales y de inscripción le serán cargadas en su Estado de Cuenta

TARJETAS COMPLEMENTARIAS

Por favor envíenme Tarjetas Complementarias (personas mayores de 18 años solamente)

Nombre completo

Sexo | Edad | Parentesco | Fecha de Nacimiento: Día | Mes | Año

Firma del Complementario

Lugar y Fecha

Firma del Solicitante Personal Básico

El solicitante manifiesta que los datos asentados en esta solicitud son verdaderos y autoriza a American Express Company (México), S.A. de C.V., a verificar la autenticidad de los mismos en cualquier momento que American Express Company (México), S.A. de C.V., lo juzgue necesario, y conviene en que si ésta es aceptada por American Express Company (México), S.A. de C.V., y se expiden una o más tarjetas, esta solicitud tendrá el carácter de contrato entre las partes en los términos de los artículos 1792, 1793 y demás aplicables del Código Civil para el Distrito Federal en materia común, y para toda la República en materia Federal, de acuerdo con los términos y condiciones del contrato de adhesión registrado con fecha 4 de abril de 1986 en el folio No. 194, libro 1, volumen I, visto a fojas 11 del Registro Público de Contratos de Adhesión, que lleva la Procuraduría Federal del Consumidor. Declara el solicitante básico, así como los solicitantes complementarios, que conocen y están de acuerdo con los términos, obligaciones y condiciones del Contrato de Adhesión anteriormente mencionado y que regulan el uso de la tarjeta American Express. El uso de la tarjeta por el solicitante significa su consentimiento a dichos términos, obligaciones y condiciones.

El tarjetahabiente se obliga a pagar mensualmente y en forma puntual a la fecha límite de pago fijada por American Express Company (México), S.A. de C.V., el monto de los cargos que haya realizado con la tarjeta American Express, y está de acuerdo en que la falta de pago oportuno de los saldos o cargos mencionados, generarán cargos moratorios sobre saldos insolutos mensuales, los cuales sarán variables y serán calculados para los saldos en Moneda Nacional como expresamente se señala en el Contrato de Adhesión ya mencionado.

Así mismo, en el caso de que el solicitante, ya siendo tarjetahabiente, incurra en mora en el pago puntual de los cargos que haya realizado con la tarjeta American Express, American Express Company (México), S.A. de C.V., expedirá un estado de cuenta del tarjetahabiente, en el cual se asentará el saldo no liquidado, así como los cargos moratorios generados, con la certificación de un corredor o notario público de que las cantidades que en su caso aparezcan en dicho estado de cuenta, son conceptos que efectivamente figuran a cargo del tarjetahabiente en los libros de American Express Company (México), S.A. de C.V., y el tarjetahabiente acepta que deberá pagar a American Express Company (México), S.A. de C.V., dichos cargos ante el requerimiento que mediante el procedimiento judicial correspondiente se le haga para tal fin y en el cual se le exhiba el estado de cuenta certificado, teniendo para el tarjetahabiente esta obligación de pago por la cantidad consignada en el ya mencionado estado de cuenta a su cargo, la fuerza de sentencia ejecutoriada conforme los artículos 1051 y 1391, fracción I, del Código de Comercio, pudiéndose cumplimentar lo dispuesto en el artículo 1346 del mismo ordenamiento, ante el juzgado a través del cual se realizó el requerimiento de pago. Al firmar esta solicitud, el solicitante consiente en todos y cada uno de los términos y condiciones de la misma. American Express Company (México), S.A. de C.V., se reserva el derecho de declinar esta solicitud. Este contrato fue aprobado por la Procuraduría Federal del Consumidor según oficio número 24-1093 de fecha 4 de abril de 1986.

Firma del Solicitante

300M-VIII-87

B. Un nuevo domicilio. Ud. recibió un buen puesto en otra ciudad y acaba de comprar una nueva casa allá. Mándeles una carta a todos sus amigos hablándoles de sus planes futuros. Incluya su nueva dirección.

C. Un puesto nuevo. Su compañía necesita un(-a) nuevo(-a) gerente de ventas (*sales manager*). Ud. trabaja en la Oficina de Personal y tiene que escribir un aviso para el puesto y también crear un formulario para solicitar el empleo.

ACTIVIDADES

A. **El (La) consejero(-a).** You are a job counselor for undergraduates who are trying to finalize career plans. Interview a classmate and discuss the type of job he/she wants in the future. Discuss courses of study, possible careers for the future, geographic regions where job opportunities will be, etc.

B. **Los pronósticos (*Predictions*).** You are Fernando(-a) Futuro, a TV personality famous for your ability to predict the future for members of your audience. Explain what several of your classmates will be doing ten years from now. Provide information on their life-style, job, family, home, possessions, etc. Include your instructor in your predictions.

C. **La agencia de empleos.** Your agency has placed an ad in the paper for employment opportunities in a large corporation specializing in electronics and appliances. The openings include a sales manager, advertising director, accountant, and computer programmer. Interview four classmates for the positions. Find out if they have the necessary qualifications, experience, and personality for one of the four jobs.

D. **El año 2000.** In groups of three, discuss what life on our planet will be like in the year 2000. Discuss politics, family and home life; education; and jobs among other topics. Decide what will be the advantages and disadvantages of life in the future. Report your ideas to the class.

C A P Í T U L O 11

En la empresa multinacional

La colaboración es esencial en los negocios.

Primera situación

Presentación Quisiera hablar con el jefe

Práctica y conversación

A. **¿Qué pasa?** Cuente lo que pasa en el dibujo.

B. **¿Quién lo hace?** ¿Quién hace las siguientes actividades?

1. Crea los anuncios comerciales.
2. Explica los reglamentos de comercio.
3. Ejecuta los pedidos.
4. Atiende al público.
5. Trabaja con números.
6. Archiva los documentos.
7. Resuelve los problemas legales.
8. Crea los programas para la computadora.

C. **Creación.** En el dibujo de la **Presentación** hay varios grupos de personas. Con un(-a) compañero(-a) de clase, escoja un grupo y dramatice su conversación para la clase.

Vocabulario activo

El personal	*Personnel*
el (la) accionista	*stockbroker*
el (la) contador(-a)	*accountant*
el (la) ejecutivo(-a)	*executive*
el (la) especialista en computadoras	*computer specialist*
el (la) financista	*financier*
el (la) gerente	*manager*
el hombre (la mujer) de negocios	*businessman, businesswoman*
el (la) jefe(-a)	*boss*
el (la) oficinista	*office worker*
el (la) operador(-a) de computadoras	*computer operator*
el (la) programador(-a)	*programmer*
el (la) publicista	*advertising person*
el (la) recepcionista	*receptionist*
el (la) representante de ventas	*sales representative*

Las responsabilidades	*Responsibilities*
archivar los documentos	*to file documents*
atender (ie) al público	*to attend to the public*
cumplir / ejecutar pedidos	*to fill orders*
entender (ie) los reglamentos del comercio de exportación / de importación	*to understand the regulations of the export / import trade*
exportar / importar productos	*to export / import products*
hacer publicidad	*to advertise*
ofrecer servicios	*to offer services*
pagar los derechos de aduana	*to pay import / export duties*

ASÍ SE HABLA

Making a business phone call

Una mujer ejecutiva

■ ¿Qué oyó Ud.?

Escuche la siguiente conversación telefónica donde se tratan asuntos de negocios. Tome los apuntes que considere necesarios y luego conteste las siguientes preguntas.

1. ¿Quiénes son los participantes principales en este diálogo?
2. ¿Qué tipo de relación tienen? ¿Quién es la persona de más autoridad? ¿Cómo lo sabe Ud.?
3. ¿Quién hace la llamada? ¿Y quién contesta?
4. ¿Cómo cree Ud. que es físicamente la persona que hace la llamada? ¿Y qué tipo de personalidad cree Ud. que tiene? ¿Conoce Ud. a alguien así? ¿Quién?
5. ¿Cómo cree Ud. que es físicamente la persona que contesta la llamada? ¿Y cómo piensa que es su personalidad?
6. ¿Cree Ud. que esta persona tiene una buena relación con su jefe? ¿Qué le hace a Ud. pensar eso?

To make and/or answer a business telephone call, you can use the following phrases.

Party making call:

Si fuera tan amable, quisiera hablar con...	*If you would be so kind, I'd like to talk to . . .*
Con el (la) señor(-a)..., por favor.	*I'd like to talk to Mr. / Mrs. . . . , please.*
Quisiera hacer una cita con..., por favor.	*I would like to make an appointment with . . . , please.*
¿Podría dejarle un mensaje / recado?	*Could I leave a message?*
Dígale por favor que...	*Please tell him / her that . . .*
Volveré a llamar. / Llamaré más tarde.	*I'll call again. / I'll call later.*
Doctor(-a)... habla...	*Dr . . . , this is . . .*
Se lo agradezco infinitamente.	*I'd appreciate it a lot.*

Party answering call:

El (La) señor(-a)... no se encuentra / está ocupado en este momento / está en la otra línea.	*Mr. / Mrs. . . . is not in / is busy at the moment / is on the other line.*
El (La) doctor(-a)... no lo / la puede atender ahora.	*Dr. . . . cannot attend to you now.*
¿Quisiera dejar algún encargo / mensaje?	*Would you like to leave a message?*
Muy bien, le daré su mensaje.	*Very well, I'll leave him / her your message.*
Le haré presente.	*I'll let him / her know.*
¿Para cuándo quisiera la cita?	*When would you like your appointment for?*
¿El... a las... estaría bien?	*Would . . . at . . . be convenient for you?*

EN CONTEXTO

RECEPCIONISTA Quiroga y Compañía, buenas tardes.

DRA. PALACIOS Buenas tardes, señorita. Quisiera hablar con el ingeniero Quiroga, por favor.

RECEPCIONISTA El ingeniero ha salido con un cliente y **no la puede atender** en este momento. **¿Quisiera dejar algún mensaje,** por favor?

■ Práctica y conversación

A. Por favor, con... Con un(-a) compañero(-a), dramatice la siguiente situación.

Recepcionista	**Cliente**
1. ¡Riiiin! ¡Riiin! Ud. responde.	2. Ud. quiere hablar con el Sr. Retes.
3. El Sr. Retes está ocupado.	4. Ud. quiere dejar un mensaje.
5. Ud. responde.	6. Ud. agradece y se despide.

B. ¿Con la doctora Astete, por favor? En grupos, un(-a) estudiante hace el papel de recepcionista, otro(-a) el papel de la doctora Astete y otro(-a) el papel de paciente.

Situación: Ud. quiere hacer una cita con la Dra. Astete, pero sólo puede ir los lunes, miércoles o viernes por la tarde, después de las tres. La doctora está muy ocupada y la recepcionista no puede conseguirle nada que le convenga. Ud. pide hablar con la doctora y le presenta su problema. Llegan a un acuerdo.

Estructuras

Discussing completed past actions

Present perfect tense

The present perfect tense is used to express a completed action in the past in both Spanish and English. In English this tense is formed with the present tense of the auxiliary verb *to have + the past participle:* I **have** already **solved** the problem, and Enrique **has filled** the order.

PRESENT PERFECT TENSE

HABER	+	PAST PARTICIPLE
he		-AR
has		pagado
ha		-ER
hemos		vendido
habéis		-IR
han		decidido

A. In Spanish the present perfect indicative is formed with the present tense of the auxiliary verb **haber** followed by the past participle of the main verb. The past participle used in a perfect tense is invariable; it never changes form regardless of the gender or number of the subject.

B. The past participle of regular **-ar** verbs is formed by adding **-ado** to the stem: **trabajar → trabaj- → trabajado.** The past participle of regular **-er** and **-ir** verbs is formed by adding **-ido** to the stem: **comprender → comprend- → comprendido; cumplir → cumpl- → cumplido.**

C. Some common verbs have irregular past participles.

abrir:	abierto	poner:	puesto
cubrir:	cubierto	resolver:	resuelto
decir:	dicho	romper:	roto
escribir:	escrito	ver:	visto
hacer:	hecho	volver:	vuelto
morir:	muerto		

Note that compound verbs formed from the verbs above will show the same irregularities in the past participles: **envolver → envuelto** = *wrapped;* **descubrir → descubierto** = *discovered.*

D. Past participles of **-er** and **-ir** verbs whose stem ends with **-a, -e,** or **-o** have a written accent over the **i** of the participle ending: **traer → traído, leer → leído; oír → oído.**

E. Reflexive and object pronouns must precede the conjugated verb **haber.**

—**¿Le has hablado** al Sr. Ruiz esta mañana?	*Have you spoken to Mr. Ruiz this morning?*
—No, no **le he hablado** pero **le he escrito** una carta.	*No, I haven't spoken to him, but I have written him a letter.*

F. The present perfect is often used to express an action that was very recently completed or an event that is still affecting the present. In Spain this tense is often used as a substitute for the preterite.

—**¿Has resuelto** el problema con la aduana?	*Have you solved the problem with customs?*
—Todavía no. Pero **he hablado** con el agente muchas veces.	*Not yet. But I have talked with the agent many times.*

EN CONTEXTO

DRA. PALACIOS Quisiera hablar con el ingeniero Quiroga, por favor.

RECEPCIONISTA El ingeniero **ha salido** con un cliente. ¿Quisiera dejar algún mensaje, por favor?

Práctica y conversación

A. Mi último empleo. Su compañero(-a) de clase quiere saber lo que Ud. ha hecho en su último empleo. Conteste sus preguntas.

MODELO trabajar con números
Compañero(-a): **¿Ha trabajado Ud. con números?**
Usted: **Sí, he trabajado con números.**

archivar los documentos / hacer publicidad / resolver problemas / trabajar con tecnología avanzada / tomar decisiones /escribir informes / usar una computadora

B. Antes de llegar. Diga seis cosas que Ud. ha hecho hoy antes de llegar a la universidad.

C. Entrevista. Hágale preguntas a su compañero(-a) de clase sobre sus experiencias.

Pregúntele...

1. dónde ha tenido empleo.
2. si ha atendido al público.
3. si se ha llevado bien con los clientes.
4. si ha usado un procesador de textos.
5. si ha trabajado horas extras.
6. si ha sido despedido(-a).
7. ¿?

Explaining what you want others to do

Indirect commands

Indirect commands are used when one person tells another person what a third person (or persons) should do. *Srta. Guzmán, have the new secretary file these documents.*

A. In Spanish the subjunctive form is always used to give indirect commands.

Que lo **haga** Tomás.	*Let Tomás do it.*
Que los **archive** la nueva secretaria.	*Let the new secretary file them.*

Word order in Spanish indirect commands is very different from the English equivalent.

Que	+	**(no)**	+	reflexive or object pronoun	+	verb in present subjunctive	+	subject
Que				los		archive		la nueva secretaria.

B. The indirect command is frequently used to express good wishes to another person directly.

¡Que te mejores pronto!	*Get well soon!*
¡Que se diviertan!	*Have a good time!*

C. The introductory **que** generally means *let,* but it can also mean *may* or *have.*

EN CONTEXTO

RECEPCIONISTA El ingeniero ha salido con un cliente. ¿Quisiera dejar algún mensaje?

DRA. PALACIOS Sí. **Que me llame** lo más pronto posible, por favor.

Práctica y conversación

A. En la empresa. Use un mandato indirecto para explicar las responsabilidades de las siguientes personas.

MODELO atender al público / la recepcionista
Que lo atienda la recepcionista.

1. archivar los documentos / el secretario
2. hacer publicidad / la publicista
3. usar la computadora / el operador de computadoras
4. tomar decisiones importantes / la ejecutiva
5. pagar los derechos de aduana / el contador
6. cumplir los pedidos / el representante de ventas
7. explicar los reglamentos / la abogada

B. Que tenga suerte. Expréseles sus buenos deseos a las siguientes personas cuando dicen lo que hacen o van a hacer.

MODELO Su amigo busca trabajo. / tener suerte
Compañero(-a): Busco trabajo.
Usted: Que tengas suerte.

1. Su hermano llena una solicitud. / conseguir una entrevista
2. Sus amigos salen en un viaje de negocios. / tener buen viaje
3. Su jefe está enfermo. / mejorarse pronto
4. Su novio(-a) empieza un empleo nuevo. / tener éxito
5. Sus compañeros(-as) de trabajo están de vacaciones. / divertirse
6. Su amigo necesita dinero. / encontrar un empleo pronto

C. ¡Que haga todo esto! Ud. es el(la) jefe(-a) de personal y se va de vacaciones pero hay un problema: un(-a) nuevo(-a) secretario(-a) va a llegar al día siguiente y Ud. no va a poder darle las instrucciones personalmente.

Llame a su asistente y dígale qué tiene que hacer la nueva persona. El (La) asistente le preguntará algunos detalles sobre las órdenes que Ud. deja y al final le deseará unas buenas vacaciones.

Segunda situación

Presentación En el banco

Práctica y conversación

A. ¿Qué pasa? Cuente lo que pasa en el dibujo.

B. Situaciones. ¿Qué debe hacer Ud. en las siguientes situaciones?

1. Ud. quiere pagar con cheques pero sólo tiene una cuenta de ahorros.
2. Necesita comprar una casa pero no tiene bastante dinero.
3. Gasta más dinero de lo que gana.
4. No quiere pagar con dinero en efectivo.
5. Tiene muchos documentos importantes que deben estar en un lugar seguro.
6. Necesita dinero suelto pero sólo tiene billetes.
7. Necesita pesetas pero sólo tiene dólares.

C. Creación. Con un(-a) compañero(-a) de clase, dramatice la conversación entre la cajera y el cliente en el dibujo de la **Presentación.**

Vocabulario activo

El dinero	*Money*
el billete	*bill*
la cuenta corriente / de ahorros	*checking / savings account*
la chequera (**A**) / el talonario (**E**)	*checkbook*
el dinero en efectivo	*cash*
el giro al extranjero	*foreign draft*
la moneda	*coin*
el sencillo / el suelto	*loose change*
el vuelto	*change returned*

El préstamo	*Loan*
la fecha de vencimiento	*due date*
el pago inicial	*down payment*
el pago mensual	*monthly payment*
la tasa de interés	*interest rate*
pagar a plazos	*to pay in installments*
pedir prestado	*to borrow*

Actividades bancarias	*Banking activities*
ahorrar	*to save*
alquilar una caja de seguridad	*to rent a safety deposit box*
averiguar la tasa de cambio	*to find out the exchange rate*
cambiar dinero	*to exchange currency*
cobrar un cheque	*to cash a check*
depositar / ingresar	*to deposit*
invertir (ie)	*to invest*
pedir consejo financiero	*to ask for financial advice*
retirar / sacar dinero	*to withdraw money*
solicitar una hipoteca	*to apply for a mortgage*
verificar el saldo	*to verify the balance*

La economía	*Economy*
la balanza de pagos	*balance of payments*
el consumo	*consumption*
el costo de vida	*cost of living*
el desarrollo	*development*
la evasión fiscal	*tax evasion*
la inflación	*inflation*
el presupuesto	*budget*
el reajuste de salarios	*salary readjustments*
la reforma fiscal	*tax reform*
la renta	*income*
el subdesarrollo	*underdevelopment*

ASÍ SE HABLA

Doing the banking

Miami, Florida: Un banco

¿Qué oyó Ud.?

Escuche la siguiente conversación entre Nerio y un empleado de banco. Tome los apuntes que considere necesarios y luego conteste las siguientes preguntas.

1. ¿Por qué va Nerio al banco?
2. ¿Cuánto tiempo hace que Nerio vive en Miami?
3. ¿Dónde trabaja Nerio? ¿Y cuánto tiempo hace que trabaja allí?
4. ¿Cuándo recibirá Nerio los cheques con su nombre?
5. ¿Piensa Ud. que la conversación se lleva a cabo en un banco grande o pequeño? ¿Por qué?
6. ¿Piensa Ud. que Nerio es rico o pobre? ¿trabajador o flojo? ¿soltero o casado? ¿Por qué piensa Ud. eso?
7. ¿Y el empleado? ¿Cómo cree Ud. que es? Descríbalo.

When doing the banking, you can use the following expressions.

Quisiera abrir una cuenta corriente / de ahorros.	*I would like to open a checking / savings account.*
Quisiera cerrar mi cuenta corriente / de ahorros.	*I would like to close my checking / savings account.*
¿Qué interés paga una cuenta a plazo fijo?	*What is the interest rate on a fixed account?*
He perdido mi libreta / chequera.	*I have lost my savings book / checkbook.*
Quisiera retirar... de mi cuenta.	*I would like to withdraw . . . from my account.*
Quisiera depositar... en mi cuenta.	*I would like to deposit . . . in my account.*
¿Me podría dar mi estado de cuenta?	*Could you give me my bank statement?*
Quiero una cuenta personal / mancomunada.	*I want a personal / joint account.*
Le daré una chequera provisional.	*I'll give you a temporary checkbook.*

EN CONTEXTO

NERIO Buenos días, señor. **Quisiera abrir una cuenta corriente,** por favor.

EMPLEADO Muy bien, señor. ¿Ud. quiere una cuenta sólo a su nombre o una cuenta mancomunada?

NERIO No, sólo a mi nombre.

Práctica y conversación

A. En el banco. Ud. ha ganado la lotería y quiere hacer una serie de cambios en su cuenta de banco. Quiere abrir algunas cuentas, cerrar otras, etc. ¿Qué dice Ud. si quiere...

1. abrir otra cuenta de ahorros?
2. saber el interés que ganará?
3. cerrar su antigua cuenta corriente?
4. abrir otra cuenta corriente con otra persona?
5. saber cuánto dinero tiene en el banco?
6. hacer un depósito?

B. Quiero depositar mucho dinero. Un(-a) estudiante hace el papel de empleado(-a) de banco, otro el papel de cliente.

EMPLEADO(-A):	Salude al (a la) cliente.
CLIENTE:	Pida información sobre los diferentes tipos de cuentas de ahorros.
EMPLEADO(-A):	Plazo fijo: dos años: 6.5% de interés; cinco años: 7% de interés. Cuenta de ahorros normal: 5.5% de interés.
CLIENTE:	Haga su selección.
EMPLEADO(-A):	¿?
CLIENTE:	¿?

Estructuras

Talking about actions completed before other actions

Past perfect tense

The perfect tenses describe actions that are already completed. The past perfect tense (sometimes called the pluperfect tense) is used to describe or discuss actions completed before another past action: I **had** already **gone** to the bank when Sr. Fonseca called.

HABER	+	PAST PARTICIPLE
había		-AR
habías		prestado
había		-ER
habíamos		aprendido
habíais		-IR
habían		invertido

A. In Spanish the past perfect indicative is formed with the imperfect of **haber** + the past participle of the main verb.

B. The past perfect is used in a similar manner in both English and Spanish. It expresses an action that was completed before another action, event, or time in the past. The expressions **antes, nunca, todavía,** and **ya** may indicate that one action was completed prior to others.

Todavía no habíamos depositado todos los cheques.	*We still had not deposited all the checks.*
Mario **ya había sacado** el dinero cuando llegó su padre.	*Mario had already withdrawn the money when his father arrived.*

EN CONTEXTO

EMPLEADO Llene este formulario y fírmelo aquí.
NERIO ¿Eso es todo? Yo **había pensado** que iba a ser más complicado.
EMPLEADO No, señor... Eso es todo.

Práctica y conversación

A. En el banco. ¿Qué habían hecho estas personas en el banco ayer para las cinco?

1. la Sra. Gómez / alquilar una caja de seguridad
2. nosotros / cobrar un cheque
3. el Sr. Ochoa / solicitar una hipoteca
4. María / sacar dinero en efectivo
5. Uds. / verificar el saldo de la cuenta corriente
6. Tomás / pedir consejo financiero
7. yo / depositar dinero en la cuenta de ahorros

B. Actividades bancarias. Ud. tiene mucho cuidado con los asuntos financieros. Explique cuándo había hecho las siguientes actividades.

MODELO Verifiqué el saldo de la cuenta de ahorros. Retiré dinero.
Ya había verificado el saldo de la cuenta de ahorros cuando retiré dinero.

1. Averigüé la tasa de interés. Pedí un préstamo.
2. Deposité el dinero. Cobré un cheque.
3. Pedí consejo financiero. Invertí mucho dinero.
4. Averigüé la tasa de cambio. Cambié dinero.
5. Verifiqué el saldo de la cuenta corriente. Cobré un cheque.

C. Entrevista. Pregúntele a un(-a) compañero(-a) si él (ella) había hecho las siguientes cosas antes de empezar sus estudios universitarios.

hablar con un consejero / visitar el campus / comprar un coche / conseguir un empleo / abrir una cuenta corriente / ¿?

Explaining duration of actions

Hace and llevar in time expressions

In Spanish there are two basic constructions to discuss the duration of actions or situations. These constructions are very different from their English equivalents.

A. Hace + expression of time

QUESTION

¿Cuánto tiempo hace que...? + (no) + present tense verb	(For) how long + has / have + been + *-ing* form of verb
¿Cuánto tiempo hace que tu hijo ahorra para un coche?	*How long has your son been saving for a car?*

ANSWER

1. **Hace** + unit of time + **que** + subject + (no) + present tense of verb	Subject +has / have + been + *-ing* form of verb + *for* + unit of time
Hace dos años que Jorge ahorra y todavía no tiene bastante dinero.	*Jorge has been saving for two years and he still doesn't have enough money.*
2. Subject + **(no)** + present tense verb + **desde hace** + unit of time	Subject + has / have + been + *-ing* form of verb + *for* + unit of time
Jorge ahorra **desde hace** dos años.	*Jorge has been saving for two years.*

Note that either variation of the Spanish answer has the same English equivalent.

B. Llevar + expression of time

QUESTION

Cuánto tiempo + present tense of **llevar** + (subject) + gerund	(For) how long + has / have + been + *-ing* form of verb
¿Cuánto tiempo llevas trabajando en este banco?	*How long have you been working in this bank?*

AFFIRMATIVE ANSWER

(Subject) + **llevar** in present tense + unit of time + gerund	Subject + has / have + been + *-ing* form of verb + unit of time
Llevo seis meses trabajando aquí.	*I have been working here for six months.*

NEGATIVE ANSWER

Llevar in present tense + unit of time + **sin** + infinitive	Subject + has / have + not + past participle + for + unit of time
Llevo tres años **sin** ahorrar dinero.	*I haven't saved money for three years.*

EN CONTEXTO

EMPLEADO ¿Cuánto tiempo hace que vive en Miami?
NERIO **Hace** apenas **dos meses.**
EMPLEADO ¿Cuál es su lugar de empleo y **cuánto tiempo lleva ahí?**
NERIO Trabajo para una compañía de construcción y **llevo ahí apenas un mes.**

■ Práctica y conversación

A. **¿Cuánto tiempo?** Su compañero(-a) de clase quiere saber cuánto tiempo Ud. lleva haciendo las siguientes actividades. Conteste sus preguntas.

MODELO recibir los pagos mensuales / 10 meses
Compañero(-a): **¿Cuánto tiempo hace que recibes los pagos mensuales?**
Usted: **Hace diez meses que recibo los pagos mensuales.**

1. esperar hablar con el cajero / media hora
2. pagar a plazos / 8 meses
3. tener una cuenta corriente / 2 años
4. trabajar en este banco / 5 años
5. invertir en las acciones / 3 meses
6. depositar dinero en este banco / 8 semanas
7. ahorrar dinero / 6 meses

B. **Mucho tiempo.** ¿Cuánto tiempo llevan las siguientes personas en las actividades mencionadas?

MODELO el señor Rojas / 1 año / trabajar en este banco
El señor Rojas lleva un año trabajando en este banco.

1. los empleados / 2 años / no recibir un reajuste de salarios
2. Raúl / 3 meses / buscar otro empleo
3. mis padres / 5 años / pedir consejo financiero
4. nosotros / muchos años / pagar los impuestos sobre la renta
5. tú / 3 años / alquilar una caja de seguridad
6. la compañía / 6 meses / no resolver los problemas financieros

C. **Entrevista.** Hágale preguntas a un(-a) compañero(-a) de clase.

Pregúntele cuánto tiempo hace que...

1. trabaja.
2. ahorra dinero.
3. asiste a esta universidad.
4. estudia español.
5. sabe conducir.
6. conoce a su novio(-a)

Expressing quantity

Using numbers

Numbers are used for many important functions such as counting, expressing age, time, dates, addresses, and phone numbers as well as in making purchases and banking.

100	cien, ciento	900	novecientos
200	doscientos	1.000	mil
300	trescientos	1.001	mil uno
400	cuatrocientos	1992	mil novecientos noventa y dos
500	quinientos	100.000	cien mil
600	seiscientos	1.000.000	un millón
700	setecientos	2.000.000	dos millones
800	ochocientos	100.000.000	cien millones

A. **Cien** is used instead of **ciento**

1. before any noun.

   cien pesos **cien pesetas**

2. before **mil** and **millones.**

   100.000 = cien mil 100.000.000 = cien millones

B. The words **ciento** is used with the numbers 101–199.

101 = ciento uno; 175 = ciento setenta y cinco.

Note that the word **y** (*and*) does not follow the word **ciento(-s).**

C. The masculine forms of the numbers 200–999 are used in counting and before masculine nouns. The feminine forms are used before feminine nouns.

361 pesos = trescient**os** setenta y **un** pesos
741 pesetas = setecient**as** cuarenta y **una** pesetas

D. The word **mil** = *one thousand* or *a thousand:* 20.000 = veinte mil. **Mil** becomes **miles** only when it is a noun; in such cases it is usually followed by **de.**

En el banco hay **miles de** monedas.	*In the bank there are thousands of coins.*

E. The Spanish equivalent of *one million* is **un millón;** the plural is **millones.** *One billion* is **mil millones. Millón** and **millones** are followed by **de** when they precede a noun.

$1.000.000 = un millón de dólares
$25.000.000 = veinticinco millones de pesos

F. With numbers Spanish uses a decimal point where English uses a comma and vice versa.

EN CONTEXTO

EMPLEADO Muy bien. Vamos a ver. Su cuenta será el número **trescientos ochenta y cinco, novecientos cuarenta y ocho, veinte y dos.** Aquí tiene su chequera provisional.

■ Práctica y conversación

A. Vamos a contar. Cuente en español de 100 a 1000 de ciento en ciento. Ahora, cuente de 1000 a 10.000 de mil en mil.

B. En el banco. Ud. trabaja en el departamento internacional de un banco. ¿Cuánto dinero recibe el banco hoy?

1. 5.000.000 (pesetas)
2. 17.000.000 (dólares)
3. 23.000.000 (pesos)
4. 47.000.000 (bolívares)
5. 61.000.000 (sucres)
6. 83.000.000 (intis)

C. El inventario. Cada año hay que contar lo que está en la oficina. Telefonee a su colega en la oficina de Caracas y léale su inventario.

1. 867 sillas
2. 571 archivos
3. 1.727 grapadoras
4. 2.253 carpetas
5. 441 calculadoras
6. 381 impresoras
7. 137 computadoras
8. 690 escritorios

D. **Inversiones.** Ud. es asesor(-a) financiero(-a) y está hablando con uno de los gerentes de una compañía multinacional. Dígale cómo, dónde y qué cantidades de dinero debe invertir. Él (Ella) tendrá sus propias ideas.

MODELO Usted: Definitivamente con los intereses que están pagando le aconsejo que invierta dos millones en una cuenta a plazo fijo en el Banco La Nación.

Gerente: Dos millones es mucho. Quizás sólo cien mil dólares.

DUDAS DE VOCABULARIO

To save

Ahorrar: to save money.

Es importante ahorrar dinero para el futuro.	*It's important to save money for the future.*

Conservar: to keep, to preserve.

Mis padres conservaron todas las fotos de mi niñez.	*My parents kept all the pictures of my childhood.*
Ella conserva su buen humor aun en los momentos más difíciles.	*She keeps her good humor even in the most difficult moments.*

Guardar: to keep, to put away.

Por favor, guarda todas tus cosas.	*Please, put all your things away.*

Salvar: to rescue something or someone.

El perro salvó la vida del niño.	*The dog saved the child's life.*

Yet / still

Todavía: still, not yet.

Él está estudiando todavía.	*He is still studying.*
Todavía no sé qué voy a hacer con toda esta pintura.	*I still don't know what I am going to do with all this paint.*

Ya: already.

Él ya terminó de estudiar y ahora va a ir al cine.	*He already finished studying, and now he's going to go to the movies.*

Ya no: not anymore.

Ya no quiero seguir trabajando. — *I don't want to keep on working anymore.*

Must / have to

Deber: should, ought to; refers to an inescapable obligation to do something.

Debes invertir tu dinero sabiamente. — *You must invest your money wisely.*

Tener que: to have to; refers to an escapable obligation or necessity.

Tengo que estudiar pero no tengo ganas. — *I have to study, but I don't feel like it.*

Hay que: one must; it is necessary; an impersonal statement of obligation.

Hay que estudiar mucho en la escuela de postgrado. — *One must study a lot in graduate school.*

Práctica

Escoja la palabra que mejor corresponda.

EDMUNDO ¿Qué piensas tú, Enrique, de la situación política de este país?

ENRIQUE Mira, francamente yo creo que la situación (todavía / ya no) está tan mala como dicen, pero también pienso que (deber / hay que) tener mucho cuidado porque la situación puede empeorar. (Tener que / hay que) ver qué pasa en las próximas elecciones.

EDMUNDO En mi casa estamos un poco preocupados porque parece que la situación económica va a empeorar. Vamos a (tener que / hay que) empezar a (ahorrar / conservar) dinero.

ENRIQUE Sí, ésa es una buena idea, pero tú (tener que / hay que) pensar que todo va a subir de precio y el dinero (todavía / ya no) va a servir para nada.

EDMUNDO Tienes razón, pero la cosa (todavía / ya) no se ha puesto tan fea, felizmente.

ENRIQUE Sí, menos mal. Hay que (salvar / conservar) las esperanzas porque si no…

EDMUNDO Sí, porque parece que a este país ¡no lo (salva / ahorra) nadie!

Tercera situación

ASÍ SE HACE

Cómo utilizar un teléfono público

PARA UTILIZAR UN TELÉFONO PÚBLICO

1. Levante el auricular.
2. Deposite la moneda correcta en la ranura que se encuentra en la parte superior derecha del aparato telefónico. (En algunos países Ud. debe tener una moneda especial que puede comprar en un establecimiento comercial o en un local de la compañía de teléfonos.)
3. Cuando escuche la señal para marcar, marque el número deseado.

Recuerde: Ud. no podrá hacer llamadas de larga distancia de un teléfono público. Para hacer una llamada de larga distancia Ud. puede usar el teléfono de algún abonado o puede ir a cualquier local de la compañía de teléfonos.

Práctica y conversación

¿Aló? Ud. se encuentra en la calle en las siguientes situaciones. Usando la lista de Teléfonos de Emergencia que se presenta a continuacion, diga a quién(-es) llamaría y qué número marcaría. Con un(-a) compañero(-a), dramatice la llamada.

1. Ve un accidente automovilístico.
2. Ve un incendio en una tienda.
3. Un hombre se desmaya (*faints*).
4. Ve un carro abandonado en medio de la calle.

Para Obtener Una
Ambulancia
Unicamente en Caso de Emergencia

EN CASO DE EMERGENCIA

Bomberos / Policía / Servicios médicos / Rescate

Servicios mediante dispositivos telecomunicativos para sordos

555-4749

SI NECESITA A LA POLICIA BOMBEROS RESCATE

MARQUE EL NUMERO

O marque el **0** (cero) para obtener a la operadora

Otros números telefónicos importantes:

Alerta, Servicios de
Departamento de Recursos Naturales **1-800-555-1821**

Alguacil de los Estados Unidos **555-5346**

Bomberos del Condado Metropolitano de Dade, Peticiones de Servicio a los
(para casos que no sean de emergencia) **555-6263**

Cámara de Descompresión **555-8996**

Comité de la Florida sobre Caza y Pesca en Agua Fresca
Oficina Regional para los Everglades Llamada gratuita de larga distancia;
marque el I y después el **800-555-2046**

Guardia Costera, Investigaciones y Rescate
Emergencias aéreas **555-5611**
Emergencias marítimas, pida la extensión Núm. 313 . **555-2021**
Emergencias ambientales (Centro Nacional)
Llamada gratuita de larga distancia;
marque el I y después el **800-555-8802**

Inspectores postales de los Estados Unidos; Investigación de delitos **555-0208**

Maltrato (de niños, ancianos, personas incapacitadas)
Llamada gratuita de larga distancia;
marque el I y después el **800-555-9152**

Niños Desaparecidos, Centro de Información sobre **1-800-555-0821**

Oficina Federal de Investigaciones
(F.B.I.) **555-3333**

Patrulla de Carreteras de la Florida **555-3606**

Patrulla Marítima de la Florida **555-3346**

Policía del Condado Metropolitano de Dade, Peticiones de Servicio a la (para casos que no sean de emergencia) **555-6263**

Policía Secreta de los Estados Unidos **555-3660**

Salud Mental, Servicios de- Crisis- Intervención en Casos de Suicidio
Las 24 horas del día, los siete días de la semana ... **555-4357**

Salvavidas de Miami Beach **555-7711**

EL CARTEL DE NUESTRA PORTADA QUE HA SIDO DISEÑADO POR BERTO HENRÍQUEZ, ARTISTA Y FOTÓGRAFO RADICADO EN MIAMI, TIENE POR TEMA EL FESTIVAL DE LA CALLE OCHO, EVENTO QUE SE CELEBRA ANUALMENTE EN MIAMI Y QUE RÁPIDAMENTE SE ESTA CONVIRTIENDO EN TRADICIÓN.

PARA LEER BIEN

Finding meaning through context

The meaning of individual words and phrases is influenced by the preceding and following words. When words have more than one possible meaning, it is the context that allows you to assign the correct one. For example, **por** can mean *for, through, because of,* or *in.* **por + time of day** = *in:* Siempre estudio por la noche. **Por + a place** = *through:* Me gusta caminar por el parque.

In many cases a familiar context will help you predict the meaning of unfamiliar words. Following is a list of some events that take place in Greater Miami; the word **feria,** which may be unfamiliar to you, appears in context.

Festival Internacional de Teatro Hispano
Celebración del Concurso Literario
Festival Shakespeare
Feria Internacional del Libro

In the above context, it should be evident that **la feria** = *fair.*

Using context to select one meaning from many or to guess and predict meaning are two important processes that will facilitate decoding.

■ Práctica

A. Usando el contexto, determine lo que significan las palabras en cursiva. Ud. va a encontrar estas oraciones en las lecturas que siguen.

1. Chico, a la verdad que *yo me siento* cubano...
2. Si quiere hablar español, bien, pero *hay* que hablar inglés también.
3. Ricco *tiene* quince años.
4. Y voy a *tener* que aprender también.
5. *Hace* una década esta ciudad se convirtió en un centro internacional de la salud.

B. Usando el contexto, adivine lo que significan las palabras en cursiva. Ud. va a encontrar estas oraciones en las lecturas que siguen.

1. En todo el Gran Miami, que incluye obviamente a Miami Beach, hay 60.000 unidades de *alojamiento,* entre hoteles y moteles.
2. Todos estos establecimientos hoteleros cuentan con espaciosos *ambientes* para convenciones, reuniones de trabajo y toda suerte de funciones artísticas o sociales.
3. Se encuentran restaurantes típicos, *cafeterías* (donde se degusta el clásico e inimitable café cubano), tiendas...

4. Los indios locales habían acertado: todo el área estaba bendecida por el agua... *tibia,* gracias a la persistencia del sol.
5. El vocabulario de Ricco en inglés se le está *empobreciendo* por falta de uso. A menudo Ricco me dice, «Ah, yo no sé cómo se dice eso en inglés.»

LECTURA

¿Nuestro mercado? El mundo

El mundo está cambiando y difícilmente podríamos habernos imaginado° tan sólo dos décadas atrás algunos de los fenómenos que actualmente se están produciendo en nuestro planeta. ¿Quién habría imaginado° que hoy sería natural ver a un chino leyendo *Business Week* en su propio idioma mientras almuerza en Kentucky Fried Chicken en Pekín?

we could have imagined
would have imagined

Definitivamente, el mundo está cambiando y frente a nosotros tenemos la fórmula de un futuro dinámico: Una economía global —eliminando barreras° en el acceso a nuevos e inexplorados mercados— y un tremendo potencial de expansión.

barriers

Adaptado de *Miami Mensual*

Pasión de crecer

Miami es la Puerta de las Américas, la Ciudad Luz de los Estados Unidos y una presencia internacional única en el mundo, por la combinación óptima de todas sus cualidades naturales, de su desarrollo económico y tecnológico, por el grado° de universalidad de su cultura y por la pluralidad de orígenes étnicos y lenguajes conjugados° en una sola y ejemplar comunidad.

quality
brought together

Miami es la gran síntesis de todas las Américas y del Caribe. Hasta los años '60, su imagen fuera y dentro de los Estados Unidos era la de un sector turístico privilegiado por el sol y la brisa del mar. Pero un hecho inesperado, que sobrevino en Cuba°, llevó a miles de cubanos exiliados a Miami y esto cambió para siempre la imagen de la ciudad.

esto se refiere / al gobierno de Fidel Castro

Miami, Florida:
La Pequeña Habana

Es indudable que desde la década del '60, Miami alcanzó° un cambio estructural que la fue convirtiendo en una ciudad pujante°, excepcionalmente dinámica y con el curso del tiempo, particularmente sofisticada. Cientos de miles de mujeres y hombres llegados de Cuba —profesionales, hombres de negocios, intelectuales, artistas, técnicos y trabajadores manuales— trajeron su espíritu creativo y realizado° al sur de la Florida.

achieved
vigorous
productive

Miami es un centro internacional de convenciones donde confluyen° delegaciones de distintos puntos del orbe°. Pero, además, Miami es famosa por sus otros atributos, como el hecho der ser también un centro internacional de la salud, de las finanzas, de la cultura, del deporte, del crucero° turístico, de la hotelería, del transporte moderno, de la cortesia, de la moda, del buen gusto, de la buena mesa y el buen beber.

come together
el mundo
cruise

Los indios que habitaron el sur de la Florida antes del descubrimiento de América, llamaron a esta área Miami que significaba Agua Grande o Agua Dulce. Los indios locales habían acertado° que todo el área estaba bendecida° por el agua transparente y tibia, gracias a la persistencia del sol.

had guessed correctly / blessed

Los turistas que vienen a Miami encuentran todo excepto la nieve. La avenida Collins de Miami Beach es considerada la costa hotelera más larga del mundo. En todo el Gran Miami hay 60.000 unidades de alojamiento, entre hoteles y moteles. Todos estos establecimientos hoteleros cuentan con espaciosos ambientes para convenciones, reuniones de trabajo y toda clase de funciones artísticas o sociales.

Cercano a los puntos más fundamentales y a sólo quince minutos del centro de Miami está el Aeropuerto Internacional de Miami. Es el centro de operaciones de más

Miami: Centro Internacional

de noventa líneas aéreas domésticas e internacionales, que trasladan° aproximadamente 32 a 35 millones de pasajeros por año. La mayoría de los vuelos a la América Latina hacen escala° o se originan en Miami.

carry
stop

El puerto de Miami es llamado con justicia la Capital del Crucero. Sus operaciones de cruceros dan un promedio° de 2.3 millones de pasajeros anuales.

average

La Pequeña Habana es un atractivo sector de la ciudad de 3.5 millas cuadradas. Se trata de un sector comercial pintoresco y progresista con preeminencia cubana pero con un matiz° cosmopolita que le da un encanto internacional.

touch

Allá se puede encontrar restaurantes típicos, cafeterías donde se degusta el clásico café cubano, tiendas donde se puede adquirir una espléndida guayabera, clubes nocturnos con artistas hispanos de renombre° mundial, joyerías, mueblerías, galerías de arte y cientos de negocios del más diverso ramo°.

fama
line of goods

El nombre de la Pequeña Habana ha ganado, en los últimos años, un extraordinario prestigio en el mercado general de los Estados Unidos por el éxito de su Carnaval de Miami que es una celebración multitudinaria de las figuras más populares de la música latinoamericana.

Pacientes de alguna enfermedad o personas que requieren un «chequeo» físico de primer orden llegan a Miami de todas partes del mundo. Desde hace una década Miami se ha convertido en un centro internacional de la salud y de la tecnología avanzada.

En el sur de la Florida hay cuarenta y siete hospitales. En Miami, la constante afluencia de personas que hablan español, ya sea por su ingreso como inmigrante o como exiliado, ha posibilitado la creación de vastos recursos en personal bilingüe en la mayoría de los hospitales y centros de salud.

Un espacio muy extenso sería necesario para incluir toda la actividad cultural de Miami. Pero esta lista puede servirle de guía al lector de los principales eventos culturales y artísticos.

Feria Internacional del Libro
Festival Shakespeare del sur de la Florida
Presentaciones del Miami City Ballet y del Ballet Concerto de Miami. Temporada de Ópera del Gran Miami
Festival Internacional de Teatro Hispano
Festival Internacional de Cine de Miami
Celebración del Concurso Literario «Letras de Oro» para escritores hispanos de los Estados Unidos

A causa del intenso y firme crecimiento de la economía y las finanzas, Miami es también conocida como el segundo Wall Street de los Estados Unidos. Por su condición de Puerta de las Américas y por su población cosmopolita y predominantemente hispana que hace a los inversores° latinoamericanos sentirse en casa, Miami es un punto bancario estratégico. Son setenta y siete los bancos que, en la Florida, operan exclusivamente con el extranjero. Esto facilita a los turistas, viajeros de negocios o delegados a convenciones la más eficiente y cómoda tramitación° de sus asuntos interbancarios en el marco° internacional.

investors
transaction
setting

Adaptado de *Miami Mensual*

Comprensión

A. Cierto o falso. Identifique las oraciones falsas y corríjalas.

1. La palabra india Miami significa Agua Tibia.
2. Hay tantos turistas en Miami que no hay suficientes hoteles.
3. La mayoría de los vuelos a países de habla española hacen escala en Miami.
4. Hay muchos puertorriqueños en la Pequeña Habana.
5. El puerto de Miami es un centro del crucero.
6. Miami es un centro internacional de la salud a causa del número de hospitales y la tecnología avanzada.
7. Los ciudadanos de Miami cuentan con actividades deportivas y culturales.
8. Cuando los turistas de países latinoamericanos viajan a Miami siempre les es difícil cambiar dinero.
9. Los cubanos en Miami trabajan principalmente en la agricultura y en las fábricas.

B. Una ciudad con muchos nombres. Usando estadísticas, ejemplos u otra información del artículo, explique por qué Miami es conocida por los siguientes nombres.

Puerta de las Américas / Centro Internacional de Convenciones / Centro Internacional de la Salud / El Segundo Wall Street / Capital del Mundo del Crucero / Centro Internacional del Turismo

C. La defensa de una opinión. ¿Qué evidencia hay en el artículo que confirma la idea siguiente? Miami es una presencia internacional única en el mundo.

NOTICIAS

El bilingüismo en Hialeah°

un pueblo en las afueras de Miami

La familia Sorrentino vive en un complejo de apartamentos en Hialeah en una zona llena de cubanos que pasa en estos momentos a través de un proceso de absorción cultural inesperado. Los padres cubanos protestan porque los hijos les hablan en inglés todo el tiempo. Los padres ven esto como una amenaza° a la comunicación familiar y al idioma. Pero, ¿qué sucede cuando el proceso es la inversa y son los angloparlantes° los que ven cómo sus hijos se asimilan a otra cultura?

threat
los de habla inglesa

—Yo me siento totalmente aislada—nos dice en inglés la madre, Jackie—porque si bien yo entiendo alguna que otra palabra en español, no es suficiente. Y ellos (los

Miami: Un ejemplo de la transculturalización

hijos) se pasan la vida hablando en español con los amigos cubanitos. Y también hablan español delante de mí, cuando quieren que yo no me entere° de qué están hablando. Yo voy a tener que aprender también.

understand

Ricco tiene quince años, el cabello° rubio oscuro y los ojos color castaño. Es un muchachón fuerte y ágil y habla ayudado de las manos, como cualquier otro latino. Eso lo puede haber heredado° del padre, italiano de Calabria. Pero no es así. No lo ve desde hace años, desde que Jackie se divorció.

el pelo

inherited

—Y tú, ¿cómo te sientes, Ricco, americano o miamense?—le pregunto. Sin la menor vacilación, me contesta con un fuerte acento cubano:—Chico, a la verdad que yo me siento cubano...

Ricco está siempre reunido con los otros muchachos cubanos del barrio. Considera que hablar español es un privilegio. Me dice que tiene un amigo americano que está molesto° porque no puede hablar tan bien como él.

annoyed

La madre Jackie no protesta en ningún momento que los hijos hablen español. En realidad se siente orgullosa°. Solamente se queja de algo. —Lo que yo les digo a ellos, es que también tienen que aprender inglés.

proud

El vocabulario de Ricco en inglés se le está empobreciendo por falta de uso.

—No son pocas las veces que Ricco me dice, «Ah, yo no sé cómo se dice eso en inglés». Yo le digo que él necesita el inglés, que si quiere hablar español, bien, pero que hay que hablar los dos...

En esos momentos, llega Tina al apartamento y entra en la conversación. Tina es el estereotipo de la típica americana: rubia, de ojos azules. Sin embargo, hay algo en su gesto que no es totalmente americano. También hay una gran influencia latina en su forma de sentarse y hasta de maquillarse°. Tina tiene un acento cubano sin traza° de dejo americano.

to put on make-up / trace

Cualquier idioma se aprende fácilmente si no hay prejuicios culturales. El interés y la curiosidad hacia otra cultura hacen que el idioma se aprenda efectivamente. Si existen prejuicios éstos entorpecen° e impiden el aprendizaje°. Ricco y Tina se sienten bien con los cubanos y les gusta la cultura latina: por eso han aprendido a hablar el español con fluidez. El idioma es solamente un instrumento que les sirve a Tina y a Ricco para comunicarse mejor con los cubanos y otros hispanoparlantes.

obstruct / learning

Adaptado de *Miami Mensual*

Comprensión

A. La familia Sorrentino. Conteste las preguntas siguientes.

1. ¿Dónde vive la familia Sorrentino? ¿Cuál es su nacionalidad?
2. Describa a Ricco y a Tina. ¿Qué lenguas hablan? ¿Cómo las hablan? ¿Por qué?
3. ¿Qué habla la madre?
4. ¿Qué quiere la madre que hablen sus hijos? ¿Por qué?

B. La asimilación cultural. Generalmente es la segunda generación de inmigrantes que se asimila a la cultura del nuevo país. Pero en este caso son los norteamericanos que se asimilan a la cultura de los inmigrantes. ¿Qué indica esto? ¿Qué piensa Ud. de lo que está pasando en Hialeah?

PARA ESCRIBIR BIEN

Writing a business better

The language used in Spanish business letters is quite different from that used in personal letters. There are certain standard phrases that must be used in the salutation, opening, pre-closing, and closing. In the past, Spanish business letters were often quite lengthy because of the use of many formulaic expressions of courtesy and very "flowery" language. Today, however, most Spanish business letters reflect the concise, clear style typical of business letters in the international market.

Salutations

Estimado(-a) señor(-a) + apellido:	*Dear Mr. (Mrs.) + last name*
Muy estimado(-a) señor(-a) + apellido:	*Dear Mr. (Mrs.) + last name*
Distinguido(-a) señor(-a) + apellido:	*Dear Mr. (Mrs.) + last name*
Muy señor(-es) mío(-s):	*Dear Sir(-s):*
Muy señor(-es) nuestro(-s):	*Dear Sir(-s):*

Pre-Closings

En espera de sus gratas noticias	*Awaiting your (kind) reply*
La reiteramos nuestro agradecimiento y quedamos de Ud.	*We thank you again and we remain*
Su afmo. (afectísimo) amigo y S. S. (seguro servidor)	*Your devoted friend and servant (This pre-closing is passing from use.)*

Closings

(Muy) Atentamente,	*Sincerely yours,*
(Muy) Respetuosamente,	*Respectfully yours,*
Cordialmente,	*Cordially yours,*

Other Expressions

acusar recibo	*to acknowledge receipt*
a la mayor brevedad posible	*as soon as possible*
a vuelta de correo	*by return mail*
adjuntar	*to enclose*
me es grato + infinitive	*I am happy +* inf.

Abbreviations

Hnos. (Hermanos)	*Brothers*
S.A. (Sociedad Anónima)	*Inc. (Incorporated)*
Cía. (Compañía)	*Co. (Company)*

Shortened Phrases

el corriente	el mes en corriente	*this month*
el pasado	el mes pasado	*last month*
atenta	la atenta carta	*letter*
grata	la grata carta	*letter*
la presente	la carta presente	*this letter*
el p. pdo.	el mes próximo pasado	*last month*

Composiciones

A. **Miami Mensual.** Ud. quisiera subscribirse a la revista *Miami Mensual*. Escríbale una carta a la compañía preguntando cuántos números anuales hay y lo que cuesta subscripción anual. Pida una solicitud de subscripción. *Miami Mensual;* 265 Sevilla Avenue; Coral Gables, Florida 33134.

B. **Un puesto nuevo.** Ud. acaba de obtener un puesto como gerente general de una empresa multinacional en Miami. Su jefe quiere saber qué tipo de personal Ud. necesita para su departamento. Escríbale una carta al jefe describiendo el personal que necesita. Explíquele también las responsabilidades del personal.

C. **El Banco Madrileño.** Ud. es un(-a) estudiante de intercambio en Madrid y acaba de recibir su estado de cuenta mensual del banco. Pero hay un error muy grave. Según el banco, Ud. tiene sólo 653 pesetas en su cuenta corriente pero Ud. está seguro(-a) que tiene 65.300 pesetas. Escríbale al banco y trate de resolver el problema. Banco Madrileño; Gran Vía 38; 28032 Madrid España.

ACTIVIDADES

A. **Compania Meléndez, S.A.** You are the secretary for Claudio Meléndez, the president of Compañía Meléndez, S.A., a large clothing firm; you must handle all incoming phone calls. With your classmates play the following roles.

Sr. Soto: Sales manager who wants to talk to the president about slow sales of the new winter suits. The president doesn't want to talk to Soto. Offer to take a message.

Dra. Guzmán: Designer of women's dresses. She wants to talk to the president about her designs for spring. Put her through to the president. She talks to the president about what she has done for her new collection.

Sra. Meléndez: President's wife. She wants to talk to her husband about a dinner party he should attend tomorrow evening. Put her through to the president even though he doesn't want to speak to his wife.

B. **En el Banco Nacional.** A classmate will play the role of the teller in the bank where you have your account. You go to the window with your paycheck. Get cash for the weekend and deposit the rest into your checking account. Explain that you're about to buy a new car. You want some information on an auto loan including the necessary down payment, interest rate, and monthly payment on the car of your choice. Then withdraw the amount for the down payment from your savings account.

C. **Una reunión de la junta directiva.** You are the president of a large multinational firm based in Miami, Florida. The firm imports coffee and fruit from Central and South America. You hold a meeting with three members of the Board of Directors played by your classmates. Find out how various departments are doing in terms of sales. Explain what you want the other members of the firm to do to obtain better quality products and sales. Use specific numbers.

D. **En la ocasión de su jubilación.** You are retiring after many years as president of a firm that sells imported furniture and accessories. Describe your history with the firm and how long you have worked in various areas. Explain what you have done to help make the firm what it is today.

CAPÍTULO 12

En una comunidad hispana

San Francisco: Un mural en el barrio hispánico

Primera situación

Presentación ¡No es justo!

Práctica y conversación

A. ¿Qué pasa? Cuente lo que pasa en el dibujo.

B. Definiciones. Dé las palabras que corresponden.

1. Una persona que no puede volver a su patria por miedo de sufrir persecución.
2. La condición de no poder leer ni escribir.
3. El país en que una persona nació.
4. Salir de su país para establecerse en otro.

5. Tener una idea muy simplificada de cómo es un grupo de gente.
6. Ganar lo necesario para mantenerse.
7. Tratar de una manera inferior a una persona o a un grupo.

C. **Entrevista.** Con un(-a) compañero(-a) de clase, presente la entrevista entre el inmigrante y el funcionario del Servicio de Inmigración en el dibujo de la **Presentación.**

Vocabulario activo

La llegada	***Arrival***
el (la) dictador(-a)	*dictator*
la dictadura	*dictatorship*
el (la) emigrante	*emigrant*
el (la) exiliado(-a)	*exiled person*
el exilio	*exile*
el (la) inmigrante	*immigrant*
la patria	*homeland, native land*
el (la) refugiado(-a)	*refugee*
emigrar	*to emigrate, leave one's country*
huir de la tiranía	*to flee tyranny*
inmigrar	*to immigrate, enter a new country*
ilegal	*illegal*
indocumentado(-a)	*without passport or visa*

Las dificultades	***Difficulties***
la ambigüedad	*ambiguity*
el bienestar social	*welfare*
el boicoteo	*boycott*
el bracero	*day laborer*
la cosecha	*crop*
el (la) obrero(-a) migratorio(-a)	*migrant worker*
la tarjeta verde	*resident visa, green card*
ganarse la vida	*to earn a living*
mantener a una familia	*to support a family*
desigual	*unequal*
hispanohablante	*Spanish-speaking*

Algunos problemas	***Some problems***
el abuso / el maltrato	*mistreatment*
el analfabetismo	*illiteracy*
la desigualdad	*inequality*
la discriminación	*discrimination*
la escasez	*scarcity*
la explotación	*exploitation*
el prejuicio	*prejudice*
discriminar contra	*to discriminate against*
estereotipar	*to stereotype*
rechazar	*to reject*
resistirse	*to resist*
tener prejuicios	*to be prejudiced*
en busca de	*in search of*

ASÍ SE HABLA

Agreement and disagreement

Texas: una cena familiar

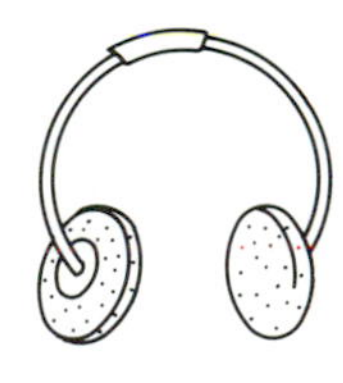

■ ¿Qué oyó Ud.?

Escuche la conversación entre la Sra. Rivera y sus hijos. Tome los apuntes que considere necesarios y luego conteste las siguientes preguntas.

1. ¿Dónde se lleva a cabo esta interacción?
2. ¿Cuál es el problema?
3. ¿Cómo reaccionan los hijos a lo que dice su madre? ¿Qué dicen?
4. ¿Se resuelve el problema al final? Explique.
5. ¿Conoce Ud. a personas que se comportan de manera similar? Explique.

When you want to express agreement or disagreement, you can use the following expressions.

Expressing agreement:

De acuerdo.	*I agree.*
¡Claro (que sí)! / ¡Por supuesto!	*Of course!*

Yo (A mí) también.	*Me too.*
Yo (A mí) tampoco.	*Me neither.*
Yo creo lo mismo.	*I think so too.*
Tienes razón.	*You're right.*
Ni la más mínima duda.	*No doubt about it.*
Sin duda.	*No doubt.*
Exacto. / Exactamente.	*Exactly.*

Expressing disagreement:

No me parece.	*I don't think so.*
No estoy de acuerdo.	*I don't agree.*
¡De ninguna manera! / ¡Qué va!	*No way!*
¡Te he dicho que no!	*I told you no!*
No tiene sentido.	*It doesn't make any sense.*
Es absurdo.	*It's absurd.*
Es una tontería.	*It's foolish.*

EN CONTEXTO

ALEJANDRO Pero mamá, eso no es justo... Yo haría lo que tú dices, pero ya no tenemos tiempo. ¿Por qué no lo hacemos mañana y ahora nos arreglamos para ir a la fiesta?

ÓSCAR Alejandro **tiene razón.**

SRA. RIVERA De ninguna manera, hijo.

ÓSCAR Pero mamá, eso **no tiene sentido.**

Práctica y conversación

A. (No) estoy de acuerdo... ¿Qué diría Ud. si su compañero(-a) le dice que...

1. su profesor(-a) de español es extraordinario(-a)?
2. Ud. debe votar por Juan Fulano para presidente?
3. a él / ella le encanta el cálculo?
4. la educación universitaria no es muy importante?
5. las universidades prestan demasiada atención a los deportes?
6. Ud. debe estudiar más para sacar mejores notas?

B. ¡Exactamente! Ud. y dos de sus compañeros(-as) van a discutir la importancia de la enseñanza de idiomas extranjeros. Preparen una lista de argumentos a favor de y en contra del tema.

C. **Ni la más mínima duda.** En grupos, escoja uno de los siguientes temas. Algunas personas presentan una posición a favor del tema y otras una posición en contra.

1. El inglés como idioma oficial de los Estados Unidos.
2. La ayuda militar a los países de América Central.
3. Ayuda económica y social a los pobres para mejorar su situación.

Estructuras

Explaining what one would do under certain conditions

Conditional tense

The conditional is used to explain what you would do when certain conditions are present. The English conditional is formed with the auxiliary verb *would* + main verb: *With such a terrible government, I would try to emigrate.*

A. In Spanish the conditional of regular verbs is formed by adding the endings of the imperfect tense of **-er** and **-ir** verbs to the infinitive: **-ía, -ías, -ía, -íamos, -íais, -ían.**

AYUDAR	OFRECER	RESISTIR
ayudar**ía**	ofrecer**ía**	resistir**ía**
ayudar**ías**	ofrecer**ías**	resistir**ías**
ayudar**ía**	ofrecer**ía**	resistir**ía**
ayudar**íamos**	ofrecer**íamos**	resistir**íamos**
ayudar**íais**	ofrecer**íais**	resistir**íais**
ayudar**ían**	ofrecer**ían**	resistir**ían**

B. Irregular conditional stems are the same as the irregular future stems.

haber	**habr-**	poner	**pondr-**	decir	**dir-**
poder	**podr-**	tener	**tendr-**	hacer	**har-**
querer	**querr-**	valer	**valdr-**		
saber	**sabr-**	salir	**saldr-**		
		venir	**vendr-**		

The conditional of **hay (haber)** is **habría** = *there would be.*

C. The conditional is generally used to explain what someone would do in a certain situation or under certain conditions.

—¿Bajo una dictadura, **emigraría** Ud.? — *Under a dictatorship, would you emigrate?*

—Probablemente no, pero **trataría** de resistir un poco. — *Probably not, but I would try to resist a little.*

D. The conditional can also be used to make a polite request.

—Perdone, señor. **¿Podría** Ud. decirme dónde está la calle Juárez? — *Pardon me, sir. Could you tell me where Juárez Street is?*

EN CONTEXTO

SRA. RIVERA Me parece que si de verdad quieren ir, **sería** bueno que terminaran lo más pronto posible.

ALEJANDRO Pero, mamá, eso no es justo. Yo **haría** lo que tú dices, pero ya no tenemos tiempo.

■ Práctica y conversación

A. Un mundo perfecto. ¿Qué haría Ud. para mejorar la vida de todos?

MODELO ofrecerles trabajo a todos
Les ofrecería trabajo a todos.

eliminar el analfabetismo / rechazar los estereotipos / no tener prejuicios / cambiar las condiciones desiguales / resistir a la tiranía / poner fin a la discriminación

B. ¿Que harías tú? Complete las siguientes oraciones explicando lo que Ud. haría si tuviera que emigrar.

MODELO ir a... porque...
Iría a Inglaterra porque ahí tengo familiares.

1. ir a... porque...
2. trabajar en... porque...
3. aprender... porque...
4. mantener a mi familia...
5. adaptarse a... porque...
6. regresar a... cuando...
7. ¿?

C. Yo haría muchas cosas buenas. Trabajen en grupos de tres. Supongan que Uds. tienen una posición dentro del gobierno que les permite trabajar con los inmigrantes. Preparen una lista de las cosas que Uds. harían para mejorar su situación económica y social. Reporten a la clase lo que han decidido hacer.

Talking about other people and things in general

Uses of the indefinite article

The indefinite article in Spanish and English is used to point out one or several nouns that are not specific.

A. The indefinite article **un / una** = *a, an;* **unos / unas** = *some, a few,* or *about.*

La vida de **un** inmigrante es muy dura. Por eso, **unos** inmigrantes regresan a su patria. — *The life of an immigrant is very hard. For this reason, some immigrants return to their homeland.*

B. The masculine singular form **un** is used before feminine nouns beginning with a stressed **a-** or **ha-: un águila** = *an eagle;* **un hacha** = *a hatchet.* The plural forms of such nouns use **unas: unas águilas.**

C. Sometimes the indefinite article is not used in Spanish as in English.

1. The indefinite article is usually required before each noun in a list.

   Para entrar y trabajor legalmente en los EEUU, un inmigrante necesita **un** pasaporte, **una** visa y **una** tarjete verde. — *In order to enter and work in the U.S. legally, an immigrant needs a passport, visa, and green card.*

2. After forms of **ser** or **hacerse,** meaning *to become,* the indefinite article is omitted before an unmodified noun denoting profession, nationality, religion, or political beliefs.

   Guadalupe y Manola son chicanos. Ellos son católicos. Manolo es carpintero. Guadalupe es maestra en una escuela primaria. — *Guadalupe and Manolo are chicanos. They are Catholic. Manolo is a carpenter. Guadalupe is a teacher in an elementary school.*

   When such nouns are modified, the indefinite article is used.

   En **unos** años Manolo se hizo **un** carpintero bastante rico. — *In a few years, Manolo became a rather well-to-do carpenter.*

3. The indefinite article is omitted before the words **cien(-to), mil, otro, medico,** and **cierto.**

   —Hay más de mil niños chicanos en ese barrio — *There are more than a thousand chicano children in that neighborhood.*

   —Sí. Y creo que necesitan otra escuela. — *Yes, and I think that they need another school.*

4. The indefinite article is generally omitted after **sin, con,** and the verbs **tener** and **buscar.**

El hombre inmigró sin dinero pero ya tiene casa.	*The man immigrated without any money, but he already has a house.*

NOTE: Tener will be followed by an indefinite article when un(-a) refer to how many items a person has.

¿Cuántas residencias tienen?	*How many residences do they have?*
Tienen un apartamento y una casa.	*They have an apartment and a house.*

EN CONTEXTO

SRA. RIVERA Ni **una** palabra más. ¡A trabajar!
ÓSCAR ¡Qué daría para convencerla que está cometiendo **una** injusticia!

■ Práctica y conversación

A. ¡Qué gusto de verte! Complete el siguiente diálogo con la forma apropiada del artículo indefinido donde sea necesario.

ELISA Hola, Sylvia. ¿Cómo estás? ¡Tanto tiempo sin verte!
SYLVIA Hola. Vengo de ver a __________ amigos que acaban de llegar de Arizona.
ELISA ¡No me digas! ¿Y se van a quedar mucho tiempo por aquí? ¿O sólo se van a quedar __________ días?
SYLVIA Bueno, él es __________ abogado y ella es __________ arquitecta y quieren vivir aquí. Están cansados de vivir en __________ ciudad grande. Además parece que sus hijos pronto van a ir a la universidad y han seleccionado __________ universidades en esta zona. Ahora los estoy ayudando a buscar __________ casa.
ELISA ¡Qué bien! ¿Cuántos hijos tienen?
SYLVIA Tienen __________ hijo y __________ hija.
ELISA Parece que nuestro pueblo es muy popular porque __________ familiares míos acaban de mudarse aquí también. En menos de un año más de __________ cien personas se han mudado a este pueblo. Me parece fabuloso porque enriquecen culturalmente nuestro pueblo pero creo que vamos a necesitar __________ escuela y __________ hospital más grande.
SYLVIA Tienes razón. Ojalá que lo hagamos pero sin pagar ni __________ impuesto más.

ELISA ¡Dios te oiga! Bueno, te tengo que dejar. Espero verte __________ día de éstos.

SYLVIA Sí, cómo no. __________ de estos días te llamo por teléfono. A ver si nos reunimos y nos tomamos __________ cafecito.

ELISA ¡Perfecto!

B. **Tengo unos amigos latinoamericanos.** Cuéntele a su compañero(-a) acerca de unos amigos(-as) latinoamericanos(-as) que viven cerca de su casa. Dígale de qué país vinieron, cuánto tiempo hace que viven en los Estados Unidos, qué idioma hablan en casa, dónde trabajan, cuántos hijos tienen, a qué escuela asisten, ¿? Su compañero(-a) mostrará interés y le hará preguntas. (Si no tiene amigos(-as) latinoamericanos(-as), hable de sus vecinos o de otros amigos).

Expressing exceptional qualities

Absolute superlative

The absolute superlative is an adjective ending in **-ísimo(-a);** it is used to describe exceptional qualities or to denote a high degree of the quality described. The Spanish forms have the English meaning *very, extremely,* or *exceptionally* + adjective.

To form the absolute superlative of Spanish adjectives that

A. end in a consonant, add **-ísimo** to the singular form: **difícil → dificilísimo.**

B. end in a vowel, drop the final vowel and then add **-ísimo: lindo → lindísimo; grande → grandísimo.**

C. end in **-co** or **-go,** make the following spelling changes: **c → qu** rico → **riquísimo, g → gu** largo → **larguísimo.**

Note that the suffix changes form to agree in number and gender with the noun modified.

Hay **muchísimos** chicanos en el suroeste de los EEUU. Unos tienen una vida **buenísima.**	*There are many, many chicanos in the Southwest U.S. Some have an exceptionally good life.*

EN CONTEXTO

SRA. RIVERA Ni una palabra más. Uds. son **flojísimos.**

ÓSCAR **¿Flojísimo** yo? Dios mío. ¡Es el colmo!

Práctica y conversación

A. **La vida de los inmigrantes.** Complete las siguientes oraciones utilizando el superlativo absoluto de los adjetivos entre paréntesis.

1. En los Estados Unidos hay (muchos) inmigrantes que son de (muchas) partes del mundo.
2. Algunos vienen de países (pobres) en busca de una vida mejor.
3. Otros vienen huyendo de gobiernos (crueles) donde la situación política es (peligrosa).
4. Invariablemente, los inmigrantes extrañan (mucho) su patria y se sienten (tristes) porque muchas veces no pueden regresar.
5. Para combatir la nostalgia, se reúnen con frecuencia para conversar y recordar los tiempos (felices) que pasaron en sus países.
6. Muchos inmigrantes pasan por una situación económica (difícil) ya que tienen recursos (escasos) y no cuentan con el apoyo familiar.
7. Algunos se vuelven (ricos), otros se quedan (pobres), pero todos están agradecidos a este país (generoso).

B. **Mis amigos latinoamericanos...** Cuéntele a su compañero(-a) acerca de sus amigos(-as). Dígale quién es muy...

pobre / rico / callado / hablador / simpático / antipático / inteligente / trabajador / conservador / liberal / ¿?

San Antonio: Una abogada aconseja a sus clientes.

Segunda situación

Presentación Viva la raza!

Práctica y conversación

A. ¿Qué pasa? Cuente lo que pasa en el dibujo.

B. Definiciones. Dé las palabras que corresponden.

1. Un miembro de una nación por nacimiento o naturalización.
2. Una persona que habla dos lenguas.
3. Un símbolo de un país.
4. Una manera de expresar sus preferencias políticas.
5. La clase a la cual pertenecen los ricos.
6. Una persona de padres mexicanos que nació en los EEUU.

C. **Entrevista.** Hágale preguntas a un(-a) compañero(-a) de clase.

Pregúntele...

1. dónde nació.
2. de dónde son sus abuelos; sus bisabuelos.
3. qué lengua(-a) hablan los miembros de su familia.
4. si su familia sigue las tradiciones o costumbres de su país de origen. ¿Cuáles?
5. si tiene un(-a) amigo(-a) de otro país. ¿De dónde es?
6. ¿?

Vocabulario activo

La ciudadanía	***Citizenship***
la autonomía	*autonomy*
el bienestar	*well-being*
el (la) ciudadano(-a)	*citizen*
la clase alta / baja / media	*upper / lower / middle class*
el crisol	*melting pot*
la mayoría	*majority*
la minoría	*minority*
el nivel de vida	*standard of living*
el voto	*vote*
adaptarse	*to adapt*
asimilarse	*to assimilate*
beneficiar	*to benefit*
establecerse	*to establish oneself*
estar al alcance	*to be within reach*
integrarse	*to integrate oneself*
tener éxito	*to be successful*
votar	*to vote*

Los hispanos	***Hispanics***
el bilingüismo	*bilingualism*
el (la) chicano(-a)	*Mexican-American*
el (la) hispano(-a)	*Hispanic*
el (la) mestizo(-a)	*person of Indian and European ancestry*
la mezcla	*mixture*
el origen	*origin*
el (la) puertorriqueño(-a)	*Puerto Rican*
mezclar	*to mix*
pertenecer	*to belong, pertain to*
bilingüe	*bilingual*
de habla española	*Spanish-speaking*

El Día de la Raza	***Columbus Day***
la ascendencia	*origin, ancestry*
la bandera	*flag*
la carroza	*float*
la celebración	*celebration*
el desfile	*parade*
la herencia cultural	*heritage*
el orgullo	*pride*
los rasgos	*features*
desfilar	*to parade*

ASÍ SE HABLA

Expressing anger and gratitude

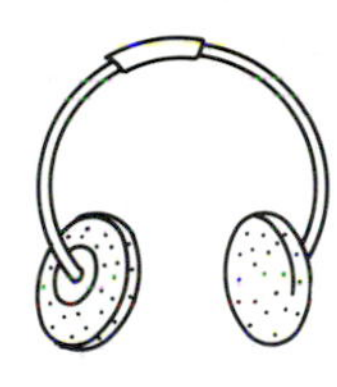

■ ¿Qué oyó Ud.?

Escuche la conversación entre Maribel y sus padres. Tome los apuntes que considere necesarios y luego conteste las siguientes preguntas.

1. ¿En qué país se lleva a cabo esta conversación? ¿De dónde son los personajes originalmente?
2. ¿Cuál es el problema acerca del cual discuten?
3. ¿Cómo se soluciona el problema?
4. ¿Quién es el personaje que tiene mayor autoridad? Explique.
5. ¿Qué costumbres o valores se reflejan en esta conversación?
6. ¿Cómo se diferencian de las costumbres y valores que Ud. tiene?

When you want to express anger or gratitude, you can use the following expressions.

Expressing anger:

¡Esto es lo que faltaba!	*That's all I needed!*
¡Esto es el colmo! ¡Esto es lo último!	*This is the last straw!*
¡No faltaba más!	*That's all we needed!*
¡Estoy harto(-a)!	*I'm fed up!*
¡Basta! ¡Se acabó!	*Enough! That's all!*
¡Esto es demasiado!	*This is too much!*
¡Ya no aguanto más!	*I can't take it any more!*

Expressing gratitude:

Muchísimas gracias (por todo).	*Thank you very much (for everything).*
Muchas gracias por toda su atención / ayuda / amabilidad.	*Thank you for all your concern / help / kindness.*
Ud. (Tú) es (eres) muy amable.	*You are very kind.*
Gracias por su / tu gentileza.	*Thank you for your kindness.*
Me salvó (salvaste) la vida.	*You saved my life.*
Le(s) / Te agradezco infinitamente.	*I thank you very much.*
No sé cómo pagarle(s).	*I don't know how to repay you.*
¡Dios se / te lo pague!	*May God reward you for this!*
¡Un millón!	*Thanks a million!*

Responding to an expression of gratitude:

A la orden. Siempre a su / tu orden. No hay de qué. De nada. Siga / sigue no más.	*You are welcome.*
Fue un placer.	*It was a pleasure.*
Para servirle / te.	*At your service.*
No se / te preocupe(s).	*Don't worry.*

EN CONTEXTO

MARIBEL	Mamá, pero, **¿qué te pasa?** ¡Tengo veinte años!
SRA. VELASCO	¡Eso no tiene nada que ver! Una señorita no debe andar por ahí a altas horas de la noche.
MARIBEL	Mamá, **¡esto es el colmo!**

Práctica y conversación

A. ¡No lo puedo creer! ¿Qué dice Ud. en las siguientes situaciones?

1. Su compañero(-a) de cuarto tiene el televisor a todo volumen y Ud. no puede estudiar para un examen importantísimo.
2. Sus padres le prohiben que salga con sus amistades.
3. Su hermano(-a) menor ha usado toda su ropa nueva y ahora nada está limpio.
4. Además, su hermano(-a) ha abierto y usado un regalo que Ud. le había comprado a un amigo.
5. Sus padres ven su desesperación y le llevan a un centro comercial para que compre otro regalo.
6. Ud. regresa a su casa y ve que su hermano(-a) ha lavado y guardado toda la ropa.

B. **¡Que Dios to lo pague!** En grupos, dramaticen la siguiente situación. Ud. tiene un examen dificilísimo la próxima semana. Habla con el (la) profesor(-a) y le pide ayuda, pero el (la) profesor(-a) está muy ocupado(-a) y no puede ayudarlo(la). Ud. está furioso(-a). Habla con un(-a) compañero(-a) y éste(-a) ofrece ayudarlo(la). Ud. está agradecido(-a).

Estructuras

Explaining when actions will occur

Subjunctive in adverbial clauses

In Spanish the subjunctive is used in clauses when it is not certain when or if an action will take place: *We will vote provided that there is a Hispanic candidate.*

A. The subjunctive is always used in adverbial clauses introduced by the following phrases:

a menos que	*unless*	en caso que	*in case that*
antes que	*before*	para que	*so that*
con tal que	*provided that*	sin que	*without*

Celebraremos en el parque **a menos que llueva** mucho. — *We will celebrate in the park unless it rains a lot.*

Note that the future activity (**celebraremos**) is dependent upon the outcome of another uncertain action (**llueva**).

B. The subjunctive is used with the following adverbs of time when a future and uncertain action is implied.

así que	*as soon as*	cuando	*when*
en cuanto	*as soon as*	después que	*after*
luego que	*as soon as*	hasta que	*until*
tan pronto como	*as soon as*	mientras	*while*

Los hispanos tendrán más éxito **cuando reciban** mejores trabajos. — *Hispanics will be more successful when they get better jobs.*

When these adverbs of time describe a completed action in the past or habitual action in the present, they are followed by verbs in the indicative. Compare the following examples.

Future action

Iremos al desfile **tan pronto como llegue** tu papá. — *We will go to the parade as soon as your father arrives.*

Past action

Fuimos al desfile **tan pronto como llegó** tu papá.	*We went to the parade as soon as your father arrived.*

Habitual action

Siempre vamos el desfile **tan pronto como llega** tu papá.	*We always go to the parade as soon as your father arrives.*

C. The subjunctive is used with the following expressions of purpose if they point to an event which is still in the future or uncertain.

a pesar de que	*in spite of*	aunque	*although*
aun cuando	*even when*	de manera / modo que	*so that*

Los hispanos tendrán éxito **aunque sean** una minoría.	*Hispanics will be successful even if they are a minority.*
Trabaje mucho **de manera que tenga** éxito.	*Work hard so that you will be successful.*

When these adverbs express a certainty, the indicative is used.

Trabajó mucho, **de manera que tuvo** éxito.	*He worked hard so that he was successful.*

EN CONTEXTO

SR. VELASCO Dile a tu mamá con quién vas a estar y con quién vas a regresar **para que se quede** más tranquila.

MARIBEL ¡Pero, papá! ¿Tú también? Bueno, **con tal que me deje** venir a la hora que quiera.

■ Práctica y conversación

A. **Los inmigrantes.** Un(-a) compañero(-a) de clase le hace preguntas a Ud. sobre unos inmigrantes. Conteste según el modelo.

MODELO buscar trabajo: en cuanto / llegar al nuevo país
Compañero(-a): **¿Buscarán trabajo?**
Usted: **Buscarán trabajo en cuanto lleguen al nuevo país.**

1. poder trabajar: en cuanto / conseguir la tarjeta verde
2. emigrar: a menos que / cambiar el gobierno
3. tener muchos problemas: hasta que / aprender el nuevo idioma
4. tener éxito: cuando / adaptarse a su nueva vida
5. votar: tan pronto como / tener derechos de ciudadanía
6. asimilarse: sin que / sus hijos olvidarse de su herencia cultural

B. Los inmigrantes. De las frases adverbiales que se presentan a continuación, escoja la que considere conveniente para unir las dos oraciones.

a menos que	hasta que	cuando	tan pronto como
en cuanto	aun cuando	aunque	luego que

MODELO Los inmigrantes generalmente extrañan su patria. Están contentos en su patria adoptiva.
Los inmigrantes generalmente extrañan su patria aun cuando estén contentos en su patria adoptiva.

1. Generalmente las personas emigran voluntariamente. Han sido enviadas al exilio por el gobierno de su país.
2. Saben que tendrán que buscar trabajo. Llegan al nuevo país.
3. Saben también que tendrán muchos problemas para adaptarse y conseguir trabajo. Llegan al nuevo país.
4. Los hijos de los inmigrantes se adaptan fácilmente a la cultura del nuevo país. Sus padres tienen problemas.
5. Frecuentemente los hijos de los inmigrantes no hablan el idioma de sus padres. Sus padres lo hablan en casa.
6. Muchas veces los inmigrantes piensan en regresar a sus patrias. Saben que sólo se trata de un sueño.

C. Aquí le podemos ayudar. Un(-a) estudiante hace el papel de consejero(-a) en una oficina de apoyo para los inmigrantes, otro(-a) hace el papel de un(-a) inmigrante. El (La) tercer(-a) estudiante toma apuntes de la conversación y luego informa a la clase. Hablen de problemas para...

1. hacer amistades
2. conseguir trabajo
3. obtener una educación
4. ¿?

Describing future actions that will take place before other future actions

Future perfect tense

The future perfect tense expresses an action that will be completed by some future time or before another future action: *By the year 2000 Hispanics will have become the largest minority in the U.S.*

FUTURE PERFECT TENSE

habré	-AR	*I will have*	
habrás	celebrado	*you will have*	*celebrated*
habrá	-ER	*he, she, you will have*	*learned*
habremos	aprendido	*we will have*	*decided*
habréis	-IR	*you will have*	
habrán	decidido	*they, you will have*	

A. The future perfect tense is formed with the future tense of the auxiliary verb **haber** + the past participle of the main verb.

B. The future perfect tense expresses actions that will be completed before an anticipated time in the future.

Habré salido cuando Uds. lleguen.	*I will have gone when you arrive.*
Habré salido para las 5.	*I will have gone by 5:00.*

C. As is the case with the other perfect tenses, reflexive and object pronouns precede the conjugated forms of **haber.**

Me habré graduado para el año 1995.	*I will have graduated by 1995.*

EN CONTEXTO

MARIBEL Mi primo Javier va a traerme a casa pero no a las doce. A las doce la fiesta **habrá** recién **empezado.**

SRA. VELASCO ¿Javier? ¿Por qué no me dijiste eso antes?

Práctica y conversación

A. **Para el año 2000.** Explique lo que las siguientes personas habrán hecho para el año 2000.

MODELO Tomás / terminar sus estudios
Tomás habrá terminado sus estudios.

1. Alberto / viajar al Perú
2. Bárbara y Bernardo / casarse
3. tú / conseguir un buen trabajo

4. Elena / escribir una novela
5. nosotros / aprender a hablar español
6. Ángela / hacerse médica
7. mis amigos y yo / graduarse de la universidad

B. Para este fin de semana. Explique lo que Ud. habrá hecho para el fin de esta semana. Mencione por lo menos cinco actividades.

C. Planes personales. Con unos compañeros de clase, dramaticen la siguiente situación. Su padre (madre), está preocupado(-a) porque cree que Ud. no tiene metas claras y no sabe lo que quiere hacer después que se gradúe. Él (Ella) lo(-a) llama y Ud. le sorprende con un plan detallado de lo que piensa haber logrado para el año 2000. Él (Ella) se muestra sorprendido(-a).

DUDAS DE VOCABULARIO

Support

Mantener: to support somebody financially; to keep, maintain.

Él trabaja para mantener a su familia. — *He works to support his family.*
¿Hasta cuándo va él a mantener esa actitud de indiferencia? — *How much longer is he going to keep (maintain) that attitude of indifference?*

Soportar: to put up with, tolerate; to support, bear.

No soporto este ruido un segundo más. ¡Por favor, apaga el radio! — *I can't stand this noise one more second. Please, turn off the radio!*
Yo no creo que este estante va a soportar todos estos libros. — *I don't think that this shelf is going to support all these books.*

Apoyar: to support or back a person or an idea.

Voy a apoyar al candidato republicano en las próximas elecciones. — *I'm going to support the Republican candidate in the next election.*

Language

El idioma: language used by a cultural group.

A ella le encantan los idiomas. Ya sabe inglés, francés e italiano y ahora quiere aprender chino. — *She loves languages. She already knows English, French, and Italian and now she wants to learn Chinese.*

La lengua: synonym of **el idioma;** tongue.

Yo pienso que la lengua inglesa es muy difícil.	*I think that the English language is very difficult.*
¡Ay! ¡Me mordí la lengua!	*Ouch! I bit my tongue!*

El lenguaje: specialized language.

Este documento está escrito en un lenguaje que sólo los abogados comprenden.	*This document is written in a language that only lawyers understand.*

El habla: speech, the way people talk; the ability to talk.

Se puede distinguir a los cubanos de los bolivianos por su habla diferente.	*One can distinguish Cubans from Bolivians by their speech.*
Después del accidente él perdió el habla.	*After the accident he lost the ability to talk.*

To succeed

Tener éxito: to be successful.

Después de mucho esfuerzo, ella tuvo un éxito increíble en su carrera.	*After a lot of effort, she had incredible success in her career.*

Lograr: to achieve, obtain.

Él logró su meta; se hizo millonario.	*He achieved his goal; he became a millionaire.*

Triunfar: to triumph, win.

Ella triunfó en todas las competencias locales de natación.	*She won in all the local swimming competitions.*

Suceder: to follow; to happen.

—¿Recuerdas quién sucedió a Kennedy en la presidencia?	*Do you remember who succeeded Kennedy as president?*
—Sí, fue Johnson.	*Yes, it was Johnson.*

■ Práctica

Escoja la palabra adecuada.

Una de las primeras cosas que los emigrantes tienen que hacer cuando llegan a su país adoptivo es aprender el (idioma / lenguaje) que hablan los nativos. Esto es muy importante para poder comunicarse con las otras personas y para poder (tener éxito / suceder) en su búsqueda de trabajo. Una vez que (lograr / triunfar) aprenderlo, es mucho más fácil conseguir (trabajo / tarea) para (mantenerse / soportar) a sí mismos y a su familia.

La vida del emigrante es muy difícil al principio. Algunos no (soportar / apoyar) la idea de estar separados de sus seres queridos, de no contar con el (apoyo / soporte) de sus familiares, y tampoco se acostumbran a vivir en una cultura diferente. Éstos (regresar / devolver) a sus países al poco tiempo. Otros, aunque tambien sufren mucho, (tratar / probar) de hacer amistades y (conocer / encontrar) a mucha gente. Éstos generalmente (lograr / triunfar) adaptarse.

Tercera situación

ASÍ SE HACE

Las comunidades hispánicas

En muchas ciudades de los EEUU existen comunidades hispánicas donde vive gente de diversos lugares de la América Latina, pero principalmente de México, Cuba y Puerto Rico. Es muy interesante visitar estas comunidades ya que se puede encontrar mercados, restaurantes, periódicos y agencias de servicios sociales—todo para el público latino.

Además de revistas en español, los mercados latinos venden discos y cintas de música latina y también una serie de productos alimenticios típicos que las amas de casa compran para su dieta diaria. Los restaurantes sirven comidas y bebidas típicas de distintos países y son muy visitados por la población latina. Muchas comunidades tienen también periódicos locales donde los profesionales anuncian sus servicios y donde se publican las noticias de la comunidad. Las comunidades más grandes cuentan con una estación de radio que toca preferentemente música latina y que anuncia las noticias locales y mundiales en español.

Visite una comunidad latina si tiene la oportunidad de hacerlo. No sólo podrá practicar su español con personas de distintos países hispanos sino que podrá disfrutar de su cultura desde muy cerca.

Práctica y conversación

A. **Vamos al barrio latino.** Con un(-a) compañero(-a), haga planes de visitar un barrio latino. Usando los anuncios diga qué piensa hacer, qué va a comprar, si va a comer en un restaurante. Luego, explíquele sus planes a la clase.

LEAL BAKERY

Panadería y Tortillería
Productos Mexicanos
Lotería de California
Regalamos 1 boleto por cada
$20 de mercancía que compre
Pan Caliente todos los Días, Café, Tortas, Tamales, Barbacoa, Tortillas de Maíz y de Harina, Hojas, Leche Masa para Tamales, Especias, Sodas, Cervezas, Hierbas Medicinales, Quesos, Chicharrones, Guantes Jugos Mexicanos, Chorizo, Longaniza, Carnitas, Menudo, Costillas de Puerco, Pollos Rostizados
Abierto de lunes a sábado de 5 am a 8 pm y los domingos de 5 am a 5 pm
805 E. Alisal St., Salinas
422-0362
422-0315

El restaurante mexicano que se distingue por la esmerada condimentación de sus platillos y el insuperable servicio de su personal especializado.

Rosita's Armory Café

Calle Salinas #231
Salinas
Teléfono 424-7039
ABIERTO DIARIAMENTE

Infante Construcción

¿Quiere remodelar su casa o construír un cuarto nuevo? **Ahorre un 15% en su contrucción.** Llame a Manuel al
758-1021

RANCH MILK

Maneje hasta la ventanilla de Ranch Milk y compre el refresco Coca Cola en envase desechable de 2 litros o en paquetes de 6 latas de 12 ozs.

60 N. SANBORN RD.
SALINAS

PINEDA REFRIGERACION
Se venden refrigeradores, lavadoras y secadoras usadas.
Servicio a domicilio
214 GRIFFIN ST. SALINAS, CA 93901
Teléf. 757-1536

nick's tire service

619 N. Sanborn Rd., Salinas
Teléfono: 758-9471
Nick Martínez, dueño

DUNLOP

- Llantas Dunlop
- Llantas BFGoodrich
- Mofles
- Amortiguadores
- Acumuladores
- Alineación
- Mecánica Automotriz
- Servicio Amistoso
- Se Habla Español

Abierto:
lun. a viern de 9 a 6
sábados de 8 a 1

Gangas para su hogar
Embellezca su casa con lo mejor en muebles y aparatos eléctricos nuevos y usados. Visítenos hoy y vea nuestras excepcionales gangas. Compre herencias pequeñas y grandes.
BEST FOR LESS
10728 Merritt, Castroville
633-5500. Cerrado el domingo

B. ¿Tiene el último disco de Julio Iglesias? Ud. va de compras en el barrio latino. Compre algo que sólo se puede encontrar allá. Un(-a) estudiante hace el papel de un(-a) vendedor(-a) en una tienda latina y otro(-a) el papel de un(-a) cliente.

PARA LEER BIEN

Using the dictionary

You have been learning many techniques to help you guess the meaning of individual words and phrases. There are times, however, when identifying cognates, root words, and prefixes and suffixes, or clarifying meaning through context, simply do not offer you sufficient clues as to meaning. In those instances, it is appropriate to consult a bilingual Spanish-English dictionary.

There are certain techniques that can make dictionary use more effective.

1. Try to understand as much as you can before looking up unfamiliar items.
2. Look up only those words that are essential to understanding the passage. Such words include words in the title, frequently repeated words, and words in the core of a sentence such as verbs, nouns, and adjectives.

The most difficult task facing you when using the dictionary is to select the best English equivalent from the many possible entries. This task is made easier if you know the part of speech of the word in question. Examine the following two examples.

Paso por ti a las ocho.
Tuvo dificultades a cada **paso.**

In the first example, **paso** is a verb and its meaning would be located under **pasar.** The second example would be located under the noun **el paso.**

When an entry provides multiple translations, read the entire entry before trying to decide on the proper equivalent. In that way you will have a more general idea as to the global meaning of the vocabulary item in question.

Be aware of the context of the word in question. Both the expression **el paso del tiempo** and **a cada paso** are located under the noun **el paso.** The context of the first phrase leads you to the meaning **el paso** = *passing,* while in **a cada paso, el paso** = *step.*

Cross-checking entries can also help you determine the best English equivalent. After selecting the English equivalent from the several provided, look up that word in the English-Spanish section of the dictionary. Use that entry to help you judge the appropriateness of your selection.

Práctica

En la lectura que sigue no hay glosas o equivalentes en inglés. Usando varios métodos incluso el uso del diccionario, decida lo que significan las palabras desconocidas.

El Sol de Texas

Año No. 22 No. 2257 SIRVIENDO A LA COMUNIDAD HISPANA DESDE 1966 25¢

Congresista investiga abusos contra inmigrantes

Por : Rodolfo Carrera

El Congresista John Bryant visitó San Antonio esta semana como miembro de un grupo congresional que condujo audiencias para saber la opinión pública sobre la ley de inmigración, pasada en 1986.

John Bryant mostró estadísticas que reflejan que menos ilegales han sido arrestados desde que la ley se hizo efectiva, pero él considera que otros factores, como la sequía y las elecciones presidenciales de México pueden haber influenciado las estadísticas.

"El propósito de la ley era detener el fluir de inmigrantes ilegales en este territorio, ha dicho Bryant, pero la ley debe aplicarse con justicia".

"Yo he sabido que a los extranjeros se les discrimina a veces por su apariencia o por su acento, y esa actitud es errónea y además ilegal", añadió Bryant.

"Tampoco la ley desea separar a las familias, porque el padre trabaje en los EE.UU.y la esposa y los hijos tengan que permanecer en México"

El Congresista, también, explicó que la ley ha sido bien leída y discutida, pero aún se pueden hacer más revisiones y cambios necesarios.

Mary Alice Reyes, abogada de los pobres

Por Crisantema S. Hopkins

CORPUS CHRISTI, Tx.- "Mientras el hispano no se supere estudiando más y aprendiendo el inglés, sus posibilidades de éxito seguirán siendo muy limitadas," dice la licenciada Mary Alice Reyes.

La abogada Reyes sabe lo que dice porque ella misma tuvo que luchar para estudiar y salir adelante en una profesión tan competitiva como es la de Leyes.

"No tengo por qué ocultar que vengo de un hogar pobre y que estudiar me costó grandes sacrificios, pues éramos 8 hermanos y mis padres tenían muy pocos recursos. Pero ahora tengo la satisfacción de decir que mi porvenir es firme y que sigo estudiando y superándome."

Pero además de eso, su carrera de Leyes la ha hecho participar en múltiples actividades sociales, humanas y legales en favor de los hispanos.

Mary Alice dice que al pedir a los hispanos que aprendan inglés, no significa que deben olvidar el español, porque es la lengua materna de todos. Nada de eso. "Lo que quiero decir es que los hispanos deben comprender que si viven y trabajan aquí en los Estados Unidos tienen que aprender el inglés porque es el idioma con el que van a defenderse. Es decir, deben hablar bien ambos idiomas porque eso les da fuerza y superioridad."Los hispanos que no hablan inglés se enfrentan a muchos problemas. Cuando se ven envueltos en una situación difícil no pueden hacer nada, son mudos. Y lo mismo sucede con ellos en el trabajo, donde no pueden aspirar a mejorar económicamente porque o no pueden reclamar sus derechos o porque no se los conceden.

La licenciada Mary Alice Reyes es nativa de aquí,está casada y tiene dos hijos. Es una mujer hispana entusiasta y optimista que lucha por ayudar en forma legal a todos los que se acercan a ella.

CORPUS CHRISTI, Tx.- Para defenderse y vivir mejor el hispano debe educarse y hablar inglés, opina la Lic. Mary Alice Reyes.

Director destaca importante labor de centro educativo

Por Ricardo Rubin

CORPUS CHRISTI, Tx.- Cada año, cientos de niños procedentes de hogares pobres tienen que enfrentarse al problema de adaptación en escuelas elementales, y lo que viven y experimentan ahí, es decisivo en el futuro de sus vidas.

Son niños que se visten mal y están mal alimentados, o que, además, tienen algún impedimento físico, por lo que las diferencias sociales y económicas a que se enfrentan, suelen frustrarlos y hacer que muchos abandonen la escuela.

Para solucionar este grave problema, la "Nueces County Community Action Agency," de la calle Morgan 2590, tiene el Programa Head Start, que se desarrolla en cuatro centros educativos de la ciudad.

John Rodríguez, Director de dicho programa dice que los centros educativos que maneja tienen abiertas sus puertas, para niños de 3 a 5 años de edad, con la única condición de que vengan de familias pobres, o que estén incapacitados físicamente.

En los centros educativos del Programa Head Start se cuida de la salud de los niños; se les proporciona atención dental y se atiende su nutrición.

Pero, más importante que eso, es que a los niños se les prepara para que tengan seguridad y confianza en sí mismos, y para que puedan desenvolverse sin temores ni complejos de ninguna clase.

El señor Rodríguez dice que uno de los puntos básicos de dicha educación es hacer que los niños aprendan a comunicarse con los demás, que venzan su timidez y que sepan expresar lo que han aprendido.

"Es muy frecuente -dice- que los niños hispanos jamás levanten el dedo para contestar a las preguntas del maestro. La mayoría no lo hace; no porque no sepa la respuesta, sino por temor a estar frente a los demás. Nosotros les enseñamos que es muy importante que demuestren lo que saben, o que sepan, también, decir los motivos por los que no estudiaron."

"Esto es esencial, porque los niños que aprenden a expresar sus ideas y pensamientos, se encuentran en igualdad de circunstancias, o quizá más arriba, de aquellos que no hablan."

John Rodríguez, Director del Programa Head Start de la Nueces County Community Action Agency, explica cómo se ayuda a los niños a desenvolverse bien.

En la actualidad, el Programa Head Start atiende a más de 600 niños en el condado de Nueces, de los cuales el 88% son de origen hispano, el 10% negros y el 2% blancos. De todos ellos, el 10% está compuesto de niños con algún impedimento físico; ayudarlos es una parte del programa.

El señor Rodríguez agrega que otro de los puntos importantes del Programa es la participación de los padres de familia en la educación y atención de sus hijos. Esto es beneficioso para ambos, y estrecha más las relaciones en el hogar.

Comprensión

A. Congresista investiga abusos contra inmigrantes. Conteste las preguntas siguientes.

1. ¿Quién es John Bryant? ¿Qué distrito representa?
2. ¿Cuándo pasó el Congreso la ley de inmigración? ¿Cuál era el propósito de la ley? ¿Es buena la ley? ¿Hay más o menos abusos desde que se hizo efectiva la ley?
3. ¿Cuáles son algunos de los abusos contra los inmigrantes?

B. **Mary Alice Reyes, abogada de los pobres.** Complete las oraciones siguientes.

1. Mary Alice Reyes es __________.
2. Es de una familia __________. Tiene __________ hermanos. Está __________ y tiene __________ hijos.
3. Según la Sra. Reyes los hispanos no deben olvidar el español porque __________. Los hispanos deben hablar inglés porque __________.
4. Ella participa en muchas actividades sociales, humanas y legales __________.

C. **Director destaca importante labor de centro educativo.** Conteste en español.

1. ¿Qué es el Programa Head Start? ¿Quiénes pueden participar?
2. ¿Cuál es el propósito del programa?
3. En la escuela, ¿por qué es frecuente que los niños hispanos no levantan la mano?
4. En el condado de Nueces, ¿cuántos niños asisten al programa? ¿Cuántos son hispanos / negros / blancos?
5. ¿Cuáles son los beneficios del programa?

D. **En defensa de una opinión.** Usando la información de todos los artículos, ¿cuáles son algunas de las preocupaciones de los hispanos en los EEUU? ¿Se está mejorando la situación?

PARA ESCRIBIR BIEN

Supporting an opinion

There are many situations in which it is necessary to support an opinion in written form. In an academic environment, supported opinions are found in compositions, answers to essay questions, and research papers. In the business world, advertising materials, letters of recommendation, and many memos and circulars rely on supported opinions. Newspapers and magazines also contain numerous examples of supported opinions.

In an oral situation you can react immediately to another speaker by agreeing or disagreeing and finally negotiating an outcome. However, in written form you have only one opportunity to present your case. Therefore, you need to anticipate reactions and objections and counter them beforehand in a clear and logical manner.

When writing, you will first need to state your opinion and then support it with a variety of evidence including well-chosen examples, statistics and other facts, and quotes from authorities in the field.

The following expressions will help you state your opinions.

Strong: Personal

Estoy seguro(-a) que...	*I'm certain that ...*
Creo que...	*I believe that ...*
No creo que (+ subjunctive)...	*I don't believe that ...*

Strong: Impersonal

Es evidente que...	*It's evident that ...*
Es cierto que...	*It's certain that ...*
Es verdad que...	*It's true that ...*
No hay duda que...	*There is no doubt that ...*

Less strong: Personal

Pienso que...	*I think that ...*
No pienso que (+ subjunctive)...	*I don't think that ...*
Me parece que...	*It seems to me that ...*
Sospecho que...	*I suspect that ...*
Dudo que (+ subjunctive)...	*I doubt that ...*

Less strong: Impersonal

Tal vez / Quizás (+ subjunctive)...	*Perhaps ...*
Es dudoso que (+ subjunctive)...	*It's doubtful that ...*
Es posible que (+ subjunctive)...	*It's possible that ...*

■ Composiciones

Usando la información de las lecturas de los **Capítulos 10–12,** escriba una composición sobre *uno* de los temas siguientes. Defienda su opinión con ejemplos, estadísticas y citas de otras autoridades.

A. Los hispanos deben hablar el inglés y el español.

B. Hay mucha discriminación contra los hispanos pero la situación está mejorando.

C. Dentro de cincuenta años los hispanos serán una fuerza dominante en los Estados Unidos.

ACTIVIDADES

A. **El (La) congresista.** You are running for Congress in a district with a large Hispanic population. Make a campaign speech to the Hispanic voters explaining what you would do as the Representative of their district. Also explain what exceptional qualities you have to make a good Representative.

B. **Nuestro barrio.** You and three other classmates are guests on *Nuestro barrio,* a radio talk show that discusses issues relevant to the Hispanic community. Today's topic is **Los hispanos en los EEUU no necesitan aprender el inglés.** Two of you agree with the statement and two are opposed. State your opinions and support them with examples, facts, and statistics. Agree and disagree with the other guests in order to keep the discussion lively.

C. **Para el año 2000.** Interview at least five classmates to find out three things they will have done by the year 2000. Compile the results and explain what the majority of the class will have done by that date.

D. **La hija menor.** You are nineteen and the youngest daughter in a Hispanic family in San Antonio, Texas. You want to meet your friends at a party at Guillermo's house. Your parents (played by your classmates) are reluctant to let you go for many reasons: they don't know Guillermo; the party won't be over until very late; they think that U.S. cities are dangerous and girls shouldn't be out alone at night; you're not old enough to go on your own. Role-play the scene expressing your anger. Negotiate an acceptable solution.

Contacto cultural

El arte y la arquitectura

El legado hispano dentro de los EEUU

Hay una larga tradición hispana dentro de los EEUU. Cuarenta y dos años antes que los ingleses fundaron Jamestown y cincuenta y cinco años antes de la llegada de los *Pilgrims,* los españoles fundaron el primer pueblo en los EEUU: San Agustín en la Florida. Algunos de los edificios de San Agustín están todavía preservados o restaurados.

En el oeste de nuestra nación los españoles exploraron y poblaron otros lugares. Les dieron sus nombres españoles a los estados de Nueva México,

La Florida: San Agustín

San Antonio, Texas: El Alamo

Colorado, Nevada y California y a las ciudades de San Francisco, Los Ángeles, Las Vegas, El Paso, Santa Fe y Amarillo entre otras. En todos estos sitios construyeron casas, escuelas, iglesias y edificios municipales de estilo «español». Este estilo se caracteriza por el uso de paredes gruesas de adobe, techos de tejas (*tiles*) y vigas (*beams*) de madera. Además estos edificios suelen tener un patio interior y un decorado sencillo.

En California se puede ver buenos ejemplos de esta arquitectura típica en las misiones. En el siglo XVIII el rey español Carlos III mandó que los franciscanos fueran a California para evangelizar y educar a los indios. Bajo la dirección de Fray Junípero Serra los franciscanos fundaron una serie de misiones a lo largo de la costa del Pacífico. Las misiones incluían una iglesia, un campanario (*bell tower*), la residencia de los frailes y un patio grande con un jardín. La mayoría de ellas han sobrevivido a los desastres naturales y el desarrollo moderno. Muchas de las ciudades importantes de California son una extensión de esas misiones viejas.

California: Misión San Carlos Borromeo de Carmelo

Comprensión

1. Nombre el primer pueblo fundado por los europeos en los EEUU. ¿Dónde se encuentra?
2. ¿Cuáles son algunos estados y ciudades con nombres españoles?
3. ¿Cuáles son las características de la arquitectura española? ¿Qué características se pueden ver en la foto de San Antonio y de la misión?
4. ¿Dónde se puede ver buenos ejemplos de la arquitectura española en los EEUU? ¿Hay ejemplos de este estilo en su ciudad o estado? ¿Dónde?

Lectura literaria

Para leer bien

You have learned to identify point of view by locating the main theme and by obtaining information about the author and his / her beliefs and background. The point of view of a literary work is often presented more subtlely than in journalistic articles; nonetheless, it is an important key to understanding the work.

The following two works were written by Hispanics living in the U.S. The point of view represented by immigrants is different from that of native U.S. citizens. Also it is no longer the viewpoint of a native of a Hispanic country. Before you read, try to ascertain the particular feelings and beliefs about life in the U.S. held by immigrants. What point of view might you expect these authors to present in their literary work?

La literatura de los hispanos en los EEUU

Durante las últimas décadas el número de hispanos dentro de los EEUU ha crecido rápidamente. Ya representan una fuerza importante económica y políticamente. Pero su cultura también es importante y rica. Ya existe una literatura de los hispanos dentro de los EEUU. Es una literatura escrita en español pero con temas distintos: temas de la situación particular de los inmigrantes: la pobreza, el aislamiento (*isolation*), la nostalgia por la patria. Aquí presentamos ejemplos de la literatura chicana y la literatura boricua (*puertorriqueña*).

En el cuento que sigue el autor usa el dialecto puertorriqueño para mejor representar su mundo. En el dialecto hay unas diferencias básicas con el español que se usa en los libros de texto.

1. Los puertorriqueños suelen eliminar ciertos sonidos o sílibas; dicen **pa** en vez de **para; toa** en vez de **toda.**
2. La **s** final de sílaba = **h:**
   estás = **estah,** tomas = **tomah,** usted = **uhté**
3. La **r** final de sílaba = **l:**
   escribir = **escribil,** vergüenza = **velgüenza**

Práctica

¿Qué palabras representan las siguientes palabras de dialecto?

1. toa tu vida / te ha dao a ti / na / pa
2. ereh / loh hijoh / tieneh / uhté / caeh
3. seguil / muelto / teltulia

Pedro Juan Soto **(1928–).** Cuentista, novelista y dramaturgo puertorriqueño. Su libro más conocido es *Spiks*, una colección de cuentos sobre la vida en Nueva York. Su cuento «Garabatos» también trata los temas de la soledad, la pobreza y la desesperanza.

Garabatos

Scribblings

1

El reloj marcaba las siete y él despertó por un instante. Ni su mujer estaba en la cama, ni sus hijos en el camastro°. Sepultó° la cabeza bajo la almohada para ensordecer° el escándalo° que venía desde la cocina. No volvió a abrir los ojos hasta las diez, obligado ahora por las sacudidas° de Graciela.

cot / He buried
to silence / *el ruido*
shakings

Aclaró° la vista estregando° los ojos chicos y removiendo las lagañas°, sólo para distinguir el cuerpo ancho de su mujer plantado frente a la cama, en aquella actitud desafiante°. Oyó la voz estentórea° de ella.

He cleared / rubbing
blleariness
defiant / loud

—¡Quél ¿Tú piensah seguil echao toa tu vida? Parece que la mala barriga° te ha dao a ti. Sin embalgo, yo calgo el muchacho°.

belly
I'm carrying the child. (Refers to her pregnancy.) /

Todavía él no la miraba a la cara. Fijaba la vista en el vientre hinchado° en la pelota de carne que crecía diariamente.

swollen / abdomen

—¡Acaba de levantalte, condenao°! ¿O quiereh que te eche agua?

you bum

El gritó.—¡Me levanto cuando me salga di° adentro y no cuando uhté mandel ¡Adiós! ¿Qué se cree uhté?

de

Retornó la cabeza a las sábanas, oliendo las manchas de brillantina° en la almohada y el sudor pasmado° de la colcha°.

smelling the hair oil stains
stale sweat / bedspread

A ella le dominó la masa inerte del hombre: la amenaza° latente en los brazos quietos, la semejanza° del cuerpo al de un lagartijo° enorme.

threat
similarity / lizard

Ahogó° los reproches en un morder° de labios y caminó de nuevo hacia la cocina, dejando atrás la habitación donde chisporroteaba°, sobre el ropero°, la vela° ofrecida a San Lázaro. Dejando atrás la palma bendita del último Domingo de Ramos y las estampas° religiosas que colgaban de la pared.

She stifled / biting
flickering / wardrobe / candle
prints

Era un sótano donde vivían. Pero aunque lo sostuviera° la miseria, era un techo sobre sus cabezas. Aunque sobre este techo patearan y barrieran° otros inquilinos, aunque por las rendijas° lloviera basura, ella agradecía a sus santos tener dónde vivir. Pero Rosendo seguía sin empleo. Ni los santos lograban emplearlo. Siempre en las nubes, atento más a su propio desvarío° que a su familia.

supported
stomped and swept
cracks
whim

Sintió que iba a llorar. Ahora lloraba con tanta facilidad. Pensando: *Dios Santo si yo no hago más que parir° y parir como una perra y este hombre no se preocupa por buscar trabajo porque prefiere que el gobierno nos mantenga por correo mientras él se la pasa° por ahí mirando a los cuatro vientos como Juan Bobo y diciendo que quiere ser pintor.*

to give birth
spends his time

Detuvo el llanto apretando° los dientes, cerrando la salida de las quejas que pugnaban por hacerse grito.

by clenching

Se sentó a la mesa, viendo a sus hijos correr por la cocina. Pensando en el árbol de Navidad que no tendrían y los juguetes que mañana habrían de envidiarles a los demás niños. *Porque esta noche es Nochebuena y mañana es Navidad.*

—¡Ahora yo te dihparo° y tú te caeh muelto!

I'll shoot you

Los niños jugaban bajo la mesa.

—Neneh, no hagan tanto ruido, bendito...

—¡Yo soy Chen Otry°! —dijo el mayor.

Gene Autry

—¡Y yo Palón Casidi°!

Hopalong Cassidy

—Neneh, que tengo dolol de cabeza, por Dioh...

—¡Tú no ereh Palón na°! ¡Tú ereh el pillo° y yo te mato!

nada / bad guy

—¡No! ¡Maaamiii!

Graciela torció° el cuerpo y metió la cabeza bajo la mesa para verlos forcejear°.

twisted / wrestle

—¡Muchachos, salgan de ahí! ¡Maldita sea mi vida! ¡ROSENDO ACABA DE LEVANTALTE!

Los chiquillos corrían nuevamente por la habitación: gritando y riendo uno, llorando otro.

¡ROSENDO!

2

Rosendo bebía el café sin hacer caso de los insultos de la mujer.

—¿Qué piensah hacer hoy, buhcal trabajo o seguil por ahí, de bodega° en bodega y de bar en bar, dibujando° a to esoh vagoh°?

store
drawing / bums

El bebía el café del desayuno, mordiéndose los labios distraídamente°, fumando su último cigarrillo. Ella daba vueltas alrededor de la mesa, pasándose la mano por encima del vientre para detener los movimientos del feto.

distractedly

—Seguramente iráh a la teltulia° de los caricortaoh° a jugar alguna peseta prehtá°, creyéndote que el maná° va a cael del cielo hoy.

gathering / scarfaces / borrowed / manna

—Déjame quieto, mujer...

—Sí, siempre eh lo mihmo: ¡Déjame quieto! Mañana eh Crihmah y esoh muchachoh se van a quedal sin jugueteh.

—El Día de Reyeh en enero°.

—A Niu Yol° no vienen loh Reyeh. ¡A Niu Yol viene Santa Cloh°!

—Bueno, cuando venga el que sea, ya veremoh.

—¡Ave María Purísima, qué padre! ¡Dioh mío! ¡No te preocupan na máh que tuh garabatoh! ¡El altihta°! ¡Un hombre viejo como tú!

Se levantó de la mesa y fue al dormitorio, cansado de oír a la mujer. Miró por la única ventana. Toda la nieve caída tres días antes estaba sucia. Los días eran más fríos ahora porque la nieve estaba allí, hostilmente presente.

Rosendo se acercó al ropero para sacar de una gaveta° un envoltorio° de papeles. Sentándose en el alféizar°, comenzó a examinarlos. Allí estaban todas las bolsas del papel° que él había recogido para romperlas y dibujar. Dibujaba de noche, mientras la mujer y los hijos dormían. Dibujaba de memoria los rostros borrachos, los rostros angustiados de la gente de Harlem: todo lo visto y compartido en sus andanzas° del día.

Graciela decía que él estaba en la segunda infancia. Si él se ausentaba de la mujer quejumbrosa° y de los niños llorosos, explorando en la Babia° imprecisa de sus trazos a lápiz°, la mujer rezongaba° y se mofaba°.

Mañana era Navidad y ella se preocupaba porque los niños no tendrían juguetes. No sabía que esta tarde él cobraría diez dólares por un rótulo° hecho ayer para el bar de la esquina. Él guardaba esa sorpresa para Graciela. Como también guardaba la sorpresa del regalo de ella.

Para Graciela él pintaría un cuadro. Un cuadro que resumiría° aquel vivir juntos, en medio de carencias° y frustraciones. Un cuadro con un parecido° melancólico a aquellas fotografías tomadas en las fiestas patronales de Bayamón°. Las fotografías del tiempo del noviazgo°, que formaban parte del álbum de recuerdos de la familia.

A Graciela le agradaría, seguramente, saber que en la memoria de él no había muerto nada. Quizás después no se mofaría° más de sus esfuerzos.

Por falta de materiales, tendría que hacerlo en una pared y con carbón°. Pero sería suyo, de sus manos, hecho para ella.

3

A la caldera° del edificio iba a parar° toda la madera vieja e inservible que el superintendente traía de todos los pisos. De allí sacó Rosendo el carbón que necesitaba. Luego anduvo por el sótano buscando una pared. En el dormitorio no podía ser. Graciela no permitiría que él descolgara° sus estampas y sus ramos.

La cocina estaba demasiado resquebrajada° y sucia.

—Si necesitan ir al cuarto de baño —dijo a su mujer—, aguántense° o usen la ehcupidera°. Tengo que arreglar unoh tuboh.

Cerró la puerta y limpió la pared de clavos° y telarañas°. Bosquejó° su idea: un hombre a caballo, desnudo y musculoso, que se inclinaba para abrazar a una mujer desnuda también, envuelta en pelo negro que servía de origen a la noche.

el 6 de enero
New York / Santa Claus
el artista
drawer / bundle
window sill
paper bags
wanderings
complaining / daydream
pencil drawings / grumbled / sneered
sign
would summarize
deprivations / similarity
ciudad de Puerto Rico
engagement
she wouldn't mock
charcoal
boiler / wound up
take down
cracked
hold it
chamber pot
nails / spiderwebs / He sketched

Meticulosamente, pacientemente, retocó repetidas veces los rasgos° que no le satisfacían. Al cabo de unas horas, decidió salir a la calle a cobrar sus diez dólares, a comprar un árbol de Navidad y juguetes para sus hijos. De paso, traería tizas° de colores del «candy store». Este cuadro tendría mar y palmeras y luna. Y colores, muchos colores. Mañana era Navidad.

features
chalk

Graciela iba y venía por el sótano, corrigiendo a los hijos, guardando° ropa lavada, atendiendo a las hornillas encendidas°.

putting away
lighted burners

Él vistió su abrigo remendado°.

patched

—Voy a buhcal un árbol pa loh muchachoh. Don Pedro me debe dieh pesoh.

Ella le sonrió, dando gracias a los santos por el milagro de los diez dólares.

4

Regresó de noche al sótano, oloroso a whisky y a cerveza. Los niños se habían dormido ya. Acomodó° el árbol en un rincón de la cocina y rodeó° el tronco con juguetes.

Puso / surrounded

Comió el arroz con frituras°, sin tener hambre, pendiente° más de lo que haría luego. De rato en rato, miraba a Graciela, buscando en los labios de ella la sonrisa que no llegaba.

fritters / absorbed

Retiró° la taza quebrada que contuvo el café, puso las tizas sobre la mesa, y buscó en los bolsillos el cigarrillo que no tenía.

He removed

—Esoh muñecoh° loh borré°.

drawings / I erased

Él olvidó el cigarrillo.

—¿Ahora te dio por pintal suciedadeh°?

filth

Él dejó caer la sonrisa en el abismo de su realidad.

—Ya ni velgüenza° tieneh...

shame

Su sangre se hizo agua fría.

—...obligando a tus hijoh a fijalse en porqueríah°, en indecenciah... Loh borré y si acabó° y no quiero que vuelva sucedel.

filthy trash
that's the end of it

Quiso abofetearla° pero los deseos se le paralizaron en algún punto del organismo, sin llegar a los brazos, sin hacerse furia descontrolada en los puños°.

strike her
fists

Al incorporarse° de la silla, sintió que todo él se vaciaba° por los pies. Todo él había sido estrujado° por un trapo de piso° y las manos de ella le habían exprimido° fuera del mundo.

Upon rising / was draining / wrung out / rag for cleaning the floor / squeezed

Fue al cuarto de baño. No quedaba nada suyo. Sólo los clavos, torcidos° y mohosos°, devueltos a su lugar. Sólo las arañas vueltas a hilar°.

twisted
rusty / spiders spinning again

Aquella pared no era más que la lápida° ancha y clara de sus sueños.

gravestone

Comprensión

A. El contenido. Conteste las preguntas siguientes sobre el contenido del cuento.

1. Al principio, ¿dónde están y qué hacen los personajes?
2. ¿En qué día tiene lugar el cuento?
3. ¿En qué condición físcia está Graciela? ¿Cómo afecta su condición a su personalidad?
4. ¿Tiene empleo Rosendo? ¿Cómo se mantiene su familia?
5. ¿Qué decide regalarle a su esposa Rosendo?
6. ¿Por qué sale Rosendo del apartamento? Al regresar, ¿qué trae?
7. ¿Qué hizo Graciela cuando salió Rosendo? ¿Por qué lo hizo? Para Rosendo, ¿qué representaba el cuadro? ¿Y para Graciela?
8. Al final, ¿cómo se sintió Rosendo?
9. ¿Existe el amor entre Rosendo y Graciela? ¿Existía antes? ¿Qué pasó con el matrimonio? ¿Fue culpa de ellos o del ambiente?

B. El aspecto literario. Analice los siguientes aspectos del cuento.

1. **Los personajes.** ¿Cuántos y quiénes son? Descríbalos.
2. **El escenario.** Describa el escenario y el tiempo. Compare el escenario con el recuerdo de Puerto Rico de Rosendo.
3. **La acción.** ¿Hay mucha o poca acción? ¿Qué predomina en el cuento: la acción, la descripción o el diálogo? ¿Por qué? ¿Cuál es la acción culminante?
4. **El tono.** ¿Cómo es el tono principal del cuento? ¿Qué adjetivo(-s) mejor expresa(-n) la emoción central del cuento?
5. **El punto de vista.** ¿Quién narra el cuento? ¿Qué punto de vista representa? ¿De qué está tratando de convencerle al lector?
6. **El tema.** ¿Cuáles son unos de los temas? ¿Los presenta el autor de una manera directa o indirecta?
7. **Los símbolos.** ¿Qué simboliza este apartamento en el sótano? ¿Qué simboliza el cuadro en la pared del cuarto de baño? ¿el regalo de Rosendo a su esposa? ¿Hay otros símbolos? Explique.

Rodolfo «Corky» Gonzales (1928–). Periodista y autor chicano. Nació en Denver de una familia de obreros migratorios. Trabajó de boxeador, obrero migratorio y hombre de negocios pero también se dedicó al movimiento chicano y trató de ayudar a los chicanos a conseguir sus derechos.

«I am Joaquín / Yo soy Joaquín» es un poema largo; fue publicado en 1967 en una edición bilingüe. Es el primer poema por y para chicanos. Según Gonzales, el poema representa el orgullo y la unidad de todos los chicanos y su búsqueda (*quest*) para conocerse.

La selección que sigue es una versión abreviada del poema.

California: Unos obreros migratorios cosechan fresas.

Yo soy Joaquín

Yo soy Joaquín,
perdido en un mundo de confusión,
enganchado° en el remolino° de una
sociedad gringa,
confundido por las reglas,
despreciado° por las actitudes,
sofocado por manipulaciones,
y destrozado° por la sociedad moderna.
Mis padres
perdieron la batalla económica
y conquistaron
la lucha de supervivencia cultural.
Y ¡ahora!
yo tengo que escojer
en medio
de la paradoja de
triunfo del espíritu,
a despecho de° hambre física,
o
existir en la empuñada°
de la neurosis social americana,
esterilización del alma
y un estómago repleto°.

caught up / whirlwind
scorned
destroyed
despite
grasp
lleno

Sí,
vine de muy lejos a ninguna parte,
desinclinadamente° arrastrado° por ese — unwillingly / dragged
gigante, monstruoso, técnico, e
industrial llamado
Progreso
y éxito angloamericano...
Yo mismo me miro.
Observo a mis hermanos.
Lloro lágrimas de desgracia.
Siembro semillas° de odio. — I sow seeds
Me retiro a la seguridad dentro del
círculo de vida—
MI RAZA.

. . . .

Aquí estoy parado° — Here I stand
enfrente la corte de justicia,
culpable
por toda la gloria de mi Raza
a ser sentenciado a desesperación.
Aquí estoy parado,
pobre en dinero,
arrogante con orgullo,
valiente con machismo,
rico en valor
y
adinerado° de espíritu y fe. — *rico*
Mis rodillas° están costradas° con barro°. — knees / caked / mud
Mis manos ampolladas° del azadón°. — calloused / hoe
Yo he hecho al gringo rico,
aún
igualdad es solamente una palabra—
el Tratado de Hidalgo ha sido roto
y es solamente otra promesa traicionera.
Mi tierra está perdida
y robada,
Mi cultura ha sido desflorada°. — raped
Alargo° — I lengthen
la fila en la puerta del beneficio° — welfare
y lleno las cárceles con crimen.
Estos son
pues los regalos
que esta sociedad tiene
para los hijos de jefes
y reyes
y revolucionarios sanguinosos°, — bloody
quienes
dieron a gente ajena
todas sus habilidades e ingeniosidad
para adoquinar° la vía con sesos° y sangre — to pave / brains
para
esas hordas° de extranjeros hambrientos — hordes
por oro,

quienes
cambiaron nuestro idioma
y plagiaron° nuestros hechos
como acciones de valor
de ellos mismos.
Desaprobaron° de nuestro modo de vivir
y tomaron lo que podían usar.
Nuestro arte,
nuestra literatura,
nuestra música, ignoraron—
así dejaron las cosas de valor verdadero
y arrebataron° a su misma destrucción
con su gula° y avaricia.
Disimularon° aquella fontana purificadora
de naturaleza y hermandad
la cual es Joaquín.
El arte de nuestros señores excelentes
Diego Rivera,
Siqueiros,
Orozco, es solamente
otro acto de revolución para
la salvación del género humano.
Música de mariachi, el
corazón y el alma
de la gente de la tierra,
la vida de niño
y la alegría del amor.

plagiarized
They disapproved
grabbed
gluttony
They overlooked

Texas: Una familia hispana con una cometa

. . . .

Lloro lágrimas de angustia° — anguish
cuando veo a mis hijos desaparecer
detrás de la mortaja° de mediocridad, — shroud
para jamás reflexionar o acordarse de mí.
Yo soy Joaquín.
Debo pelear° — to fight
y ganar la lucha
para mis hijos, y ellos
deben saber de mí,
quién soy yo.
Parte de la sangre que corre hondo° en mí — deep
no pudo ser vencida por los moros.
Los derroté° después de quinientos años — I defeated
y yo perduré°. — I endured
La parte de sangre que es mía
ha obrado° infinitamente cuatrocientos — has worked
años debajo el talón° de europeos — heel
lujuriosos°. — lustful
¡Y todavía estoy aquí!
He perdurado en las montañas escarpadas° — rugged
de nuestro país.
He sobrevivido los trabajos y esclavitud
de los campos.
Yo he existido
en los barrios de la ciudad
en los suburbios de intolerancia
en las minas de snobismo social
en las prisiones de desaliento° — dejection
en la porquería° de explotación — indecency
y
en el calor feroz de odio racial.
Y ahora suena la trompeta,
la música de la gente incita la
revolución.
Como un gigantón soñoliento° lentamente — sleepy
alza su cabeza
al sonido de
patulladas° — tramping feet
voces clamorosas
tañidos° de mariachis — strains
explosiones ardientes de tequila
el aroma de chile verde y
ojos morenos, esperanzosos° de una — hopeful
vida mejor.
Y en todos los terrenos fértiles,
los llanos áridos° — barren plains
los pueblos montañeros,
ciudades ahumadas°, — smoky
empezamos a AVANZAR.
¡La Raza!
¡Mejicano!

¡Español!
¡Latino!
¡Hispano!
¡Chicano!
o lo que me llame yo,
yo parezco lo mismo
yo siento lo mismo
yo lloro
y
canto lo mismo.
Yo soy el bulto° de mi gente y
yo renuncio° ser absorbido.
Yo soy Joaquín.
Las desigualdes son grandes
pero mi espíritu es firme,
mi fé impenetrable,
mi sangre pura.
Soy príncipe azteca y Cristo cristiano.
¡YO PERDURARÉ!
¡YO PERDURARÉ!

bulto: masses
renuncio: I refuse

Comprensión

El contenido. Conteste las siguientes preguntas.

1. ¿Quién es Joaquín? ¿Qué representa?
2. Haga una lista de adjetivos y sustantivos que el autor usa para describir la cultura anglosajona y la cultura chicana. ¿En qué cultura vive Joaquín? ¿Cuál prefiere?
3. Hay tres partes distintas del poema. En la primera parte, ¿qué tiempo (*tense*) verbal predomina? Dé ejemplos. Haga una lista de los adjetivos en los primeros versos (*lines of poetry*). ¿Qué adjetivo mejor describe el tono del autor en esta parte?
4. En la segunda parte el autor menciona personas, objetos, costumbres y tradiciones que están relacionados con el orgullo mexicano. Haga una lista de estas cosas. ¿Qué tiempo verbal predomina en la segunda parte?
5. En la parte final hay un cambio en la actitud del autor. ¿Qué tiempo verbal predomina? Dé ejemplos. ¿Por qué usa el autor este tiempo verbal?
6. ¿Qué palabras mejor caracterizan las tres partes del poema?
7. ¿Qué punto de vista representa el autor?

Bienvenidos al Perú, a Chile y a la Argentina

Las Cataratas de Iguazú

Geografía y clima	**El Perú.** Tercer país más grande de Sudamérica. Tres regiones distintas: el oeste—la costa, el centro—las montañas, el este—el Río Amazonas y la selva, que ocupa más de la mitad del territorio. **Chile.** País largo y angosto entre el Pacífico y los Andes. Casi 3.000 kilómetros de costa. Norte—desierto de Atacama, la región más seca del mundo; valle central—tierras fértiles y clima templado como en California; montañas—centros de esquí. **La Argentina.** Segundo país más grande de Sudamérica. Grandes variaciones geográficas. Parte central—la pampa (*grasslands*); norte—El Chaco con ríos y árboles; sur—Patagonia con lagos y glaciares.
Población	**El Perú:** 21.300.000 habitantes. Indios, mestizos y una minoría de origen europeo; los indios son 46% de la población. **Chile:** 12.600.000 habitantes. Mestizos y blancos. En el sur la población es de origen inglés, irlandés, alemán o yugoslavo. **Argentina:** 32.000.000 habitantes. Población blanca de origen europeo.
Moneda	**El Perú:** el inti. **Chile:** el peso. **La Argentina:** el austral.
Economía	Los tres países tienen mucha inflación, grandes deudas externas y problemas políticos internos. **El Perú:** La industria minera—el

	cobre, la plata, el plomo y otros metales; la pesca; el petróleo. **Chile:** El cobre, las uvas y el vino. **La Argentina:** Productos agrícolas como la carne, el trigo y la lana; los automóviles.
Influencia cultural	**El Perú:** Gran movimiento indigenista; orgullo e inspiración en sus antiguas tradiciones. **Chile:** Aislado de sus vecinos; no se parece mucho a los otros países de Latinoamérica. **La Argentina:** Aislado del resto de Latinoamérica; mira más hacia Europa: predomina la influencia francesa en la cultura y la inglesa en la economía.

Práctica

Usando el mapa y la información dada conteste las siguientes preguntas.

A. El Perú.

1. ¿Cuál es la capital del Perú? ¿Cuáles son otras ciudades importantes? ¿Dónde están?
2. ¿Qué países están cerca del Perú?
3. ¿Cómo se llama el río en el noreste del Perú? ¿Cómo es el territorio cerca del río?
4. Hay tres regiones geográficas en el Perú. ¿Cuáles y cómo son?
5. ¿Qué ventajas y desventajas ofrece la geografía del Perú?

B. Chile.

1. ¿Cuál es la capital de Chile? ¿Cuál es otra ciudad importante? ¿Dónde está?
2. ¿Qué países están cerca de Chile?
3. ¿Qué hay en el norte de Chile? Descríbalo.
4. ¿Qué hay en el oeste de Chile?
5. Estudiando la geografía de Chile, ¿qué industrias y deportes tendrá?
6. ¿Qué ventajas y desventajas ofrecen la geografía y el clima de Chile?

SUDAMÉRICA
CUBA
HAITÍ
REPÚBLICA DOMINICANA
JAMAICA
PUERTO RICO
MAR CARIBE
GOLFO DE VENEZUELA
TOBAGO
TRINIDAD
Barranquilla
Cartagena
Maracaibo
Barquisimeto
Valencia
Caracas
Río Orinoco
PANAMÁ
GUAYANA BRITÁNICA
Georgetown
Paramaribo
GUAYANA FRANCESA
Cayena
SURINAM
VENEZUELA
Cúcuta
Bucaramanga
Medellín
Manizales
Ibagué
Bogotá
Cali
Pasto
ANDES
LLANOS
LOS
COLOMBIA
ECUADOR
Quito
ECUADOR
Guayaquil
GOLFO DE GUAYAQUIL
Río Negro
Río Amazonas
Río Madeira
Río Marañón
CORDILLERA
PERÚ
Lima
Callao
B R A S I L
MESETA DEL MATO GROSSO
Brasilia
BOLIVIA
Lago Titicaca
La Paz
Cochabamba
Lago Poopó
Sucre
Machu Picchu
Arequipa
ALTIPLANO
DESIERTO DE ATACAMA
GRAN CHACO
Río Paraguay
Río Pilcomayo
PARAGUAY
Concepción
Asunción
Villarrica
Cataratas del Iguazú
São Paulo
Río de Janeiro
San Miguel de Tucumán
Río Paraná
Río Uruguay
Córdoba
Santa Fe
Mendoza
Valparaíso
Santiago
CHILE
LOS ANDES
CORDILLERA DE LOS ANDES
ARGENTINA
PAMPA
Buenos Aires
La Plata
URUGUAY
Montevideo
RÍO DE LA PLATA
Mar del Plata
Bahía Blanca
Río Limay
MAR ARGENTINO
CORDILLERA
PATAGONIA
BAHÍA GRANDE
Estrecho de Magallanes
ISLAS MALVINAS
ISLA GRANDE DE TIERRA DEL FUEGO
Cabo de Hornos
GEORGIAS DEL SUR
OCÉANO PACÍFICO
OCÉANO ATLÁNTICO
Escala de kilómetros
0 100 300 500 700 900 1100
0 100 300 500 700
Escala de millas

C. La Argentina.

1. ¿Cuál es la capital de la Argentina? ¿Cuáles son otras ciudades importantes? ¿Dónde están?
2. ¿Qué países están cerca de la Argentina?
3. ¿Dónde está y qué es la pampa? ¿Para qué se usa?
4. ¿Qué ríos hay en la Argentina?
5. ¿Qué ríos hay en la frontera (*border*) entre la Argentina, el Brasil y Paraguay? ¿Qué forman los ríos?
6. ¿Cuáles son las ventajas y las desventajas de la geografía de la Argentina?

D. El aislamiento (*isolation*). Se dice que el Perú, Chile y la Argentina están aislados de los otros países de Latinoamérica. ¿Qué produce este aislamiento? ¿Cuáles son los resultados?

El Perú: Machu Picchu

CAPÍTULO 13

La llegada a Lima

Lima: La Plaza San Martín

Primera situación

Presentación En el aeropuerto Jorge Chávez

Práctica y conversación

A. ¿Qué pasa? Cuente lo que pasa en el dibujo.

B. Definiciones. Explíquele las siguientes palabras a un(-a) compañero(-a) de clase.

la pista / la etiqueta / el boleto de ida y vuelta / el despegue / la azafata / la tarjeta de embarque / un vuelo sin escala

C. **¡Buen viaje!** ¿Qué hace Ud. cuando viaja en avión? Ordene las siguientes oraciones en forma lógica.

____________ Sube al avión.
____________ Reclama el equipaje.
____________ Compra un boleto.
____________ Se abrocha el cinturón.
____________ Confirma la reservación.
____________ Factura el equipaje.
____________ Desembarca.

D. **Entrevista.** Hágale preguntas a su compañero(-a) de clase. Pregúntele...

1. si le gusta viajar en avión. ¿Por qué?
2. qué línea aérea prefiere.
3. si prefiere un vuelo directo. ¿Por qué?
4. dónde prefiere sentarse en el avión.
5. si lleva mucho equipaje cuando viaja. ¿Por qué?
6. qué hace si pierde el avión.

Vocabulario activo

En el aeropuerto	At the airport
el billete / el boleto de ida y vuelta	*round-trip ticket*
el control de seguridad	*security check*
la etiqueta	*luggage tag*
la línea aérea	*airline*
la maleta	*suitcase*
el maletero	*porter*
el maletín	*briefcase*
el pasaje **(A)** / la tarifa **(E)**	*fare*
el (la) pasajero(-a)	*passenger*
la pista	*runway*
la sala de reclamación de equipaje	*baggage claim area*
el talón	*baggage claim check*
la terminal	*terminal*
el vuelo internacional / nacional	*international / domestic flight*
confirmar / hacer una reservación	*to confirm / make a reservation*
facturar el equipaje	*to check luggage*
perder (ie) el avión	*to miss the plane*
reclamar el equipaje	*to claim luggage*

A bordo	On board
el(la) aeromozo(-a) **(A)** / el (la) camarero(-a) / la azafata **(E, S. Am.)**	*flight attendant*
el asiento al lado de la ventanilla / del pasillo	*window / aisle seat*
el aterrizaje	*landing*
el despegue	*takeoff*
el equipaje de mano	*hand (carry-on) luggage*
la fila	*row*
la sección de (no) fumar	*(no) smoking section*
la tarjeta de embarque	*boarding pass*
un vuelo directo / sin escala	*direct / nonstop flight*
abordar / subir al avión	*to board*
abrocharse / desabrocharse el cinturón de seguridad	*to fasten / unfasten one's seatbelt*
aterrizar	*to land*
bajar del avión / desembarcar	*to get off of the plane*
caber debajo del asiento	*to fit under the seat*
despegar	*to take off*
hacer escala	*to stop over*
volar (ue)	*to fly*

ASÍ SE HABLA

Traveling by plane

Lima, Perú: El aeropuerto Jorge Chávez

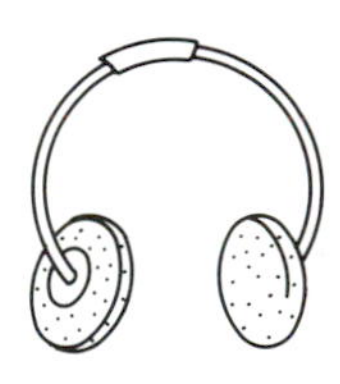

¿Qué oyó Ud.?

Escuche la conversación entre una pasajera y una empleada de la aerolínea AeroPerú en el aeropuerto de Lima. Tome los apuntes que considere necesarios y luego conteste las siguientes preguntas.

1. ¿Qué tiene que hacer la pasajera antes de facturar su pasaje? ¿Qué problema hubo con esto?
2. ¿Cuánto tiempo falta para que salga el vuelo? ¿Hay algún problema con esto?
3. ¿Qué tipo de relación se establece entre los participantes? ¿formal? ¿informal? ¿amable? ¿conflictiva? ¿Por qué piensa Ud. eso?
4. ¿Se podría llevar a cabo esta interacción en los Estados Unidos? Explique.
5. Si Ud. estuviera en esa situación, ¿cómo se sentiría? ¿satisfecho(-a)? ¿molesto(-a)? ¿tranquilo(-a)? ¿intranquilo(-a)? ¿Por qué?

When you are traveling by plane, you can use the following expressions.

Quiero un pasaje de ida y vuelta a...	*I want a round-trip ticket to . . .*
Quiero un pasaje de ida, nada más.	*I only want a one-way ticket.*
Quiero sentarme al lado de la ventanilla / del pasillo / en el medio.	*I want to sit by the window / aisle / in the middle.*
¿A qué hora sale el vuelo / el avión?	*At what time does the flight / plane leave?*
¿A qué hora empiezan a abordar?	*At what time do you start boarding?*
El vuelo está retrasado / sale a la hora.	*The flight is late / is leaving on time.*
El vuelo número... sale por la puerta número...	*Flight number . . . leaves through gate number . . .*
Facture su equipaje.	*Check your luggage.*
Muestre su tarjeta de embarque.	*Show your boarding pass.*
Cargue su equipaje de mano.	*Take your hand luggage.*
Ponga su equipaje de mano debajo del asiento delantero.	*Put your hand luggage under the seat in front (of you).*
Abróchense el cinturón.	*Fasten your seatbelt.*
Observen el aviso de no fumar.	*Observe the no-smoking sign.*
Ubiquen las salidas de emergencia.	*Find the emergency exits.*

EN CONTEXTO

EMPLEADA Ahora dígame, por favor, ¿prefiere la sección de fumar o no fumar?

PILAR No fumar, por favor.

EMPLEADA **¿Y prefiere sentarse al lado de la ventanilla o del pasillo?**

PILAR Al lado de ventanilla, si fuera posible.

■ Práctica y conversación

A. De viaje. ¿Qué dice Ud. si está en un aeropuerto y necesita lo siguiente?

1. Un pasaje de Nueva York a Lima.
2. Un pasaje de Nueva York a Lima con regreso a Nueva York.
3. Ud. no fuma.
4. Un asiento que le permita mirar por la ventana durante el vuelo.
5. Ud. tiene dos maletas.
6. Ud. quiere hacer unas compras pero no sabe si tiene tiempo antes que salga su avión.

B. **¡Voy a Lima!** Con un(-a) compañero(-a), haga los papeles en el siguiente diálogo.

VIAJERO(-A) Buenos días, necesito un pasaje para Lima.
EMPLEADO(-A) Muy bien. ¿Quiere uno de ________ o sólo de ________?
VIAJERO(-A) No, de ____________ porque tengo que regresar aquí, a los Estados Unidos.
EMPLEADO(-A) ¿Cuándo quiere salir?
VIAJERO(-A) ____________.
EMPLEADO(-A) Y, ¿cuándo desea regresar?
VIAJERO(-A) ____________.
EMPLEADO(-A) Muy bien, yo le puedo arreglar todo. ¿Dónde quisiera sentarse? ¿Prefiere ____________ o ____________?
VIAJERO(-A) Yo no fumo o sea que prefiero ____________.
EMPLEADO(-A) Y, ¿qué asiento prefiere, ____________ o ____________?
VIAJERO(-A) Prefiero ____________, si fuera tan amable.
EMPLEADO(-A) Muy bien. Aquí tiene su ____________ y su ____________. ¡Que tenga un feliz viaje!

C. **¡Vámonos a la América del Sur!** En grupos, dramaticen la siguiente situación. Algunos estudiantes están planificando un viaje a la América del Sur. Van a una agencia de viajes y piden información sobre los vuelos, el horario, el costo de los pasajes, etc. El (la) empleado(-a) les dará la información que soliciten y también les hará algunas preguntas.

Estructuras

Describing past wants, advice, and doubts

Imperfect subjunctive

The imperfect subjunctive is used to express the same functions as the present subjunctive; the main difference is that the situations requiring the use of the imperfect subjunctive occurred in the past.

IMPERFECT SUBJUNCTIVE OF REGULAR VERBS

VOLAR	PERDER	SUBIR
vol**ara**	perdi**era**	subi**era**
vol**aras**	perdi**eras**	subi**eras**
vol**ara**	perdi**era**	subi**era**
volá**ramos**	perdié**ramos**	subié**ramos**
vol**arais**	perdie**rais**	subie**rais**
vol**aran**	perdie**ran**	subie**ran**

A. To obtain the stem for the imperfect subjunctive, drop the **-ron** ending from the third-person plural form of the preterite: **volaron → vola-; perdieron → perdie-; subieron → subie-.** To this stem, add the endings that correspond to the subject: **-ra, -ras, -ra, -ramos, -rais, -ran.** Note the written accent on the first-person plural form.

B. There are no exceptions in formation of the imperfect subjunctive. Thus, the imperfect subjunctive will show the same irregularities as the preterite.

-i- Stem		**-j- Stem**		**-u- Stem**		**-y- Stem**	
hacer	hiciera	decir	dijera	andar	anduviera	caer	cayera
querer	quisiera	traer	trajera	estar	estuviera	creer	creyera
venir	viniera			poder	pudiera	leer	leyera
				poner	pusiera	oír	oyera
				saber	supiera		
				tener	tuviera		

-CIR Verbs		**-UIR Verbs**	
traducir	tradujera	construir	construyera

OTHER IRREGULAR STEMS

dar	diera	ir	fuera
haber	hubiera	ser	fuera

STEM-CHANGING VERBS

e → i		**o → u**	
pedir	pidiera	dormir	durmiera

The imperfect subjunctive of **hay** (**haber**) is **hubiera.**

C. The same expressions that require the use of the present subjunctive also require the use of the imperfect subjunctive. The present subjunctive is usually used when the verb in the main clause is in the present tense. When the verb in the main clause is in a past tense, then the imperfect subjunctive is used.

Dudan que despeguemos a tiempo.	*They doubt that we will take off on time.*
Dudaban que **despegáramos** a tiempo.	*They doubted that we would take off on time.*

La azafata les dice a todos los pasajeros que se abrochen el cinturón.	*The stewardess tells all the passengers to fasten their seatbelt.*
La azafata les dijo a todos los pasajeros que **se abrocharan** el cinturón.	*The stewardess told all the passengers to fasten their seatbelt.*

D. In Spain and in certain other Spanish dialects, an alternate set of endings for the imperfect subjunctive is commonly used: **-se, -ses, -se, -semos, -seis, -sen.** You will see these forms frequently in reading selections.

EN CONTEXTO

EMPLEADA Primero, Ud. tiene que pasar por Seguridad.
PILAR Pero ese señor que está allá me dijo que primero **pasara** por aquí.

Práctica y conversación

A. Mi primer viaje. ¿Recuerda su primer viaje en avión? Explique lo que era necessario hacer.

MODELO comprar los boletos dos semanas antes del viaje
Era necesario que yo comprara los boletos dos semanas antes del viaje.

1. hacer una reservación
2. estar en el aeropuerto con una hora de anticipación
3. ir a la terminal internacional
4. tener el pasaporte
5. saber el número del vuelo
6. poner el equipaje de mano debajo del asiento

B. En la terminal. Diga lo que un empleado de una línea aérea les aconsejó a los pasajeros.

Les aconsejó que…

poner las etiquetas en las maletas / facturar todo el equipaje / pasar por el control de seguridad / averiguar el número del vuelo / tener lista la tarjeta de embarque / abordar el avión a tiempo

C. A bordo. Ud. acaba de regresar de un viaje por la América del Sur. Cuéntele a un(-a) compañero(-a) qué fue necesario que Ud. hiciera antes de salir de viaje y qué consejos le dieron sus familiares.

Discussing contrary-to-fact situations

If-clauses with imperfect subjunctive and the conditional

Contrary-to-fact ideas are often joined with another idea to express what would or would not be done if a certain situation were true. *If I had the money, I would go to Peru.*

A. When a clause introduced by **si** (*if*) expresses a contrary-to-fact situation or an improbable idea, the verb in this clause must be in the imperfect subjunctive. The verb in the main or resultant clause must be in the conditional.

Contrary-to-fact situation

Si tuviera tiempo, te **llevaría** al aeropuerto. — *If I had time* (which I don't), *I would take you to the airport.*

Improbable situation

Si abordáramos ahora mismo, no **llegaríamos** a Lima hasta las 10. — *If we were to board right now* (which is unlikely), *we wouldn't arrive in Lima until 10:00.*

EN CONTEXTO

PILAR Señorita, por favor, ¿a qué hora sale el vuelo?
EMPLEADA Sale a la hora, a las tres y cuarto de la tarde, es decir, dentro de cuarenta y cinco minutos.
PILAR ¡Qué problema! **Si tuviera** tiempo, **podría** comprar algunas cosas aquí en el aeropuerto.

■ Práctica y conversación

A. Si yo fuera aeromozo(-a)... Si Ud. fuera aeromozo(-a) ¿qué haría?

Si yo fuera aeromozo(-a)...

recoger las tarjetas de embarque / ayudar a los pasajeros / servir refrescos / hablar con los pilotos / contestar las preguntas de los pasajeros / prepararles las comidas a los pasajeros / viajar mucho

B. Un viaje a Latinoamérica. Explique bajo qué condiciones Ud. iría a Latinoamérica.

Iría a Latinoamérica si...

hablar bien el español / ganar mucho dinero en la lotería / no preocuparme por los estudios / tener más tiempo / conocer a alguien que quisiera viajar conmigo / ¿?

C. ¿Qué haría Ud.? Complete las siguientes oraciones de una manera lógica.

1. Si yo pudiera viajar a un lugar, ___________.
2. ___________ si tuviera mucho dinero.
3. Si pudiera ser otra persona, ___________.
4. Me gustaría ___________ si ___________.
5. Si yo tuviera tiempo, ___________.

D. ¿Qué harían Uds.? En grupos, dos estudiantes hablan de lo que harían si pudieran viajar a un país extranjero. El (La) tercer(-a) estudiante toma apuntes y luego informa a la clase de lo discutido.

Segunda situación

Presentación ¡Qué gusto de verte!

Práctica y conversación

A. **¿Qué pasa?** Cuente lo que pasa en el dibujo.

B. **En el aeropuerto.** Complete las siguientes oraciones de una manera lógica.

1. Según __________, mi vuelo debe llegar a las 8:30.
2. Ya son las nueve; mi vuelo va a llegar __________.
3. Si mis amigos quieren saber la llegada de mi vuelo, pueden mirar __________.
4. Mientras yo paso por la aduana, mis amigos me esperan en __________.
5. El aduanero me pregunta,—¿Tiene Ud. algo que __________?
6. Luego, el aduanero hace __________.
7. No tengo que pagar una multa porque sólo llevo cosas que son __________.

C. **Creación.** ¿De qué hablan las varias personas que están en el dibujo de la **Presentación**? Con uno o dos compañeros(-as) de clase, escoja un grupo y dramatice su conversación.

Vocabulario activo

La llegada / la salida	***Arrival / departure***
la demora	*delay*
el horario de vuelos	*flight schedule*
la puerta	*gate*
la sala de espera	*waiting room*
abrazar	*to hug, embrace*
besar	*to kiss*
cancelar	*to cancel*
despedir (i)	*to see someone off*
llegar a tiempo / adelantado / retrasado	*to arrive on time / early / late*
recibir a alguien	*to meet someone (who is arriving)*
con destino a	*destination*
procedente de	*arriving from*
La aduana	***Customs***
el (la) aduanero(-a)	*customs agent*
el certificado de sanidad / la partida de nacimiento / el pasaporte / la visa	*health certificate / birth certificate / passport / visa*
el control de pasaportes	*passport control*
la declaración de aduana	*customs declaration*
los efectos personales	*personal effects*
la inspección del equipaje	*baggage inspection*
la multa	*fine*
confiscar	*to confiscate*
declarar	*to declare*
pasar de contrabando	*to smuggle*
pasar por la aduana	*to go through customs*
registrar	*to search*
libre de derechos de aduana	*duty free*

ASÍ SE HABLA

Expressing happiness and affection

Miraflores: Un barrio de Lima

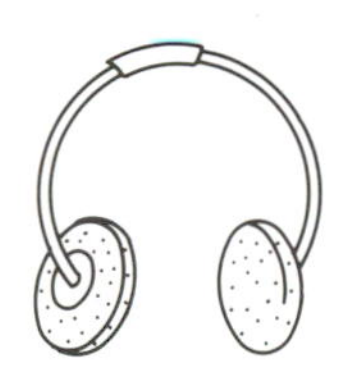

¿Qué oyó Ud.?

Escuche la conversación entre esta pareja. El esposo llega de un viaje por el extranjero. Tome los apuntes que considere necesarios y luego conteste las siguientes preguntas.

1. ¿Dónde se lleva a cabo esta interacción?
2. ¿Qué tipo de relación tienen las personas que participan en esta interacción? Explique. ¿Hay alguna persona que tiene mayor autoridad? Justifique su opinión.
3. ¿De dónde viene el esposo?
4. ¿Qué quiere Osvaldo que él y su esposa hagan? ¿Por qué?
5. ¿Por qué tardan mucho los señores Goicochea y Perata?
6. Si Ud. fuera uno de los personajes, ¿actuaría de la misma manera? Explique.

When you want to express happiness or affection, you can use the following expressions.

Expressing happiness:

¡Qué maravilla / macanudo / estupendo / chévere!	*How wonderful!*
¡Qué alegría!	*How marvelous!*
¡Estoy muy feliz / contento(-a)!	*I'm very happy!*
No podría ser mejor.	*It couldn't be any better.*
No pudo haber sido mejor.	*It couldn't have been better.*
¡Gracias a Dios!	*Thank God!*

Expressing affection:

Te quiero (mucho).	*I love you (very much).*
Eres un amor / adorable / increíble.	*You are very nice / adorable / incredible.*
Corazón / Mi amor / Mi cielo.	*My love.*
Querido(-a).	*Dear.*

In addition to these phrases, you can also express affection by using diminutives. For example, Rosita, Sarita, Joselito, hijito(-a), mamita, mamacita, papito, papacito, etc.

EN CONTEXTO

SOFÍA Ay, **mi amor, ¡qué maravilla** verte! ¿Qué tal el vuelo?

OSVALDO ¡Muy bien, muy bien! ¡Qué gusto estar de regreso! ¿Cómo están los chicos?

SOFÍA Están muy bien, mi amor. Están esperándote en la casa.

■ Práctica y conversación

A. ¡Qué maravilla! ¿Qué dice Ud. en las siguientes situaciones?

1. Su compañero(-a) de clase sacó una beca para estudiar en la Universidad Católica de Lima.
2. Ud. sacó una «A» en su examen de español.
3. Su novio(-a), a quien Ud. no ve hace mucho tiempo, va a venir a visitarlo(la).
4. Su novio(-a) llega.
5. Ud. tiene mucha hambre y su compañero(-a) de cuarto le trae su comida favorita.
6. Ud. recibe una llamada telefónica y le dicen que ha ganado $100.000,00.

B. ¡Por fin en Lima! Ud. ha llegado a casa de un(-a) amigo(-a) muy querido(-a) en Lima. El (Ella) está muy contento(-a) de verlo(la). Con un(-a) compañero(-a), complete el siguiente diálogo.

USTED Hola, ___________. ¡Cuánto tiempo que no nos veíamos!
SU AMIGO(-A) ___________. ¿Tuviste un buen viaje?
USTED ___________. El vuelo fue excelente, la comida exquisita y dormí bastante.
SU AMIGO(-A) ¡___________!
USTED ¿Y tú? ¿Cómo estás? Cuéntame.
SU AMIGO(-A) ¡Imagínate! Ayer me gradué y mis padres me ofrecieron un viaje a París o un carro. ¡No sé qué hacer!
USTED ___________. ¿Y cuál vas a escoger?
SU AMIGO(-A) Ninguno de los dos porque sólo te estaba bromeando. Sólo quería ver qué decías.

C. ¡Qué gusto de verte! En grupos, dramaticen la siguiente situación. Ud. llega a Arequipa para ver a su antiguo(-a) compañero(-a) de cuarto. Su amigo(-a) lo(la) espera en el aeropuerto con sus padres. Ud. les cuenta de su viaje y que ha ganado una beca para el año siguiente para estudiar en Lima. Ellos le cuentan que su amigo(-a) se va a casar pronto.

Estructuras

Linking ideas

Relative pronouns: que *and* quien

Relative pronouns are used to link clauses together, providing smooth transitions from one idea to another. The most common English relative pronouns *that, which, who,* and *whom* are often expressed in Spanish with **que** and **quien(-es).**

A. Que = *that, which, who.*

1. **Que** is the most commonly used relative pronoun; it may be used as a subject or object of a verb and may refer to a person or thing.

Mañana vamos al Cuzco, **que** fue la capital del imperio incaico. Un turista **que** conocí ayer me dijo **que** es una ciudad muy hermosa e interesante.	*Tomorrow we're going to Cuzco, which was the capital of the Inca empire. A tourist that I met yesterday told me that it is a very beautiful and interesting city.*

2. **Que** may also be used after short prepositions such as **a, con, de,** or **en** to refer to a place or thing.

El museo **de que** te hablé antes es el famoso Museo de Oro.	*The museum I talked to you about before is the famous Gold Museum.*

B. Quien(-es) = *who, whom.*

1. The relative pronoun **quien(-es)** is used after prepositions to refer to people.

Las dos mujeres **con quienes** viajo son mis primas.	*The two women with whom I am traveling are my cousins.*

2. Quien(-es) may also be used to introduce a nonrestrictive clause, that is a clause set off by commas that is almost an aside and not essential to the meaning of the sentence.

El Sr. Rivas, **quien** es nuestro guía, dijo que saldremos el sábado para Arequipa.	*Sr. Rivas, who is our guide, said that we will leave Saturday for Arequipa.*

In spoken language, **que** is generally used in these nonrestrictive clauses; **quien(-es)** is more often used in written language.

C. The relative pronoun is often not necessary in English. In Spanish, the relative pronoun must be used to join two clauses.

Esos edificios **que** ves a la derecha son de la Universidad de San Marcos.	*Those buildings (that) you see on the right belong to the University of San Marcos.*
No conozco a todas las personas **con quienes** viajo.	*I don't now all the people (that) we are traveling with.*

EN CONTEXTO

OSVALDO Sofía, mira... Hay dos señores con **quienes** vine de Nueva York **que** no tienen cómo irse a su hotel y yo les dije **que** en vez de tomar un taxi nosotros los podríamos llevar.

■ Práctica y conversación

A. Un viaje estudiantil. Explique quiénes son las siguientes personas.

MODELO el Sr. Ochoa / el agente de viajes / hacernos las reservaciones
El Sr. Ochoa es el agente de viajes que nos hizo las reservaciones.

1. Paco / el chico / perder el avión
2. Susana / la chica / no tener el pasaporte
3. la Sra. Blanca / la profesora / recibirnos en el aeropuerto
4. el Sr. Gómez / el aduanero / registrar nuestras maletas
5. María / la chica / pagar una multa
6. la Srta. Valle / la aduanera / confiscarnos la fruta
7. el Sr. Flores / el profesor / despedirnos en el aeropuerto

B. ¿Quiénes son? Explique quiénes son estas personas. Siga el modelo.

MODELO El Sr. Ochoa es el agente de viajes. Hablé con el Sr. Ochoa el viernes.
El Sr. Ochoa es el agente de viajes con quien hablé el viernes.

1. José y Julio son gemelos. Conocí a José y a Julio en el aeropuerto.
2. Susana es una amiga mía. Viajé con Susana a Machu Picchu.
3. Mario es el piloto. Hablé de Mario ayer.
4. La Sra. Blanca es la profesora. Compré un regalo para la Sra. Blanca.
5. Los González son nuestros amigos. Fuimos al museo con los González.
6. Mariana es la azafata. Le di la tarjeta de embarque a Mariana.

C. ¿Quién es? Complete las siguientes oraciones de una manera lógica.

1. Mi mejor amigo(-a) es la persona ___________.
2. El(La) profesor(-a) de español es la persona ___________.
3. Mi novio(-a) es la persona ___________.
4. Mis padres son las personas ___________.
5. Mi compañero(-a) de clase es la persona ___________.

D. ¡No conozco a nada ni a nadie! En grupos, dramaticen esta situación. Ud. está en Piura visitando a unos amigos quienes lo (la) llevan a conocer varios lugares y personas. Ud. les hace preguntas y ellos le contestan.

Linking ideas

Relative pronouns: Forms of el que, el cual, *and* cuyo

The relative pronouns **que** and **quien(-es)** are most often used in spoken Spanish. In more formal written and spoken Spanish, other relative pronouns are often used.

A. El que, la que, los que, las que = *who, whom, that, which.* Forms of **el que** agree in gender and number with their antecedent, that is, the person or thing they refer to.

B. El cual, la cual, los cuales, las cuales = *who, whom, that, which.* Forms of **el cual** also agree in number and gender with their antecedent.

C. Forms of **el que** and **el cual** are used only after a preposition or after a comma. When there is no preposition or comma, **que** is used. The choice between forms of **el que** or **el cual** is often simply a matter of personal preference similar to *that* or *which* in most cases in English.

1. Forms of **el que** or **el cual** are used to avoid confusion when there are two possible antecedents.

   El primo de mi mamá, **el que** (**el cual**) vive en Lima, me acompaña en mi viaje. — *The cousin of my mother, who* (the cousin) *lives in Lima, is accompanying me on my trip.*

2. Forms of **el que** are generally used after short prepositions such as **a, con, de, en.**

   La casa **en la que** viven mis primos en Lima es elegantísima. — *The house in which my cousins live in Lima is extemely elegant.*

3. Forms of **el cual** are preferred after prepositions of more than one syllable and after the short prepositions **por, para,** and **sin.**

   Nos alojamos en el hotel al lado **del cual** estaba la iglesia. — *We stayed in the hotel next to which was the church.*

D. Forms of **el que** are also used as the equivalent of *the one(-s) that.*

Me gusta esta alfombra de alpaca pero **la que** vi en el mercado del Cuzco era más linda. — *I like this alpaca rug, but the one that I saw in in the Cuzco market was prettier.*

E. **Lo que** and **lo cual** = *what, that which.*
Lo que / Lo cual refers back to a situation, a previously stated idea or sentence, or something that hasn't yet been mentioned.

Lo que me encanta es que vamos a pasar la tarde en el Museo de Oro. — *What I just love is that we're going to spend the afternoon in the Gold Museum.*

F. **Cuyo** = *whose.*
Cuyo is a relative adjective; it agrees in number and gender with the item possessed.

Muchos de los indios peruanos, **cuyos** antepasados fueron los incas, todavía viven en aldeas rurales. — *Many of the Peruvian Indians, whose ancestors were the Incas, still live in rural villages.*

EN CONTEXTO

OSVALDO Ése es Jorge Goicochea.
SOFÍA ¿Cuál? ¿El de azul?
OSVALDO No, **el que** tiene bigote y barba. Aquél **cuya** maleta están revisando en este momento.

Práctica y conversación

A. ¿Qué es esto? Explique qué son las siguientes cosas. Combine las dos oraciones en una nueva oración usando una preposición + una forma de **el que** o **el cual.**

MODELO Éste es el horario de vuelos. Averiguo la hora del vuelo en este horario.
Éste es el horario en el que (el cual) averiguo la hora del vuelo.

1. Ésta es la puerta B. Espero el vuelo en la puerta B.
2. Éstos son los pasajeros. Tengo que abordar el avión con estos pasajeros.
3. Éstas son las etiquetas. Escribo la dirección en las etiquetas.
4. Éste es el asiento. Pongo mi equipaje de mano debajo de este asiento.
5. Ésta es la pista. El avión despega por esta pista.

B. Reacciones. Describa la reacción del pasajero en las siguientes situaciones.

MODELO El avión salió a tiempo. Esto le gustó.
Lo que le gustó fue que el avión salió a tiempo.

1. Sus maletas fueron en otro vuelo. Esto le enojó.
2. El avión hizo escala en Lima. Esto no le importó.
3. Bajó el precio de la tarifa. Esto le pareció increíble.
4. Tuvo que pagar una multa. Esto le molestó.
5. Se canceló el vuelo de regreso. Esto le puso furioso.

C. Más reacciones. Complete las siguientes oraciones de una manera lógica.

1. Lo que me gusta más es ___________.
2. Lo que necesito es ___________.
3. Lo que no me gusta es ___________.
4. Lo que me enoja es ___________.
5. Lo que me parece ridículo es ___________.

D. ¡Qué suerte! Forme por lo menos cinco oraciones usando una frase de cada columna para describir cómo se sienten estas personas.

A	B	C	D
Este chico	cuyo	equipaje no cabe debajo del asiento	está contento(-a)
Aquella señora	cuya	vuelo está cancelado	está furioso(-a)
El piloto	cuyos	fotos están destruídas	está triste
Ese hombre	cuyas	maletas están perdidas	está frustrado(-a)
		avión llega retrasado	¿?
		asiento está en la sección de fumar	

Making polite requests

Other uses of the imperfect subjunctive

In addition to expressing past wants, advice, and doubts, the imperfect subjunctive has other uses.

A. The imperfect subjunctive forms of **deber, poder,** and **querer** are often used to soften a statement or request so that it is more polite. In such cases, the imperfect subjunctive is the main verb of the sentence. Compare the translations of the following sentences.

El aduanero brusco

Quiero revisar su equipaje. Pase por aquí. Abra sus maletas.	*I want to look through your luggage. Come through here. Open your suitcases.*

El aduanero cortés

Quisiera revisar su equipaje. ¿**Podría** pasar por aquí y abrir sus maletas?	*I would like to look through your luggage. Could you step through here and open your suitcases?*

B. The imperfect subjunctive is always used after the expression **como si** meaning *as if*.

Esa mujer se comporta **como si pasara** algo de contrabando.	*That woman behaves as if she were smuggling something.*

EN CONTEXTO

OSVALDO Sofía, mira... Hay dos señores con quienes vine de Nueva York que no tienen cómo irse a su hotel. **Quisiera** llevarlos al Hotel Crillón.

■ Práctica y conversación

A. El aduanero brusco. Ayude a este aduanero a ser más cortés. Dígale otra manera de expresar las siguientes frases.

1. Ud. debe pasar por aquí.
2. Quiero ver su declaración de aduana.
3. Ud. debe abrir su equipaje.
4. Quiero revisar sus maletas.
5. ¿Puede Ud. cerrar sus maletas?

B. Como si... Complete las siguientes oraciones de una manera lógica.

1. Siempre trabajo como si ________.
2. Mi novio(-a) maneja como si ________.
3. Mi mejor amigo(-a) gasta dinero como si ________.
4. Mi profesor(-a) nos da tarea como si ________.
5. Mis padres me tratan como si yo ________.

C. Quisiera... Con un(-a) compañero(-a), dramatice cómo un(-a) estudiante de intercambio invitaría a su padre / madre peruano(-a) a cenar en un restaurante, cómo pediría la comida y cómo el padre / la madre respondería.

DUDAS DE VOCABULARIO

To be late

Ser tarde: to be late; refers to time.

El programa de Johnny Carson es tarde en la noche. Yo no lo puedo ver. — *Johnny Carson's show is late at night. I can't watch it.*

Llegar tarde: to arrive somewhere late.

¡Apúrate! ¡Vamos a llegar tarde al aeropuerto! — *Hurry up! We're going to be late arriving at the airport.*

Tardar: to take a long time.

Él tardó mucho al pasar por la aduana. — *He took a long time to go through customs.*

What is? What are?

¿Qué es (son)...?: What is (are) . . . ?; asks for a definition.

—¿Qué es la marinera? — *What's "la marinera"?*
—Es un baile típico del Perú. — *It's a typical Peruvian dance.*

—¿Qué son esos edificios? — *What are those buildings?*
—Son edificios del gobierno. — *They are government buildings.*

¿Cuál es...? (¿Cuáles son...?): Which one(s) . . . ?, What . . . ?; implies a choice of two or more persons, places, or things.

—¿Cuál es la capital del Perú?	*What is the capital of Peru?*
—Lima, por supuesto.	*Lima, of course.*
—¿Cuáles son las ciudades más importantes del Perú?	*Which are the most important cities in Peru?*
—Son Lima, Trujillo, Piura y Arequipa.	*They are Lima, Trujillo, Piura, and Arequipa.*

To miss

Perder: to miss, to fail to get something.

Perdí el autobús / tren / avión de las dos. Tendré que esperar una hora más.	*I missed the two o'clock bus / train / plane. I'll have to wait another hour.*
Perdimos la oportunidad de entrevistar a ese famoso autor peruano.	*We missed the chance to interview that famous Peruvian writer.*

Extrañar / Echar de menos: to miss someone or something that is absent or distant.

Extraño el Perú, su gente y su comida.	*I miss Peru, its people, and its food.*

Extrañar: to surprise.

Me extrañó el tono de su voz. Parecía que algo raro le ocurría.	*The tone of her voice surprised me. It seemed that something strange was happening to her.*

Faltar a: to miss, be absent from.

Él faltó a clases el 70% de las veces y todavía se quejaba de sus notas.	*He was absent from class 70% of the time and still complained about his grades.*

Práctica

Escoja la palabra adecuada.

Los padres de Ana María Torrealba estaban en el aeropuerto esperando ansiosamente que el avión que traía a su hija de regreso a Lima se acercara a la puerta de desembarque. En la pista de aterrizaje había cinco aviones y la madre no (conocía / sabía) (cuál / qué) era el que traería a su hija. Ana María había estado fuera del país dos años y sus padres la (echaban de menos / faltaba) muchísimo. La madre (miraba / parecía) por todas partes hasta que por fin le preguntó a su esposo:

—¿Crees que Ana María esté en uno de esos aviones o crees que haya (perdido / extrañado) su vuelo?

El esposo le respondió:

—Cálmate, mujer, tú (sabes / conoces) a Ana María. Ella nunca ha (perdido / tardado) su vuelo. Lo que pasa es que hay (mucho / tanto) tráfico aéreo y por eso se están demorando tanto. (Ya no / Todavía) hay cinco aviones cuyos pasajeros no han desembarcado.

—Pero, ¿(cuál es / qué es) el avión de Ana María? —preguntó la señora Torrealba.

—Es aquél, el de AeroPerú, ese rojo, respondió su esposo. Parece que muchos aviones han (llegado / sido) tarde y eso ha causado el problema.

—¡Ay! ¿Y (qué / cuál) es el avión cuyos pasajeros van a desembarcar primero?

—¡Cómo voy a (saber / conocer) yo, mujer! —contestó el señor Torrealba. ¿Por qué no vas al mostrador (*counter*) de AeroPerú y les preguntas? En realidad me (falta / extraña) que no hayan anunciado la puerta de desembarque todavía.

—Buena idea, dijo la señora Torrealba y caminó hacia AeroPerú.

—Señorita, por favor, ¿me podría decir (qué / cuál) es la puerta por la que van a desembarcar los pasajeros del vuelo 604?

—Un momentito, señora... Mire, lo que pasa es que dos aviones (han llegado tarde / han sido tarde) y eso ha complicado las cosas. A ver... El vuelo 604 llegará por la puerta número 8 y los pasajeros desembarcarán dentro de cinco minutos.

—Gracias, señorita.

—A sus órdenes.

Tercera situación

ASÍ SE HACE

Cómo alguilar un carro

Automóviles con Chofer, Alquiler de

Accesorios 200 Millas S.R.L.
Av.Fco.Mda.Loc. 37-Bolíeta 239.4557
Autotamanaco C/C Los Mercedes El Rosal 71 31 34
Buget Rent a Car
Qta.L.Irunes Ent.5ta.y 6ta.Transv.Alt. .. 284.4735
La Diplomática C.A.
Q.S.Pedro-Esq.Negrín-Av.Avila-La Campiña 74 24 79
(Véase Nuestro Aviso en Esta Página)

VEHICULOS SIN CHOFER
RENT-A-CAR

AFILIADO A TODAS LAS TARJETAS DE CREDITO

ACO ALQUILER es la única empresa de vehículos sin chofer que posee la más variada gama en carros de las mejores marcas, incluyendo los de doble tracción. (CHEVROLET - FORD - JEEP)

PUNTOS DE ALQUILER:

EN CARACAS:

- **LAS MERCEDES I**
  Avenida Principal - Edif. Aco
  P.B. (Local Auto Caracas)
  Teléfonos: 91.8145 - 91.8511
- **LAS MERCEDES II**
  Avenida Principal - Fte. Cada
  (Local Auto Caracas)
  Teléfonos: 92.1468 - 92.0468
- **LA CASTELLANA**
  Avenida Francisco de Miranda
  Bello Campo - Local Agroven
  Teléfonos: 32.2225 - 32.6834
- **QUINTA CRESPO**
  Calle 500 - Local Automotriz
  Centagro
  Teléfonos: 483.9030 - 483.9025
- **MACARACUAY**
  Centro Comercial Cada
  (Estacionamiento P.B.)
  Teléfono: 21.3409
- **C.C.C. TAMANACO**
  Nivel C-2 - Estacionamiento
  (Frente Cada)
  Teléfonos: 92.2990 - 92.3212
- **ROOSEVELT**
  Av. Principal - Fte. al Cada
  (Local Forauto)
  Teléfonos: 62.1648 - 62.3514
- **MAIQUETIA**
  Aeropuerto
  Terminal Nacional
  Telfs.: (031) 2.9192 - 2.9627

MARACAIBO

- Aeropuerto La Chinita
  Teléfono:
- **LA LIMPIA**
  Edificio Franquicias Unidas
  Avenida La Limpia
  Teléfonos: (061) 54.5505 - 54.6531
- **BELLA VISTA**
  Edificio Aco Occidente
  Avenida 4 - No. 86-A-50
  Teléfonos: (061) 21.0111 - 21.0080

CIUDAD OJEDA

- Avenida Intercomunal Sector
  Las Morochas
  Local Taunica de Occidente
  Teléfonos: (065) 2.6770 - 2.7407

BARQUISIMETO

- Aeropuerto Barquisimeto
- Edificio Centro ACO
  Avenida Libertador con Calle 51
  Teléfonos:
  (051) 45.9011 - 45.9515 - 45.9314
- Edificio Occidente Motors
  Av. 20 con Calle 35
  Teléfonos: (051) 2.0588 - 2.9028

PUERTO LA CRUZ

- Edificio ACO Oriente
  Avenida Municipal - No. 252
  Teléfonos: (081) 66.6611 - 66.6866

BARCELONA

- Aeropuerto
  Teléfono: (081) 77.9301

Práctica y conversación

A. Necesito alquilar un carro. Utilizando la información de los anuncios, haga el siguente ejercicio.

1. Dé tres números de teléfono que Ud. puede llamar si quiere alquilar un carro pero no quiere manejar.
2. Dé un número de teléfono que Ud. puede llamar si quiere manejar pero quiere pagar con tarjeta de crédito.
3. Si Ud. llega al aeropuerto de Barcelona y necesita alquilar un automóvil, Ud. llama a ______.
4. Si Ud. no habla español, Ud. puede llamar a ______.
5. Si Ud. se va a casar y necesita un automóvil, Ud. puede llamar a ______.

B. Quiero un carro que... Ud. se va a casar y quiere alquilar un carro para que lo (la) lleve a la iglesia. Busque en los anuncios el servicio que Ud. considere más conveniente y haga los arreglos necesarios. Su compañero(-a) hará el papel de empleado(-a) de la agencia. Hablan de la fecha, hora, precio, ¿?

PARA LEER BIEN

Background knowledge: Historical references

You have learned to use and expand your background knowledge of geography in order to better comprehend a reading selection. Another important component of background knowledge are references to important historical dates and periods. Authors mention dates and historical periods for two reasons: to help the reader establish the chronology of events mentioned in the passage and to help the reader evoke the characteristics of an era and mentally picture the setting and/or characters.

To take advantage of your knowledge of historical dates and eras, scan the title and read for clues to time references such as actual dates (1776), the names of important historical events (*Revolutionary War*) or persons (*George Washington*), or historical periods (*colonial America*). After locating the time references, review the characteristics of that period; try to mentally picture the clothing, art, architecture, modes of transportation, and types of recreation, music, and dance. Try to associate other important persons, events, and dates with the information given.

Even if you know little about a historical era in Hispanic culture, your knowledge of that same time period in your own or another society will make you aware of the period and help you find similarities and differences.

Práctica

A. ¿Cuáles son las características de estas épocas históricas?

Edad Media / Renacimiento (*Renaissance*) / la época colonial en los EEUU / el siglo XIX en Europa y América

B. En la lectura que sigue se menciona la época precolombina o prehispánica. Esto se refiere a la época antes de la llegada de Cristóbal Colón a las Américas. ¿Cuándo llegó Colón? ¿Cómo era Hispanoamérica en la época precolombina? ¿Quiénes vivían allí? ¿Cómo eran sus culturas?

LECTURA

Guardián del oro del Perú

Cuando el vendedor apareció en casa del coleccionista Miguel Mujica Gallo para proponerle° un fragmento de un objeto, éste no vaciló en adquirirlo. Era de oro, adornado con relieves° antiguos. Mujica lo compró con la esperanza de que vinieran a proponerle los otros pedazos° de la pieza. Con el tiempo logró reunir sus fragmentos del objeto. Todos pertenecían al mismo artefacto de oro y podían juntarse° como las piezas de un rompecabezas°. Llegó un día, sin embargo, en que los traficantes° no le trajeron más fragmentos; era como un rompecabezas al cual le faltaba la última pieza.

Algún tiempo después, un campeón nacional de pesca estadounidense, que también era coleccionista, se hallaba en el Perú. Mujica fue a verlo porque le habían dicho que el estadounidense había comprado muchas cosas de oro. Y entre las cosas estaba el fragmento que le faltaba.

Mujica convenció al pescador de que se lo vendiera. Cuando lo juntó a los otros, completó la copa° de oro, forjada° hace siglos por artesanos indígenas° y usada, probablemente, por la realeza°.

Hoy día, la copa es una de las 13.000 piezas que se hallan en el famoso Museo de Oro del Perú de Mujica, considerado por muchos la mejor colección particular de objetos prehispánicos de oro y metales preciosos. La forma en que Mujica logró reunir las dispersas piezas de la copa ilustra cómo ha ayudado a rescatar° el patrimonio° arqueológico del Perú de los contrabandistas, los huaqueros° y los coleccionistas extranjeros. Si diez huaqueros hallan algo —dice Mujica—, lo parten° en diez pedazos. Es horrible. Hay que comprarles todos los pedazos y rehacer la pieza.

El museo parece más impresionante aún cuando se piensa que el coleccionista, septuagenario° ya y heredero° de una familia acaudalada°, no ha cursado estudios universitarios de antropología ni arqueología. Pero tiene un gran esmero° investigador, una pasión de preservar lo antiguo del Perú y una gran dedicación a mantener intacta su colección.

to offer him
reliefs: embossed or raised patterns / pieces
to join
jigsaw puzzle / dealers
goblet / forged / native
royalty
to recover / heritage
= *guaqueros* = grave robbers / *dividen*
persona de 70 años / heir / *rica* / care

Su dedicación y celo° son reconocidos por todo el mundo. Según los funcionarios° de turismo del país, este museo privado es la mayor atracción turística de Lima. Además, desde 1958, las exposiciones del museo han viajado por setenta y tres ciudades de veintinueve países. El museo está financiado de dos maneras: la recaudación° de boletos de entrada y su fundador°.

Se encuentra el museo en medio de un grupo de edificios situados en un elegante barrio residencial de Lima. En uno de los edificios hay una joyería que vende imitaciones de sus alhajas° antiguas. En otro se halla un restaurante. Hay también dependencias° administrativas, una biblioteca privada y la casa de Mujica.

En la planta baja° del museo hay varios salones que albergan° la colección de armas de Mujica. En un lugar central se expone° la espada° de Pizarro° con sus iniciales, su título de primer gobernador de Lima y la fecha 1539.

Detrás de las salas de exposición de las armas hay una escalera que baja al sótano; allá las paredes son oscuras y el ambiente es más silencioso. Lo único que llama la atención son las vitrinas iluminadas donde se exponen miles de artículos preciosos. Es el oro del Perú. Hay objetos de oro para beber, para pelear, vestimentas cuajadas° de oro y artefactos ceremoniales.

Entre las cosas más extraordinarias son una máscara funeral con catorce esmeraldas, suspendidas de los ojos como lágrimas° y una escena fúnebre de figuras tridimensionales de oro y plata en miniatura. Lo que más estima Mujica es un par de manos moldeadas° como guanteletas°, hechas de hojas° de oro, con uñas° y diseños abstractos. Mujica dice que las manos le llegaron en pedazos, igual que la copa. —A una de las manos tuve que buscarle tres dedos —dice Mujica— y a otra, la muñeca°.

Los antropólogos y arqueólogos hacen notar que Mujica ha reunido restos° de un patrimonio que ha sido saqueado° y ha estado disperso° desde la llegada de los conquistadores en el siglo XVI. Los huaqueros de hoy siguen destruyendo el pasado arqueológico.

zeal
employees
collection / founder
treasures / outbuildings
main floor / house
is exhibited / sword / *conquistador del Perú y el imperio incaico*
ropa adornada
tears
molded / gloves used as armor / sheets / fingernails / wrist
remains
robado / scattered

Una pieza extraordinaria

El Museo de Oro: Unas guanteletas

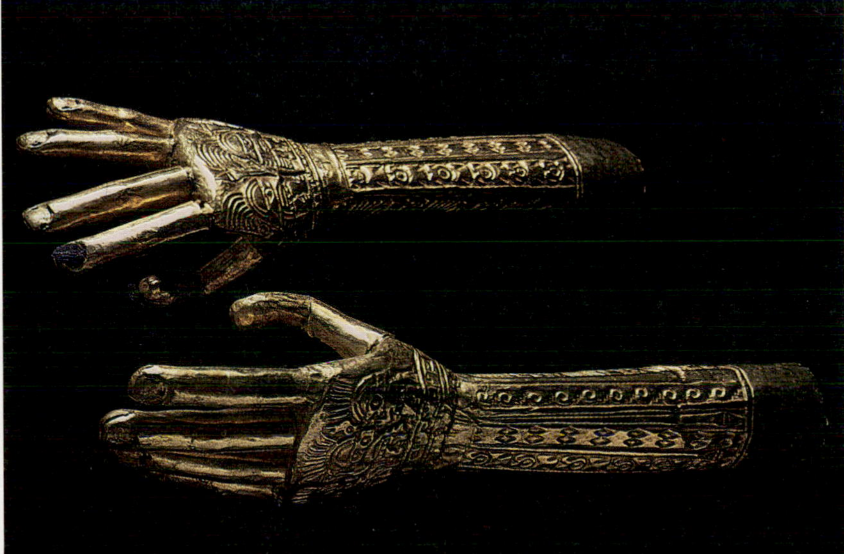

El Perú tiene mucha razón en querer preservar los fragmentos de su pasado. Las primeras culturas indígenas desarrollaron métodos avanzados de explotar las minas y labrar° el oro. Cuando los conquistadores destruyeron el imperio incaico en 1532, su civilización se extendía por lo que hoy día constituyen cinco países y los artesanos incaicos habían absorbido y mejorado la pericia° metalúrgica de muchas culturas.

labrar: to fashion, shape
pericia: skill

—El Perú es un país privilegiado, como heredero de una extraordinaria riqueza cultural indígena, —dice Ramiro Matos, autor de *Patrimonio cultural del Perú*. La población indígena prehispánica logró crear una de las civilizaciones más originales y complejas de la humanidad. Añade que el Museo de Oro, a causa de la naturaleza de las piezas que contiene y la espectacularidad de la tecnología y la creación artística de las piezas, ha asombrado° al mundo.

asombrado: amazed

Adaptado de *Las Américas*

Comprensión

A. ¿Cierto o falso? Identifique las oraciones falsas y corríjalas.

1. Miguel Mujica Gallo es arqueólogo y antropólogo.
2. Mujica ha rescatado el patrimonio arqueológico del Perú de los contrabandistas y los huaqueros.
3. Mujica compró el último pedazo de una copa de un pescador que lo encontró en un lago.
4. Además del oro del Perú, Mujica también tiene una colección de arte peruano.
5. Para los huaqueros lo más importante es preservar las alhajas antiguas del Perú.
6. Entre las piezas más impresionantes del museo hay un par de manos de oro.
7. El museo está financiado por el dinero de Mujica y la recaudación de entradas.
8. Las exposiciones del museo nunca salen del sótano por temor a un robo.

B. Referencias históricas. Usando la información del artículo, describa la época precolombina en el Perú. Incluya información sobre el arte indígena.

C. El orden cronológico. Ponga en orden cronológico las oraciones siguientes para contar cómo Mujica obtuvo la copa de oro completa.

1. Los traficantes no le trajeron más fragmentos.
2. Mujica juntó el fragmento con los otros y completó la copa de oro.
3. Un vendedor apareció en la casa de Mujica con un fragmento de un objeto de oro.
4. Mujica convenció al pescador de que le vendiera el fragmento que le faltaba.
5. Mujica compró el primer fragmento de la copa.

6. Mujica fue a ver al coleccionista; el último fragmento estaba entre sus cosas.
7. Mujica esperaba que vinieran a proponerle los otros fragmentos.
8. Un campeón nacional de pesca estadounidense llegó al Perú; era coleccionista y había comprado muchas cosas de oro.
9. Poco a poco Mujica logró obtener los otros pedazos del objeto.

D. En defensa de una opinión. ¿Qué evidencia hay en el artículo que confirma la idea siguiente? El Museo de Oro de Lima es impresionante y asombroso (*amazing*).

NOTICIAS

Plegaria° al sol del verano

Prayer

La festividad incaica llamada Inti Raymi en quechua° fue una celebración de adoración del sol. Duraba varios días, incluía muchísimas ceremonias y tenía lugar en el actual Perú en la ciudad andina del Cuzco, que era la capital política y espiritual de la civilización incaica.

la lengua de los incas

El sol era la deidad suprema de los incas, el dios de la creación; la fiesta del sol era el más sagrado° de los acontecimientos° imperiales. El Inti Raymi coincidía con el solsticio° de invierno (20 o 21 de junio en el Perú), día en que el sol llega al punto más septentrional° en el hemisferio austral°. El propósito principal de la celebración era asegurar la vuelta° del sol hacia el sur. Entre los actos que se realizaban para atraer de vuelta al sol se contaban encender el fuego sagrado, sacrificios de animales y una buena dosis de «diversiones públicas». En los días siguientes al solsticio se bailaba, se comía, se bebía y se tocaba música.

sacred / events
solstice
northern / southern
return

La fiesta del sol: Inti Raymi

La práctica del Inti Raymi, que se remonta° a épocas muy antiguas, continuó hasta el siglo XVI, cuando los conquistadores españoles la descubrieron y la prohibieron por considerarla «pagana» y «poco cristiana». Pero la celebración no desapareció por completo; quedaron restos de ella en las provincias más alejadas°. A mediados de la década de 1940, Humberto Vidal Unda, profesor universitario del Cuzco, propuso que se reanudara° la celebración.

Los que saben dicen que la reanudación se hizo con miras a° devolver a los descendientes de los indios lo que se había quitado a° sus antepasados. La recreación tenía la finalidad tanto de iniciar de nuevo la práctica del Inti Raymi como de fomentar° la continuidad cultural. La celebración actual tal vez no iguale la original, pero muchos creen que le permite al público moderno tener una idea de lo que fue el antiguo Perú.

Adaptado de *Las Américas*

remonta: dates back
alejadas: far away
se reanudara: be renewed
con miras a: with the aim of
se había quitado a: had been taken away from
fomentar: to encourage

Comprensión

A. Identificaciones. Identifique con una o dos oraciones lo siguiente.

el Cuzco / el quechua / el solsticio / los incas / Inti Raymi

B. Información histórica. Conteste las preguntas siguientes.

1. ¿Qué era el sol para los incas?
2. ¿Cuándo tenía lugar el Inti Raymi?
3. ¿Cuál era el propósito principal de la celebración?
4. ¿Cómo celebraban los incas el Inti Raymi?
5. ¿Por qué prohibieron el Inti Raymi los españoles?
6. ¿Por qué reanudaron la celebración en la década de 1940?
7. ¿Qué ventajas ofrece la celebración actual de Inti Raymi?

PARA ESCRIBIR BIEN

Explaining and hypothesizing

When supporting an opinion in a memo, letter, essay, or term paper, it is frequently necessary to explain and hypothesize. Hypothesizing involves expressing improbabilities and explaining under what conditions certain events would take place. Hypothesizing often involves the use of contrary-to-fact *if*-clauses. Study the examples of explaining and hypothesizing found in the following letter.

Explanation

Thank you for inviting me to spend time with you in Peru this summer. However, I don't think I can come because I have to work.

Hypothesis

I have applied for a scholarship this semester. If I receive it, then I would quit my job. Under these conditions, I would be able to visit you. Even if I were to receive a full tuition scholarship, I would not be able to spend the entire summer with you since I also need to take one course in order to graduate on time.

The following phrases used to express cause and conditions will help you explain and hypothesize.

Expressions of condition

Si yo tuviera la oportunidad / más tiempo / más dinero...	*If I had the opportunity / more time / more money . . .*
Si yo fuera + adjective: Si yo fuera (más) rico(-a) / joven / viejo(-a)...	*If I were* + adjective: *If I were rich(-er) / young(-er) / old(-er) . . .*
Si yo fuera + noun: Si yo fuera el (la) presidente(-a) / el (la) jefe(-a) / el (la) dueño(-a)...	*If I were* + noun: *If I were the president / the boss / the owner . . .*
En tu / su / posición...	*In your position . . .*
Bajo otras / mejores condiciones...	*Under other / better conditions . . .*

Expressions of cause

a causa de / por + noun	*because of* + noun
No viajaría allá por el / a causa del calor.	*I wouldn't travel there because of the heat.*
porque + clause	*because* + clause
No viajaría allí porque siempre hace mucho calor.	*I wouldn't travel there because it's always very hot.*
puesto que	*since* (used at beginning of a sentence)
Puesto que no pagan bien no trabajaría allí.	*Since they don't pay well, I wouldn't work there.*
como consecuencia	*consequently*
por eso / por consiguiente / por lo tanto	*therefore*

■ Composiciones

A. Un viaje a Lima. Un(-a) amigo(-a) suyo(-a) estudia en Lima este año y lo(-a) invita a Ud. a pasar el mes de junio con él (ella). Escríbale una carta explicándole que no puede hacerlo. Pero dígale también bajo qué condiciones podría venir.

B. Un puesto en Arequipa. Hace muchos años que Ud. vive y trabaja en Lima; toda su familia también vive en la capital. Le gusta su trabajo y su casa. Ayer recibió una carta de la Compañía Valdéz ofreciéndole un puesto bueno en Arequipa. Escríbales una carta explicándoles su decisión de no aceptar el puesto porque no quiere trasladarse. Dígales que su decisión no es irrevocable y explíqueles bajo qué condiciones trabajaría para ellos en Arequipa.

C. **Las vacaciones de primavera.** El presidente de la universidad piensa que los estudiantes no son serios y deben estudiar más. Por eso decidió eliminar las vacaciones de primavera este año y todos los alumnos tienen que pasar el tiempo en la biblioteca o en los laboratorios. Ud. tiene que hablar en nombre de (*on behalf of*) los estudiantes en una reunión con el presidente. Escriba su discurso (*speech*) describiendo su posición, explicándole al presidente lo que pasaría si él eliminara las vacaciones.

ACTIVIDADES

A. **En el aeropuerto Jorge Chávez.** You are in the airport in Lima waiting for your return flight to the U.S. Role-play the following situation with a classmate who is the ticket agent in the airport. You go to the AeroPerú check-in counter. Confirm that your ticket is correct and check in two suitcases. Obtain the seat of your choice; find out when the plane leaves and the gate number; then get your boarding pass. Ask if you have time to do some shopping before departure. Find out when and where to go through customs.

B. **Una encuesta.** Take a survey of the students in your class to find out what their parents insisted that they do (or not do) when they were in high school. Compare the results. What activities do most people have in common?

C. **La llegada.** You are an exchange student in Lima, Peru. Your best friend is coming to visit you. Go to the airport ticket counter and ask the ticket agent (played by a classmate) when the flight from Los Angeles is arriving and at what gate. Find out if you must go through security. Then go to the gate and greet your friend (played by another classmate). Express your happiness and affection upon seeing him / her. Ask about the flight.

D. **El viaje de sus sueños.** You are a contestant on the TV quiz show *El viaje de sus sueños.* In order to win the trip of your dreams, you must explain in three minutes or less where and with whom you would go and what you would do if you were to win the trip. You also need to explain under what conditions you would travel or engage in certain activities. After listening to all the contestants, the class should decide on the winner.

CAPÍTULO 14

En el hotel

Viña del Mar, Chile: Un hotel

Primera situación

Presentación Una habitación doble, por favor

Práctica y conversación

A. ¿Qué pasa? Cuente lo que pasa en el dibujo.

B. ¿Quién lo ayuda? ¿Qué empleado del hotel lo(la) ayuda a Ud. en las siguientes situaciones?

1. Ud. tiene muchas maletas pesadas.
2. Quiere un plano de la ciudad.
3. Necesita cobrar cheques de viajero.

4. Los huéspedes en una habitación vecina hacen mucho ruido.
5. Necesita un taxi.
6. Le faltan toallas y jabón.
7. Quiere reservaciones en un restaurante de lujo.

C. **Entrevista.** Hágale preguntas a un(-a) compañero(-a) de clase sobre lo que le importa cuando se queda en un hotel.

Pregúntele...

1. en qué clase de hotel prefiere alojarse.
2. si el hotel debe estar cerca del centro de la ciudad. ¿Por qué?
3. qué tipo de habitación prefiere.
4. si es importante que la habitación tenga aire acondicionado. ¿Baño? ¿balcón?
5. si prefiere un hotel con pensión completa. ¿Por qué sí o por qué no?
6. cómo le gusta pagar la cuenta.

Vocabulario activo

El hotel	***Hotel***
el albergue juvenil	*youth hostel*
el hotel de lujo con piscina / salón de cóctel / terraza	*luxury hotel with swimming pool / cocktail lounge / terrace*
el motel	*motel*
el parador	*government-operated historic inn*
la pensión	*boarding house*
alojarse	*to stay*
Registrarse	***To check in***
la caja de seguridad	*safety box*
la estancia	*stay*
la habitación doble / sencilla	*double / single room*
el (la) huésped	*guest*
la pensión completa	*full board*
la recepción	*registration desk*
el salón de entrada / el vestíbulo	*lobby*
bajar / cargar / subir el equipaje	*to bring down / carry / bring up the luggage*
hacer una reserva (**E**) / una reservación (**A**)	*to make a reservation*
llenar la tarjeta de recepción	*to fill out the registration form*
completo(-a) (**E**) / lleno(-a) (**A**)	*full*
disponible	*available*
La habitación	***Room***
necesitar una almohada / una manta / papel higiénico / jabón / unos ganchos **(Mex.)** / unas perchas / una toalla de baño	*to need a pillow / a blanket / toilet paper / soap / some hangers / a bath towel*
tener aire acondicionado / balcón / baño calefacción / ducha	*to have air-conditioning / a balcony / bath / heat / shower*

La habitación	***Room***
tener problemas con el enchufe / el grifo / el inodoro / el lavabo / el voltaje	*to have problems with the electric outlet / the faucet / the toilet / the sink / the voltage*
cómodo(-a) / incómodo(-a)	*comfortable / uncomfortable*
Los empleados	***Employees***
el botones	*bellhop*
la camarera / la criada	*chambermaid*
el (la) conserje	*concierge*
el portero	*doorman*
el (la) recepcionista	*desk clerk*
La cuenta	***The bill***
los impuestos	*taxes*
el recargo por las llamadas telefónicas / el servicio de habitación / el servicio de lavandería	*additional charge for telephone calls / room service / laundry service*
desocupar la habitación	*to vacate the room*

ASÍ SE HABLA

Getting a hotel room

Chile: Un hotel de lujo

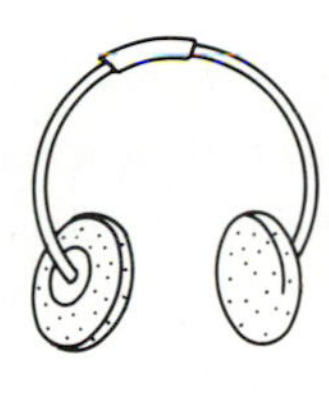

¿Qué oyó Ud.?

Escuche la siguiente conversación en la recepción de un hotel en Santiago de Chile. Tome los apuntes que considere necesarios y luego conteste las siguientes preguntas.

1. ¿Cuál es la actitud del empleado hacia el viajero? ¿amable? ¿antipática? ¿cortés? ¿descortés? Explique.
2. ¿Qué tipo de habitación quiere el doctor?
3. ¿Cómo va a pagar la cuenta?
4. ¿Qué le preocupa al doctor?
5. ¿Qué cree Ud. que hará el viajero cuando llegue su equipaje a su habitación?
6. ¿Cree Ud. que el empleado es eficiente? ¿Por qué? ¿Y el botones?
7. ¿Qué cree Ud. que le diría el botones al viajero?

The following expressions are used when you want to get a hotel room.

Quisiera una habitación doble / sencilla con baño.	*I would like a double / single room with a bathroom.*
Prefiero una habitación que dé a la calle / atrás / al patio.	*I prefer a room facing the street / the back part / the patio.*
¿Acepta tarjeta de crédito / cheques de viajero / dinero en efectivo?	*Do you accept credit cards / traveler's checks / cash?*
Por favor, llene la tarjeta de recepción.	*Please fill out the registration form.*
Tengo que registrarme.	*I have to check in.*
¿A qué hora tengo que pagar la cuenta?	*At what time do I have to check out?*
Necesito una factura, por favor.	*I need a receipt, please.*
¿Me podría enviar el equipaje a la habitación?	*Could you send my luggage to my room?*

EN CONTEXTO

DR. SÁENZ **Quisiera una habitación sencilla,** por favor.
EMPLEADA Muy bien, señor. ¿Tiene reservación?
DR. SÁENZ Sí, soy el Dr. Sáenz, Pedro Sáenz.
EMPLEADA Sí, aquí está,... Sáenz. Por favor, doctor, si fuera tan amable, **llene la tarjeta de recepción.**

Práctica y conversación

A. **En el hotel.** Un(-a) estudiante hace el papel de viajero(-a) y otro(-a) el papel de recepcionista. ¿Qué dicen en la siguiente situación?

VIAJERO(-A) Necesita una habitación.
RECEPCIONISTA Quiere saber si el / la viajero(-a) tiene reservación.
VIAJERO(-A) Contesta negativamente.
RECEPCIONISTA Tiene habitaciones, pero quiere saber qué tipo de habitación necesita el / la viajero(-a).
VIAJERO(-A) Responde.
RECEPCIONISTA Quiere saber en qué sección del hotel prefiere su habitación.
VIAJERO(-A) Responde.
RECEPCIONISTA Le da la información necesaria: número de la habitación, piso, precio por día, hora de salida.
VIAJERO(-A) Quiere saber qué facilidades hay: aire acondicionado, televisor a colores, servicio de habitación, restaurantes, etc.
RECEPCIONISTA Le da la información.
VIAJERO(-A) Decide quedarse en ese hotel.
RECEPCIONISTA Le da la tarjeta de recepción.
VIAJERO(-A) Quiere que le lleven el equipaje a la habitación.
RECEPCIONISTA Responde. Le desea al / a la viajero(-a) una buena estancia en la ciudad.
VIAJERO(-A) Responde.

B. **Necesitamos una habitación.** Con un(-a) compañero(-a), dramatice la siguiente situación. Otro(-a) estudiante toma apuntes de lo dicho y luego informa a la clase.

Ud. y dos amigos(-as) han llegado a Santiago. Son las doce de la noche y están muy cansados(-as) pero no tienen reservación. Del aeropuerto llaman a un hotel y piden la información que necesitan.

Estructuras

Explaining what you hope has happened

Present perfect subjunctive

When you want to talk about what you hope or doubt has already happened, you will need to use the present perfect subjunctive.

PRESENT PERFECT SUBJUNCTIVE HABER + PAST PARTICIPLE	
haya	-AR
hayas	reservado
haya	-ER
hayamos	comido
hayáis	-IR
hayan	subido

A. The present perfect subjunctive is formed with the present subjunctive of the auxiliary verb **haber** followed by the past participle.

B. The same expressions that require the use of the present subjunctive also require the use of the present perfect subjunctive.

Me alegro / Espero / Dudo / Es mejor que **hayan subido** el equipaje. — *I'm happy / I hope / I doubt / It's better that they have brought up the luggage.*

C. The present perfect subjunctive is used instead of the present subjunctive when the action of the subjunctive clause occurred before the action of the main clause. Compare the following examples.

Espero que **hagas** una reservación. — *I hope that you will make a reservation.*
Espero que **ya hayas hecho** una reservación. — *I hope that you have already made a reservation.*

No creo que **tengan** problemas con la calefacción—es nueva. — *I don't think they're having problems with the heating system—it's new.*
No creo que **hayan tenido** problemas con la calefacción—sólo con la plomería. — *I don't think they have had problems with the heating system—only with the plumbing.*

EN CONTEXTO

DR. SÁENZ Todavía no llega el botones con mi equipaje. Espero que no **haya habido** ningún problema.
EMPLEADA No se preocupe, doctor. No creo que **haya pasado** nada.

■ Práctica y conversación

A. **De viaje.** Las siguientes personas están preparándose para un viaje. Diga lo que Ud. espera que ellos ya hayan hecho.

MODELO Anita / llamar a la agencia de viajes
Espero que Anita haya llamado a la agencia de viajes.

1. Miguel / conseguir los pasaportes
2. Ud. / comprar los billetes
3. Rosa / escribir a los hoteles
4. tú / confirmar las reservaciones
5. María y Pedro / hacer las maletas
6. nosotros / resolver todos los problemas

B. **Espero que...** Ud. acaba de llamar a una agencia de viajes para hacer reservaciones para ir a Chile. Ahora Ud. está pensando en el viaje. Complete las siguientes frases usando el presente perfecto del subjuntivo de los verbos que se presentan a continuación.

conseguir acordar elegir rebajar hacer tener

1. Espero que me __________ una reservación para el vuelo del viernes.
2. Ojalá que se __________ que yo no fumo.
3. Ojalá que me __________ un asiento en el pasillo.
4. Dudo que me __________ el pasaje.
5. Espero que __________ reservaciones en el Hotel Savoy.
6. No creo que __________ problemas en conseguirme una habitación con calefacción.

C. **Los hermanos.** Ud. y su hermano(-a) van a ir de viaje a Sudamérica y se dividieron las responsabilidades. Ud. tenía que hacer las reservaciones y él / ella tenía que hacer las maletas, sacar dinero del banco, etc., pero hay dificultades. Discutan lo que ya han hecho.

Discussing reciprocal actions

Reciprocal nos *and* se

English uses the phrases *each other* and *one another* to express reciprocal actions: The couple met *each other* at a party at the Hotel Santiago.

A. Spanish uses the plural reflexive pronouns **nos, os, se** to express reciprocal or mutual actions.

1. **Nos** + first-person plural verb: **nos escribimos** = *we write to each other.*
2. **Os** + second-person plural verb: **os escribís** = *you write to each other.*
3. **Se** + third-person plural verb: **se escriben** = *they write to each other.*

Armando y Dolores **se conocieron** en Viña del Mar. Ahora **se ven** a menudo.	*Armando and Dolores met in Viña del Mar. Now they see each other frequently.*

B. Since the reflexive and reciprocal forms are identical, confusion can occur. Compare the following examples.

Armando y Dolores **se conocen** bien.	*Armando and Dolores know themselves well.* *Armando and Dolores know each other well.*

The forms **el uno al otro, la una a la otra, los unos a los otros, las unas a las otras** are used to clarify or emphasize a reciprocal action. Note that the masculine forms are used unless both persons are female.

Armando y Dolores **se conocen** bien **el uno al otro.**	*Armando and Dolores know each other well.*
Todas las semanas Anita y Marta **se** escriben **la una a la otra.**	*Anita and Marta write each other every week.*

EN CONTEXTO

EMPLEADA No se preocupe, doctor. Los botones a veces **se** ponen a conversar **el uno con el otro** y se olvidan de sus obligaciones.

■ Práctica y conversación

A. Los novios. Ana y Bernardo son novios. Explique lo que hacen y cuándo lo hacen.

MODELO escribir
Ana y Bernardo se escriben a menudo.

hablar / ver / ayudar / llamar por teléfono / dar regalos / entender / besar / mirar

B. ¡Uds. son increíbles! Ud. está en un hotel en Santiago cuidando a sus dos hermanitos pero ellos no dejan de pelear. Cuando sus padres regresan, Ud. les cuenta lo que pasó. Sus hermanitos niegan todo.

MODELO Usted: **Mamá, ellos se gritaron todo el tiempo.**
Hermanito: **¡Mentira! Nosotros no nos gritamos.**

pegar / pelear / gritar / pintar / mirar con desdén (*scorn*) / ¿?

C. Mi novio(-a). Usando pronombres recíprocos, explique cómo es la relación con su novio(-a), un(-a) buen(-a) amigo(-a) o un miembro de su familia.

Segunda situación

Presentación En la oficina de correos

Práctica y conversación

A. ¿Qué pasa? Cuente lo que pasa en el dibujo.

B. Definiciones. Explíquele las siguientes palabras a su compañero(-a) de clase.

el buzón / el código postal / la estampilla / el remitente / el destinatario / la entrega inmediata / el cartero

C. El correo. Explique cuándo mandaría Ud. lo siguiente.

una carta de entrega inmediata / un telegrama / una tarjeta postal / un paquete / un giro postal / una carta por correo aéreo

D. Entrevista. Pregúntele a su compañero(-a) de clase lo siguiente.

Pregúntele...

1. cuándo manda una carta por correo certificado.
2. si tiene una casilla postal. ¿Por qué?
3. qué información debe escribir en un sobre.
4. para qué sirve un giro postal.
5. qué debe hacer antes de enviar un paquete.
6. si ha recibido un telegrama. ¿Bajo qué circunstancias?

Vocabulario activo

En la oficina de correos	***At the post office***
el buzón	*mailbox*
el (la) cartero(-a)	*mail carrier*
la entrega inmediata	*special delivery*
asegurar	*to insure*
echar una carta	*to mail a letter*
entregar / repartir	*to deliver*
enviar / mandar	*to send*
pesar	*to weigh*
El correo	***Mail***
el correo certificado / de primera clase / regular	*certified / first class / surface mail*
el giro postal	*money order*
el paquete	*package*
la tarjeta postal	*postcard*
el telegrama	*telegram*
El sobre	***Envelope***
el apartado postal / la casilla postal	*post office box*
el código postal / el distrito postal	*zip code*
el (la) destinatario(-a)	*addressee*
la dirección	*address*
la estampilla (**A**) / el sello (**E**)	*stamp*
el franqueo	*postage*
el matasellos	*postmark*
el remite	*return address*
el (la) remitente	*sender*
por correo aéreo (**A**) / por vía aérea (**E**)	*by air mail*

ASÍ SE HABLA

Handling a complication

Santiago de Chile: El correo

¿Qué oyó Ud.?

Escuche la conversación entre un joven y un empleado de la oficina de correos. Tome los apuntes que considere necesarios y luego haga el siguiente ejercicio.

1. ¿Cuál es la actitud del joven? ¿cortés? ¿descortés? ¿agresiva? ¿tímida? Explique.
2. ¿Cuál es la actitud del empleado? Explique.
3. ¿Cree Ud. que se va a resolver el problema? ¿Por qué sí o por qué no?
4. Escriba un resumen de la conversación.

When you need to handle a complication, you can use the following expressions.

Si fuera tan amable de ayudarme con este problema.	*If you would be kind enough to help me with this problem.*

Le agradecería mucho su cooperación con este problema / esta situación.	*I would very much appreciate your cooperation with this problem / situation.*
Ud. no me entiende.	*You don't understand me.*
Parece que ha habido un malentendido.	*It seems there has been a misunderstanding.*
Aquí ha habido un error.	*There has been a mistake here.*
¿Habría algo más que yo pudiera hacer?	*Is there anything else that I could do?*
¿Qué se podría hacer?	*What can be done?*
¿Hay otra persona con quien yo pudiera hablar?	*Is there anybody else with whom I could talk?*
Quisiera hablar con el gerente / dueño.	*I would like to talk to the manager / owner.*
¿No habría ninguna otra alternativa?	*Would there be any other alternative?*
¿No hay otra solución?	*Isn't there any other solution?*
¿Qué posibilidades hay de que se solucione este problema?	*What are the chances of solving this problem?*
Si de mí dependiera...	*If it depended on me . . .*
Si yo pudiera...	*If I could . . .*
Disculpe, pero lo que pasa es que...	*Excuse me, but the thing is that . . .*

EN CONTEXTO

ERNESTINA Bueno, **le agradecería muchísimo que me ayudara con este problema.**

EMPLEADO Vamos a ver.

■ Práctica y conversación

A. Problemas en el extranjero. ¿Qué dice Ud. en las siguientes situaciones?

1. Ud. llega tarde al aeropuerto y su vuelo ya salió.
2. Ud. llega a su destino pero sus maletas no aparecen.
3. Ud. está en un restaurante y la cuenta está equivocada.
4. Ud. está en el hotel y no hay luz eléctrica.
5. Ud. ha perdido su pasaporte.
6. Ud. no recibe su correspondencia.

B. Más problemas. Un(-a) estudiante hace el papel de viajero(-a) y otro(-a) el papel de empleado(-a) de un hotel. El / La viajero(-a) se queja de recibir la cuenta equivocada. El / La empleado(-a) no está de acuerdo.

Estructuras

Indicating by whom actions are done

Passive voice with ser

Actions can be expressed in the active voice or in the passive voice. In active sentences the subject performs the action: *The mail carrier delivered the packages.* In passive sentences the subject receives the action. The agent, that is, the person performing the action, takes a secondary role: *The packages were delivered by the mail carrier.*

A. In Spanish the true passive voice is similar to the English construction.

SUBJECT +	**SER** +	PAST PARTICIPLE USED AS AN ADJECTIVE	+ **POR** +	AGENT
Los paquetes	fueron	repartidos	por	el cartero.
The packages	*were*	*delivered*	*by*	*the mail carrier.*

B. The past participle agrees with the subject in number and gender.

Esas tarjetas postales fueron enviadas por mi papá. — *Those postcards were sent by my dad.*
El telegrama fue escrito por mis hermanas. — *The telegram was written by my sisters.*

C. In the passive voice, the verb **ser** may be used in any tense.

La carta {es / fue / será / sería / ha sido} escrita por Ana.

The letter {is / was / will be / would be / has been} written by Ana.

D. Although the passive voice is commonly used in English, the true passive construction with **ser** is generally avoided in spoken Spanish and occurs only slightly more frequently in the written language.

EN CONTEXTO

EMPLEADO Parte de nuestra petición al gobierno fue que contrataran más personal y nuevos empleados **han sido contratados por** la administración.

Práctica y conversación

A. ¿Quién lo hizo? Explique quién o quiénes hicieron lo siguiente.

MODELO las cartas / entregar / los carteros
Las cartas fueron entregadas por los carteros.

1. El giro postal / comprar / María
2. Los paquetes / romper / el cartero
3. La carta / enviar / Tomás
4. Las tarjetas postales / escribir / los turistas
5. El paquete / asegurar / el empleado del correo
6. El telegrama / mandar / Juan

B. ¡Nada funciona! Ud. está en un hotel y tiene una serie de problemas.

USTED Señor, disculpe, pero no hay agua caliente y no me puedo bañar.
GERENTE ¡Pero es imposible! Todos los baños ____________ (chequear) ayer por el jefe de mantenimiento.
USTED Bueno, además mi teléfono no funciona.
GERENTE ¿Cómo va a ser posible? Los teléfonos ____________ (instalar) la semana pasada por la compañía de teléfonos.
USTED Disculpe, pero también tengo que decirle que el televisor no funciona.
GERENTE ¡Qué es esto! ¡Son televisores nuevos que ____________ (comprar) apenas hace dos meses por los dueños del hotel!
USTED Bueno… Mi cuarto también está sucio. Parece que nadie lo limpió.
GERENTE ¡Esto es el colmo! Los cuartos ____________ (limpiar), las sábanas ____________ (cambiar), los muebles ____________ (sacudir) y las alfombras ____________ (aspirar) por las criadas esta mañana.
USTED Pues, lo lamento mucho… pero me voy a cambiar de hotel.
GERENTE ¡No, por favor! Yo me ocuparé de todo eso, lo (la) pondré en otra habitación y todos sus gastos ____________ (pagar) por el hotel.

C. ¿Qué pasó con mi correspondencia? Con un(-a) compañero(-a), dramatice la siguiente situación. Ud. va al correo a hablar con el (la) jefe(-a) para reclamar que no recibe su correspondencia, que sus amistades no reciben sus cartas y que un empleado lo(-a) trató muy mal.

Giving information and explaining how things are done

Substitutes for the passive voice

Since the true passive voice is generally avoided in Spanish, several other constructions are commonly used to replace it.

A. The **se** construction is often used when asking for and giving information.

Se + third-person singular verb + singular subject
Se + third-person plural verb + plural subject

—¿Dónde **se venden** estampillas por aquí?	*Where do they sell stamps around here?*
—**Se venden** estampillas en la oficina de correos. **Se abre** a las 9.	*Stamps are sold in the post office. It opens at 9:00.*

B. The third-person plural of the verb may also be used to express an action in the passive voice when no agent is mentioned.

Venden tarjetas postales en aquel quiosco.	*Postcards are sold in that kiosk over there.*

C. The construction **estar** + past participle describes a completed action. This construction stresses the result of the action; the agent is unknown or unimportant.

Las cartas **están escritas.**	*The letters are written.*
Los paquetes **estaban envueltos.**	*The packages were wrapped.*

Note that the past participle agrees with the subject in number and gender.

EN CONTEXTO

EMPLEADO Nosotros repartimos toda la correspondencia puntualmente. Después de la huelga **se han hecho** muchas reformas en las oficinas de correos. Lo que pasa es que **estamos** un poco **atrasados** pero aquí nadie se roba ni cartas ni paquetes de nadie.

■ Práctica y conversación

A. En el correo. Explique cómo estaban las cosas ayer en el correo cuando la gerente llegó al trabajo.

MODELO Algunas cartas / repartir
Algunas cartas estaban repartidas.

1. el buzón / romper
2. pocos paquetes / pesar
3. todas las estampillas / vender
4. el problema con el buzón / resolver
5. las casillas postales / alquilar
6. los telegramas / enviar

B. **¿Me podría decir, por favor,...?** Un(-a) estudiante hace el papel de empleado(-a) de la oficina de correos y otro(-a) el de un(-a) cliente que quiere obtener la siguiente información: el horario de la oficina de correos, el costo de un apartado postal, la hora de reparto de la correspondencia, el lugar para comprar un giro postal y el lugar para mandar un telegrama.

Expressing largeness and disdain

Augmentatives

In order to denote largeness or intensity, a variety of suffixes may be added to Spanish nouns, adjectives, and adverbs. These suffixes often express unpleasantness, contempt, disdain, or excess in addition to largeness or intensity and are frequently used by native speakers. As a non-native speaker, however, you will need to be cautious when using them in order to avoid offending anyone.

A. To form an augmentative, drop the final vowel from the noun, adjective, or adverb and add the following suffixes: **-ón, -azo (-tazo), -ote (-zote).** These endings change according to rules for number and gender.

1. **-ón**

un soltero	*bachelor*	una soltera	*single female*
un solterón	*confirmed bachelor*	una solterona	*old maid*

2. **-ote**

feo	*ugly*	la palabra	*word*
feote	*big and ugly*	la palabrota	*swear word*

3. **-azo**

el libro	*book*	la pelota	*ball*
el librazo	*tome*	la pelotaza	*huge ball*

Note that there is no consistent way to express these suffixes in English.

B. Sometimes these suffixes form an entirely different word, as in the following examples.

la caja / el cajón	*box / drawer*
la cintura / el cinturón	*waist / belt*
la rata / el ratón	*rat / mouse*
la silla / el sillón	*chair / armchair*

C. The suffixes **-acho** and **-ucho** among several others are pejorative and express ugliness, wretchedness, meanness, etc.

el hotel / el hotelucho	*hotel / fleabag hotel*
el pueblo / el poblacho	*town / squalid village*

EN CONTEXTO

ERNESTINA Necesito recuperar los paquetes que mis padres me enviaron. Ahí venían unos libros muy importantes y un poco de mi ropa. Uno de ellos es un **paquetazo** inmenso. No puede haberse perdido.

Práctica y conversación

¿Qué son? Describa en español las siguientes cosas.

hotelucho / solterona / sillón / hombrón / pistolón / ratón / manota / pelotaza / mesota / paquetote.

DUDAS DE VOCABULARIO

To leave

Salir (de): to leave (a place).

Salí de Santiago en 1980. — *I left Santiago in 1980.*

Dejar: to leave something behind.

Dejé mis libros en el hotel. — *I left my books at the hotel.*

Partir: to leave, depart; to set off for.

El avión partió a medianoche. — *The plane left at midnight.*

But

Pero: but. It is used to join two affirmative ideas or actions.

Santiago es una ciudad muy grande pero acogedora. — *Santiago is a big city but very hospitable.*

Pero: but, however. It is used to contrast two ideas or actions.

La carta llegó, pero no llegó a tiempo. — *The letter arrived, but it did not get here in time.*

Sino, sino que: but, but rather, on the contrary. These are used to join a negative phrase with an idea or action that contradicts what has already been stated.

No quiero mandar una carta sino un telegrama.	*I don't want to send a letter, but a telegram.*
No quiero que compres estampillas sino que mandes esta carta.	*I don't want you to buy stamps, on the contrary (I want you to) send this letter.*

No sólo... sino (que)...: not only . . . but also . . .

No sólo sabe chino sino japonés y ruso.	*Not only does he / she know Chinese but also Japanese and Russian.*

To think

Pensar: to think, to believe.

Pienso que él es muy arrogante.	*I think he is very arrogant.*

Pensar de: to think of, to think about. It is used to express or request an opinion.

¿Qué piensas de tu profesor?	*What do you think about your professor?*

Pensar en: to think of, to think about someone or something.

Pienso en mi amiga enferma todos los días.	*I think about my sick friend every day.*

Pensar + infinitive: to plan.

Pienso visitarla en la primavera.	*I'm planning to visit her in the spring.*

■ Práctica

Escoja la palabra adecuada.

SRA. ASTETE Dora, ¿no te dije que te arreglaras? Son las seis de la tarde y tenemos que (salir / dejar) pronto o vamos a (llegar tarde / tardar).

DORA ¡(Pero / Sino) mamá! Dame unos minutos... Tengo que peinarme (todavía / ya).

SRA. ASTETE (*Murmurando.*) ¡Pero Dios mío! ¿(En qué / De qué) piensa esta muchacha? (La / película / El cine) empieza en veinte minutos y ella (debe / tiene que) secarse el pelo.
Dora, lo siento, (pero / sino) yo me voy sola si no te apuras. (Dejo / Salgo) dentro de cinco minutos.

DORA	¡Espérame! ¡Espérame! No quiero (perderme / extrañar) (esa película / ese cine). Además, no puedo ir caminando porque (la película / el cine) queda muy lejos.
SRA. ASTETE	¿(Piensas / Piensas de) caminar?
DORA	No, yo no quiero caminar.
SRA. ASTETE	Bueno, apúrate, entonces.
DORA	Ya estoy lista. Ya voy... Ya voy...
SRA. ASTETE	¡Esta hija mía! (Sino / No sólo) se demora (sino / sino que) me va a hacer llegar tarde.

Tercera situación

ASÍ SE HACE

Cómo echar una carta al correo

Santiago de Chile: Un quiosco

Si Ud. necesita enviar una carta o un paquete en un país hispanoamericano tiene que tener en cuenta que el servicio de correos en algunos países funciona de una manera diferente al de los Estados Unidos. En primer lugar, Ud. sólo podrá comprar estampillas y depositar su correspondencia en la oficina de correos o en cualquiera de sus sucursales (*branches*) en algunos países. En otros países existen servicios de correos móbiles que consisten de pequeños autobuses especialmente acondicionados que recorren distintas zonas de la ciudad. Este servicio facilita el servicio de correos a la población que vive lejos de una oficina o sucursal.

Cuando Ud. lleva su carta o paquete a la oficina de correos, un empleado pesará la carta o paquete y le dirá cuánto le costará el envío. Ud. paga y el empleado le da las estampillas. Posteriormente Ud. deposita su correspondencia en un buzón.

Si Ud. necesita comprar tarjetas postales, papel de carta, sobres o bolígrafos, Ud. puede hacerlo en una librería de la ciudad o en un quiosco cerca de la oficina de correos donde una persona muy amable le venderá todo lo que Ud. necesite para escribir su correspondencia.

Práctica y conversación

Quiero mandar esta carta a... Trabajen en grupos. Un(-a) estudiante hace el papel de dueño(-a) de un quiosco, otro(-a) el de empleado(-a) de la oficina de correos y otro(-a) el de una persona interesada en comprar estampillas y tarjetas postales para sus amigos y familiares.

PARA LEER BIEN

Cross-Referencing

Authors generally use synonyms in order to avoid repeating the same word within a sentence or paragraph as well as within the entire article or work. This use of synonyms or symbols to refer to frequently mentioned things or people is called cross-referencing. In the following sentence about Santiago, Chile, there are two sets of cross-references.

> Hay quienes piensan que el conquistador español don Pedro de Valdivia se equivocó de lugar cuando en 1541 decidió fundar la ciudad que más tarde sería la capital de Chile: Santiago de la Nueva Extremadura.

In the first cross-reference, the word *el conquistador* is used to identify *Pedro de Valdivia*. This reference provides additional information about the man who founded Santiago by explaining that he was also a Spanish conquistador. In the second cross-reference, the words *el lugar / la ciudad / la capital / Santiago* are used to refer to the place where Valdivia located the city and to provide further information about it.

Sometimes repetition is avoided by using pronouns and possessives that also form cross-references.

> La *playa de Reñaca* es *la favorita* de la juventud; *su* arena blanca invita a tenderse sobre *ella*.

The first step in using cross-references is to recognize the synonyms for the already mentioned nouns in a reading. After recognizing the synonyms, the reader must make the connections among the synonyms, pronouns, and possessives.

■ Práctica

A. Identifique las palabras en la columna a la derecha que tienen algo en común con los tres lugares a la izquierda.

	la ruta
	las olas
	el mar
la playa de Reñaca	la vía
los Andes	los sitios elevados
la Carretera Panamericana	la arena
	el camino
	el sol
	las montañas

B. Identifique las contrarreferencias (*cross-references*) en las siguientes oraciones.

1. Uno de los principales atractivos turísticos de Santiago es el llamado Parque Metropolitano situado en el cerro San Cristóbal, mole de piedra y tierra...
2. La playa de Reñaca, con dos kilómetros de extensión, es la playa favorita de la juventud y el más importante centro de actividades del verano.
3. La Cordillera de los Andes se sumerge en el Mar de Drake y reaparece más tarde en el Continente Blanco—la Antártica—donde todo es nieve pura, eterna y blanca.
4. Santiago, o mejor dicho, la Región Metropolitana, reúne las mejores condiciones para el desarrollo de la producción nacional: gran concentración de población, personal calificado, recursos naturales suficientes, buenas vías de acceso y suficiente agua y energía.

LECTURA

Chile: Un mundo de sorprendentes contrastes

Santiago de Chile

Santiago: La ciudad-jardín

Hay quienes piensan que el conquistador Pedro de Valdivia se equivocó de lugar cuando en 1541 decidió fundar la ciudad que más tarde sería la capital de Chile: Santiago de la Nueva Extremadura. Esta opinión se renueva° cada año cuando llega el otoño y se acentúa° en el invierno. En ambas estaciones Santiago, que está situado en un valle, sufre los efectos del progreso urbano que se traduce en una contaminación atmosférica. Esta contaminación dificulta que los turistas puedan visualizar lo que casi siempre es evidente en la primavera y el verano: el cielo azul, los verdes cerros° que rodean° a Santiago y este enorme y blanco telón de fondo° que constituye la Cordillera de los Andes.

is renewed
intensifies
hills
surround / backdrop

Fundada el 12 de febrero de 1541 por el ya mencionado capitán de Valdivia, Santiago se caracteriza por ser la ciudad más poblada de Chile. Concentra casi el 40 por ciento de los habitantes del país, al ser un constante foco de atracción de migraciones rurales. Miles de trabajadores del campo y de las ciudades más pequeñas emigran anualmente a Santiago en busca de trabajo.

Santiago o, mejor dicho, la Región Metropolitana, reúne las mejores condiciones para el desarrollo industrial: gran concentración de población, personal calificado, recursos naturales° suficientes buenas vías de acceso y suficiente agua y energía.

natural resources

Es aquí donde se elabora° prácticamente el 50 por ciento de toda la producción nacional. Las principales industrias manufactureras son las textiles, las de prendas de vestir°, industriales del cuero, fábricas de productos metálicos, maquinarias° y equipos, productos alimenticios, bebidas y tabacos, industrias de madera y sus subproductos.

Santiago tiene modernos sistemas de transportes y comunicaciones. Desde el centro de la ciudad, se desprende° la Carretera Panamericana. Una ruta internacional conecta la capital con la Argentina y hay también otras carreteras y vías que la unen con todo el país. Paralela a los caminos se extiende una red ferroviaria°; el aeropuerto internacional recibe a pasajeros y carga del exterior.

Uno de los principales atractivos turísticos de Santiago es el llamado Parque Metropolitano situado en el cerro San Cristóbal, mole° de piedra y tierra de más de 300 metros de altura. Allá hay sitios para picnic, un jardín zoológico, piscinas al aire libre y salas de concierto.

En la ciudad misma se conservan aún casonas y mansiones coloniales, las que junto con museos históricos, militares, aeronaúticos, de ciencias naturales y pre-colombinos, ayudan al visitante a conocer no sólo lo que fue y es Chile sino toda Hispanoamérica.

Para los amantes° de la naturaleza y los paseos° hay muchas posibilidades desde las canchas de esquí hasta las aguas termales, los ríos para hacer canotaje°, valles y bosques° para acampar sin más temor que el silencio y sin más ruido que el de los riachuelos° y los pájaros.

Adaptado de *Tumi 2000*

is manufactured

articles of clothing / machinery

issues forth

railway network

mass, pile

lovers / strolls

boating

forests

streams

Viña del Mar

La vida se inicia tarde en Viña del Mar. La gente comienza a salir de sus casas hacia las once y media de la mañana, pero antes los más deportistas, como en todo centro de veraneo°, han salido a trotar°, andar en bicicleta o, simplemente, a caminar por las costaneras° o por la gran avenida que accede a todas las playas del litoral°. Reñaca, con

summer resort / jog

seaside walkways / coast

Viña del Mar, Chile

dos kilómetros de extensión, es la playa favorita de la juventud y el más importante centro de actividades del verano.

Las vacaciones invitan a comer fuera de casa, jugar y bailar. Viña del Mar lo ofrece todo. Las marisquerías° alternan con los restaurantes en los treinta kilómetros del camino costero. El Casino Municipal es el centro de esparcimiento° más completo de la ciudad. Sus salas atraen a jugadores de ruleta y de tragamonedas°; en su café concert durante todo el año se presentan figuras internacionales de la canción y del espectáculo. La juventud tiene otras preferencias. Los últimos ritmos europeos se unen al rock latino en las discotecas de la región. Viña del Mar también ofrece una intensa vida cultural con teatro, conciertos, exposiciones y concursos° de pintura y escultura.

lugar donde se vende y se come pescado y marisco / recreation / slot machines

competitions

Adaptado de *Chile ahora*

Magallanes

La Antártida chilena

La geografía y el clima de Chile ofrecen grandes y sorprendentes contrastes. En el norte está el desierto de Atacama, el territorio más seco del mundo, mientras al otro extremo del país todo es nieve.

La región de Magallanes y la Antártida chilena están situadas en el sur entre la Argentina y el Océano Pacífico. Aunque Magallanes es la región de mayor superficie° del país es la menos poblada con solamente 130.000 habitantes.

area

Este territorio extenso y variado es sumamente hermoso. El paisaje° casi siempre incluye glaciares, icebergs, fiordos o islas con canales° sinuosos. Allí la Cordillera de los Andes está sumergida en el Mar de Drake pero reaparece más al sur en la Antártida.

landscape
channels

Además de ser una de las regiones más bellas del país también es una de las más ricas en recursos° naturales. La economía depende de la industrialización de los recursos mineros, ganaderos°, marinos y forestales.

resources
livestock

Magallanes también ofrece muchas atracciones turísticos; los visitantes pueden gozar de una gastronomía sabrosa, la práctica deportiva y las costumbres tradicionales mientras viajan por una región vasta e impresionante.

Comprensión

A. Tres regiones distintas. Complete las siguientes oraciones.

1. La ciudad de Santiago fue fundada por ____________ en ____________.
2. En el otoño y en el invierno Santiago sufre ____________.
3. ____________ es la ciudad más poblada del país; allá se concentran casi ____________.
4. Santiago reúne las mejores condiciones para el desarrollo industrial: ____________.
5. Las principales industrias de Santiago son ____________.
6. El Parque Metropolitano es ____________; allí se encuentran ____________.
7. Dentro de Santiago algunas de las atracciones turísticas son ____________.
8. Viña del Mar es ____________ que se encuentra en ____________.
9. El Casino Municipal es ____________.
10. Otras atracciones turísticas de Viña del Mar son ____________.
11. La Región de Magallanes se encuentra ____________.
12. Es la región de mayor ____________ y menos ____________.
13. Entre la belleza escénica de esta región se destacan ____________, ____________ y ____________.

B. Descripciones geográficas. Describa las regiones de Santiago, Viña del Mar y Magallanes. ¿Cuáles son las características geográficas? ¿Cómo es el clima? ¿Cuáles son las ventajas y desventajas de cada región? ¿Se puede comparar estas regiones con regiones en los EEUU? ¿Cuáles?

C. En defensa de una opinión. ¿Qué evidencia hay en el artículo que confirma la idea siguiente? Chile es un mundo de contrastes sorprendentes.

NOTICIAS

Nuevos horizontes para la mujer

Mujeres profesionales

En toda la América Latina se manifiesta° cada vez más que los papeles tradicionales del hombre y la mujer están cambiando. En los últimos veinte años, muchos factores económicos y sociales han determinado que se defina en otros términos lo que constituye la conducta femenina aceptable. Lo más notable es que hay más mujeres que trabajan fuera de la casa, que terminan su educación, que limitan el número de hijos. En algunos países se ha legalizado el divorcio, haciendo posible que las mujeres pongan fin a matrimonios desgraciados° y se libren de esposos abusadores. Muchas organizaciones a nivel local y mundial discuten públicamente los problemas que afectan a la mujer, vigilan° su progreso y suministran° información y apoyo° para las mujeres que se hallan en situaciones transitorias.

En la actualidad, en toda América Latina las mujeres están ingresando° en la fuerza laboral° y ocupan puestos que antes les estaban vedados°. Las mujeres están haciendo sentir su influencia, particularmente en las ciudades grandes como ejecutivas de

is becoming apparent

miserable

watch over / supply / support

entrando

work force / forbidden

empresas y empleadas de gasolineras, como médicas y policías de tránsito°. *tráfico*

La cantidad de mujeres en la América Latina y el Caribe que participan en la economía monetaria ha aumentado mucho desde 1960. Según las proyecciones desde ahora hasta fines de siglo, la fuerza laboral femenina latinoamericana aumentará a razón del° 3.5% al año, aproximadamente. Esto significa que esta fuerza laboral, que era de unos 23.000.000 en 1980, será de 55.000.000 para el año 2000. Como el aumento proyectado para la fuerza laboral masculina es mucho menor, las mujeres constituirán una mayor proporción del total de la fuerza laboral para fines de siglo. at the rate of

Un factor que impulsa el crecimiento° de la fuerza laboral femenina es la rápida urbanización de muchas partes de América Latina. En los últimos años, más mujeres que hombres se han trasladado° del campo a la ciudad, lo cual resulta en una mayor proporción de mujeres en las zonas urbanas. El aumento de la migración es fácil de comprender. En las zonas rurales hay pocas oportunidades de trabajo para las mujeres, mientras que en las ciudades hay una variedad de empleos posibles. En las zonas rurales los hombres encuentran trabajo en las fincas° o en otras cosas, pero en las ciudades se les dificulta hallar empleos que pueden desempeñar°, mientras que las mujeres en seguida encuentran colocación° en el servicio doméstico. Se estima que en América Latina, entre el 25 y el 45% de las mujeres que trabajan son domésticas, aunque en los países más industrializados les resulta más fácil hallar trabajo en las fábricas. growth moved farms hold, fill position

En los últimos años muchas latinoamericanas se han hecho profesionales. En varios países abundan las médicas, dentistas, abogadas, arquitectas, ingenieras y químicas. Hay que señalar°, sin embargo, que en todos los países la fuerza laboral masculina es mucho mayor que la femenina. to point out

La educación es otro campo en el que la situación de la mujer está cambiando. El número de niñas matriculadas en las escuelas primarias y secundarias se duplicó° de 1965 a 1977. En las escuelas primarias hay un poco más de niñas que de varones°, y en las escuelas secundarias el número de varones y niñas es casi igual. doubled males

En las universidades y escuelas vocacionales predominan los varones, pero las cosas van cambiando. En 1960 sólo el 27% de los estudiantes de las universidades latinoamericanas eran mujeres. Para 1970 el porcentaje había aumentado al 35% y, para 1980, al 45%. Se calcula que para 1990 el porcentaje sea del 50%. En los países más industrializados—como la Argentina y Venezuela, por ejemplo—, la proporción de alumnas universitarias es aún mayor. Gran parte de estas mujeres estudian una carrera, pero muchas no la ejercen si se casan y tienen familia.

Las razones para el aumento del estudiantado° son económicas y sociales. La inflación y la inestabilidad de la economía han obligado a las mujeres a trabajar, incluso a las de clase media y clase alta, y la educación se considera un requisito para ingresar en el mercado laboral. Además, la actitud hacia la educación femenina está cambiando. Muchos padres latinoamericanos de clase media y clase alta consideran que asistir a la universidad da prestigio a las muchachas. student body

Las latinoamericanas, igual que las norteamericanas y las europeas, están empezando a asumir una nueva actitud y a desempeñar° nuevos papeles. De una región to play a otra varían los factores sociales, históricos y económicos, lo cual determina que no todas las mujeres progresen de la misma manera ni a la misma velocidad. Sin embargo, no cabe duda de que la situación está cambiando.

Adaptado de *Las Américas*

Comprensión

A. ¿Cierto o falso? Identifique las oraciones falsas y corríjalas.

1. El divorcio no existe en Latinoamérica.
2. Las mujeres están haciendo sentir su influencia tanto en las regiones rurales como en las ciudades.
3. Las mujeres van a constituir una mayor proporción del total de la fuerza laboral para el año 2000.
4. En los últimos años más mujeres que hombres se han trasladado del campo a la ciudad.
5. En las ciudades los hombres encuentran trabajo más fácilmente que las mujeres.
6. Hay pocas mujeres latinoamericanas con puestos profesionales.
7. En las universidades predominan los varones pero las mujeres están ganando terreno.
8. La mayoría de los padres de clase media y alta consideran que asistir a la universidad es una frivolidad poco necesaria para las muchachas.

B. La conducta femenina. Dé ejemplos de la nueva conducta femenina y la nueva conciencia de los problemas de la mujer en Latinoamérica.

PARA ESCRIBIR BIEN

Making a reservation by letter

When obtaining a hotel room by telephone or in person, there are many opportunities to ask questions and clarify misunderstandings. However, when making a reservation by letter, such opportunities do not exist. As a result, the letter must anticipate problems and provide all the necessary information in order to assure success in obtaining the desired room.

A reservation letter follows the basic format of a business letter, and you can employ many of the expressions used when obtaining a hotel room in person.

The following outline will help you write a letter asking for a room reservation.

1. State the dates for which you need the room(-s).

2. State the number and type of rooms you desire.

3. List the number of persons who will be staying in the room(-s).
4. State any special characteristics the room should have; i.e., location, type of bed(-s), smoking vs. no-smoking room, TV, facilities for babies or children.
5. State how you will pay.
6. Provide your name, address, and phone number so the hotel can reach you to confirm your reservation or solve a problem.

Composiciones

A. **Un hotel peruano.** Ud. vive en Santiago y quiere pasar sus próximas vacaciones en el Perú. Lea los anuncios para hoteles en el Perú. Escoja un hotel y escriba una carta pidiendo una reservación. Incluya toda la información necesaria para obtener la habitación deseada.

B. Una reservación confundida. Hace tres días Ud. habló por teléfono para reservar una habitación en uno de los hoteles peruanos del ejercicio A. Ud. acaba de recibir la confirmación de su reservación. Hay errores en su apellido, dirección, las fechas de su llegada y salida, y la habitación deseada. Escríbale al hotel tratando de aclarar los errores.

C. La ropa perdida. Ud. acaba de pasar un fin de semana en uno de los hoteles del ejercicio A. Al regresar a casa Ud. descubre que dejó varias prendas de ropa en la habitación. Escriba una carta explicando lo que pasó y lo que Ud. quiere que ellos hagan con su ropa. Incluya una lista con una descripción de la ropa.

ACTIVIDADES

A. Una reservación. You and your family are going to spend a week's vacation in Viña del Mar. Call the Hotel Solimar to obtain a room reservation. Talk with the reservation clerk (played by a classmate). Find out if there are rooms available when you want to arrive and the price for the type of room(-s) you want. Describe any special room items or characteristics you need. Arrange a payment method and confirm your reservation.

B. El hotelucho. You are a student staying in a cheap hotel in Chile. Although the lobby appeared very nice, your room is terrible. The room hasn't been cleaned, and its very cold. There are no towels, and the shower doesn't work. Worst of all the phone is missing, and you have to walk downstairs to see the manager to complain. Explain your problems to the manager and try to resolve them.

C. En el correo. You and a friend (played by a classmate) are exchange students in Chile. You need to mail six postcards to the U.S. Your friend needs to mail a package and two letters. Role-play the scene in the post office. A third classmate will play the role of the postal employee.

D. Una encuesta. It's been a while since you've visited your former high school. Take a survey of at least six of your classmates to find out what they hope has happened to the building, students, and / or faculty since they last were there. Each student should provide at least two suggestions. After completing the survey, compile the results to find out what people hope has happened.

CAPÍTULO 15

Los deportes

Argentina: Un gaucho moderno

Primera situación

Presentación ¿Fuiste al partido del domingo?

Práctica y conversación

A. ¿Qué pasa? Cuente lo que pasa en el dibujo.

B. El equipo deportivo. ¿Qué equipo deportivo necesita Ud. para practicar los siguientes deportes?

el golf / el béisbol / el básquetbol / el tenis / el fútbol / el vólibol / el hockey

C. Creación. ¿De qué hablan las varias personas que están en el dibujo de la **Presentación**? Con uno(-a) o dos compañeros(-as) de clase, dramatice su conversación.

Vocabulario activo

En el estadio	***At the stadium***
el (la) árbitro(-a)	*referee, umpire*
el (la) campeón(-ona)	*champion*
el (la) entrenador(-a)	*coach*
el equipo	*team*
el puntaje	*score*
batear	*to bat*
coger / lanzar / tirar la pelota	*to catch / throw the ball*
dar una patada	*to kick*
entrenar	*to coach*
ganar el campeonato	*to win the championship*
jugar(ue) al baloncesto **(E)** / básquetbol **(A)** / fútbol	*to play basketball / soccer*

En el campo deportivo	***On the field***
la cancha	*playing area, court, field*
la pista	*track*
correr	*to run*
hacer jogging	*to jog*
jugar(ue) al golf / hockey / tenis / béisbol / vólibol	*to play golf / hockey / tennis / baseball / volleyball*
saltar	*to jump*

En el gimnasio	***In the gym***
entrenarse	*to train*
hacer ejercicios / ejercicios aeróbicos / ejercicios de calentamiento	*to exercise, to do aerobic / warm-up exercises*
ponerse en forma	*to get in shape*
practicar el boxeo / la gimnasia / la lucha libre	*to box / do gymnastics / wrestle*
sudar	*to sweat*

El equipo deportivo	***Sports equipment***
el bate	*bat*
la canasta	*basket*
el casco	*helmet*
el disco	*hockey puck*
el marcador	*scoreboard*
el palo de golf / hockey	*golf club / hockey stick*
los patines de hielo	*ice skates*
la pelota	*ball*
la raqueta	*tennis racquet*
la red	*net*

ASÍ SE HABLA

Discussing sports

Buenos Aires: El estadio de fútbol

¿Qué oyó Ud.?

Escuche esta conversación entre dos amigos. Tome los apuntes que considere necesarios y luego conteste las siguientes preguntas.

1. ¿Qué tipo de personas son las que participan en esta interacción? ¿Qué edad cree Ud. que tienen?
2. ¿De qué hablan los amigos?
3. ¿Qué equipo ganó? ¿Por qué?
4. ¿Es uno de estos personajes más optimista que el otro? Explique.
5. ¿Conoce Ud. a alguien parecido a alguno de los personajes? ¿Quién? Describa a esa persona.

When you want to discuss sports, you can use the following expressions.

Para informarse:

¿Qué tal el partido?	*How was the game?*
¿Quién ganó?	*Who won?*

Comentarios negativos:

Perdimos.	*We lost.*
Nos derrotaron.	*They defeated us.*
¿Cuánto a cuánto?	*How much did we lose by?*
¡Qué desastre!	*What a disaster!*
¡Qué terrible / horrible / espantoso!	*How terrible / horrible / dreadful!*
¡No me digas!	*Don't tell me!*
¡Ni me cuentes!	*Don't even tell me!*
No quiero oír nada más.	*I don't want to hear any more.*
¡Qué lástima!	*What a pity!*
Lo siento.	*I'm sorry.*

Comentarios positivos:

Increíble.	*Incredible.*
Estupendo.	*Great.*
Buenísimo.	*Very good.*
Fantástico.	*Fantastic.*
La próxima será.	*Next time.*
¡Qué bien!	*Great!*
¡Me alegro!	*Glad to hear it!*

EN CONTEXTO

CAMILO Felizmente no fuiste al partido de fútbol porque fue espantoso. Ríver habría ganado pero el árbitro sacó a José Carlos de la cancha.

CARLOS **¡Qué desastre!**

■ Práctica y conversación

A. ¡Qué partido! ¿Cómo reacciona Ud. en las siguientes situaciones?

1. Su equipo favorito ganó el último partido.
2. Su equipo favorito perdió.
3. Ud. quiere saber el puntaje final.
4. Ud. no quiere oír nada más.
5. Ud. espera que la situación mejore en el futuro.

B. Partido de fútbol. El equipo de fútbol / básquetbol de su universidad jugó hoy contra uno de los más fuertes rivales. Ud. no pudo ir. Pregúntele a un(-a) compañero(-a) qué pasó.

Estructuras

Explaining what you would have done under certain circumstances

Conditional perfect tense

In English the conditional perfect tense is expressed with *would have* + the past participle of the main verb. It is used to express what you would have done under certain conditions: *With your height and athletic abilities, I would have been a professional basketball player.*

CONDITIONAL PERFECT TENSE

HABER	+ PAST PARTICIPLE
habría	-AR
habrías	jugado
habría	-ER
habríamos	corrido
habríais	-IR
habrían	asistido

A. In Spanish, the conditional perfect tense is formed with the conditional of the auxiliary verb **haber** + the past participle of the main verb.

B. The conditional perfect is used to express something that would have or might have happened if certain other conditions had been met.

Con más tiempo **habría asistido** al campeonato en Buenos Aires. — *With more time I would have attended the championship in Buenos Aires.*

EN CONTEXTO

CARLOS Camilo, ¿fuiste al partido de fútbol?
CAMILO Sí, fue horrible. ¿Fuiste tú también?
CARLOS No, no pude. Pero **habría dado** lo que sea por ir.

■ Práctica y conversación

A. Con más tiempo. Forme por lo menos seis oraciones describiendo lo que habrían hecho las personas siguientes con más tiempo.

yo	ponerse en forma
mi novio(-a)	entrenarse
el equipo de la universidad	ganar el campeonato
mis amigos	hacer ejercicios aeróbicos
tú	practicar la lucha libre
nosotros	jugar al golf

B. Entrevista. Pregúntele a su compañero(-a) de clase lo que habría hecho con más tiempo y bajo condiciones ideales.

Pregúntele...

1. qué deportes habría practicado. ¿Por qué?
2. cómo se habría puesto en forma.
3. cuándo se habría entrenado.
4. dónde se habría entrenado.
5. qué equipo deportivo habría necesitado.
6. ¿?

C. Yo creo que... Su equipo favorito perdió un partido ayer. Con un(-a) compañero(-a), hable de lo que Uds. habrían hecho para ganar.

Discussing what you hoped would have happened

Past perfect subjunctive

When you explain what you hoped or doubted had already happened, you use the past perfect subjunctive.

PAST PERFECT SUBJUNCTIVE HABER	+ PAST PARTICIPLE
hubiera	-AR
hubieras	practicado
hubiera	-ER
hubiéramos	cogido
hubierais	-IR
hubieran	salido

A. The past perfect subjunctive (sometimes called the pluperfect subjunctive) is formed with the imperfect subjunctive of the auxiliary verb **haber** + the past participle of the main verb.

B. The same expressions that require the use of the other subjunctive forms also require the use of the past perfect subjunctive.

Esperaba / Dudaba / Era mejor que ya **hubieran terminado** el partido.	*I hoped / I doubted / It was better that they had already finished the game.*

Note that the phrases requiring the use of the past perfect subjunctive are also in a past tense.

C. The past perfect subjunctive is used instead of the imperfect subjunctive when the action of the subjunctive clause occurred before the action of the main clause. Compare the following examples.

Esperaba que los Tigres **ganaran** el campeonato.	*I hoped that the Tigers would win the championship.*
Esperaba que los Tigres ya **hubieran ganado** el campeonato.	*I hoped that the Tigers had already won the championship.*

EN CONTEXTO

CAMILO ¿Fuiste al partido de fútbol ayer?
CARLOS No, no pude. No te imaginas cómo me **hubiera gustado** ir.

Práctica y conversación

A. ¡No ganamos! El equipo de béisbol ha perdido el campeonato. Explique lo que Ud. dudaba que el equipo hubiera hecho antes de llegar a los partidos finales.

Dudaba que el equipo…

entrenarse bien /mantenerse en forma / escuchar al entrenador / querer ganar / correr bastante

B. Para tener éxito. Su compañero(-a) no salió bien en su programa deportivo. Explíquele lo que era necesario que hubiera hecho antes del fin del programa.

MODELO hacer ejercicios
Compañero(-a): **No hice ejercicios.**
Usted: **Era necesario que hubieras hecho ejercicios.**

ponerse en forma / hacer ejercicios de calentamiento / llegar al gimnasio a tiempo / sudar mucho / hacer jogging / entrenarse todos los días

C. **Entrevista.** Hágale preguntas a su compañero(-a) de clase sobre cinco cosas que él (ella) esperaba hacer antes del fin del semestre pasado.

Expressing the sequence of events and ideas

Sequences of tenses with the subjunctive

The subjunctive tense is determined by the tense used in the main clause of the sentence. The following chart summarizes the sequence of tenses and will help you choose the correct subjunctive tenses.

TENSE IN MAIN CLAUSE	TENSE IN SUBJUNCTIVE CLAUSE
Present Present progressive Present perfect Future Future perfect Command	Present subjunctive Present perfect subjunctive
Imperfect Past progressive Preterite Past perfect Conditional Conditional perfect	Imperfect subjunctive Past perfect subjunctive

A. The present perfect subjunctive or the past perfect subjunctive is used when the action in the subjunctive clause occurred prior to the action of the main clause. Compare the following examples.

Espero que ganen los argentinos.	*I hope that the Argentines win.*
Espero que ya hayan ganado los argentinos.	*I hope that the Argentines have already won.*
Esperaba que ganaran los argentinos.	*I hoped that the Argentines would win.*
Esperaba que ya hubieran ganado los argentinos.	*I hoped that the Argentines had already won.*

B. Occasionally the imperfect subjunctive may be used even though the verb in the main clause is in the present tense.

Dudo que jugaran anoche.	*I doubt that they played last night.*

EN CONTEXTO

CAMILO **Ojalá que no tengamos** el mismo árbitro porque si está ese hombre **dudo que ganemos.**

CARLOS ¡No me digas! Yo **no creía que River pudiera** perder.

■ Práctica y conversación

A. Este semestre. Explique lo que Ud. quiere que hagan sus amigos este semestre.

jugar al vólibol / correr tres millas todos los días /mantenerse en forma / hacer ejercicios aeróbicos / ganar el campeonato / escuchar al entrenador / ir al gimnasio todos los días

B. El semestre pasado. Explique lo que Ud. quería que sus amigos hicieran el semestre pasado.

ponerse en forma / jugar al golf / entrenarse bien / hacer ejercicios / comprar nuevos palos de golf / jugar en el campeonato.

C. Preferencias. Complete las siguientes frases de una manera lógica.

1. Es importante que yo ____________.
2. Era necesario que yo ____________.
3. Mis amigos quieren que yo ____________.
4. Es bueno que mi novio(-a) ____________.
5. Era malo que mi novio(-a) ____________.
6. Yo esperaba que mi amigo(-a) ____________.

D. Si yo fuera el árbitro... Ud. discute con su compañero(-a) el último partido de fútbol / básquetbol en el que su equipo favorito perdió. Dígale qué Ud. esperaba que sucediera en ese partido pero que no ocurrió, qué es lo que Ud. hubiera hecho si fuera uno(-a) de los(-as) jugadores, qué Ud. espera que suceda en el próximo partido, etc.

Argentina: El windsurf por las orillas del Atlántico

Segunda situación

Presentación En el consultorio del médico

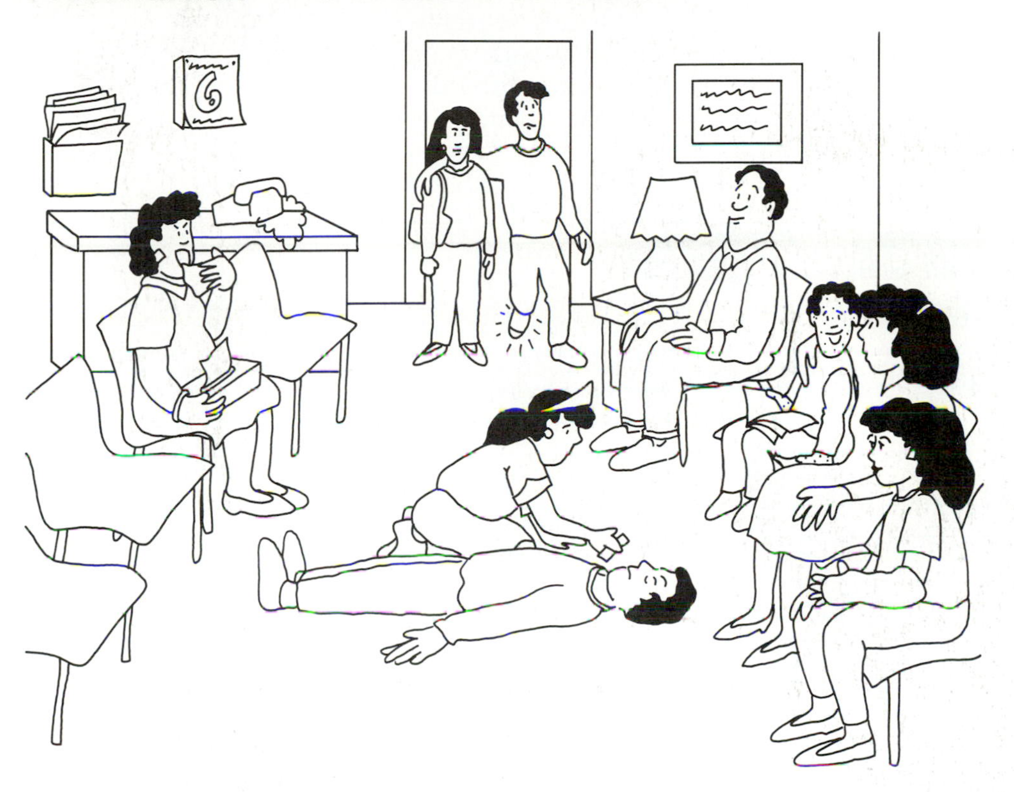

Práctica y conversación

A. ¿Qué pasa? Cuente lo que pasa en el dibujo.

B. Los síntomas. Describa los síntomas de las siguientes enfermedades.

la gripe / la mononucleosis / el catarro / la bronquitis / la pulmonía

C. Los consejos. ¿Qué consejos le da Ud. a su compañero(-a) de clase en las siguientes situaciones?

1. No puede dormirse.
2. Tiene dolor de estómago.
3. Ha fracturado el brazo.
4. Tiene el tobillo hinchado.
5. Sufre de dolores musculares.
6. Tiene escalofríos.
7. Le duele la garganta.

D. Entrevista. Pregúntele a su compañero(-a) de clase sobre su salud.

Pregúntele…

1. qué hace cuando tiene dolor de cabeza.
2. si sufre de alergias.
3. qué hace si se siente deprimido(-a).
4. qué toma para una tos fuerte.
5. qué hace si sufre de insomnio.
6. qué hace cuando tiene fiebre.

Vocabulario activo

Los síntomas	***Symptoms***
desmayarse	*to faint*
estar deprimido(-a)	*to feel depressed*
estornudar	*to sneeze*
marearse	*to feel dizzy, seasick*
no estar bien / estar mal / sentirse (ie,i) mal	*to feel sick*
padecer / sufrir de alergia / dolores musculares / insomnio / mareos	*to suffer from an allergy / muscular aches / insomnia / dizziness*
sonarse (ue) la nariz	*to blow one's nose*
tener dolor de cabeza / estómago / garganta	*to have a headache / stomach ache / sore throat*
tener escalofríos / fiebre	*to have chills / a fever*
toser	*to cough*
vomitar	*to vomit*
Las enfermedades	***Diseases***
el catarro / el resfriado	*cold*
la gripe	*flu*
la pulmonía	*pneumonia*
Los remedios	***Medicine***
los antibióticos	*antibiotics*
la aspirina	*aspirin*
las gotas	*drops*
el jarabe para la tos	*cough syrup*
las pastillas	*tablets*
la penicilina	*penicillin*
las píldoras	*pills*
la receta	*prescription*
las vitaminas	*vitamins*
operarle a uno	*to operate on someone*
poner una inyección	*to give a shot*
recetar un remedio	*to prescribe a medicine*
Las heridas	***Injuries***
la curita	*Band-Aid*
las muletas	*crutches*
la venda	*bandage*
el yeso	*cast*
cortarse el dedo	*to cut one's finger*
dar puntos en la mano	*to put stiches in one's hand*
enyesar el brazo	*to put one's arm in a cast*
fracturarse la muñeca	*to fracture one's wrist*
golpearse la rodilla	*to hit one's knee*
herirse (ie,i) / lastimarse el hombro	*to hurt one's shoulder*
romperse la pierna	*to break one's leg*
tener una contusión	*to have a bruise*
torcerse (ue) el tobillo	*to sprain one's ankle*
vendar el dedo del pie	*to bandage one's toe*
hinchado(-a)	*swollen*

ASÍ SE HABLA

Expressing sympathy and good wishes

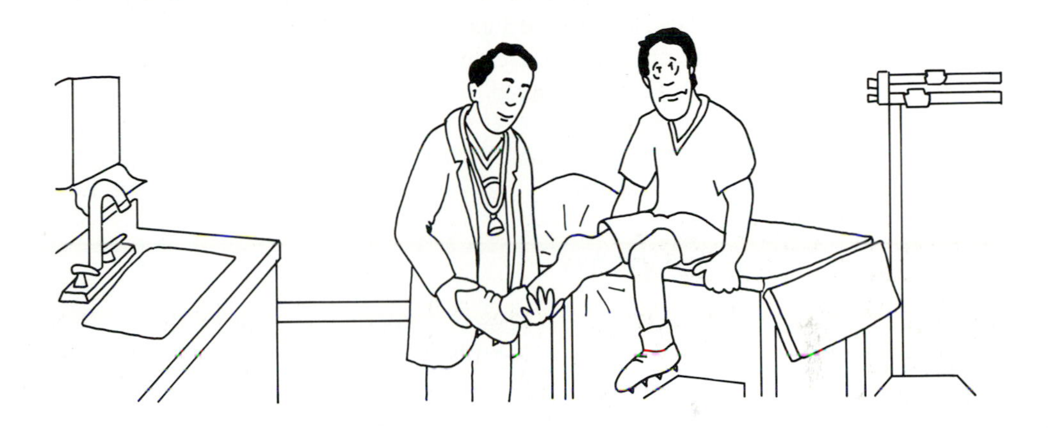

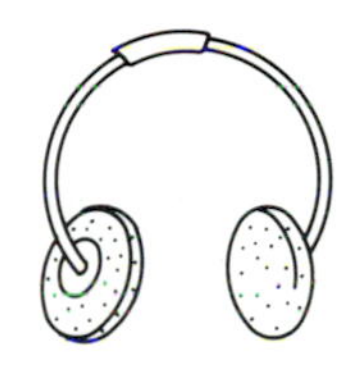

¿Qué oyó Ud.?

Escuche la conversación entre un médico y un joven deportista. Tome los apuntes que considere necesarios y luego conteste las siguientes preguntas.

1. ¿Por qué visita Ricardo al médico?
2. ¿Cómo trata el doctor a Ricardo? ¿Es amable? ¿cortés? ¿desagradable? ¿Se muestra impaciente? ¿molesto?
3. ¿Cuál es el problema verdadero?
4. ¿Qué le aconseja el doctor a Ricardo?
5. ¿Qué tipo de personalidad cree Ud. que tiene Ricardo? ¿y el doctor?
6. ¿Cree Ud. que Ricardo va a regresar? ¿Por qué?

When you want to express sympathy or good wishes, you can use the following expressions.

Expressing sympathy:

¡Cuánto lo siento!	*I'm so sorry!*
Lo siento mucho.	*I'm very sorry.*
¡Qué lástima!	*What a shame!*
¡Qué mala suerte!	*What bad luck!*
¡Pobre! ¡Pobrecito(-a)!	*Poor thing!*
Mi sentido pésame.	*Receive my sympathies.*

Expressing good wishes:

Que le (te) vaya bien. / Que lo pase(s) bien.	*Have a good time.*
Que lo disfrute(s).	
Que se (te) mejore(s).	*I hope you get better.*
Que Dios le (te) bendiga.	*May God bless you.*
Felicidades. / Felicitaciones.	*Congratulations.*
Le (Te) deseo lo mejor.	*I wish you the best.*
Feliz cumpleaños.	*Happy birthday.*
Feliz Navidad / Año Nuevo.	*Merry Christmas. / Happy New Year.*
Felices vacaciones.	*Have a happy vacation.*

EN CONTEXTO

DR. VELÁSQUEZ **Que te mejores,** y ya sabes que no se te vuelva a olvidar porque a mí se me va a acabar la paciencia.

■ Práctica y conversación

A. ¡Qué vida ésta! ¿Qué dice Ud. en las siguientes situaciones?

1. Su compañero(-a) de cuarto está muy triste porque su abuelo está muy enfermo.
2. Su compañero(-a) de cuarto ahora está contento(-a) porque su abuelo se siente mucho mejor.
3. Su padre recibió un ascenso.
4. Su mejor amigo(-a) se va de vacaciones al Caribe.
5. Su compañero(-a) cumple veintiún años.
6. Su amigo(-a) se siente muy enfermo(-a).

B. ¡Buena suerte! Con un(-a) compañero(-a), dramatice la siguiente situación. Su compañero(-a) está en el hospital y le van a operar mañana. Ud. le hace una visita.

Estructuras

Discussing unexpected events

Reflexive for unplanned occurrences

In English you often describe accidents, unintentional actions, and unexpected events with the words *slipped* or *got*. For example: *The pills slipped out of my hands. The prescription got lost.* Spanish uses a very different construction to convey these ideas.

A. To express something that happens to someone accidentally or unexpectedly, Spanish uses **se** + indirect object pronoun + verb in the third person.

Se me perdió la receta.	*My prescription got lost.*
Se me perdieron las píldoras.	*My pills got lost.*

B. In these constructions the subject normally follows the verb. When the subject is singular, the verb is third-person singular; when the subject is plural, the verb is third-person plural.

Se le cayó la botella de aspirinas.	*The aspirin bottle slipped out of his hands.*

C. The indirect object pronoun refers to the person who experienced the action. The indirect object pronoun can be clarified with the phrase **a** + noun or pronoun.

A Eduardo se le cayó la botella de aspirinas.	*The aspirin bottle slipped out of Eduardo's hands.*

D. Verbs frequently used in this construction are

acabar	*to finish, run out of*	ocurrir	*to occur*
caer	*to fall, slip away*	olvidar	*to forget, slip one's mind*
escapar	*to escape*	perder	*to lose*
ir	*to go, run away*	quedar	*to remain, have left*
morir	*to die*	romper	*to break*

EN CONTEXTO

DR. VELÁSQUEZ Según recuerdo, la última vez que estuviste aquí te dije que no jugaras más al fútbol. ¿Qué pasó? **¿Se te olvidó?**

RICARDO Mire, doctor, no sé qué me pasó. Los muchachos pasaron por mi casa y fui con ellos. Ahora parece que **se me rompió** la rodilla.

■ Práctica y conversación

A. Me falta. ¿Qué se les acabó a las siguientes personas?

MODELO el doctor Flores / las pastillas
Al doctor Flores se le acabaron las pastillas.

1. yo / la aspirina
2. el doctor Maura / los antibióticos
3. nosotros / el jarabe para la tos
4. la doctora Valle / la penicilina
5. tú / las vitaminas
6. las enfermeras / las gotas

B. ¡Qué mala suerte! Forme por lo menos seis oraciones explicando lo que les pasó a las siguientes personas.

yo	caer	la botella de jarabe
tú	romper	las gafas
mi mejor amigo(-a)	perder	las recetas
nosotros	olvidar	la pierna
mi compañero(-a)	acabar	el dinero
		las píldoras

C. ¡Se cayó! Con un(-a) compañero(-a), dramatice la siguiente situación. Ud. no sabe dónde está la receta que el (la) médico(-a) le había dado y ya no tiene más pastillas. Explíquele al (a la) médico(-a) que no es culpa suya.

Discussing contrary-to-fact situations

If-*clauses with conditional perfect and past perfect subjunctive*

Contrary-to-fact ideas, such as *If I had been more careful* (but I wasn't) are often joined with another idea expressing what would have or would not have been done: *If I had been more careful, I would not have broken my arm.*

A. When a clause introduced by **si** (*if*) expresses a contrary-to-fact situation that occurred in the past, the verb in the **si**-clause must be in the past perfect subjunctive. The verb in the main or result clause is in the conditional perfect tense.

Si hubiera tenido más cuidado, no me **habría fracturado** el brazo. — *If I had been more careful,* (but I wasn't) *I wouldn't have broken my arm.*

B. The following will help clarify the sequence of tenses in *if*-clauses.

1. Si + present indicative + present indicative or future.

Si tomas dos aspirinas, **te sentirás** mejor. — *If you take two aspirins, you will feel better.*

2. **Si** + imperfect subjunctive + conditional.

Si tomaras dos aspirinas, **te sentirías** mejor.	*If you took two aspirins, you would feel better.*

3. **Si** + past perfect subjunctive + conditional perfect.

Si hubieras tomado dos aspirinas, **te habrías sentido** mejor.	*If you had taken two aspirins, you would have felt better.*

EN CONTEXTO

RICARDO Gracias, doctor. No sé qué **habría hecho si Ud. no me hubiera podido** atender hoy.

Práctica y conversación

A. **Con más cuidado.** Explique lo que no le habría ocurrido si Ud. hubiera tenido más cuidado.

Si yo hubiera tenido más cuidado, no...
quemarme la mano / tener una contusión / lastimarme la rodilla / cortarme el dedo / torcerme el tobillo / fracturarme la muñeca

B. **Más consejos.** Explíquele a su compañero(-a) que se habría sentido mejor si hubiera escuchado sus consejos.

Te habrías sentido mejor si...
llamar al médico / tomar los antibióticos / quedarse en cama / tomar las vitaminas / poner una inyección

C. **¡Te lo dije!** Su compañero(-a) de cuarto está muy enfermo(-a) con la gripe. Ud. cree que es porque no se alimenta bien, no hace ejercicios y no duerme lo suficiente. Dígale que no estaría enfermo(-a) si hubiera seguido sus consejos.

DUDAS DE VOCABULARIO

Game

El juego: game.

A mí no me gustan los juegos de mesa.	*I don't like table games.*

El deporte: sport.

Nuestro deporte favorito es el vólibol, pero también practicamos el tenis.	*Our favorite sport is volleyball, but we also play tennis.*

El partido: game, match.

¿A qué hora empieza el partido de fútbol? — *At what time does the soccer match / game start?*

To play

Jugar: to play a game.

El jugaba al fútbol cuando estaba en secundaria. — *He played soccer when he was in high school.*

Tocar: to play an instrument.

Siempre quise aprender a tocar el piano. — *I always wanted to learn how to play the piano.*

To hurt

Doler: to ache, feel pain; either physical or emotional.

¿Te duele la rodilla? — *Does your knee hurt?*
Su indiferencia me dolió mucho. — *His (Her) indifference hurt me a lot.*

Lastimar: to injure, hurt; to offend.

Él se lastimó jugando al fútbol. — *He hurt (injured) himself playing soccer.*

Su indiferencia me lastimó mucho. — *His (Her) indifference hurt (offended) me a lot.*

Hacer daño: to harm.

El fumar hace daño. — *Smoking is harmful.*

Ofender: to offend.

Como él no le agradeció su regalo, ella se ofendió. — *Since he did not thank her for her present, she got offended.*

■ Práctica

Escoja la palabra adecuada.

JORGE Disculpa, Ricardo, pero creo que no debes (jugar / tocar) al fútbol hoy. Recuerda que el otro día te (ofendiste / lastimaste) la rodilla.

RICARDO No te (ofendas / hagas daño), pero en realidad ya no me (lastima / duele) y además el (deporte / partido) de hoy es muy importante.

JORGE ¿Por qué no practicas otro (juego / deporte)?

RICARDO ¿Y (dejar / salir) el fútbol? No, imposible.

JORGE Bueno, en realidad (tienes que / hay que) (pensar en / pensar de) tu futuro y con esa rodilla mala lo único que vas a tener son problemas.

RICARDO	No me vas a decir que cuando tú (jugabas / tocabas) al fútbol, nunca te (ofendiste / hiciste daño).
JORGE	Sí, muchas veces, (pero / sino) era muy joven y para mí en esa época el (deporte / juego) era lo más importante de mi vida.
RICARDO	Entonces me comprendes ahora, ¿no es cierto?
JORGE	Sí, pero...

Tercera situación

ASÍ SE HACE

Cómo se compran remedios

Una farmacia hispana

En España y en los países latinoamericanos cuando una persona necesita adquirir remedios o artículos de tocador (colonias, jabones, talcos, desodorantes, cremas, etc.) va a la farmacia, donde generalmente habrá un farmacéutico y varios empleados que le atenderán. En las farmacias hay una gran variedad de remedios que se pueden adquirir sin necesidad de tener receta médica.

Además de poder adquirir remedios y artículos de tocador también se pueden recibir inyecciones o vacunas que el médico recete. Como el farmacéutico es una persona de confianza en el vecindario (*neighborhood*) muchas veces las personas le preguntan qué remedio deben tomar para un malestar o una enfermedad leve.

Las farmacias generalmente están abiertas de lunes a viernes a las mismas horas que los otros establecimientos comerciales. Los fines de semana y en horas de la noche las farmacias se turnan para abrir y atender al público. Es decir, unas abren un fin de semana, otras otro fin de semana; unas abren ciertas noches, otras abren otras noches. De esta manera uno siempre puede encontrar una «farmacia de turno» para adquirir un remedio durante la noche, un fin de semana o un feriado. Los periódicos de la ciudad o la guía telefónica ofrecen información acerca de las farmacias que están de turno en los diferentes vecindarios.

Práctica y conversación

¡Que te mejores! Con un(-a) compañero(-a), dramatice la siguiente situación. Ud. se siente mal. Le duele la cabeza, todo el cuerpo y se siente muy cansado(-a). Vaya a la farmacia y hable con el / la farmacéutico(-a) quien le recomendará algunos remedios para que se mejore.

PARA LEER BIEN

Responding to a reading

The comprehension of a reading selection involves collaboration between reader and author in order to produce a shared meaning. Many reading selections are designed to elicit a response from the reader. That response can be emotional and/or intellectual. Emotional responses range from laughter to tears, and from pleasure to fear or anger. Intellectual responses include agreeing or disagreeing with the point of view and making inferences, that is, drawing a conclusion or making a judgment about ideas presented in the reading. Making inferences can also involve "reading between the lines" in order to ascertain an author's complete point of view.

By taking advantage of the decoding and comprehension techniques you have learned, you will learn to respond appropriately to a reading selection. The following are some useful guidelines.

1. Predict the content by scanning the title, and opening sentences. Also use accompanying charts, photos, and art work.
2. Assign meaning to individual words and phrases by using context, cognate recognition, knowledge of prefixes and suffixes, and identification of the core of a sentence.
3. Identify the main ideas and supporting elements of the reading.

4. Use your background knowledge to help decode individual words and phrases and to comprehend the entire reading.
5. Identify the point of view expressed by the author.
6. Draw conclusions and make inferences about the author's point of view or main ideas. Agree or disagree with the ideas expressed.
7. The emotional response to the reading will occur automatically if you comprehend the passage. You must comprehend what the author is saying before laughter can occur; likewise, you must understand the tragic or unjust elements of a situation before you are moved to tears or anger.

Práctica

A. Generalmente se asocia una emoción típica con un género literario o una clase de lectura. Esta asociación va a ayudarlo(la) a Ud. a reaccionar al leer. ¿Con qué emociones se asocian las siguientes clases de lectura?

la poesía romántica / una tira cómica (*comic strip*) / un drama trágico / una novela policíaca / las noticias en la primera página de un periódico / su revista favorita

B. A veces se puede reaccionar intelectual y emocionalmente. Lea la tira de Garfield que sigue y luego conteste las preguntas.

1. ¿Quién es Garfield? ¿Cómo es? ¿Qué le gusta?
2. ¿De qué se queja Garfield al principio de la tira? Al final, ¿se queja de la misma cosa?
3. ¿Cuál es el punto de vista del autor? ¿Le gusta o no la televisión? Según el autor, ¿para qué sirve la televisión?
4. A veces Garfield parece ser una persona y no un gato. ¿A qué tipo de persona representa Garfield?
5. ¿Cómo reaccionó Ud. emocionalmente al leer esta tira? ¿Cómo reaccionó Ud. intelectualmente? ¿Está Ud. de acuerdo con Garfield?

LECTURA

Los 25 años de Mafalda

Hace unos 25 años en Buenos Aires apareció Mafalda, una niña de flequillo° y moño° en el cabello que reflexionaba° con la lógica incontestable° de los niños sobre los absurdos del mundo adulto.

bangs
bow / thought / indisputable

Feminista antes de tiempo, crítica de la televisión, preocupada por la ecología y el destino de la Humanidad, Mafalda pertenecía a una típica familia de la clase media que bien podría haber nacido en Madrid, Buenos Aires o Roma. Pero su nacimiento tuvo más razones prosaicas° que filosóficas. Su padre, el dibujante° Joaquín Lavado, *Quino*, la había creado por encargo de una agencia publicitaria° que necesitaba una historieta° familiar para vender electrodomésticos°.

commonplace / illustrator / advertising comic strip / appliances

La idea no funcionó. Ninguna revista argentina quiso la tira por el mensaje publicitario que escondía°. Quino se quedó con su Mafalda hasta que comenzó a aparecer en el semanario° *Primera plana*, uno de los mejores que recuerda Argentina en las últimas décadas. De allí pasó diariamente al matutino° *El Mundo* y la niñita, con sus incómodas reflexiones°, se popularizó inmediatamente.

it was hiding
weekly newspaper
morning newspaper
thoughts

Las historietas de Mafalda, su casadera° amiga Susanita, el materialista Manolito y el idealista Felipe pasaron a editarse° en casi todos los países, a excepción de los ingleses, que encontraron su humor demasiado latinoamericano. Les encantaba a grandes y chicos. De niña odiaba° la sopa, las tareas escolares y las preguntas infantiles, aunque sus preocupaciones fueran adultas. Era una fiel exponente° de la época, cuestionadora del poder y la política, las guerras y el matrimonio.

marriageable
to be published
she hated
model

Pero su autor se cansó°. Cuando llevaba ya diez años, Quino la abandonó asustado°. «Comenzaba a repetirme», explicó el autor.

got tired
frightened

Sin embargo, Mafalda es aun más popular que antes. En la Argentina los libros de Quino son de lejos° los que más se venden. El dueño de la editorial° que tiene los derechos exclusivos de los libros de Quino insiste sobre «el fenómeno monstruoso» de los últimos años en los que los libros de Quino se venden en una proporción de cuatro a uno, comparado con los otros autores más vendidos.

far and away / publishing firm

Adaptado de *Cambio 16*

Comprehensión

A. ¿Quién es Mafalda? Conteste las siguientes preguntas.

1. ¿Cómo es Mafalda?
2. ¿Cuáles son sus diversiones, preocupaciones, gustos y odios?
3. ¿Quiénes son sus amigos y cómo son?
4. ¿Cómo es su familia?

B. La historia de la tira. Complete las siguientes oraciones con información del artículo.

1. Mafalda apareció por primera vez en ____________ hace ____________.
2. El dibujante era ____________ pero llamado ____________.
3. Creó a Mafalda por ____________ que necesitaba una historia para ____________.
4. Al principio la idea de Mafalda ____________.
5. Cuando Mafalda apareció en *El Mundo* ____________.
6. Después de ____________ años el autor ____________.
7. Actualmente Mafalda es ____________ que antes.

C. Los personajes. ¿Cuántos personajes hay en cada tira de la lectura? ¿Quiénes son?

D. El punto de vista. Empareje cada tira con una idea o preocupación de Mafalda o sus amigos.

	1. Preocupación por la ecología
Primera tira	2. Preocupación por el destino de de la humanidad
Segunda tira	3. Crítica de la televisión
Tercera tira	4. El feminismo
Cuarta tira	5. Odio a las tareas escolares
	6. Odio a las preguntas infantiles
	7. Crítica de los valores falsos

E. Respuestas emocionales. Conteste las siguientes preguntas.

1. ¿Son cómicas todas las tiras? Explique.
2. ¿Cómo respondió Ud. emocionalmente a cada tira?

NOTICIAS

Con la plata° a otra parte

el dinero

¿Cómo se puede invertir° en un país en el que sus habitantes sacan sus ahorros fuera de sus fronteras°? La pregunta es el tema preferido de las conversaciones de diplomáticos, empresarios° o banqueros que están perplejos ante la magnitud de un problema que no es exclusivo de la Argentina.

to invest / borders / business leaders

Los depósitos bancarios de los argentinos en el exterior° superan los 20.000 millones de dólares, el doble de lo que guardan en los bancos argentinos. Diariamente los argentinos atraviesan° el Río de la Plata para poner su dinero a mejor resguardo° y rentabilidad°.

outside the country / cross / under protection / profitability

El fenómeno es visible a simple vista: los argentinos fuera de su país ostentan° una opulencia° que no concuerda con° un país pobre, aprisionado por su mayor crisis económica y una inflación que vuelve a rondar° el 20 por ciento al mes.

Las playas del sur de Brasil han sido ocupadas literalmente por argentinos. Verdaderas ciudades turísticas, construídas sobre la especulación inmobiliaria°, arrasaron° las idílicas aldeas de pescadores del estado de Santa Catalina, en Brasil. En Uruguay, igualmente, los argentinos son dueños de Punta del Este, la playa de los millonarios suramericanos. Se calcula que 5.000 millones de dólares corresponden a las propiedades de argentinos compradas en Brasil, Uruguay, Miami y Madrid.

Las razones para explicar esta sangría° de capitales varía según la ideología. Para los liberales la culpa la tiene el intervencionismo estatal con sus rigurosos controles sobre la intermediación financiera. Los sectores nacionales sostienen que la falta de alternativas económicas genera la evasión°.

Todos los economistas están de acuerdo en un punto: el consejo que viene de los Estados Unidos para que los países endeudados° aumenten las tasas de interés y así retener divisas°, se vuelve como un búmeran°: deprimen° la inversión privada y la actividad económica. Hasta la persona más modesta hoy corre a cambiar sus australes por dólares. Actualmente en las casas de cambios hay jubilados° y amas de casa que compran cantidades mínimas, veinte o treinta dólares, para evitar que, en sus manos, el austral pierda su valor.

flaunt/ affluence/correspond to/ stays around

real estate
demolished

blood-letting

flight (of capital)

debtor
foreign exchange / boomerang / lower investment / retirees

Adaptado de *Cambio 16*

Comprensión

A. La condición económica. Conteste las siguientes preguntas.

1. ¿Cuál es el problema ecónomico de la Argentina y de muchos otros países de Latinoamérica?
2. ¿Cuál es la tasa de inflación mensual y anual en la Argentina?
3. ¿Ahorran los argentinos en bancos dentro de su patria? Explique.
4. ¿Qué aconsejan los economistas para solucionar este problema?
5. ¿Es este fenómeno económico sólo un problema para los ricos y los banqueros? ¿Quiénes sufren?
6. ¿Quién tiene la culpa de este problema?

B. Reacciones personales. Si la tasa de inflación anual en los EEUU fuera 250%, ¿cómo reaccionaría Ud.? ¿Cómo cambiaría su vida?

PARA ESCRIBIR BIEN

Writing personal notes

You frequently need to write brief notes to family, friends, neighbors, and co-workers to wish them well or to express sympathy. Such notes are a more courteous and lasting way of expressing personal sentiments.

In reality, notes are a brief personal letter and, thus, consist of a salutation, brief body, and closing.

When expressing good wishes or sympathy in person, you have the opportunity to react to facial expressions, tone of voice, and the person's responses. However, in a personal note you need to include all the information you want the person to receive since there is no conversational give and take. In the body of the note you will need to explain why you are writing (i.e., you have just heard the good / bad news; you know it is the person's birthday, etc.). Then express your personal feelings and reaction.

The oral expressions taught in the **Así se habla** for the **Segunda situación** of this chapter are also appropriate for written notes. Other ways of expressing good wishes and sympathy include the following.

Indirect commands:

Que tenga(-s) un buen viaje. — *Have a good trip.*
Que se (te) mejore(-s) pronto. — *Get well soon.*

Subjunctive phrases:

Me alegro que + subjunctive — *I'm very happy that . . .*
Siento que + subjunctive — *I'm sorry that . . .*

Exclamatory phrases with *qué*:

Qué + noun
¡Qué suerte / lástima! — *What luck / a pity!*

Qué + adjective
¡Qué bueno / terrible! — *How nice / terrible!*

Qué + noun and adjective
¡Qué noticias más buenas! — *What good news!*

■ Composiciones

A. Su mejor amigo(-a). Su mejor amigo(-a) asiste a otra universidad e iba a venir a visitarlo(la) a Ud. este fin de semana. Sin embargo, Ud. acaba de hablar por teléfono con su compañero(-a) de cuarto y él (ella) le dijo que su amigo(-a) tiene la gripe y no puede venir. Escríbale a su amigo(-a) expresando su conmiseración (*sympathy*) y dándole ánimo (*encouragement*).

B. **Un partido de fútbol.** Su hermano juega al fútbol norteamericano. Durante el partido del sábado pasado él se torció el tobillo y ahora no puede jugar; en realidad no puede caminar. Escríbale a su hermano expresando su conmiseración y dándole ánimo.

C. **Un examen de química.** Suspendieron a un(-a) amigo(-a) en un examen de química y ahora no quiere estudiar más. Escríbale a su amigo(-a) expresando su conmiseración y dándole ánimo. Explíquele como lo(la) habría ayudado si hubiera estudiado con él (ella).

ACTIVIDADES

A. **Una llamada al doctor.** You aren't feeling well. You probably have the flu—you have a fever and a sore throat, you ache all over, and you've been coughing a lot. You call your doctor and speak briefly with the receptionist (played by a classmate). You ask her to let you speak with the doctor (played by another classmate). Describe your symptoms to the doctor. Find out if you need to come in to the office. Ask the doctor to prescribe something for your cough.

B. **¡Si lo hubiera sabido!** Take a survey of at least six of your classmates. Find out two things they would have done differently in their university career if they had only known as a beginning student what they know now.

C. **Unos accidentes de tenis.** You and three friends (played by classmates) decided to play tennis today for the first time since last summer. Since you were all out of shape, you all suffered some minor injuries. One person fell and hurt an ankle, another cut a hand on some broken glass on the court, a third sprained a wrist, and you bruised your leg rather badly. You go to the university clinic. A doctor (played by a classmate) will talk to each of you and help you individually.

D. **Un jugador importante.** You are the sports reporter for the school newspaper. You must interview the star football player of your school and ask him about his football career. Discuss his best and worst games. Find out about his injuries and when and how they occurred. Ask him what he would have done differently if he had had the opportunity. Express good wishes and sympathy where appropriate.

Contacto cultural

El arte y la arquitectura

La arquitectura colonial del Perú

En la historia de Hispanoamérica, la época depués de la conquista española en el siglo XVI hasta las guerras de independencia en el siglo XIX se llama la época colonial. Durante este período España gobernó a la gente y administró la economía del Nuevo Mundo. Los reyes de España dividieron la región en cuatro subdivisiones llamadas virreinatos (*vice-royalties*). El virreinato del Perú fue la región más rica y su capital, Lima, la Ciudad de los Reyes, fue el centro político y social del territorio. Lima era una ciudad acaudalada (*affluent*) con numerosos conventos, monasterios e iglesias y opulentos palacios y mansiones. La primera y más vieja universidad de las Américas, San Marcos, fue establecida en Lima en 1551.

El plan de las ciudades y la arquitectura virreinal reflejan los estilos de España y Europa de aquella época. Los españoles siempre pusieron la plaza mayor en el centro de sus ciudades en el Nuevo Mundo y alrededor construyeron la catedral y edificios municipales. El estilo predominante en el Perú y en México fue el barroco, caracterizado por la profusión de adornos y decoración, la línea curva, columnas torcidas (*twisted*) y espacios grandiosos.

Lima: La Plaza de Armas y la Catedral

Lima: Iglesia de San Francisco

El interior de muchas iglesias contiene magníficos ejemplos de la decoración barroca con altares dorados, coros de madera labrada y techos embellecidos con escenas del paraíso.

También se puede ver buenos ejemplos de la arquitectura colonial en el Cuzco. Allá los españoles solían construir sus iglesias y palacios sobre los restos de edificios incaicos. La Iglesia de Santo Domingo en el Cuzco fue construida sobre las ruinas del Templo del Sol.

Cuzco: Iglesia de Santo Domingo

Comprensión

Conteste las preguntas siguientes.

1. ¿Cómo se llama la época entre la conquista y la independencia en Hispanoamérica?
2. ¿Qué fue un virreinato? ¿Cuántos había en el Nuevo Mundo? ¿Cuál fue el más rico?
3. Nombre la primera y más vieja universidad del Nuevo Mundo.
4. ¿Cuál fue el estilo predominante de la época colonial? ¿Cómo se caracteriza?
5. En la foto de la Plaza de Armas de Lima, ¿qué se ve? ¿Hay ejemplos de la arquitectura colonial? ¿En qué edificios?
6. ¿Qué características del barroco se notan en la foto del interior de la Iglesia de San Francisco en Lima?
7. ¿Cómo se caracteriza el estilo colonial en Cuzco? ¿Por qué usaron los españoles este método de construcción?

Lectura literaria

PARA LEER BIEN

You have learned that in journalistic articles cross-referencing is often accomplished through the use of pronouns, possessives, and synonyms. In literature the author also uses these methods but expands these references to frequently mentioned people and things to include symbols and metaphors. Symbols (signs or emblems used in place of a person, thing, or idea) and metaphors (a figure of speech in which two objects are compared and identified with each other) are frequently more difficult to understand because they depend upon background knowledge and the intellect of the reader to make the connections between the cross references. The following two examples show the distinction between a synonym and metaphor used as a cross reference.

Synonym:

En cierta región del Oriente sobrevivió un niño, hijo del piloto de una nave espacial.

The word **hijo** is a synonym for **niño**; it provides more information about the first noun.

Metaphor:

When describing himself, the poet José Martí wrote:

Yo soy un hombre sincero
de donde crece la palma,

The reader must use background knowledge to equate "de donde crece la palma" with a tropical area where palm trees grow. Although it is not completely necessary, it would help to know that José Martí was from Cuba.

To understand the cross references, it is advantageous to make a mental list of all the words used to refer to important characters or objects in the reading. Then, trace the cross references to see how the author has converted them into symbols and metaphors. Finally, try to assign meaning to the entire literary work.

Understanding literature, particularly contemporary literature, involves collaboration between reader and author to produce a shared meaning. It is important for you as a reader to react intellectually to the symbols, ideas, and point of view of the author. In the **microcuentos** that follow, the authors have omitted important details because the themes are common and should be familiar to the reader. The reader must react by mentally adding those details, thus sharing in the literary process to produce a meaning.

Marco Denevi (1922–) Escritor argentino de cuentos, novelas y obras teatrales. Su novela policíaca *Rosaura a las diez* ganó el premio (*prize*) Editorial Kraft de Buenos Aires en 1955. La selección que sigue, «Génesis», es un buen ejemplo del **microcuento,** un cuento completo reducido a unas pocas líneas. En los microcuentos Denevi usa cuentos bien conocidos y temas literarios o históricos, pero les da una nueva perspectiva o conclusión. De esta manera no necesita incluir todos los detalles y su narración puede caber dentro del formato deseado.

Génesis

Con la última guerra atómica, la humanidad y la civilización desaparecieron. Toda la tierra fue como un desierto calcinado°. En cierta región de Oriente sobrevivió un niño, hijo del piloto de una nave espacial°. El niño se alimentaba de° hierbas° y dormía en una caverna. Durante mucho tiempo aturdido° por el horror del desastre, sólo sabía llorar y clamar° por su padre. Después sus recuerdos se oscurecieron°, se disgregaron°, se volvieron arbitrarios y cambiantes como un sueño, su horror se transformó en un vago miedo. A ratos° recordaba la figura de su padre, que le sonreía o lo amonestaba°, o ascendía a su nave espacial, envuelta° en fuego y en ruido, y se perdía entre las nubes. Entonces, loco de soledad, caía de rodillas° y le rogaba que volviese. Entretanto la tierra se cubrió nuevamente de vegetación; las plantas se cargaron° de flores; los árboles, de frutos. El niño convertido en un muchacho, comenzó a explorar el país. Un día, vio un ave°. Otro día vio un lobo°. Otro día, inesperadamente°, se halló frente a una joven de su edad que, lo mismo que° él, había sobrevivido a los estragos° de la guerra atómica.

—¿Cómo te llamas? —le preguntó.

—Eva, —contestó la joven—. ¿Y tú?

—Adán.

scorched
space ship / fed on / weeds / stunned
call out / became confused / disintegrated / *A veces* / scolded
enveloped
he would fall on his knees / were loaded with
bird / wolf / unexpectedly / just like / ravages

Comprensión

A. Contrarreferencias. Busque la siguiente información en el cuento.

1. Haga una lista de todas las palabras que se refieren al protagonista (*main character*). ¿Cuál es la relación entre el nombre del protagonista y el título del microcuento? ¿Y el nombre de la muchacha?
2. Haga una lista de las palabras asociadas con la tierra. ¿Hay un cambio en la tierra?
3. Haga una lista de las palabras asociadas con el padre. ¿Dónde se encuentra el padre? ¿Quién es el padre?

B. Comparaciones. ¿Cuáles son las similaridades y las diferencias entre «Génesis» de Denevi y la historia de la creación bíblica?

Jorge Luis Borges (1899–1986) Cuentista, poeta y crítico literario argentino. Fue uno de los escritores más importantes del siglo XX; renovó los géneros literarios y la técnica narrativa. En el mundo ficticio de Borges la fantasía y la realidad se mezclan: un hombre puede ser todos los hombres y el tiempo cronológico desaparece. Sus cuentos revelan sus preocupaciones filosóficas. Para Borges el universo es caótico e incomprensible; el orden sólo existe en la mente humana y no en la realidad externa. Para comprender este universo el hombre tiene que luchar constantemente y casi nunca tiene éxito. A menudo Borges usa el símbolo del laberinto para representar esta lucha que es la vida.

Los dos reyes y los dos laberintos

Cuentan los hombres dignos de fe (pero Alá° sabe más) que en los primeros días hubo un rey de las islas de Babilonia que congregó a sus arquitectos y magos° y les mandó construir un laberinto tan perplejo y sutil que los varones más prudentes no se aventuraban a entrar, y los que entraban se perdían. Esa obra era un escándalo, porque la confusión y la maravilla son operaciones propias de Dios y no de los hombres. Con el andar del tiempo° vino a su corte un rey de los árabes, y el rey de Babilonia (para hacer burla° de la simplicidad de su huésped) lo hizo penetrar en el laberinto, donde vagó afrentado° y confundido hasta la declinación de la tarde. Entonces imploró socorro° divino y dio con° la puerta. Sus labios no profirieron° queja ninguna, pero le dijo al rey de Babilonia que él en Arabia tenía un laberinto mejor y que, si Dios era servido°, se la daría a conocer algún día. Luego regresó a Arabia, juntó° sus capitanes y sus alcaides° y estragó° los reinos de Babilonia con tan venturosa fortuna que derribó° sus castillos, rompió sus gentes e hizo cautivo al mismo rey. Lo amarró° encima de un camello veloz y lo llevó al desierto. Cabalgaron° tres días, y le dijo: —¡Oh, rey del tiempo y substancia y cifra° del siglo!, en Babilonia me quisiste perder en un laberinto de bronce con muchas escaleras, puertas y muros°; ahora el Poderoso° ha tenido a bien° que te muestre el mío, donde no hay escaleras que subir, ni puertas que forzar, ni fatigosas galerías que

Allah
wizards
With the passing of time
ridicule
outraged / *ayuda*
came across / didn't utter
willing
called together / governors / destroyed / knocked down / tied him / They rode / sum total
walls / Almighty / has seen fit

recorrer°, ni muros que te veden° el paso. — to go through / block

Luego le desató las ligaduras° y lo abandonó en mitad del desierto, donde murió de hambre y de sed. La gloria sea con° Aquél que no muere. — untied the cords; Glory be to

Comprensión

A. Los dos reyes. Compare a los dos reyes. ¿En que manera son iguales? ¿distintos? ¿Qué hizo el rey de Babilonia con sus arquitectos y magos? ¿Qué hizo el rey árabe con sus capitanes y alcaides?

B. Los dos laberintos. Compare los dos laberintos. ¿En qué manera son iguales y distintos? ¿Quiénes los crearon? ¿Cuál es más complicado? ¿Cuál es más peligroso? ¿Qué representa el primer laberinto? ¿y el segundo?

C. Reacciones intelectuales. ¿Cuál es el punto de vista de Borges acerca de la vida? ¿Está Ud. de acuerdo?

PARA LEER BIEN

A play is a literary work meant to be performed in a theater with costumes, make-up, stage settings, and lighting to help convey action, ideas, and emotions. However, much of what is very evident to a viewer of a play may be overlooked by the reader of the work. Therefore, you need to pay particular attention to descriptions of the setting, stage directions, and names of the speakers in order not to miss important elements when reading.

In short stories and novels, the author describes the characters. In plays, on the other hand, the characters generally describe themselves through their words and actions, so you will need to look for these clues while reading the work.

Sergio Vodanovic (1926–) Periodista y dramaturgo chileno. Sus obras se caracterizan por una crítica social de la hipocresía, los valores tradicionales y las instituciones sociales. Sus obras también tienen que ver con los conflictos entre las generaciones y entre las clases sociales.

El delantal blanco es parte de una trilogía llamada *Viña: Tres comedias en traje de baño.* Las tres obras tienen lugar en Viña del Mar adonde va la gente para desnudarse (*undress*) física y emocionalmente y dejar atrás los problemas cotidianos (*daily*) del trabajo y la casa.

El delantal° blanco

maid's uniform

PARTE 1

La playa.

Al fondo, una carpa°. — beach tent

Frente a ella, sentadas a su sombra, la señora y la empleada. La señora está en traje de baño y, sobre él, usa un blusón de toalla° blanca que le cubre hasta las caderas°. Su tez° está tostada por un largo veraneo. La empleada viste su uniforme blanco. La señora es una mujer de treinta años, pelo claro, rostro° atrayente aunque algo duro. La empleada tiene veinte años, tez blanca, pelo negro, rostro plácido y agradable. — terry-cloth cover-up / hips / *cara*; *cara*

LA SEÑORA: *(Gritando hacia su pequeño hijo, a quien no ve y que se supone está a la orilla° del mar, justamente al borde del escenario.)* — edge
¡Alvarito! ¡Alvarito! ¡No le tire[1] arena° a la niñita! ¡Métase al agua! Está rica... ¡Alvarito, no! ¡No le deshaga el castillo° a la niñita! Juegue con ella... Sí, mi hijito... juegue... — sand; castle

LA EMPLEADA: Es tan peleador°... — combative

LA SEÑORA: Salió al° padre... Es inútil corregirlo. Tiene una personalidad dominante que le viene de su padre, de su abuelo, de su abuela... ¡sobre todo de su abuela! — *Es igual al*

LA EMPLEADA: ¿Vendrá el caballero° mañana? — gentleman (the husband)

LA SEÑORA: *(Se encoge de hombros con desgana°.)* — She shrugs her shoulders indifferently.
¡No sé! Ya estamos en marzo, todas mis amigas han regresado y Álvaro me tiene

---

[1]Note that the mother uses the **usted** form when speaking to her son. In Chile the formal **usted** is used to express intimacy and affection.

todavía aburriéndome en la playa. Él dice que quiere que el niño aproveche° las vacaciones, pero para mí que es él quien está aprovechando. *(Se saca° el blusón y se tiende a tomar sol.)* ¡Sol! ¡Sol! Tres meses tomando sol. Estoy intoxicada de sol. *(Mirando inspectivamente a la empleada.)* ¿Qué haces tú para no quemarte?

take advantage of

Se quita

LA EMPLEADA: He salido tan poco de la casa...

LA SEÑORA: ¿Y qué querías? Viniste a trabajar, no a veranear. Estás recibiendo sueldo, ¿no?

LA EMPLEADA: Sí, señora. Yo sólo contestaba su pregunta.

La señora permanece° tendida recibiendo el sol. La empleada saca de una bolsa de género una revista de historietas fotografiadas° y principia a leer.

queda

revista que usa fotos y diálogos para contar cuentos de amor

LA SEÑORA: ¿Qué haces?

LA EMPLEADA: Leo esta revista.

LA SEÑORA: ¿La compraste tú?

LA EMPLEADA: Sí, señora.

LA SEÑORA: No se te paga tan mal, entonces, si puedes comprarte tus revistas, ¿eh?

La empleada no contesta y vuelve a mirar la revista.

LA SEÑORA: ¡Claro! Tú leyendo y que Alvarito reviente, que se ahogue°...

Let Alvarito be blown up or drown

LA EMPLEADA: Pero si está jugando con la niñita...

LA SEÑORA: Si te traje a la playa es para que vigilaras a Alvarito y no para que te pusieras a leer.

La empleada deja la revista y se incorpora° para ir donde está Alvarito.

se levanta

LA SEÑORA: ¡No! Lo puedes vigilar desde aquí. Quédate a mi lado, pero observa al niño. ¿Sabes? Me gusta venir contigo a la playa.

LA EMPLEADA: ¿Por qué?

LA SEÑORA: Bueno... no sé... Será por lo mismo que me gusta venir en auto, aunque la casa esté a dos cuadras. Me gusta que vean el auto. Todos los días, hay alguien que se para al lado de él y lo mira y comenta. No cualquiera tiene un auto como el de nosotros... Claro, tú no te das cuenta de la diferencia. Estás demasiado acostumbrada a lo bueno... Dime... ¿Cómo es tu casa?

LA EMPLEADA: Yo no tengo casa.

LA SEÑORA: No habrás nacido° empleada, supongo. Tienes que haberte criado° en alguna parte, debes haber tenido padres... ¿Eres del campo?

You weren't born / You must have grown up

LA EMPLEADA: Sí.

LA SEÑORA: Y tuviste ganas de conocer la ciudad, ¿ah?

LA EMPLEADA: No. Me gustaba allá.

LA SEÑORA: ¿Por qué te viniste, entonces?

LA EMPLEADA: Tenía que trabajar.

LA SEÑORA: No me vengas con ese cuento. Conozco la vida de los inquilinos° en el campo. Lo pasan bien. Les regalan una cuadra° para que cultiven. Tienen alimentos gratis° y hasta les sobra° para vender. Algunos tienen hasta sus vaquitas... ¿Tus padres tenían vacas?

tenant farmers
small piece (of land) / farm / free / they have extra

LA EMPLEADA: Sí, señora. Una.

LA SEÑORA: ¿Ves? ¿Qué más quieren? ¡Alvarito! ¡No se meta tan allá que puede venir una ola°! ¿Qué edad tienes?

wave

LA EMPLEADA: ¿Yo?

LA SEÑORA: A ti te estoy hablando. No estoy loca para hablar sola.

LA EMPLEADA: Ando en° los veintiuno...

Tengo casi

LA SEÑORA: ¡Veintiuno! A los veintiuno yo me casé. ¿No has pensado en casarte?

La empleada baja la vista° y no contesta.

looks down

LA SEÑORA: ¡Las cosas que se me ocurre preguntar! ¿Para qué querrías casarte? En la casa tienes de todo: comida, una buena pieza°, delantales limpios... Y si te casaras... ¿Qué es lo que tendrías? Te llenarías de chiquillos°, no más.

dormitorio
You'd be pregnant all the time

LA EMPLEADA: *(Como para sí.)* Me gustaría casarme...

LA SEÑORA: ¡Tonterías°! Cosas que se te ocurren por leer historias de amor en las revistas baratas... Acuérdate de esto: Los príncipes azules° ya no existen. No es el color lo que importa, sino el bolsillo°. Cuando mis padres no me aceptaban un pololo° porque no tenía plata°, yo me indignaba, pero llegó Álvaro con sus industrias y sus

Rubbish!
fairy-tale princes
pocketbook / *novio*
dinero

fundos° y no quedaron contentos hasta que lo casaron conmigo. A mí no me gustaba porque era gordo y tenía la costumbre de sorberse los mocos°, pero después en el matrimonio, uno se acostumbra a todo. Y llega a la conclusión que todo da lo mismo, salvo la plata. Sin la plata no somos nada. Yo tengo plata, tú no tienes. Ésa es toda la diferencia entre nosotras. ¿No te parece?

haciendas
sniffle

LA EMPLEADA: Sí, pero...

LA SEÑORA: ¡Ah! Lo crees, ¿eh? Pero es mentira. Hay algo que es más importante que la plata: la clase. Eso no se compra. Se tiene o no se tiene. Álvaro no tiene clase. Yo sí la tengo. Y podría vivir en una pocilga° y todos se darían cuenta de que soy alguien. No una cualquiera. Alguien. Te das cuenta, ¿verdad?

pigsty

LA EMPLEADA: Sí, señora.

LA SEÑORA: A ver... Pásame esa revista. *(La empleada lo hace. La señora la hojea°. Mira algo y lanza una carcajada°.)* ¿Y esto lees tú?

leafs through
bursts out laughing

LA EMPLEADA: Me entretengo°, señora.

Me divierto

LA SEÑORA: ¡Qué ridículo! ¡Qué ridículo! Mira a este roto° vestido de smoking°. Cualquiera se da cuenta que está tan incómodo en él como un hipopótamo con faja°... *(Vuelve a mirar en la revista.)* ¡Y es el conde° de Lamarquina! ¡El conde de Lamarquina! A ver... ¿Qué es lo que dice el conde? *(Leyendo.)* Hija mía, no permitiré jamás que te cases con Roberto. Él es un plebeyo°. Recuerda que por nuestras venas corre sangre azul. ¿Y ésta es la hija del conde?

loser / tuxedo
girdle / count
commoner

LA EMPLEADA: Sí. Se llama María. Es una niña sencilla y buena. Está enamorada de Roberto, que es el jardinero° del castillo. El conde no lo permite. Pero... ¿sabe? Yo creo que todo va a terminar bien. Porque en el número° anterior Roberto le dijo a María que no había conocido a sus padres y cuando no se conoce a los padres, es seguro que ellos son gente rica y aristócrata que perdieron al niño de chico o lo secuestraron°...

gardener
issue
kidnapped

LA SEÑORA: ¿Y tú crees todo eso?

LA EMPLEADA: Es bonito, señora.

LA SEÑORA: ¿Qué es tan bonito?

LA EMPLEADA: Que lleguen a pasar cosas así. Que un día cualquiera, uno sepa que es otra persona, que en vez de ser pobre, se es rica, que en vez de ser nadie se es alguien, así como dice Ud....

LA SEÑORA: Pero no te das cuenta que no puede ser... Mira a la hija... ¿Me has visto a mí alguna vez usando unos aros° así? ¿Has visto a alguna de mis amigas con una cosa tan espantosa°? ¿Y el peinado? Es detestable. ¿No te das cuenta que una mujer así no puede ser aristócrata? ... ¿A ver? Sale fotografiado aquí el jardinero...

earrings
hideous

LA EMPLEADA: Sí. En los cuadros° del final. *(Le muestra en la revista. La señora ríe encantada.)*

pictures

LA SEÑORA: ¿Y éste crees tú que puede ser un hijo de aristócrata? ¿Con esa nariz? ¿Con ese pelo? Mira... Imagínate que mañana me rapten° a Alvarito. ¿Crees tú que va a dejar por eso de tener su aire de distinción?

kidnap

LA EMPLEADA: ¡Mire, señora! Alvarito le botó el castillo de arena a la niñita de una patada°.

kick

LA SEÑORA: ¿Ves? Tiene cuatro años y ya sabe lo que es mandar, lo que es no importarle los demás°. Eso no se aprende. Viene en la sangre.

what it means not to care about others

LA EMPLEADA: *(Incorporándose.)* Voy a ir a buscarlo.

LA SEÑORA: Déjalo. Se está divirtiendo.

La empleada se desabrocha° el primer botón de su delantal y hace un gesto en el que muestra estar acalorada°.

unbuttons
to be hot

LA SEÑORA: ¿Tienes calor?

LA EMPLEADA: El sol está picando° fuerte.

calentando

LA SEÑORA: ¿No tienes traje de baño?

LA EMPLEADA: No.

LA SEÑORA: ¿No te has puesto nunca traje de baño?

LA EMPLEADA: ¡Ah, sí!

LA SEÑORA: ¿Cuándo?

LA EMPLEADA: Antes de emplearme. A veces, los domingos, hacíamos excursiones a la playa en el camión del tío de una amiga.

LA SEÑORA: ¿Y se bañaban?

LA EMPLEADA: En la playa grande de Cartagena. Arrendábamos° trajes de baño y pasábamos todo el día en la playa. Llevábamos de comer y...

We rented

LA SEÑORA: *(Divertida.)* ¿Arrendaban trajes de baño?

LA EMPLEADA: Sí. Hay una señora que arrienda en la misma playa.

LA SEÑORA: Una vez con Álvaro, nos detuvimos en Cartagena a echar bencina° al auto y miramos a la playa. ¡Era tan gracioso! ¡Y esos trajes de baño arrendados! Unos eran tan grandes que hacían bolsas° por todos los lados y otros quedaban tan chicos que las mujeres andaban con el traste° afuera. ¿De cuáles arrendabas tú? ¿De los grandes o de los chicos?

gasolina
were baggy
bottom

La empleada mira al suelo taimada°.

sullenly

LA SEÑORA: Debe ser curioso... Mirar el mundo desde un traje de baño arrendado o envuelta en un vestido barato... o con uniforme de empleada como el que usas tú... Algo parecido le debe suceder a esta gente que se fotografía para estas historietas: se ponen smoking o un traje de baile y debe ser diferente la forma como miran a los demás, como se sienten ellos mismos... Cuando yo me puse mi primer par de medias, el mundo entero cambió para mí. Los demás° eran diferentes; yo era diferente y el único cambio efectivo era que tenía puesto un par de medias... Dime... ¿Cómo se ve el mundo cuando se está vestida con un delantal blanco?

others

LA EMPLEADA: *(Tímidamente.)* Igual. La arena tiene el mismo color... las nubes son iguales... Supongo.

LA SEÑORA: Pero no... Es diferente. Mira. Yo con este traje de baño, con este blusón de toalla, tendida sobre la arena, sé que estoy en mi lugar, que esto me pertenece°... En cambio tú, vestida como empleada, sabes que la playa no es tu lugar, que eres diferente... y eso, eso te debe hacer ver todo distinto.

belongs

LA EMPLEADA: No sé.

LA SEÑORA: Mira. Se me ha ocurrido° algo.
Préstame° tu delantal.

I just thought of
Lend me

LA EMPLEADA: Pero... ¿Para qué?

LA SEÑORA: Quiero ver cómo se ve el mundo, qué apariencia tiene la playa cuando se la ve encerrada° en un delantal de empleada.

confined

LA EMPLEADA: ¿Ahora?

LA SEÑORA: Sí, ahora.

LA EMPLEADA: Pero es que... No tengo un vestido debajo.

LA SEÑORA: *(Tirándole el blusón.)* Toma... ponte esto.

LA EMPLEADA: Voy a quedar en calzones°... — underwear

Comprensión

A. El contenido. Conteste las siguientes preguntas.

1. ¿Por qué están todos en la playa? ¿Dónde está el marido de la señora?
2. ¿Qué están haciendo las dos mujeres? ¿y los niños?
3. ¿Cómo trata la señora a la empleada? ¿Por qué?
4. ¿Qué lee la empleada? ¿Por qué le encanta? ¿Por qué se ríe la señora al leerla?
5. ¿Es una buena madre la señora? Explique.
6. ¿Por qué quiere la señora intercambiar ropa con la empleada?

B. El aspecto literario. Analice los siguientes aspectos del drama.

1. **El escenario.** Describa el escenario. ¿Tiene un papel importante el escenario? Explique.
2. **Los personajes.** ¿Cuántos personajes hay? ¿Quiénes son? ¿Dónde están? ¿Qué están haciendo?
3. **La caracterización.** Los personajes se describen con sus acciones y palabras. ¿Qué acciones o palabras indican que la señora es egoísta / arrogante / materialista? ¿Qué acciones o palabras indican que la empleada es tímida / idealista? ¿Qué indican las acciones de Alvarito?
4. **Los símbolos.** ¿Qué representan las siguientes cosas?
   el coche de la señora / la empleada / estar en la playa / el delantal / el traje de baño

PARTE 2

LA SEÑORA: Es lo suficiente largo como para cubrirte. Y en todo caso vas a mostrar menos que lo que mostrabas con los trajes de baño que arrendabas en Cartagena. *(Se levanta y obliga a levantarse a la empleada.)* Ya. Métete en la carpa y cámbiate°. — change

Prácticamente obliga a la empleada a entrar a la carpa y luego lanza al interior de ella el blusón de toalla. Se dirige al primer plano° y le habla a su hijo. — foreground

LA SEÑORA: Alvarito, métase un poco al agua. Mójese las patitas siquiera°... No sea tan de rulo°... ¡Eso es! ¿Ves que es rica el agüita? *(Se vuelve hacia la carpa y habla hacia dentro de ella.)* ¿Estás lista? *(Entra a la carpa.)* — Wet your feet at least; Don't act as if you've never seen the water

Después de un instante, sale la empleada vestida con el blusón de toalla. Se ha prendido° el pelo hacia atrás y su aspecto ya difiere° algo de la tímida muchacha que conocemos. Con delicadeza se tiende de bruces° sobre la arena. Sale la señora abotonándose aún su delantal blanco. Se va a sentar delante de la empleada, pero vuelve un poco más atrás.

tied up / *es diferente*
face down

LA SEÑORA: No. Adelante no. Una empleada en la playa se sienta siempre un poco más atrás que su patrona°. *(Se sienta sobre sus pantorrillas° y mira, divertida, en todas direcciones.)*

mistress / calves

La empleada cambia de postura° con displicencia°. La señora toma la revista de la empleada y principia a leerla. Al principio, hay una sonrisa irónica en sus labios que desaparece luego al interesarse por la lectura. Al leer mueve los labios. La empleada, con naturalidad, toma de la bolsa de playa de la señora un frasco de aceite bronceador° y principia a extenderlo con lentitud por sus piernas. La señora la ve. Intenta una reacción reprobatoria, pero queda desconcertada.

posición / indiferencia
bottle of suntan oil

LA SEÑORA: ¿Qué haces?

La empleada no contesta. La señora opta por seguir la lectura. Vigilando de vez en vez con la vista lo que hace la empleada. Ésta ahora se ha sentado y se mira detenidamente° las uñas°.

closely / fingernails

LA SEÑORA: ¿Por qué te miras las uñas?

LA EMPLEADA: Tengo que arreglármelas.

LA SEÑORA: Nunca te había visto antes mirarte las uñas.

LA EMPLEADA: No se me había ocurrido.

LA SEÑORA: Este delantal acalora.

LA EMPLEADA: Son los mejores y los más durables.

LA SEÑORA: Lo sé. Yo los compré.

LA EMPLEADA: Le queda bien.

LA SEÑORA: *(Divertida.)* Y tú no te ves nada de mal con esa tenida°. *(Se ríe.)* Cualquiera se equivocaría°. Más de un jovencito te podría hacer la corte°... ¡Sería como para contarlo°!

outfit
Anyone could make a mistake / to court
It would make a good story!

LA EMPLEADA: Alvarito se está metiendo muy adentro. Vaya a vigilarlo.

LA SEÑORA: *(Se levanta inmediatamente y se adelanta°.)* ¡Alvarito! ¡Alvarito! No se vaya tan adentro... Puede venir una ola. *(Recapacita° de pronto y se vuelve desconcertada hacia la empleada.)* ¿Por qué no fuiste tú?

goes forward
reconsiders

LA EMPLEADA: ¿Adónde?

LA SEÑORA: ¿Por qué me dijiste que yo fuera a vigilar a Alvarito?

LA EMPLEADA: *(Con naturalidad.)* Ud. lleva el delantal blanco.

LA SEÑORA: Te gusta el juego, ¿ah?

Una pelota de goma°, impulsada por un niño que juega cerca, ha caído a los pies de la empleada. Ella la mira y no hace ningún movimiento. Luego mira a la señora. Ésta, instintivamente, se dirige a la pelota y la tira en la dirección en que vino. La empleada busca en la bolsa de playa de la señora y se pone sus anteojos para el sol.

rubber

LA SEÑORA: *(Molesta.)* ¿Quién te ha autorizado para que uses mis anteojos?

LA EMPLEADA: ¿Cómo se ve la playa vestida con un delantal blanco?

LA SEÑORA: Es gracioso. ¿Y tú? ¿Cómo ves la playa ahora?

LA EMPLEADA: Es gracioso.

LA SEÑORA: ¿Dónde está la gracia?

LA EMPLEADA: En que no hay diferencia.

LA SEÑORA: ¿Cómo?

LA EMPLEADA: Ud. con el delantal blanco es la empleada; yo con este blusón y los anteojos oscuros soy la señora.

LA SEÑORA: ¿Cómo?... ¿Cómo te atreves a decir eso?

LA EMPLEADA: ¿Se habría molestado° en recoger la pelota si no estuviese° vestida de empleada?

Would you have bothered to / if you weren't

LA SEÑORA: Estamos jugando.

LA EMPLEADA: ¿Cuándo?

LA SEÑORA: Ahora.

LA EMPLEADA: ¿Y antes?

LA SEÑORA: ¿Antes?

LA EMPLEADA: Sí. Cuando yo estaba vestida de empleada...

LA SEÑORA: Eso no es juego. Es la realidad.

LA EMPLEADA: ¿Por qué?

LA SEÑORA: Porque sí.

LA EMPLEADA: Un juego... un juego más largo... como el «paco-ladrón»°. A unos les corresponde ser «pacos», a otros «ladrones». — cops and robbers

LA SEÑORA: *(Indignada.)* ¡Ud. se está insolentando°! — becoming insolent

LA EMPLEADA: ¡No me grites! ¡La insolente eres tú!

LA SEÑORA: ¿Qué significa eso? ¿Ud. me está tuteando°? — using *tú* with me

LA EMPLEADA: ¿Y acaso tú no me tratas de tú?

LA SEÑORA: ¿Yo?

LA EMPLEADA: Sí.

LA SEÑORA: ¡Basta ya! ¡Se acabó° este juego! — *Terminó*

LA EMPLEADA: ¡A mí me gusta!

LA SEÑORA: ¡Se acabó! *(Se acerca violentamente a la empleada.)*

LA EMPLEADA: *(Firme.)* ¡Retírese°! — Get back!

La señora se detiene sorprendida.

LA SEÑORA: ¿Te has vuelto loca?

LA EMPLEADA: Me he vuelto señora.

LA SEÑORA: Te puedo despedir° en cualquier momento. — to fire

LA EMPLEADA: *(Explota en grandes carcajadas, como si lo que hubiera oído fuera el chiste más gracioso que jamás ha escuchado.)*

LA SEÑORA: ¿Pero de qué te ríes?

LA EMPLEADA: *(Sin dejar de reír.)* ¡Es tan ridículo!

LA SEÑORA: ¿Qué? ¿Qué es tan ridículo?

LA EMPLEADA: Que me despida... ¡Vestida así! ¿Dónde se ha visto a una empleada despedir a su patrona?

LA SEÑORA: ¡Sácate° esos anteojos! ¡Sácate el blusón! ¡Son míos!

Quítate

LA EMPLEADA: ¡Vaya a ver al niño!

LA SEÑORA: Se acabó el juego, te he dicho. O me devuelves mis cosas o te las saco.

LA EMPLEADA: ¡Cuidado! No estamos solas en la playa.

LA SEÑORA: ¿Y qué hay con eso? ¿Crees que por estar vestida con un uniforme blanco no van a reconocer quién es la empleada y quién la señora?

LA EMPLEADA: *(Serena.)* No me levante la voz.

La señora, exasperada, se lanza° sobre la empleada y trata de sacarle el blusón a viva fuerza°.

rushes at
by force

LA SEÑORA: *(Mientras forcejea°.)* ¡China°! ¡Y te voy a enseñar quién soy! ¿Qué te has creído? ¡Te voy a meter presa°!

she struggles / *mujer con sangre india* (un insulto) / in jail

Un grupo de bañistas° han acudido° al ver la riña°: dos jóvenes, una muchacha y un señor de edad madura y de apariencia muy distinguida. Antes que puedan intervenir la empleada ya ha dominado la situación manteniendo bien sujeta° a la señora contra la arena. Ésta sigue gritando ad libitum° *expresiones como rota cochina°... ya te las vas a ver con mi marido... te voy a mandar presa... esto es el colmo, etc., etc.*

bathers / gathered
la pelea
pinned down
improvising
filthy scum

UN JOVEN: ¿Qué sucede?

EL OTRO JOVEN: ¿Es un ataque?

LA JOVENCITA: Se volvió loca.

UN JOVEN: Puede que sea efecto de una insolación°.

sunstroke

EL OTRO JOVEN: ¿Podemos ayudarla?

LA EMPLEADA: Sí. Por favor. Llévensela. Hay una posta° por aquí cerca...

first-aid station

EL OTRO JOVEN: Yo soy estudiante de Medicina. Le pondremos una inyección para que se duerma por un buen tiempo.

LA SEÑORA: ¡Imbéciles! ¡Yo soy la patrona! Me llamo Patrica Hurtado, mi marido es Álvaro Jiménez, el político...

LA JOVENCITA: *(Riéndose.)* Cree ser la señora.

UN JOVEN: Está loca.

EL OTRO JOVEN: Un ataque de histeria.

UN JOVEN: Llevémosla.

LA EMPLEADA: Yo no los acompaño... Tengo que cuidar a mi hijito... Está ahí, bañándose...

LA SEÑORA: ¡Es una mentirosa! ¡Nos cambiamos de vestido sólo por jugar! ¡Ni siquiera tiene traje de baño! ¡Debajo del blusón está en calzones! ¡Mírenla!

EL OTRO JOVEN: *(Haciéndole un gesto al joven.)* ¡Vamos! Tú la tomas por los pies y yo por los brazos.

LA JOVENCITA: ¡Qué risa! ¡Dice que está en calzones!

Los dos jóvenes toman a la señora y se la llevan, mientras ésta se resiste y sigue gritando.

LA SEÑORA: ¡Suéltenme! ¡Yo no estoy loca! ¡Es ella! ¡Llamen a Alvarito! ¡Él me reconocerá!

Mutis° de los dos jóvenes llevando en peso a la señora. La empleada se tiende sobre la arena, como si nada hubiera sucedido, aprontándose° para un prolongado baño de sol.

Exit
getting ready

EL CABALLERO DISTINGUIDO: ¿Está Ud. bien, señora? ¿Puedo serle útil° en algo?

ayudarla a Ud.

LA EMPLEADA: *(Mira inspectivamente al señor distinguido y sonríe con amabilidad.)* Gracias. Estoy bien.

EL CABALLERO DISTINGUIDO: Es el símbolo de nuestro tiempo. Nadie parece darse cuenta, pero a cada rato, en cada momento sucede algo así.

LA EMPLEADA: ¿Qué?

EL CABALLERO DISTINGUIDO: La subversión del orden establecido. Los viejos quieren ser jóvenes; los jóvenes quieren ser viejos; los pobres quieren ser ricos y los ricos quieren ser pobres. Sí, señora. Asómbrese° Ud. También hay ricos que quieren ser pobres. Mi nuera° va todas las tardes a tejer° con mujeres de poblaciones callampas°. ¡Y le gusta hacerlo! *(Transición.)* ¿Hace mucho tiempo que está con Ud.?

Sorpréndase
daughter-in-law / knit
squatter

LA EMPLEADA: ¿Quién?

EL CABALLERO DISTINGUIDO: *(Haciendo un gesto hacia la dirección en que se llevaron a la señora.)* Su empleada.

LA EMPLEADA: *(Dudando. Haciendo memoria.)* Poco más de un año.

EL CABALLERO DISTINGUIDO: ¡Y así le paga a Ud.! ¡Queriéndose hacer pasar por una señora! ¡Como si no se reconociera a primera vista quién es quién! *(Transición.)* ¿Sabe Ud. por qué suceden estas cosas?

LA EMPLEADA: ¿Por qué?

EL CABALLERO DISTINGUIDO: *(Con aire misterioso.)* El comunismo...

LA EMPLEADA: ¡Ah!

EL CABALLERO DISTINGUIDO: *(Tranquilizador.)* Pero no nos inquietemos°. El orden está restablecido. Al final, siempre el orden se restablece... Es un hecho... Sobre eso no

preocupemos

hay discusión... *(Transición.)* Ahora, con permiso, señora. Voy a hacer mi footing diario°. Es muy conveniente a mi edad. Para la circulación, ¿sabe? Y Ud. quede tranquila. El sol es el mejor sedante°. *(Ceremoniosamente.)* A sus órdenes, señora. *(Inicia el mutis. Se vuelve.)* Y no sea muy dura con su empleada, después que se haya tranquilizado... Después de todo... Tal vez tengamos algo de culpa nosotros mismos... ¿Quién puede decirlo? *(El caballero distinguido hace mutis.)*

daily walk
sedative

La empleada cambia de posición. Se tiende de espaldas para recibir el sol en la cara. De pronto se acuerda de Alvarito. Mira hacia donde él está.

LA EMPLEADA: ¡Alvarito! ¡Cuidado con sentarse en esa roca! Se puede hacer una nana° en el pie... Eso es, corre por la arenita... Eso es, mi hijito... *(Y mientras la empleada mira con ternura° y delectación maternal cómo Alvarito juega a la orilla del mar se cierra lentamente el Telón°.)*

boo-boo
tenderness
curtain

Comprensión

A. El contenido. Conteste las siguientes preguntas.

1. ¿Cómo afecta a la personalidad de las dos mujeres el intercambio de ropa?
2. ¿Cuándo deja de tutear a su empleada la señora? ¿Qué hace la empleada inmediatamente después? ¿Qué indica esto?
3. ¿Les gusta el juego a las dos? Explique.
4. ¿Por qué se lanza la señora sobre la empleada?
5. ¿Cómo reaccionan los otros bañistas? ¿Qué hacen ellos para ayudar a la empleada?
6. ¿Por qué le habla a la empleada tanto el caballero distinguido? Al final, ¿qué pasa?

B. El aspecto literario. Analice los siguientes aspectos del drama.

1. **Los símbolos.** ¿Qué representan las cosas o personas siguientes? la carpa / los anteojos / las uñas / el juego entre las dos mujeres / el juego de «paco-ladrón» / el caballero distinguido
2. **Los personajes.** ¿Quiénes y cómo son los nuevos personajes? ¿Qué representan?
3. **La acción.** ¿Hay poca o mucha acción? ¿Cuáles son las acciones significativas? ¿Qué importa más: la acción, el diálogo o las ideas?
4. **Sus reacciones.** ¿Con qué personaje se identifica Ud. más? ¿Por qué? ¿Cómo reaccionó Ud. a la señora y a la empleada en la primera parte de la obra? ¿Cambió de opinión al final? Explique.

Appendix A

Vocabulary at a glance

The following lists of common vocabulary items are provided to aid you in describing the art and photo scenes in the textbook. For further vocabulary lists or explanations of vocabulary use, see the index under the appropriate topic heading.

CARDINAL NUMBERS

0	cero	19	diecinueve	90	noventa
1	uno	20	veinte	100	cien, ciento
2	dos	21	veintiuno	110	ciento diez
3	tres	22	veintidós	160	ciento sesenta
4	cuatro	23	veintitrés	200	doscientos
5	cinco	24	veinticuatro	300	trescientos
6	seis	25	veinticinco	400	cuatrocientos
7	siete	26	veintiséis	500	quinientos
8	ocho	27	veintisiete	600	seiscientos
9	nueve	28	veintiocho	700	setecientos
10	diez	29	veintinueve	800	ochocientos
11	once	30	treinta	900	novecientos
12	doce	31	treinta y uno	1.000	mil
13	trece	32	treinta y dos	2.000	dos mil
14	catorce	40	cuarenta	100.000	cien mil
15	quince	50	cincuenta	200.000	doscientos mil
16	dieciséis	60	sesenta	1.000.000	un millón
17	diecisiete	70	setenta	2.000.000	dos millones
18	dieciocho	80	ochenta	1.000.000.000	mil millones

ORDINAL NUMBERS

primer(-o)	*first*	sexto	*sixth*
segundo	*second*	séptimo	*seventh*
tercer(-o)	*third*	octavo	*eighth*
cuarto	*fourth*	noveno	*ninth*
quinto	*fifth*	décimo	*tenth*

COLORS

amarillo	*yellow*	blanco	*white*
anaranjado	*orange*	de color café	*coffee-colored*
azul	*blue*	de color fresa	*strawberry-colored*

de color melón	*melon-colored*	pardo	*brown*
gris	*gray*	rojo	*red*
morado	*purple*	rosado	*pink*
negro	*black*	verde	*green*

ARTICLES OF CLOTHING

la blusa	*blouse*	los pantalones	*pants, slacks*
los calcetines	*socks*	el sombrero	*hat*
la camisa	*shirt*	el suéter	*sweater*
la corbata	*tie*	el traje	*suit*
la chaqueta	*jacket*	el vestido	*dress*
la falda	*skirt*	los zapatos	*shoes*

DAYS OF THE WEEK

lunes	*Monday*	viernes	*Friday*
martes	*Tuesday*	sábado	*Saturday*
miércoles	*Wednesday*	domingo	*Sunday*
jueves	*Thursday*		

MONTHS OF THE YEAR

enero	*January*	abril	*April*	julio	*July*	octubre	*October*
febrero	*February*	mayo	*May*	agosto	*August*	noviembre	*November*
marzo	*March*	junio	*June*	se(p)tiembre	*September*	diciembre	*December*

SEASONS

la primavera	*spring*	el otoño	*autumn*
el verano	*summer*	el invierno	*winter*

TERMS TO DESCRIBE A PICTURE

el cuadro	*painting*	a la derecha	*on the right*
el dibujo	*drawing*	a la izquierda	*on the left*
la escena	*scene*	en el centro	*in the middle*
la foto(grafía)	*photo(graph)*	en el fondo	*in the background*
		en primer plano	*in the foreground*

el árbol	*tree*	la gente	*people*
el animal	*animal*	la persona	*person*
el edificio	*building*		

Appendix B

The writing and spelling system

THE ALPHABET

Letter	Name	Letter	Name	Letter	Name
a	a	j	jota	r	ere
b	be	k	ka	rr	erre
c	ce	l	ele	s	ese
ch	che	ll	elle	t	te
d	de	m	eme	u	u
e	e	n	ene	v	ve, ve corta, uve
f	efe	ñ	eñe	w	doble ve, uve doble
g	ge	o	o	x	equis
h	hache	p	pe	y	i griega
i	i	q	cu	z	zeta

Some guidelines for spelling

Spanish has a more phonetic spelling system than English; in general most Spanish sounds correspond to just one written symbol.

1. There are a few sounds that can be spelled with more than one letter. The spelling of individual words containing these sounds must be memorized since there are no rules for the sound-letter correspondence.

SOUND	SPELLING	EXAMPLE
/ b /	b, v	bolsa, verano
/ y /	ll, y, i + vowel	calle, leyes, bien
/ s /	s, z, ce, ci	salsa, zapato, cena, cinco
/ x /	j, ge, gi	jardín, gente, gitano

2. When an unstressed **i** occurs between vowels, then **i** → **y.** This is a frequent change in verb forms: **creyó; trayendo; leyeron.**

3. The letter **z** generally changes to **c** before **e: lápiz / lápices; vez / veces; empieza / empiece.**

4. The sound / g / is spelled with the letter **g** before **a, o, u,** and all consonants. Before **e** and **i** the / g / sound is spelled **gu.**

garaje	gordo	gusto	Gloria	grande
guerra	guía			

5. The sound / k / is spelled with the letter **c** before **a, o, u,** and all consonants. Before **e** and **i** the / k / sound is spelled **qu.**

carta	cosa	curso	clase	criado
que	quien			

6. The sound / gw / is spelled with the letters **gu** before **a** and **o.** Before **e** and **i** the / gw / sound is spelled **gü.**

guapo antiguo vergüenza pingüino

Syllabication

In dividing a word at the end of a written line, you must follow rules for syllabication. Spanish speakers generally pronounce consonants with the syllable that follows. English speakers generally pronounce consonants with the preceding syllable.

English:	A mer i ca	English:	pho tog ra phy
Spanish:	A mé ri ca	Spanish:	fo to gra fí a

The stress of a Spanish word is governed by rules that involve syllables. Unless you know how to divide a word into syllables, you cannot be certain where to place the spoken stress or written accent mark.

The following rules determine the division of Spanish words into syllables.

1. Most syllables in Spanish end with a vowel.

me-sa to-ma li-bro

2. A single consonant between two vowels begins a syllable.

u-na pe-ro ca-mi-sa

3. Generally two consonants are separated so that one ends a syllable and the second begins the next syllable. Remember that the consonants **ch, ll,** and **rr** are considered single letters and will begin a syllable. Double **c** and double **n** will separate.

par-que	tam-bién	gran-de	cul-tu-ra
mu-cho	ca-lle	pe-rro	
lec-ción	in-nato		

4. When any consonant except **s** is followed by **l** or **r**, both consonants form a cluster that will begin a syllable.

ha-blar si-glo a-brir ma-dre o-tro is-la

5. Combinations of three or four consonants will divide according to the above rules. The letter **s** will end the preceding syllable.

cen-tral	san-gría	siem-pre	ex-tra-ño
in-dus-trial	ins-truc-ción	es-cri-bir	

6. A combination of two strong vowels (**a, e, o**) will form two separate syllables.

mu-se-o cre-e ma-es-tro

7. A combination of a strong vowel (**a, e, o**) and a weak vowel (**i, u**) or two weak vowels is called a diphthong. A diphthong forms one syllable.

   ciu-dad   cau-sa   bue-no   pien-sa

   Note: A written accent mark over a weak vowel in combination with another vowel will divide a diphthong into two syllables.

   rí-o   dí-a

   Written accent marks on other vowels will not affect syllabication: lec-ción.

Accentuation

Two basic rules of stress determine how to pronounce individual Spanish words.

1. For words ending in a consonant other than **n** or **s,** the stress falls on the last syllable.

   to**mar**   invi**tar**   pa**pel**   re**loj**   universi**dad**

2. For words ending in a vowel, **-n** or **-s,** the stress falls on the next to last syllable

   clase   **to**man   **ca**sas
   to**ma**mos   cor**ba**ta   som**bre**ro

3. A written accent mark is used to indicate an exception to the ordinary rules of stress.

   sábado   to**mé**   lec**ción**   **fá**cil

   Note: Words stressed on any syllable except the last or next to last will always carry a written accent mark. Verb forms with attached pronouns are frequently found in this category.

   ex**plí**quemelo   levan**tán**dose   prepa**rár**noslas

4. A diphthong is any combination of a weak vowel (**i, u**) and a strong vowel (**a, e, o**) or two weak vowels. In a diphthong the two vowels are pronounced as a single sound with the strong vowel (or the second of the two weak vowels) receiving slightly more emphasis than the other.

   piensa   alm**ue**rzo   **ciu**dad   **fui**mos

   A written accent mark can be used to eliminate the natural diphthong so that two separate vowel sounds will be heard.

   cafetería   tío   continúe

5. Written accent marks can also be used to distinguish two words with similar spelling and pronunciation but with different meanings.

   a. Interrogative and exclamatory words have a written accent.

cómo	*how*	por qué	*why*
cuándo	*when*	qué	*what, how*
dónde	*where*	quién(-es)	*who, whom*

b. Demonstrative pronouns have a written accent to distinguish them from the demonstrative adjective forms.

esta mesa	*this table*	ésta	*this one*
ese chico	*that boy*	ése	*that one*
aquellas montañas	*those mountains*	aquéllas	*those*

c. In nine common word pairs, the written accent mark is the only distinction between the two words.

de	*of, from*	dé	*give*
el	*the*	él	*he*
mas	*but*	más	*more*
mi	*my*	mí	*me*
se	*himself*	sé	*I know*
si	*if*	sí	*yes*
solo	*alone*	sólo	*only*
te	*you*	té	*tea*
tu	*your*	tú	*you*

Capitalization

In Spanish, capital letters are used less frequently than in English. Small letters are used in the following instances where English uses capitals.

1. **yo** (*I*) except when it begins a sentence

   Manolo y **yo** vamos a España. — *Manolo and I are going to Spain.*

2. names of the days of the week and months of the year

   Saldremos el **martes,** 26 de **abril.** — *We will leave on Tuesday, April 26.*

3. nouns or adjectives of nationality and names of languages

   Susana es **argentina;** habla **español** y estudia **inglés.** — *Susan is Argentine; she speaks Spanish and is studying English.*

4. words in a title of a work except for the first word and proper nouns

   Cien años de soledad — *One Hundred Years of Solitude*
   La casa de Bernarda Alba — *The House of Bernarda Alba*

5. titles of address except when abbreviated: **don, doña, usted, ustedes, señor, señora, señorita, doctor,** but **Ud., Uds., Sr., Sra., Srta., Dr.**

   Aquí viene el **doctor** Robles con **doña** Mercedes y la **Srta.** Guzmán. — *Here comes Doctor Robles with Doña Mercedes and Miss Guzmán.*

Appendix C

Verb conjugations

Regular verbs

Infinitive	hablar *to speak*	aprender *to learn*	vivir *to live*
Present participle	hablando *speaking*	aprendiendo *learning*	viviendo *living*
Past participle	hablado *spoken*	aprendido *learned*	vivido *lived*

SIMPLE TENSES

Present indicative *I speak, am speaking, do speak*	hablo hablas habla hablamos habláis hablan	aprendo aprendes aprende aprendemos aprendéis aprenden	vivo vives vive vivimos vivís viven
Imperfect Indicative *I was speaking, used to speak, spoke*	hablaba hablabas hablaba hablábamos hablabais hablaban	aprendía aprendías aprendía aprendíamos aprendíais aprendían	vivía vivías vivía vivíamos vivíais vivían
Preterite *I spoke, did speak*	hablé hablaste habló hablamos hablasteis hablaron	aprendí aprendiste aprendió aprendimos aprendisteis aprendieron	viví viviste vivió vivimos vivisteis vivieron

Future		hablaré	aprenderé	viviré
I will speak, shall speak		hablarás	aprenderás	vivirás
		hablará	aprenderá	vivirá
		hablaremos	aprenderemos	viviremos
		hablaréis	aprenderéis	viviréis
		hablarán	aprenderán	vivirán
Conditional		hablaría	aprendería	viviría
I would speak		hablarías	aprenderías	vivirías
		hablaría	aprendería	viviría
		hablaríamos	aprenderíamos	viviríamos
		hablaríais	aprenderíais	viviríais
		hablarían	aprenderían	vivirían
Present subjunctive		hable	aprenda	viva
(that) I speak		hables	aprendas	vivas
		hable	aprenda	viva
		hablemos	aprendamos	vivamos
		habléis	aprendáis	viváis
		hablen	aprendan	vivan
Imperfect subjunctive (-ra)*		hablara	aprendiera	viviera
(that) I speak, might speak		hablaras	aprendieras	vivieras
		hablara	aprendiera	viviera
		habláramos	aprendiéramos	viviéramos
		hablarais	aprendierais	vivierais
		hablaran	aprendieran	vivieran
Commands				
speak	***Informal***	habla	aprende	vive
		(no hables)	(no aprendas)	(no vivas)
	Formal	hable	aprenda	viva
		hablen	aprendan	vivan

* Alternate endings: **-se, -ses, -se, -́semos, -seis, -sen.**

COMPOUND TENSES

Present perfect indicative *I have spoken*	he has ha	hemos habéis han	hablado	aprendido	vivido
Pluperfect indicative *I had spoken*	había habías había	habíamos habíais habían	hablado	aprendido	vivido
Future perfect indicative *I will have spoken*	habré habrás habrá	habremos habréis habrán	hablado	aprendido	vivido
Conditional perfect *I would have spoken*	habría habrías habría	habríamos habríais habrían	hablado	aprendido	vivido
Present perfect subjunctive *(that) I have spoken*	haya hayas haya	hayamos hayáis hayan	hablado	aprendido	vivido
Past perfect subjunctive *(that) I had spoken*	hubiera hubieras hubiera	hubiéramos hubierais hubieran	hablado	aprendido	vivido
Present progressive *I am speaking*	estoy estás está	estamos estáis están	hablando	aprendiendo	viviendo
Past progressive *I was speaking*	estaba estabas estaba	estábamos estabais estaban	hablando	aprendiendo	viviendo

Stem-changing verbs

	e → ie		o → ue	
	pensar	perder	contar	volver
Present indicative	pienso	pierdo	cuento	vuelvo
	piensas	pierdes	cuentas	vuelves
	piensa	pierde	cuenta	vuelve
	pensamos	perdemos	contamos	volvemos
	pensáis	perdéis	contáis	volvéis
	piensan	pierden	cuentan	vuelven
Present subjunctive	piense	pierda	cuente	vuelva
	pienses	pierdas	cuentes	vuelvas
	piense	pierda	cuente	vuelva
	pensemos	perdamos	contemos	volvamos
	penséis	perdáis	contéis	volváis
	piensen	pierdan	cuenten	vuelvan

Some common verbs in this category:

e → ie		o → ue	
atravesar	encender	acordar(se)	llover
calentar	entender	acostar(se)	mostrar
cerrar	negar	almorzar	mover
confesar	pensar	colgar	probar
defender	perder	comenzar	recordar
despertar(se)	sentar(se)	contar	rogar
empezar		costar	sonar
		demostrar	soñar
		devolver	volar
		encontrar	volver
		envolver	

(Note: The verb **jugar** changes **u → ue.**)

	e → ie, i	e → i, i	o → ue, u
	sentir	pedir	dormir
Present indicative	siento	pido	duermo
	sientes	pides	duermes
	siente	pide	duerme
	sentimos	pedimos	dormimos
	sentís	pedís	dormís
	sienten	piden	duermen
Present subjunctive	sienta	pida	duerma
	sientas	pidas	duermas
	sienta	pida	duerma
	sintamos	pidamos	durmamos
	sintáis	pidáis	durmáis
	sientan	pidan	duerman
Preterite	sentí	pedí	dormí
	sentiste	pediste	dormiste
	sintió	pidió	durmió
	sentimos	pedimos	dormimos
	sentisteis	pedisteis	dormisteis
	sintieron	pidieron	durmieron
Past subjunctive	sintiera	pidiera	durmiera
	sintieras	pidieras	durmieras
	sintiera	pidiera	duemiera
	sintiéramos	pidiéramos	durmiéramos
	sintierais	pidierais	durmierais
	sintieran	pidieran	durmieran
Present participle	sintiendo	pidiendo	durmiendo

Some common verbs in this category:

e → ie, i	e → i, i		o → ue, u
advertir	competir	pedir	dormir(se)
consentir	conseguir	perseguir	morir(se)
convertir	corregir	reír(se)	
divertirse	despedir(se)	repetir	
herir	elegir	seguir	
hervir	impedir	servir	
mentir	medir	vestir(se)	
preferir			
referir(se)			
sentir(se)			
sugerir			

Verbs with Orthographic Changes

1. Verbs that end in **-car** (**c** → **qu** before **e**).

BUSCAR
Preterite: busqué, buscaste, buscó, buscamos, buscasteis, buscaron
Present subjunctive: busque, busques, busque, busquemos, busquéis, busquen

Other verbs in this category:

acercar(se)	comunicar	explicar	sacar
atacar	dedicar	indicar	secar
colocar	evocar	marcar	tocar

2. Verbs that end in **-gar** (**g** → **gu** before **e**).

PAGAR
Preterite: pagué, pagaste, pagó, pagamos, pagasteis, pagaron
Present subjunctive: pague, pagues, pague, paguemos, paguéis, paguen

Other verbs in this category:

colgar	llegar	obligar	rogar
jugar	negar	regar	

3. Verbs that end in **-zar** (**z** → **c** before **e**).

GOZAR
Preterite: gocé, gozaste, gozó, gozamos, gozasteis, gozaron
Present subjunctive: goce, goces, goce, gocemos, gocéis, gocen

Other verbs in this category:

alcanzar	cazar	cruzar	forzar
almorzar	comenzar	empezar	rezar
avanzar			

4. Verbs that end in **-cer** and **-cir** preceded by a vowel (**c** → **zc** before **a** and **o**).

CONOCER
Present indicative: conozco, conoces, conoce, conocemos, conocéis, conocen
Present subjunctive: conozca, conozcas, conozca, conozcamos, conozcáis, conozcan

Other verbs in this category:

agradecer	crecer	nacer	parecer
aparecer	establecer	obedecer	pertenecer
carecer	merecer	ofrecer	producir
conducir			

(Exceptions: hacer, decir.)

5. Verbs that end in **-cer** and **-cir** preceded by a consonant (**c** → **z** before **a** and **o**).

VENCER
Present indicative: venzo, vences, vence, vencemos, vencéis, vencen
Present subjunctive: venza, venzas, venza, venzamos, venzáis, venzan

Other verbs in this category:
convencer ejercer

6. Verbs that end in **-ger** and **-gir** (**g** → **j** before **a** and **o**).

COGER
Present indicative: cojo, coges, coge, cogemos, cogéis, cogen
Present subjunctive: coja, cojas, coja, cojamos, cojáis, cojan

Other verbs in this category:

corregir	elegir	exigir	proteger
dirigir	escoger	fingir	recoger

7. Verbs that end in **-guir** (**gu** → **g** before **a** and **o**).

SEGUIR
Present indicative: sigo, sigues, sigue, seguimos, seguís, siguen
Present subjunctive: siga, sigas, siga, sigamos, sigáis, sigan

Other verbs in this category:
conseguir distinguir perseguir

8. Verbs that end in **-uir** (except **-guir** and **-quir**).

HUIR
Present indicative: huyo, huyes, huye, huimos, huís, huyen
Preterite: huí, huiste, huyó, huimos, huisteis, huyeron
Present subjunctive: huya, huyas, huya, huyamos, huyáis, huyan
Imperfect subjunctive: huyera, huyeras, huyera, huyéramos, huyerais, huyeran
Gerund: huyendo

Other verbs in this category:

atribuir	contribuir	distribuir	influir
concluir	destruir	excluir	instruir
constituir	disminuir	incluir	sustituir
construir			

9. Some verbs change unaccentuated **i → y.**

LEER
Preterite: leí, leíste, leyó, leímos, leísteis, leyeron
Imperfect subjunctive: leyera, leyeras, leyera, leyéramos, leyerais, leyeran
Gerund: leyendo
Past participle: leído

Other verbs in this category:
caer(se) creer oír poseer

10. Some verbs that end in **-iar** and **-uar** (except **-guar**) have a written accent on the **i** in the singular forms and third-person plural in some tenses.

ENVIAR
Present indicative: envío, envías, envía, enviamos, enviáis, envían
Present subjunctive: envíe, envíes, envíe, enviemos, enviéis, envíen

Other verbs in this category:

acentuar	confiar	espiar	variar
actuar	continuar	graduar	
ampliar	criar	situar	

(Exceptions: cambiar, estudiar, limpiar.)

11. Verbs that end in **-guar** (**gu → gü** before **e**).

AVERIGUAR
Preterite: averigüé, averiguaste, averiguó, averiguamos, averiguasteis, averiguaron
Present subjunctive: averigüe, averigües, averigüe, averigüemos, averigüéis, averigüen

Irregular verbs

			Indicative		
Infinitive	*Gerund Past participle*	*Familiar Command*	*Present*	*Imperfect*	*Preterite*
andar	andando				anduve
to walk; to go	andado				anduviste
					anduvo
					anduvimos
					anduvisteis
					anduvieron
caber	cabiendo		quepo		cupe
to fit; to be contained in	cabido		cabes		cupiste
			cabe		cupo
			cabemos		cupimos
			cabéis		cupisteis
			caben		cupieron
caer	cayendo		caigo		caí
to fall	caído		caes		caíste
			cae		cayó
			caemos		caímos
			caéis		caísteis
			caen		cayeron
conducir	conduciendo		conduzco		conduje
to lead, drive	conducido		conduces		condujiste
			conduce		condujo
			conducimos		condujimos
			conducís		condujisteis
			conducen		condujeron
dar	dando		doy		di
to give	dado		das		diste
			da		dio
			damos		dimos
			dais		disteis
			dan		dieron

Indicative		Subjunctive	
Future	***Conditional***	***Present***	***Imperfect* (-ra)**
			anduviera
			anduvieras
			anduviera
			anduviéramos
			anduvierais
			anduvieran
cabré	cabría	quepa	cupiera
cabrás	cabrías	quepas	cupieras
cabrá	cabría	quepa	cupiera
cabremos	cabríamos	quepamos	cupiéramos
cabréis	cabríais	quepáis	cupierais
cabrán	cabrían	quepan	cupieran
		caiga	cayera
		caigas	cayeras
		caiga	cayera
		caigamos	cayéramos
		caigáis	cayerais
		caigan	cayeran
		conduzca	condujera
		conduzcas	condujeras
		conduzca	condujera
		conduzcamos	condujéramos
		conduzcáis	condujerais
		conduzcan	condujeran
		dé	diera
		des	dieras
		dé	diera
		demos	diéramos
		deis	dierais
		den	dieran

Irregular verbs—continued

Infinitive	Gerund Past participle	Familiar Command	Indicative Present	Indicative Imperfect	Indicative Preterite
decir	diciendo	di	digo		dije
to say, tell	dicho		dices		dijiste
			dice		dijo
			decimos		dijimos
			decís		dijisteis
			dicen		dijeron
estar	estando	está	estoy		estuve
to be	estado		estás		estuviste
			está		estuvo
			estamos		estuvimos
			estáis		estuvisteis
			están		estuvieron
haber	habiendo		he		hube
to have	habido		has		hubiste
			ha		hubo
			hemos		hubimos
			habéis		hubisteis
			han		hubieron
hacer	haciendo	haz	hago		hice
to do, make	hecho		haces		hiciste
			hace		hizo
			hacemos		hicimos
			hacéis		hicisteis
			hacen		hicieron
ir	yendo	ve	voy	iba	fui
to go	ido		vas	ibas	fuiste
			va	iba	fue
			vamos	íbamos	fuimos
			vais	ibais	fuisteis
			van	iban	fueron

Indicative		Subjunctive	
Future	***Conditional***	***Present***	***Imperfect* (-ra)**
diré	diría	diga	dijera
dirás	dirías	digas	dijeras
dirá	diría	diga	dijera
diremos	diríamos	digamos	dijéramos
diréis	diríais	digáis	dijerais
dirán	dirían	digan	dijeran
		esté	estuviera
		estés	estuvieras
		esté	estuviera
		estemos	estuviéramos
		estéis	estuvierais
		estén	estuvieran
habré	habría	haya	hubiera
habrás	habrías	hayas	hubieras
habrá	habría	haya	hubiera
habremos	habríamos	hayamos	hubiéramos
habréis	habríais	hayáis	hubierais
habrán	habrían	hayan	hubieran
haré	haría	haga	hiciera
harás	harías	hagas	hicieras
hará	haría	haga	hiciera
haremos	haríamos	hagamos	hiciéramos
haréis	haríais	hagáis	hicierais
harán	harían	hagan	hicieran
		vaya	fuera
		vayas	fueras
		vaya	fuera
		vayamos	fuéramos
		vayáis	fuerais
		vayan	fueran

Irregular verbs—continued

Infinitive	Gerund Past participle	Familiar Command	Indicative: Present	Indicative: Imperfect	Indicative: Preterite
oír	oyendo		oigo		oí
to hear	oído		oyes		oíste
			oye		oyó
			oímos		oímos
			oís		oísteis
			oyen		oyeron
oler	oliendo		huelo		
to smell	olido		hueles		
			huele		
			olemos		
			oléis		
			huelen		
poder	pudiendo		puedo		pude
to be able	podido		puedes		pudiste
			puede		pudo
			podemos		pudimos
			podéis		pudisteis
			pueden		pudieron
poner	poniendo	pon	pongo		puse
to put	puesto		pones		pusiste
			pone		puso
			ponemos		pusimos
			ponéis		pusisteis
			ponen		pusieron
querer	queriendo		quiero		quise
to want	querido		quieres		quisiste
			quiere		quiso
			queremos		quisimos
			queréis		quisisteis
			quieren		quisieron

Indicative		*Subjunctive*	
Future	*Conditional*	*Present*	*Imperfect* (-ra)
		oiga	oyera
		oigas	oyeras
		oiga	oyera
		oigamos	oyéramos
		oigáis	oyerais
		oigan	oyeran
		huela	
		huelas	
		huela	
		olamos	
		oláis	
		huelan	
podré	podría	pueda	pudiera
podrás	podrías	puedas	pudieras
podrá	podría	pueda	pudiera
podremos	podríamos	podamos	pudiéramos
podréis	podríais	podáis	pudierais
podrán	podrían	puedan	pudieran
pondré	pondría	ponga	pusiera
pondrás	pondrías	pongas	pusieras
pondrá	pondría	ponga	pusiera
pondremos	pondríamos	pongamos	pusiéramos
pondréis	pondríais	pongáis	pusierais
pondrán	pondrían	pongan	pusieran
querré	querría	quiera	quisiera
querrás	querrías	quieras	quisieras
querrá	querría	quiera	quisiera
querremos	querríamos	queramos	quisiéramos
querréis	querríais	queráis	quisierais
querrán	querrían	quieran	quisieran

Irregular verbs—continued

Infinitive	Gerund Past participle	Familiar Command	Indicative: Present	Indicative: Imperfect	Indicative: Preterite
reír *to laugh*	riendo reído		río ríes ríe reímos reís ríen		reí reíste rió reímos reísteis rieron
saber *to know*	sabiendo sabido		sé sabes sabe sabemos sabéis saben		supe supiste supo supimos supisteis supieron
salir *to go out*	saliendo salido	sal	salgo sales sale salimos salís salen		
ser *to be*	siendo sido	sé	soy eres es somos sois son	era eras era éramos erais eran	fui fuiste fue fuimos fuisteis fueron
tener *to have*	teniendo tenido	ten	tengo tienes tiene tenemos tenéis tienen		tuve tuviste tuvo tuvimos tuvisteis tuvieron

Indicative		Subjunctive	
Future	*Conditional*	*Present*	*Imperfect* (-ra)
		ría	
		rías	
		ría	
		riamos	
		riáis	
		rían	
sabré	sabría	sepa	supiera
sabrás	sabrías	sepas	supieras
sabrá	sabría	sepa	supiera
sabremos	sabríamos	sepamos	supiéramos
sabréis	sabríais	sepáis	supierais
sabrán	sabrían	sepan	supieran
saldré	saldría	salga	
saldrás	saldrías	salgas	
saldrá	saldría	salga	
saldremos	saldríamos	salgamos	
saldréis	saldríais	salgáis	
saldrán	saldrían	salgan	
		sea	fuera
		seas	fueras
		sea	fuera
		seamos	fuéramos
		seáis	fuerais
		sean	fueran
tendré	tendría	tenga	tuviera
tendrás	tendrías	tengas	tuvieras
tendrá	tendría	tenga	tuviera
tendremos	tendríamos	tengamos	tuviéramos
tendréis	tendríais	tengáis	tuvierais
tendrán	tendrían	tengan	tuvieran

Irregular verbs—continued

			Indicative		
Infinitive	*Gerund Past participle*	*Familiar Command*	*Present*	*Imperfect*	*Preterite*
traer	trayendo		traigo		traje
to bring	traído		traes		trajiste
			trae		trajo
			traemos		trajimos
			traéis		trajisteis
			traen		trajeron
valer	valiendo	val(e)	valgo		
to be worth	valido		vales		
			vale		
			valemos		
			valéis		
			valen		
venir	viniendo	ven	vengo		vine
to come	venido		vienes		viniste
			viene		vino
			venimos		vinimos
			venís		vinisteis
			vienen		vinieron
ver	viendo		veo	veía	
to see	visto		ves	veías	
			ve	veía	
			vemos	veíamos	
			veis	veíais	
			ven	veían	

Indicative		*Subjunctive*	
Future	***Conditional***	***Present***	***Imperfect* (-ra)**
		traiga	trajera
		traigas	trajeras
		traiga	trajera
		traigamos	trajéramos
		traigáis	trajerais
		traigan	trajeran
valdré	valdría	valga	
valdrás	valdrías	valgas	
valdrá	valdría	valga	
valdremos	valdríamos	valgamos	
valdréis	valdríais	valgáis	
valdrán	valdrían	valgan	
vendré	vendría	venga	viniera
vendrás	vendrías	vengas	vinieras
vendrá	vendría	venga	viniera
vendremos	vendríamos	vengamos	viniéramos
vendréis	vendríais	vengáis	vinierais
vendrán	vendrían	vengan	vinieran

Spanish–English vocabulary

This vocabulary includes the meanings of all Spanish words and expressions that have been glossed or listed as active vocabulary in this textbook. Most proper nouns, conjugated verb forms, and cognates used as passive vocabulary are not included here.

The Spanish style of alphabetization has been followed: **c** precedes **ch, l** precedes **ll,** and **n** precedes **ñ.** A word without a written accent mark appears before the form with a written accent: i.e., **si** precedes **sí.** Stem-changing verbs appear with the change in parentheses after the infinitive: **(ie), (ue),** or **(i).** A second vowel is parentheses **(ie, i)** indicates a preterite stem change.

The number following the English meaning refers to the chapter in which the vocabulary item was first introduced actively; the letters **CP** stand for **Capítulo preliminar.**

The following abbreviations are used:

A	Latin America	*M*	Mexico
abb	abbreviation	*n*	noun
adj	adjective	*obj*	object
art	article	*pl*	plural
conj	conjunction	*pp*	past participle
dir obj	direct object	*poss*	possessive
E	Spain	*prep*	preposition
f	feminine	*pron*	pronoun
fam	familiar	*refl*	reflexive
form	formal	*rel*	relative
indir obj	indirect object	*s*	singular
inf	infinitive	*S*	South America
m	masculine	*subj*	subject

A

a to, at, toward **4; a casa** home; **a causa de** because of, as a consequence of **3; a cuadros** plaid, checkered **8; a la derecha** to (on) the right **7; a la izquierda** to (on) the left **7; a menudo** often **3; a rayas** striped **8; a tiempo** on time **CP; a través de** through, across; **a veces** sometimes **3**
abarrotes *m*, **tienda de abarrotes** *f M* grocery store **1**
abierto opened **11**
abogado(-a) lawyer **11**
abonar to pay in installments
abordar to board **13; a bordo** on board **13**
abrazar to hug, embrace **13**
abrazo hug
abrigo coat, overcoat **8**
abril April
abrir to open
abrocharse to fasten **13**
absurdo absurd
abuelo(-a) grandfather(-mother) **3; abuelos** grandparents **3**
aburrir to bore; **aburrirse** to get bored
abuso abuse, mistreatment **12**
acabar to finish; *refl* run out; **acabar de + inf** to have just (done something)
acantilado cliff
acaso perhaps **9**
accidente *m* accident
acción *f* stock **10**
accionista *m/f* stockbroker **11**
aceite *m* oil, salad oil
aceituna olive **5**
aceptar to accept
acera sidewalk **7**
acerca de about, concerning
acercarse a to approach
acero steel
acetona nail-polish remover
acomodar to accommodate
aconsejable advisable
aconsejar to advise **3**
acontecimiento event
acordarse (ue) de to remember **1**
acortar to shorten **8**
acostarse (ue) to go to bed **1**
acostumbrarse to become accustomed
actitud *f* attitude
actividad *f* activity **2**
activo active
actual *adj* present-day
actualmente nowadays, at the present time **7**
acuerdo agreement; **estar de acuerdo** to agree, be in agreement **7; llegar a un acuerdo** to reach an agreement
acusado(-a) accused person **9**
adaptarse to adapt **12**
adelantado early **13**
adelanto advance, advancement
además besides, furthermore

adentro inside
adiós good-bye
adivinanza riddle
adivinar to guess
adjetivo adjective
administración *f* management **10; la administración de empresas** business administration **4**
admirar to admire **7**
¿adónde? where? (*used with verbs of motion*) **1**
adornar to decorate, adorn
adorno decoration
aduana customs **13**
aduanero(-a) customs agent **13**
adverbio adverb
aeromozo(-a) (*A*) flight attendant **13**
aeropuerto airport **13**
afeitadora shaver **1**
afeitarse to shave **1**
aficionado(-a) fan, sports fan
afuera outside **6; afueras** *f* outskirts, suburbs
agencia agency **1; agencia de empleos** employment agency **10; agencia de viajes** travel agency; **agente** *m/f* agent
agosto August
agradable pleasant **5**
agradecer to appreciate, thank
agrado pleasure
agresivo aggresive
agrícola *m/f adj* agricultural
agua water **1; agua mineral** mineral water, bottled water
aguacate *m* avocado **6**
aguafiestas *m/f* party pooper **5**
aguantar to put up with
aguja needle
ahí there (*near person addressed*)
ahijado(-a) godson(-daughter); **ahijados** godchildren
ahogarse to drown **9**
ahora now
ahorrar to save money **11**
ahorros *pl* savings; **cuenta de ahorros** savings account **11**
aire *m* air; **aire acondicionado** air-conditioning **14**
aislado isolated
aislamiento isolation
ajedrez *m* chess **3**
ajo garlic **6**
al (a + el) to the + *m s* noun; **al día** per day; **al + inf** on, upon **9; al horno** baked **6; al lado de** beside, next to **4; al principio** in the beginning
albergue juvenil *m* youth hostel **14**
albóndiga meatball **6**
alcalde *m* mayor
alcanzar to gain, obtain
alcohólico alcoholic
alegrarse to be happy
alegre happy, cheerful **3**
alegría happiness
alemán German **3**
alergia allergy **15**
alérgico allergic; **ser alérgico a** to be allergic to
alfabetización *f* literacy
alfombra rug
algarabía hustle-bustle
algo something **8**
algodón *m* cotton **8; algodón de azúcar** cotton candy **7**
alguien someone **8**
algunas veces sometimes **8**
alguno, algún, alguna any, some, someone, **8;** *pl* some, a few **8**
alimentarse to nourish oneself
alimento food
alivio relief
almacén *m S* grocery store **1**
almeja clam **6**
almendrado almond pudding **6**
almohada pillow **14**
almorzar (ue) to have lunch **1**
almuerzo lunch **6**
alojarse to stay in a hotel **14**
alquilar to rent **11**
alquiler *m* rent
alrededor de around **4**
altavoz *m* loudspeaker
alternativa alternative
altitud *f* altitude
alto tall, high **CP**
altura altitude
alumno(-a) student
alzar to raise, lift **9**
allí there
ama de casa housewife
amabilidad *f* kindness
amable nice, kind
amar to love **3**
amarillo yellow
ambiente *m* environment, atmosphere
ambigüedad *f* ambiguity
amigable friendly
amigo(-a) friend
amistad *f* friendship **5**
amueblar to furnish
amor love
analfabetismo illiteracy **12**
análisis *m* analysis
ancho wide **8**
andar to walk
anécdota anecdote
anfitrión(-ona) host (hostess) **5**
angosto narrow
anillo ring **3; anillo de boda** wedding ring **3; anillo de compromiso** engagement ring **3**
animado lively **5**
aniversario anniversary **5**
anoche last night **2**
ante *m* suede **8**
anteayer day before yesterday **2**
anteojos *pl* eyeglasses **CP**
anterior before
antes de *prep* before
antes que *conj* before **12**
antibiótico antibiotic **15**
antiguo former, ancient **10**
antojito appetizer **6**
anunciar to announce **9**
anuncio advertisement; **anuncio clasificado** classified ad **10; anuncio comercial** commercial **9**
añadir to add
año year **2; tener...años** to be . . . years old
aparato appliance, piece of equipment
aparcar to park **7**
aparecer to appear **1**
apartado postal post office box **14**
apartamento apartment
apellido last name **CP**
apenas hardly
apertura de clases beginning of the school term **4**
apetecer to have an appetite for **6**
apetito appetite **6**
aplaudir to applaud **7**
aplicado studious **4**
apoyar to back a person or an idea **12**

apoyo support **12**
aprender to learn **4; aprender de memoria** to memorize **4**
apretado tight **8**
apretar (ie) to pinch, be too tight **8**
aprobar (ue) to pass (an exam) **4**
apropiado appropriate
aprovechar to take advantage of
aptitud *f* aptitude, skill **10**
apuntes *m pl* notes, classnotes **4**
apurarse to hurry
aquel, aquella *adj* that (*distant*) **6;** aquellos, aquellas *adj* those (*distant*) **6**
aquél, aquélla *pron* that (one), the former **6; aquéllos, aquéllas** *pron* those, the former **6**
aquello *neuter pron* that **6**
aquí here
arco arch
archivar to file **11**
archivo file cabinet **10**
arena sand **2**
arete *m* earring **8**
argentino *adj* Argentine
arquitecto(-a) architect
arquitectura architecture **4**
arreglar to straighten up **9; arreglarse** to get ready **1**
arreglo care **1**
arrestar to arrest **9**
arroz *m* rice **6**
arrugado wrinkled
arte *m* art **4; bellas artes** *f* fine arts
artesanía craftsmanship
artículo article
artista *m/f* artist
artístico artistic **10**
asado roast(-ed)
ascendencia origin, ancestry **12**
ascenso promotion **10**
ascensor *m* elevator
asegurar to insure **8**
asesinar to murder
asesinato murder **9**
asesino(-a) murderer **9**
así in this way, thus; **así que** as soon as **12**
asiento seat **7**
asignatura subject **4**
asimilarse to assimilate **12**
asistencia attendance
asistente social *m/f* social worker
asistir a to attend **4**
asociarse to associate
asombrar to astonish
aspecto aspect
áspero rough
aspiradora vacuum cleaner **9; pasar la aspiradora** to vacuum **9**
aspirante *m/f* applicant **10**
aspirina aspirin **15**
asustarse to get scared
atar to tie
atender (ie) to take care of **11**
atento attentive **10**
aterrizaje *m* landing **13**
aterrizar to land **13**
atleta *m/f* athlete
atlético athletic **CP**
atracción *f* amusement park ride, attraction **7; parque** *m* **de atracciones** amusement park **7**
atraer to attract
atravesar to cross
atún *m* tuna
aumentar to increase **12**
aumento raise
aun cuando even when
aunque although
austral *m* currency of Argentina **11**
autobús *m* bus **7**
automóvil *m* automobile
autonomía autonomy **12**
autoridad *f* authority
autorretrato self-portrait **CP**
avanzado avanced **11**
ave *f* bird
avenida avenue **7**
aventura adventure **2; de aventura** *adj* adventure **2**
averiguar to verify
avión *m* airplane
aviso sign, notice
ayer yesterday **2**
ayuda help
ayudar to help
ayuntamiento city hall **7**
azafata (*ES*) flight attendant **13**
azúcar *m* sugar
azul blue

B

bacalao cod **6**
bachillerato high-school diploma **4**
bailar to dance
bailarín(-ina) dancer
baile *m* dance
bajar to lower **10;** to get off **13; bajar el equipaje** to take the luggage down **14**
bajo short **CP**
balanza de pagos balance of payments **11**
balcón *m* balcony **14**
baloncesto *E* basketball **15**
bancario *adj* banking **11**
banco bank **7**
bandera flag **12**
banquero(-a) banker
bañarse to bathe **1**
baño bathroom **14**
barato inexpensive
barba beard **CP**
barco boat
barrer to sweep **9**
barrio neighborhood **7**
básquetbol *m* (*A*) basketball **15**
¡Basta! Enough!
bastante *adj* enough **7; bastante** *adv* rather
basura garbage **9; sacar la basura** to take out the garbage **9**
bata robe **8**
bate *m* bat **15**
batear to bat **15**
batido *m* milk shake **6**
batir to beat
bautismo baptism
bebé *m* baby
beber to drink
bebida beverage **5**
beca scholarship **4**
béisbol *m* baseball **15**
bellas artes *f* fine arts **4**
belleza beauty
beneficiar to benefit **12**
beneficio benefit; **beneficio social** fringe benefit **10**
besar to kiss **13**
biblioteca library **4**
bicicleta bicycle; **montar en bicicleta** to ride a bicycle **2**
bien well, very **6**
bienestar *m* well-being **12; bienestar social** welfare **12**
bienvenido welcome **5**
bigotes *m pl* moustache **CP**

bilingüe bilingual **12**
bilingüismo bilingualism **12**
billete *m* ticket **7; bill 11; billete de ida y vuelta** round-trip ticket **13**
billetera wallet
biología biology **4**
bisabuelo(-a) great-grandfather(-mother) **3; bisabuelos** great-grandparents **3**
bistec *m* steak
blanco white
blando soft
blusa blouse **8**
boca mouth
bocacalle *f* intersection **7**
bocadillo sandwich **5**
boda wedding **3**
boicoteo boycott **12**
boletería ticket office
boleto ticket **7; boleto de ida y vuelta** round-trip ticket **13**
bolígrafo ballpoint pen
bolívar *m* currency of Venezuela **11**
bolsa (*E*) purse **8; bolsa (de acciones)** stock market **10**
bombero(-a) firefighter **7**
bonito pretty, nice
bono bond **10**
borracho drunk **2**
bota boot **8**
botana a plate of tortilla chips, tomatoes, avocados, etc. **6**
botones *ms* bellman **14**
boutique *f* boutique **8**
boxeo boxing **15**
bracero(-a) day laborer **12**
brazo arm **15**
brillante *m* diamond **8**
brillar to shine
brindar to propose a toast **6**
brindis *m* toast with a drink **6; hacer un brindis** to propose a toast **6**
bromear to joke
bronceado suntanned
broncearse to tan **2**
bruja witch
búsqueda search **12**
bueno, buen, buena *adj* good; **bueno** *adv* well, all right; **Buen provecho.** Enjoy your meal. **6; Buena suerte.** Good luck. **2; lo bueno** the good thing **5; Buenos días.** Good morning. **2; Buenas noches.** Good evening. **2; Buenas tardes.** Good afternoon. **2**
bufanda scarf **8**
buñuelo deep-fried sugar tortilla **6**
buscar to look for
buzón *m* mailbox **14**

C

caballitos carousel **7**
caballo horse; **montar a caballo** to ride horseback **2**
caber to fit **13**
cabeza head **15**
cacahuate *m* (*M*) peanut **5**
cacahuete *m* (*E*) peanut **5**
cada each, every **7; cada dos días** every other day
cadena chain **8**
cadera hip
caer to fall, slip away; **caer bien (mal)** to suit (not to suit) **6;** to get along well (poorly) **5; caer un aguacero** to rain cats and dogs **4**
café *m* coffee, coffee shop; **café al aire libre** outdoor café **2; café con leche** coffee with warmed milk; **café solo** black coffee
caja cash register **8; caja de seguridad** safety-deposit box **11**
cajero(-a) cashier **8**
cajón *m* drawer
calamar *m* squid **5**
calcetín *m* sock **8**
calculadora calculator **10**
cálculo calculus
caldo soup, broth **6; caldo de pollo con fideos** chicken noodle soup **6**
calefacción *f* heating system **14**
calendario calendar
calentador *m* (*A*) jogging suit **8**
calesita (*S*) carousel **7**
calidad *f* quality
cálido warm
caliente hot **6**
calmar to calm, ease
calor *m* heat **6; Hace calor.** It's hot.; **tener calor** to be hot
calvo bald **CP**
calzar to wear (shoes) **8**
callarse to be quiet
calle *f* street **7**
cama bed **9**
camarero(-a) flight attendant (*A*) **13;** (*E*) waiter (waitress) **6;** *f* chambermaid **14**
camarones *m pl* (*A*) shrimp **5**
cambiar to change; **cambiar dinero** to exchange currency **11; cambiarse de ropa** to change clothes **1**
cambio change; **en cambio** on the other hand
caminar to walk **7**
camino road **14**
camión *m* truck **6**
camisa shirt **8; camisa de noche** nightgown **8**
camiseta tee-shirt **8**
campaña electoral electoral campaign **9**
campeón(-ona) champion **15**
campeonato championship **15**
campesino(-a) rural person
campo country, rural area, field **3; campo de estudio** field of study **4; campo de golf** golf course **2; campo deportivo** sports field **15**
canal *m* channel **9**
canasta basket **15**
cancelar to cancel **13**
cancha playing area, court, field **15**
cansado tired
cantante *m/f* singer **7**
cantar to sing
cantidad *f* quantity
capital *f* capital
capítulo chapter
cara face
caracol *m* snail **5**
característica characteristic
caramelo caramel **6**
cárcel *f* jail **9**
cargar to carry **14**
cariño affection **3**
cariñoso affectionate **3**
carne *f* meat **6**
carnet estudiantil *m* student I.D. card **CP**
caro expensive
carpeta file folder **10**
carpintero(-a) carpenter
carrera career **10**
carro (*A*) car **7**
carroza float **12**
carrusel (*A*) carousel **7**
carta letter; **cartas** (*A*) playing cards **2**

cartel *m* poster, sign
cartera wallet
cartero(-a) mail carrier **14**
casa house; **a casa** home; **en casa** at home; **casa de los espejos** house of mirrors **7; casa de los fantasmas** house of horrors **7**
casado married **CP**
casarse to get married **3**
casco helmet **15**
casi almost
casilla postal post office box **14**
castaño chestnut **CP**
castellano Spanish
castillo castle **2**
catalán(-ana) Catalan
catarata waterfall
catarro cold **15**
catedral *f* cathedral **7**
catedrático(-a) university professor **4**
católico Catholic
catorce fourteen **CP**
cebolla onion **6**
celebración *f* celebration **12**
celebrar to celebrate **5**
célebre famous
cemento cement **7**
cena dinner, wedding reception **6**
cenar to eat dinner
centígrado centigrade
centro center, downtown **7; centro comercial** shopping center, mall **8; centro cultural** cultural center **7; centro estudiantil** student center **4**
cepillarse to brush (one's teeth, hair) **1**
cepillo brush **1; cepillo de dientes** toothbrush **1**
cerca *adv* next to, near, close **3**
cerca de *prep* near **4**
cercano *adj* near, close **3**
ceremonia de enlace wedding ceremony **3**
cero zero **CP**
cerrar (ie) to close **1**
certificado de sanidad health certificate **13**
cerveza beer **5**
césped *m* lawn, grass **9**
ceviche *m* marinated fish and seafood **6**
cicatriz *m* scar **CP**
ciclismo biking, cycling
cien, ciento hundred **11**
ciencia science; **ciencias de la educación** education (*course of study*) **4; ciencias económicas** economics **4; ciencias exactas** natural science **4; ciencias políticas** political science **4; ciencias sociales** social sciences **4**
cierto certain, definite **10**
cigarrillo cigarette
cinco five **CP**
cincuenta fifty **CP**
cine *m* movie theater **2**
cinta tape; **cinta adhesiva** utility tape **10**
cinturón *m* **de seguridad** seatbelt **13; (des-)abrocharse el cinturón de seguridad** to (un-)fasten the seatbelt **13**
cita appointment, date **7**
ciudad *f* city; **ciudad universitaria** campus **4**
ciudadanía citizenship **12**
ciudadano(-a) citizen **12**
claro light in color, clear **8**
clase *f* class **4; clase alta / baja / media** upper / lower / middle class **12; clase económica** economy class (*travel*); **primera clase** first class (*travel*)
clásico classical **2**
clavel *m* carnation
cliente *m/f* customer **1**
clima *m* climate **4**
clínica private hospital **7**
club nocturno *m* nightclub **2**
cobrar to charge, collect money; **cobrar un cheque** to cash a check **11**
cobre *m* copper
cocina kitchen **9**
cocinar to cook **9**
cocinero(-a) cook, chef
cóctel *m* cocktail **6; cóctel de camarones** shrimp cocktail **6; cóctel de mariscos** seafood cocktail **6**
coche *m* car
código postal zip code **14**
coger to take, seize **9;** to catch **15**
coincidir to concide
cola line; **hacer cola** to stand in line
colaborar to collaborate
colchón neumático *m* air mattress **2**
colegio elementary school, boarding school, college-preparatory high school **4**
colgar (ue) to hang up **9**
colina hill
colmo last straw
colombiano(-a) Colombian
colonial colonial **7**
collar *m* necklace **8; collar de brillantes** diamond necklace **8**
combinar to match, combine **8**
comedia comedy **2**
comedor *m* dining room **9**
comentar to comment **7**
comenzar (ie) to begin **1**
comer to eat
comercio trade **11; comercio de exportación** export trade **11; comercio de importación** import trade **11**
cometa *m* comet
cómico funny **2**
comida meal, food **6; comida completa** complete meal **6; comida ligera** light meal **6; comida regional típica** typical regional meal **6**
comisaría de policía police station **7**
como as, like, since; **¡Cómo no!** Of course!; **como si** as if; **tan** + *adj* or *adv* + **como** as + *adj* or *adv* + as; **tanto como** as much as
¿cómo? how? **1**
cómodo comfortable **14**
compañero(-a) companion; **compañero(-a) de clase** classmate; **compañero(-a) de cuarto** roommate
compañía company **1**
comparar to compare
complacerse to take pleasure
complejo turístico tourist resort **2**
completamente completely
completo full **14**
complicado complicated
complicarse to become complicated
comportamiento behavior
comportarse to behave **3**
compra purchase; **hacer compras** to shop, purchase **1; ir de compras** to go shopping **CP**
comprador(-a) buyer, shopper **8**
comprar to buy
comprender to understand

comprensivo understanding **5**
comprometerse con to become engaged to **3**
compromiso engagement, commitment **3**
compuesto *pp* composed
computadora computer **1**
comunicarse to communicate
comunidad *f* community **12**
con with **4; conmigo** with me **4; con tal que** provided that **12; contigo** *fam s* with you **4**
concierto concert **2**
conciliatorio conciliatory
conciso concise **10**
concha shell **2**
condimentado spicy **6**
condimento dressing, condiment
conducir to drive **1**
conductor(-a) driver **7**
conferencia lecture **4; dictar una conferencia** to give a lecture **4**
confianza trust, confidence **10**
confiar en to confide in, trust **3**
confirmar to confirm **13**
confiscar to confiscate **13**
confitería sweetshop, tea shop
confundirse to be confused
confusión *f* confusion
conjunto band, musical group **2**
conocer to know, to meet, to make the acquaintance of, to recognize **5**
conocido(-a) acquaintance; *adj* well-known
conocimiento knowledge **10**
conquistador *m* conqueror
conseguir (i) to get, obtain **10**
consejero(-a) advisor, counselor
consejo advice; **consejo financiero** financial advice **11**
conserje *m* concierge **14**
conservar to keep, preserve **11**
considerar to consider
construcción *f* construction
construir to construct, build **10**
consultorio doctor's or dentist's office **15**
consumo consumption **11**
contabilidad *f* accounting **4**
contador(-a) accountant **11**
contaminación *f* pollution; **contaminación del aire** air pollution
contar (ue) to count, tell **1**
contenido content
contento content, happy
contestar answer
continuar to continue
contra against **4**
contratar to hire **10**
contrato contract
contribuir to contribute **1**
control *m* **de pasaporte** passport control **13; control de seguridad** security check **13**
controlar to control
contusión *f* bruise **15**
convencer to convince
conveniente convenient **9**
convenir to agree, be suitable
conversar to converse **5**
convidar to invite **5**
cooperar to cooperate
copa drink, goblet, glass with a stem **2**
coqueta flirt
corazón *m* heart
corbata tie **8**
cordero lamb **6**
cordillera mountain range
correo post office, mail **14; correo certificado** certified mail **14; correo de primera-clase** first-class mail **14; correo regular** surface mail **14**
correr to run **15**
correspondencia mail
corresponder to correspond
corrida de toros bullfight **7**
cortacésped *m* lawnmower **9**
cortar to cut **9**
cortarse to cut oneself **15**
cortés polite, courteous
cortesía courtesy, politeness
corto short **CP**
cosa thing
cosecha crop **12**
costa coast
costar (ue) to cost **8**
costo cost **11; costo de vida** cost of living **11**
costumbre *f* custom **3**
crear to create
crecer to grow **9**
creer to believe
crema de afeitar shaving cream **1**
criada maid, chambermaid **14**
criar to bring up (children), raise (animals) **9**
crimen *m* crime **9**
crisol *m* melting pot **12**
criticar to criticize **7**
cruce *m* intersection **7**
crucero cruise
crucigrama *m* crossword puzzle **CP**
cruzar to cross **7**
cuaderno notebook
cuadra (*A*) (street) block **7**
cuadrado square
cuadro painting **7**
¿cuál? which one(-s)?, what? **1**
cualidad *f* quality
cualquier any
cuando *conj* when **12**
¿cuándo? when? **1**
¿cuánto? how much?, *pl* how many? **1**
cuarenta forty **CP**
cuartel *m* **de policía** police station **7**
cuarto room, quarter **4**
cuatro four **CP**
cuatrocientos four hundred **11**
cubano(-a) Cuban
cubierto place setting **6**; *pp* covered **11**
cubrir to cover
cuchara soupspoon **6**
cucharita teaspoon **6**
cuchillo knife **6**
cuello neck
cuenta the bill, check **6; cuenta corriente** checking account **11; cuenta de ahorros** savings account **11**
cuento story, tale **6**
cuero leather **8**
cuidadoso careful **10**
cuidar to look after, to care for **7**
cuidarse to take care of oneself
culpable guilty **9**
cultivar to grow plants **9**
cultura culture
cumpleaños birthday **5**
cumplir to fulfill, execute **11; cumplir...años** to turn . . . **5** (years old)
cuñado(-a) brother (sister)-in-law **3**

cura *m* priest **3;** *f* cure
curandero(-a) healer
curar to cure
curita Band-Aid **15**
curriculum vitae resumé **10**
curso course **4; curso electivo** elective class **4; curso obligatorio** required class **4**
cuyo whose **13**

CH

chaleco vest **8**
champán *m* champagne **5**
champú *m* shampoo **1**
chandal *m (E)* jogging suit **8**
charlar to chat **CP**
Chau. Goodbye. **2**
chaval(-a) youngster, kid **3**
cheque *m* check; **cheque de viajero** traveler's check; **cobrar un cheque** to cash a check
chequear to check
chequera (*A*) checkbook **11**
chévere (*A*) wonderful **13**
chicano(-a) Mexican-American **12**
chico *adj* small **8**
chiflar to boo, hiss **7**
chile *m* chili pepper **6**
chino(-a) Chinese
chip *m* microchip **10**
chisme *m* gossip **5**
chismear to gossip **2**
chiste *m* joke **CP**
chistoso funny, amusing **5**
chorizo hard sausage **5**

D

damas checkers **3**
dar to give **1; dar a** to face; **dar ánimo** to encourage; **dar puntos** to give stitches **15; dar un paseo** to take a walk **CP; dar una patada** to kick **15; dar vueltas** to turn around and around; **darse cuenta de** to realize, become aware; **darse por vencido** to give up, acknowledge defeat
de of, from, about **CP; de atrás** behind **7; de la mañana** A.M. **CP; de la noche** P.M. **CP; de la tarde** P.M. **CP; de lujo** luxurious; **de película** out of the ordinary, incredible **1; de repente** suddenly; **de talla media** of average height **CP; de vez en cuando** from time to time
debajo de under, underneath **4**
deber to have to do something, must **11**
débil weak; soft (sound) **8**
decidir to decide
décimo tenth **4**
decir to tell **1**
decorar to decorate
dedicarse a to devote oneself to **1**
dedo finger **15; dedo del pie** toe **15**
dejar to leave, let, allow; to leave behind **14**
del (de + el) of the + *m* / *s noun*
delante de in front of **4**
delgado slender **CP**
delicado delicate **8**
delicioso delicious
delito crime, offense **9**
demás rest (of a quantity)
demasiado too much **5**
demora delay **13**
demorarse to delay
dentista *m/f* dentist
dentro de in, inside of **4**
departamento department
depender de to depend on
dependiente *m/f* salesclerk **8**
deporte *m* sport **15**
deportivo *adj* sporting
depositar to deposit **11**
deprimente depressing
deprimido depressed **15**
derecha right; **a la derecha** to the right
derecho law (*course of study*) **4;** straight **7; seguir derecho** to go straight
derrotar to defeat **15**
desabrocharse to unfasten **13**
desagradable unpleasant
desaparecer to disappear **10**
desarrollar to develop **10**
desarrollo development **11**
desastre *m* disaster **9**
desatar to untie
desayunar to have breakfast
desayuno breakfast **6**
descansar to relax **1**
desconocido unknown
descontar (ue) to discount
descortés discourteous, impolite
descubierto *pp* discovered
descubrir to discover
descuento discount
desde from, since **4**
desdén *m* scorn
desear to want, desire
desembarcar to get off **13**
desempleo unemployment **10**
desfilar to parade **12**
desfile *m* parade **7**
desierto desert
desigual unequal **12**
desigualdad *f* inequality **12**
desmayarse to faint **15**
desocupar to vacate **14**
desodorante *m* deodorant **1**
desorden *m* disorder
despacio slowly
despedir (i) to fire, dismiss **10; despedirse** to say good-bye **1**
despegar to take off **13**
despegue *m* takeoff **13**
despejarse to clear up (*weather*) **4**
despertador *m* alarm clock **1**
despertarse (ie) to wake up **1**
después *adv* afterwards, later; **después de** *prep* after; **después que** *conj* after **12**
destacar to stand out
destinatario(-a) addressee **14**
destino destination **13**
destreza skill **10**
destruir to destroy **1**
desventaja disadvantage
desvestirse (i) to get undressed **1**
detalle *m* detail
detener to detain
detergente *m* detergent **9**
detrás de behind, in back of **4**
deuda debt
devolver (ue) to return something **8**
día *m* day **1; al día** per day; **día feriado** holiday **5**
diario daily
dibujo drawing, sketch; **dibujo animado** cartoon
diciembre December
dictador(-a) dictator **12**
dictadura dictatorship **12**
dictáfono dictaphone **10**
dictar una conferencia to give a lecture

dicho *pp* said **11**
diecinueve nineteen **CP**
dieciocho eighteen **CP**
dieciséis sixteen **CP**
diecisiete seventeen **CP**
diente *m* tooth **1; cepillo de dientes** toothbrush **1**
diez ten **CP**
diferente different
difícil difficult
dinero money **11; dinero en efectivo** cash **11; cambiar dinero** to exchange currency **11**
diputado(-a) representative **9**
dirección *f* direction, address **14**
discar to dial (a telephone)
disco record, computer disk **10;** hockey puck **15**
discoteca discotheque **2**
discriminación *f* discrimination **12**
discriminar to discriminate **12**
disculpar to excuse
discurso speech **9**
discutir to discuss **7**
diseño design **8**
disfraz *m* costume; **fiesta de disfraces** costume party
disfrutar de to enjoy, to make the best out of something, to have **2**
disgustar to annoy, upset, displease **6**
disponible available **14**
distrito postal zip code **14**
diversión *f* hobby, amusement, recreation **2**
diverso diverse
divertido fun
divertirse (ie) to enjoy oneself, to have fun **2**
dividirse to be divided
divorciado divorced **CP**
doblar to turn **7**
doce twelve **CP**
doctorado doctorate **4**
documento document, official paper **CP**
dólar *m* dollar **11**
doler (ue) to ache, feel pain **15**
dolor *m* ache, pain **15; dolor muscular** muscular ache **15**
doméstico domestic **9**
domicilio residence **CP**
domingo Sunday
dominó dominoes **3**
don sir, male title of respect
¿dónde? where? **1**
doña lady, female title of respect
dormilón(-ona) heavy sleeper **1**
dormir (ue,u) to sleep **1; dormirse (ue)** to fall asleep **1**
dormitorio bedroom **9**
dos two **CP**
doscientos two hundred
drama *m* drama
dramatizar to dramatize
ducha shower **14**
ducharse to shower **1**
duda doubt
dudar to doubt **9**
dudoso doubtful **9**
dueño(-a) owner
dulce sweet **5;** *n pl* candy
durante during **4**
duro hard **2**

E

e and (*replaces* **y** *before words beginning with* **i-** *and* **hi-**) **8**
economía economy **11; ciencias económicas** economics **4**
económico inexpensive
echar: echar de menos to miss (someone) **13; echar una carta** to mail a letter **14; echar una siesta** to take a nap **1**
edad *f* age **CP**
edificio building **7**
educación *f* education; **ciencias de la educación** education (*course of study*) **4**
efectivo *n* cash
eficaz efficient **10**
egoísta selfish
ejecutar to fill, execute **11**
ejecutivo(-a) executive **11**
ejemplo example; **por ejemplo** for example
ejercicio exercise; **ejercicio aeróbico** aerobic exercise **15; ejercicio de calentamiento** warm-up exercise **15; hacer ejercicios** to exercise
el the **5**
él *subj pron* he; *prep pron* him
elección *f* election **9**
electricista *m/f* electrician
elegante elegante **8**
elegir (i) to choose, elect **9**
ella *subj pron* she; *prep pron* her
ellos(-as) *subj pron* they; *prep pron* them
embajada embassy
embarazada pregnant
emborracharse to get drunk **2**
embotellamiento traffic jam **7**
emigrante *m/f* emigrant **12**
emigrar to emigrate, leave one's country **12**
empanada turnover **6**
empezar (ie) to begin **1**
empleado(-a) employee
emplear to employ **10**
empleo employment, job **10; agencia de empleos** employment agency **10**
empresa company **11; administración de empresas** business administration **4**
en in, on, at **4; en casa** at home; **en caso que** in case; **en grupo** in a group; **en parejas** in pairs; **en punto** on the dot, exactly; **en vez de** instead of
enamorarse de to fall in love with **3**
encaje *m* lace **8**
encantar to adore, love, delight **6**
encanto charm
encargado in charge of
encargarse de to be in charge of **10**
enciclopedia encyclopedia
encima de on top of, over **4**
encontrar (ue) to find, meet **5; encontrarse con** to be located, meet accidentally **5**
enchilada cheese- or meat-filled tortilla **6**
enchufe *m* electric outlet **14**
enérgico energetic **5**
enero January
enfadarse to get angry
enfermarse to get sick
enfermedad *f* disease, illness **15**
enfermero(-a) nurse
enfermizo sickly
enfermo sick **15**
enfrentarse to face
enfrente de in front of **4**
engordar to gain weight **6**
enojarse to get angry

enriquecer to enrich
ensalada salad **6**
enseñanza teaching **4**
enseñar to teach, show
entender (ie) to understand **11**
enterarse de to find out about **10**
entero entire
entidad *f* entity
entonces then, at that time; in that case
entrada main dish **6;** ticket **7;** entrance
entrar (en) to enter
entre between, among **4**
entrega inmediata special delivery **14**
entregar to hand in, deliver **4**
entremés *m* appetizer, hors d'oeuvre **5**
entrenador coach **15**
entrenar to coach **15; entrenarse** to train **15**
entrevista interview **10**
entrevistar to interview **9**
entusiasmado enthusiastic
enviar to mail, send **14**
envolver (ue) to wrap **8**
enyesar to put a cast on **15**
equipaje *m* luggage **13; equipaje de mano** hand luggage **13; bajar el equipaje** to bring the luggage down **14; subir el equipaje** to bring the luggage up **14**
equipo team, equipment **15**
equivocarse to be mistaken
error *m* mistake, error
esbelto slender **CP**
escala stop(over); **hacer una escala** to make a stop(over)
escalofrío chill **15**
escaparate *m* (*E*) store window, (*A*) display case **8**
escaparse to escape
escasez *f* scarcity **12**
escaso scarce
escoba broom **9**
escoger to choose
escribir to write; **escribir a máquina** to type **1**
escrito *pp* written **11**
escuchar to listen to **2**
escuela school **4; escuela primaria** elementary school **4; escuela secundaria** high school **4**
ese, esa *adj* that **6; esos, esas** *adj* those **6**
ése, ésa *pron* that (one) **6; ésos, ésas** *pron* those **6**
esfuerzo effort
esmeralda emerald **8**
eso *neuter pron* that **6**
espacio space
espada sword **7**
espantoso awful
España Spain
español(-a) Spanish
espárragos *pl* asparagus **5**
especial special
especialidad *f* speciality; **especialidad de la casa** restaurant specialty **6; especialidad del día** today's special **6**
especialista *m/f* specialist **11**
especialización *f* major area of study
especializarse en to major in **4**
espectáculo show, floor show, variety show **2**
espejo mirror **1; casa de espejos** house of mirrors **7**
esperanza hope
esperar to hope, wait for
esponja sponge **9**
esponsales *m* engagement announcement **3**
esposo(-a) husband (wife) **3**
esquí *m* ski; **esquí acuático** *m* waterskiing **2**
esquiar to ski
esquina corner **7**
establecerse to establish oneself **12**
estación *f* station **7**
estacionamiento parking **7**
estadio stadium **4**
estado state; **estado civil** marital status **CP**
Estados Unidos (EEUU) United States
estampado printed (fabric) **8**
estampilla (*A*) stamp **14**
estancia stay **14**
estar to be **1; estar a dieta** to be on a diet **6; estar de acuerdo** to be in agreement; **estar de huelga** to be on strike; **estar de moda** to be in style **8; estar de vacaciones** to be on vacation **2; estar en liquidación** to be on sale **8; estar en oferta** to be on sale **8**
estatura height
este *m* east
este, esta *adj* this **6; estos, estas** *adj* these **6**
éste, ésta *pron* this (one), the latter **5; éstos éstas** *pron* these (ones), the latter **5**
estereotipar to stereotype **12**
esto *neuter pron* this **6**
estómago stomach **15**
estornudar to sneeze **15**
estrecho narrow **8**
estricto strict
estudiante *m/f* student; **estudiante de intercambio** exchange student
estudiantil *adj* student **CP**
estudiar to study
estudio study
estudioso studious
estupendo terrific, marvelous **5**
etiqueta label **8;** luggage tag **13**
étnico ethnic **12**
europeo(-a) European
evasión fiscal tax evasion **11**
evento event **12**
evidente evident
evitar to avoid **9**
exacto exact; **ciencias exactas** natural sciences **4**
examen *m* exam
examinar to examine; give a test
excursión outing **3**
excusa excuse
exhausto exhausted
exigente demanding
exigir to demand
exiliado exiled person **12**
exilio exile **12**
éxito success **12; tener éxito** to be successful
exótico exotic
experiencia experience **10**
experimentar to experience, undergo
explicar to explain
explotación exploitation **12**
exportar to export **11**
exposición exhibit **7**
extranjero(-a) foreigner **11; en el extranjero** abroad
extrañar to miss someone, something, or someplace; to surprise **13**

F

fábrica factory **1**
fabricación manufacturing

fabuloso fabulous
fácil easy
factura bill
facturar to check (luggage) **13**
facultad school, college **4**
falda skirt **8**
falso false
faltar to be missing, lacking; to need **6**
familia family **3**
familiar *adj* family **3**
famoso famous
fantasía fantasy
fantástico fantastic
farmacéutico(-a) pharmacist
farmacia pharmacy (*course of study*) **4;** pharmacy, drugstore **7**
fascinar to fascinate **6**
favor favor; **por favor** please
favorito favorite
febrero February
fecha date **7**
felicitaciones congratulations
felicitar to congratulate
feliz happy **3**
feo ugly
feria festival, holiday
fértil fertile
festejar to have a party **5**
fideo noodle **6**
fiebre *f* fever **15**
fiel loyal **5**
fiesta party **5; fiesta de disfraces** costume party
fijarse en to notice, pay attention to
fila row **13**
filosofía y letras liberal arts **4**
fin end; **fin de semana** weekend
financiero financial **10; consejo financiero** financial advice
financista *m/f* financier **11**
finanzas *pl* finance **10**
fino of good quality **8**
firmar to sign
física physics **4**
físico physical **CP**
flaco skinny **CP**
flamenco gypsy
flan *m* caramel custard **6**
flexible flexible
flojo lax, weak, loose-fitting **4**
flor, *f* flower
folklórico folkloric **2**
formidable terrific **5**
foto *f* photo
(foto)copia (photo)copy
(foto)copiadora copying machine **1**
fotocopiar to photocopy
fotografía photograph
fracturarse to fracture **15**
francamente frankly
francés *adj* French **3**
franqueo postage **14**
frecuencia frequency
frecuentemente frequently **3**
fregadero sink **9**
fregar (ie) to scrub **9**
fresco coolness, cool temperature; **Hace fresco.** It's cool.
frijol *m* bean **6**
frío cold **4; Hace frío.** It's cold.; **tener frío** to be cold
frito fried **5**
frontera border
fruta fruit **6**
fuente *f* fountain **7**
fuera de outside of
fuerte strong **CP**
fuerza force
fumar to smoke
funcionar to work, operate, function **10**
funcionario(-a) official
fundar to found, establish
furioso furious
fútbol *m* soccer

G
gafas eyeglasses; **gafas de sol** sunglasses **2**
galeria art gallery **7**
gallego(-a) Galician
gambas *pl* (*E*) shrimp **5**
gana desire, wish, longing; **tener ganas de +** ***inf*** to feel like (doing something)
ganar to win **15; ganarse la vida** to earn a living **12**
gancho (*A*) clothes hanger **14**
ganga bargain **8**
garganta throat **15**
gaseosa mineral (soda) water **2**
gasolinera gas station **7**
gastar to spend money **8**
gato(-a) cat
gazpacho chilled vegetable soup **6**
gemelos(-as) twins **3**
gentil nice, kind
gentileza kindness
gerente *m/f* manager **11**
gimnasia gymnastics **15**
gimnasio gymnasium **2**
giro bank draft **11**
giro postal money order **14**
globo balloon **7**
gobierno government
golf *m* golf; **campo de golf** golf course; **palos de golf** golf clubs
golpearse to hit oneself **15**
gordo fat **CP**
gota drop **15**
gozar de to enjoy; to make the best of something; to have **2**
gracioso funny, amusing **5**
graduarse to graduate **4**
gran (*before s n*) great; **gran rueda** Ferris wheel **7**
grande big, large
grapa staple **10**
grapadora stapler **10**
grifo faucet **14**
gripe *f* flu **15**
gritar to shout **7**
grupo group **7; en grupo** in a group
guacamole *m* avocado dip **6**
guantes *m* glove **8**
guardar to keep, save, put away
guerra war **9**
guía *m/f* guide; **guía de televisión** *f* TV guide **9**
guitarra guitar
gustar to like, to be pleasing **6**
gusto pleasure **6**

H
haber to be; **hay** there is, there are; **hubo** there was, there were; **haber** to have (*auxillary verb*) **11**
habilidad *f* skill **1**
habitación *f* room **14; habitación doble** double room **14; habitación sencilla** single room **14**
habitante *m/f* inhabitant
habla speech, manner of talking **12**
hablador talkative **5**
hablar to talk
hacer to do, make; **hacer cola** to stand in line; **hacer compras** to purchase; **hacer daño** to harm, injure; **hacer diligencias** to run errands; **hacer**

ejercicios to exercise; **hacer el papel** to play the part; **hacer escala** to make a stop(over); **hacer juego** to match; **hacer la cama** to make the bed; **hacer las maletas** to pack suitcases; **hacer un brindis** to propose a toast; **hacer un viaje** to take a trip
hacerse to become **10**
hacha hatchet
hambre hunger **6; tener hambre** to be hungry
harina flour **6**
harto fed up; **estar harto** to be fed up
hasta *prep* until, as far as, even **4**
hasta que *conj* until **12**
hay there is, there are; **hay que + inf** it is necessary + *inf* **11**
hecho *pp* done, made **11**
helado ice cream **6**
herencia cultural heritage **12**
herida wound **15**
herido wounded
herirse (ie, i) to get hurt **15**
hermanastro(-a) stepbrother(-sister) **3**
hermano(-a) brother (sister) **3**
hielo ice **5**
hijastro(-a) stepson(-daughter) **3**
hijo(-a) son (daughter) **3**; *pl* children
hinchado swollen **15**
hipoteca mortgage **11**
hispánico *adj* Hispanic **12**
hispano(-a) *n* Hispanic **12**
hispanohablante Spanish-speaking **12**
historia history **4**
histórico historic **7**
hockey *m* hockey **15; disco de hockey** *m* hockey puck; **palo de hockey** hockey stick
hoja de papel sheet of paper
hombre *m* man; **hombre de negocios** businessman **11**
hombro shoulder **15**
honrado honorable
hora hour, time of day **2; horas extras** overtime **1**
horario schedule **4**
hoy día nowadays, at the present time **7**
huachinango red snapper **6**
hubo there was, there were
huelga strike **9**
huésped *m/f* guest **14**
huevo egg **6**
huir to flee **12**
humedad *f* humidity
húmedo humid, damp **4**

I

ideal ideal
identificar to identify
idioma *m* language used by a cultural group **12; idioma extranjero** foreign language **4**
iglesia church **3**
igual equal
ilegal illegal **12**
ilustrar to illustrate
imaginarse to imagine
impaciente impatient
impermeable *m* raincoat **8; impermeable** *adj* waterproof **8**
importar to be important, to matter **6;** to import **11**
impresora printer **10**
impuesto tax **14**
incendio fire **9**
incluir to include
incómodo uncomfortable **14**
independencia independence
indicar to indicate
indio(-a) Indian
individuo individual
indocumentado without passport or visa **12**
industria industry
infeliz unhappy **3**
inferir (ie,i) to infer
inflación *f* inflation **11**
influir to influence
informar to inform **9**
informática computer science **10**
informe *m* report **10**
ingeniería engineering **4**
ingeniero(-a) engineer **11**
inglés(-esa) English **3**
ingresar to enter; to deposit **11**
ingreso admission **4;** income
iniciativa initiative **10**
injustica injustice
inmigrante *m/f* immigrant **12**
inmigrar to immigrate **12**
inocencia innocence
inodoro toilet **14**
inolvidable unforgettable
inscribirse to enroll in a class **4**
inscripción *f* registration
insistir en to insist on
insomnio insomnia **15**
insoportable intolerable
instalar to install
instituto high school
integrarse to integrate oneself **12**
intentar to try, make an attempt **6**
interacción *f* interaction
intercambiar to exchange
intercambio exchange; **estudiante de intercambio** exchange student
interés *m* interest; **tasa de interés** interest rate
interesar to be interesting, to interest **6**
interrumpir to interrupt
inti *m* currency of Peru **11**
íntimo close, intimate **3**
intranquilo uneasy
inundación *f* flood **9**
inútil useless **9**
invertir (ie, i) to invest **11**
investigación *f* research **4**
invierno winter
invitación *f* invitation **5**
invitado(-a) guest **3**
invitar to invite **5**
inyección *f* injection **15**
ir to go **5; ir de compras** to go shopping
irlandés(-esa) Irish
irse to go away, leave, run away **1**
-ísimo very, extremely
italiano(-a) Italian
izquierda left **7; a la izquierda** to (on) the left

J

jabón *m* soap **1**
jamás never **8**
jamón *m* ham **5**
japonés(-esa) Japanese
jarabe *m* syrup **15**
jardín *m* yard **9; jardín zoológico** zoo **7**
jefe(-a) boss **11**
jícama Mexican potato **6**
joven young **3**
joya jewel; *pl* jewelry **8; joyas de**

fantasía costume jewelry **8**
joyería jewelry shop **8**
juego game **15; hacer juego con** to match; **juego de suerte** game of chance **7**
jueves *m* Thursday
juez *m/f* judge **9**
jugar (ue) to play (a sport, game)
jugo juice **5**
juguete *m* toy
julio July
junio June
junto together
justificar to justify
justo *adj* fair, just **12;** *adv* coincidentally
juventud *f* youth

L

la the **5;** *dir obj pron* it, her, your (*form s*) **2**
labio lip
laboratorio laboratory; **laboratorio de lenguas** language lab **4**
laca hair spray **1**
lado side; **al lado de** next to, beside; **por otro lado** on the other hand
ladrillo brick **7**
ladrón(-ona) thief **9**
lago lake
lamentar to be sorry
lámpara lamp **8**
lana wool **8**
lancha motorboat, launch **2**
lanzar to throw **15**
lápiz *m* pencil **1; lápiz de labios** lipstick **1**
largo long **8**
las the **5;** *dir obj pron* them, you (*form pl*) **2**
lástima pity
lastimar to injure, hurt, offend **15**
lastimarse to get hurt **15**
lavabo sink **14**
lavadora washing machine **9**
lavandería laundry room **9**
lavar to wash **9**
lavarse to wash oneself **1; lavarse los dientes** to brush one's teeth **1**
le *indir obj pron* (to, for) him, her, it, you (*form s*) **5**
lección *f* lesson
lector(-a) reader; **lector de discos** disk drive **10**
lectura reading
leche *f* milk
lechuga lettuce **6**
leer to read
legal legal
legumbre *f* vegetable **6**
lejos *adv* far
lejos de *prep* far from **4**
lengua language, tongue **12**
lenguado sole **6**
lenguaje *m* specialized language **12**
lentes de contacto *m* contact lenses **CP**
les *indir obj pron* (to, for) them, you (*form pl*) **5**
letrero sign, billboard **7**
levantar to raise, lift **9; levantar pesas** to lift weights **2**
levantarse to get up **1**
ley *f* law **9**
libre free; **libre de derechos de aduana** duty free **13**
librería bookstore **4**
libreta savings book **11**
libro book
licenciado having a university degree
licenciarse en to receive a bachelor's degree **4**
licenciatura bachelor's degree **4**
liceo high school **4**
ligero light in weight **8**
limón *m* lemon **6**
limonada lemonade **5**
limpiar to clean **9**
limpio clean **1**
lindo pretty **8**
línea line; **línea aérea** airline **13**
lino linen **8**
liquidación *f* sale **8; estar en liquidación** to be on sale **8**
líquido liquid
liso smooth **CP**
lista list
listo ready (*with* ***estar***), clever, smart (with ***ser***) **3**
liviano light
lo *dir obj pron* it, him, you (*form s*) **2**
lo *neuter def art* the **5; lo mejor** the best thing; **lo mismo** the same thing; **lo peor** the worst thing; **lo que** what, that which
local *m* quarters, place
loción *f* lotion **2**
loco crazy; **estar loco por** to be crazy about
locura craziness
locutor(-a) announcer **9**
lógico logical
lograr to achieve, obtain **12**
lomo loin **6**
los the **5;** *dir obj pron* them, you (*form pl*) **2**
lotería lottery
lucir traje de novia y velo to wear a wedding gown and veil **3**
lucha libre wrestling **15**
luego later, then, afterwards; **luego que** as soon as **12**
lugar *m* place **7**
luna de miel honeymoon **3**
lunar *m* beauty mark **CP**
lunes *m* Monday
luz *f* light **8**

LL

llamada call
llamar to call
llamarse to be called **1**
llave *f* key
llegada arrival **12**
llegar to arrive; **llegar a ser** to become **10; llegar tarde** to arrive late, be tardy **13**
llenar to fill, fill out
lleno full
llevar to carry, take **9;** to wear **8; llevar a cabo** to carry out, accomplish; **llevarse bien** to get along well **1**
llorar to cry **3**
llover (ue) to rain **4**
lluvia rain

M

madera wood **7**
madrastra stepmother **3**
madre *f* mother **3**
madrina maid of honor, godmother **3**
madrugador(-a) early riser **1**
maduro mature **10**
maestría master's degree **4**
maestro(-a) teacher
magnífico wonderful **5**

mal *adv* bad, sick; *adj before m s n* bad, evil
malentendido misunderstanding
maleta suitcase **13; hacer las maletas** to pack
maletero porter **13**
maletín *m* briefcase **13**
malhumorado bad-humored
malo *adj* sick (*with* **estar**), bad, evil (*with* **ser**) **3; lo malo** the bad thing **5**
maltrato mistreatment **12**
mandar to mail, send **14**
manejar to drive
manera manner
manguera hose **9**
maní *m* (*S*) peanut **5**
manifestación *f* demonstration **9**
mano *f* hand **15**
manta blanket **14**
mantener to maintain **9;** to support (keep) somebody financially **12**
manzana apple **5; manzana** (*E*) block **7**
mañana *f* morning **CP; de la mañana** A.M.; **por la mañana** in the morning; *m* tomorrow
mapa *m* map
maquillaje *m* makeup **1**
maquillarse to put on makeup **1**
máquina machine; **máquina de escribir** typewriter **1; escribir a máquina** to type **1**
maquinaria machinery; computer hardware **10**
mar *m* sea **2**
maravilloso wonderful **5**
marca brand **8**
marcador *m* scoreboard **15**
marearse to feel dizzy, seasick **15**
mareo dizziness **15**
margarita tequila with lime juice **6**
marido husband **3**
mariscos seafood **6; cóctel de mariscos** seafood cocktail
martes *m* Tuesday
marzo March
más more **6; más tarde** later
matador *m* bullfighter **7**
matasellos postmark **14**
matemáticas mathematics **4**
materia material; subject; **materia prima** raw material
matrícula tuition **4**
matricularse to register **4**
matrimonio married couple
maya Mayan
mayo May
mayor older **6**
mayoría majority **12**
me *dir obj pron* me **2;** *indir obj pron* (to, for) me **2;** *refl pron* myself
medianoche *f* midnight **CP**
medias stockings **8**
medicina medicine (*course of study*) **4**
médico(-a) doctor **15**
medio middle; **medio tiempo** half-time **1**
mediodía *m* noon **CP**
mejillón *m* mussel **6**
mejor better, best **4; lo mejor** the best thing **5**
mejorar to improve
mejorarse to get better, improve
memoria memory **4; aprender de memoria** to memorize
mencionar to mention
menor younger **6**
menos less, except; **a menos que** unless
mensaje *m* message
mensajero(-a) messenger
mensual monthly **11**
menú *m* menu **6; menú del día** fixed menu **6; menú turístico** fixed menu **6**
menudo tripe soup **6; a menudo** often
mercadeo marketing **10**
mercado market
mercancía merchandise **8**
merecer to merit, deserve **1**
merienda snack **6**
mes *m* month **2**
mesa table **6**
mesonera (*A*) waiter **6**
mestizo person of mixed Indian and European ancestry **12**
meta goal
meter to put, place; **meter la pata** to blunder **5**
metro subway **7**
mexicano(-a) Mexican **3**
mezcla mixture **12**
mezclar to mix **12**
mi *poss adj* my **5; mí** *prep pron* me **4**
miembro member
mientras while **12**
miércoles *m* Wednesday
migratorio migrant; **obrero(-a) migratorio(-a)** migrant worker
mil thousand **11**
milagro miracle, surprise **3**
millón *m* million **11**
mimado spoiled **3**
minero *adj* mining
minoría minority **12**
minuto minute **2**
mío *poss adj and pron* my, mine **5**
mirar to watch, look at **7**
misa Mass **3**
mismo same; **lo mismo** the same thing **5**
mitad *f* half
mochila backpack
moda style **8; estar de moda** to be in style
moderado moderate
moderno modern
mole *m* sauce prepared with chili peppers and spices **6**
molestar to bother **6**
molestia bother, nuisance
molesto annoyed **3**
monarquía monarchy
moneda coin **11**
mono cute **3**
montaña mountain; **montaña rusa** roller coaster **7**
montañoso mountainous
montar to ride **2; montar a caballo** to ride horseback **2; montar en bicicleta** to ride a bicycle **2**
moreno brunette **CP**
morir (ue, u) to die **1**
mostrador *m* counter
mostrar (ue) to show **8**
motel *m* motel **14**
motocicieta motorcycle; **moto** cycle
movimiento movement
muchacho(-a) boy (girl) **3**
mucho *adv* much, a lot **6;** *adj* much, many, a lot **5**
mudarse to move
mueble *m* piece of furniture; *pl* furniture **9**
muerto dead **11**
mujer *f* woman; **mujer de negocios** businesswoman **11**

muleta crutch **15**
multa fine **13**
multinacional international **11**
mundial *adj* world-wide
muñeca wrist **15**
museo museum **3**
música music **2**
musical musical **7**
músico(-a) musician **7**
muy very

N
nacer to be born **CP**
nacimiento birth
nacionalidad *f* nationality **CP**
nada nothing **8**
nadar to swim **2**
nadie no one, nobody **8**
naipe *m* playing card **2**
naranja orange **5**
narrar to narrate
natación *f* swimming
navegar to sail **2**
Navidad *f* Christmas
neblina fog
necesario necessary
necesitar to need
negar (ie) to deny **9**
negocio transaction, deal; *pl* business **10; hombre (mujer) de negocios** businessman(-woman) **10**
negro black
nervioso nervous
nevar (ie) to snow **4**
ni...ni neither . . . nor **8**
nieto(-a) grandson(-daughter); *pl* grandchildren **3**
ninguno, ningún, ninguna no, none, no one, (not) . . . any **8**
niño(-a) child; *pl* children
nivel *m* standard **12**
no no, not **8**
nocturno *adj* nighttime **2**
noche *f* night, evening **CP; camisa de noche** nightgown **8;** de la noche P.M.: **esta noche** tonight; **por la noche** in the evening
nombre *m* first name **CP**
norte *m* north
nos *dir obj pron* us **2;** *indir obj pron* (to, for) us **5;** *refl pron* ourselves
nosotros *subj pron* we; *prep pron* us
nostalgia nostalgia
nota grade, note **4**
noticia news item; *pl* news
noticiero news program **9**
novecientos nine hundred **11**
novedad *f* novelty
novela novel
noveno ninth **4**
noventa ninety **CP**
noviazgo engagement period **3**
noviembre November
novio(-a) boy(girl)friend, fiancé(e) **3;** *pl* engaged couple, bride and groom
nublado cloudy **4**
nuera daughter-in-law **3**
nuestro *poss adj* our **5;** *poss pron* our, ours **5**
nueve nine **CP**
nuevo new
nuez *f* nut **6**
número number; size (clothing) **8**
nunca never **8**

O
o or **8**
o...o either . . . or **8**
obedecer to obey **1**
obligatorio obligatory
obra (literary, artistic, or charitable) work **10**
obrero(-a) worker; **obrero(-a) migratorio(-a)** migrant worker **12**
obtener to obtain
ocasionar to cause
océano ocean
octavo eighth **4**
octubre October
ocupación *f* occupation
ocupar to occupy
ocurrencia occurrence, idea
ocurrir to occur
ochenta eighty **CP**
ocho eight **CP**
ochocientos eight hundred **11**
oeste *m* west
ofender to offend **15**
oferta offer, sale item; **estar en oferta** to be on sale
oficina office **1; oficina administrativa** administrative office **4; oficina comercial** business office **10; oficina de correos** post office **14; oficina de turismo** tourist bureau **7**
oficinista *m/f* office worker **11**
ofrecer to offer **10**
oír to hear, listen to **1**
ojalá (que) I hope that
ojo eye **CP; ¡Ojo!** Be careful!
ola wave **2**
oler (ue) to smell
olor *m* aroma **5**
olvidar to forget
once eleven
ondulado wavy **CP**
ópera opera **2**
operador(-a) operator
operarle a uno to operate on someone **15**
ordenador (*E*) computer **1**
ordenar to order
organizar to organize
orgullo pride **12**
orgulloso proud
origen *m* origin **12**
oro gold **8**
orquesta orchestra **2**
orquídea orchid
os *dir obj pron* you (*fam pl*); *indir obj pron* (to, for) you (*fam pl*); *refl pron* yourselves (*fam pl*)
otoño autumn
otro other, another **7**

P
paciencia patience
paciente *m/f* patient **10**
padecer to suffer **15**
padrastro stepfather **3**
padre *m* father, priest **3;** *pl* parents **3**
padrino best man, godfather **3**
paella seafood, meat, and rice casserole
pagar to pay **8; pagar a plazos** to pay in installments **11; pagar al contado** to pay in cash **8**
página page
pago payment **11; balanza de pagos** balance of payments; **pago inicial** down payment **11**
país *m* country
palabra word
palacio palace **7**
palo stick, club; **palo de golf** golf club **15; palo de hockey** hockey stick **15**

palomitas popcorn **7**
pampa grassy plain in Argentina
pantalones *m* pants **1**
pantalla screen **10**
pantufla slipper **8**
papel *m* paper; **hacer el papel** to play the role; **papel higiénico** toilet paper **14**
papelera wastebasket **9**
paquete *m* package **14**
par *m* pair **8**
para *prep* for, in order to **4; para que** *conj* so that **12**
parada de autobús bus stop **7**
parador *m* government-run historic inn **14**
paraguas *m* umbrella **8**
pardo brown
parecer to seem **7; parecerse a** to look like
pareja couple **3; en parejas** in pairs
pariente *m* relative **3; parientes políticos** in-laws **3**
parque *m* park; **parque de atracciones** (*E*); **parque de diversiones** (*A*) amusement park **7**
parte *f* part; **todas partes** everywhere
participar en to participate
particular particular
partida de nacimiento birth certificate **13**
partido game, match **15**
partir to leave, depart, set off **14**
párrafo paragraph
pasado last, past **2**
pasaje (*A*) fare **13**
pasajero(-a) passenger **13**
pasaporte *m* passport **CP**
pasar to come in; **pasar de contrabando** to smuggle **13; pasar la aspiradora** to vacuum **9; pasar lista** to take attendance **4; pasar por la aduana** to go through customs **13; pasarlo bien** to have a good time **2**
pasatiempo leisure-time activity **CP**
Pascua Easter
pasearse to take a walk **2**
paseo walk, outing; **dar un paseo** to take a walk **CP**
pasillo aisle **13**
pasta de dientes toothpaste **1**
pastel *m* pastry **5**
pastilla tablet **15**
patear to kick **15**
patín *m* skate **15; patines de hielo** ice skates **15**
patinaje *m* skating
patinar to skate
patio patio
patria native country, homeland **12**
paz *f* peace **9**
peatón(-ona) pedestrian **7**
peca freckle **CP**
pecho chest
pedazo piece
pedido order **11**
pedir (i) to ask for something, to request, to order **1; pedir prestado** to borrow **11**
peinarse to comb one's hair **1**
peine *m* comb **1**
pelear to fight
película movie, film **2; de película** out of the ordinary, incredible
peligroso dangerous **7**
pelirrojo red-haired **CP**
pelo hair **CP**
pelota ball **15**
penicilina penicillin **15**
pensar (ie) to think **1; pensar +** ***inf*** to plan **14; pensar de** to think of, think about **14; pensar en** to think of, about someone or something **14**
pensión *f* boarding house **14; pensión completa** full board **14**
peor worse **6; lo peor** the worst thing **5**
pequeño small in size, young **3**
percha (*E*) clothes hanger **14**
perder (ie) to lose, to waste, to miss something, to fail to get something **13**
perderse (ie) to get lost
perezoso lazy **4**
perfumarse to put on perfume **1**
periódico newspaper
periodismo journalism **4**
periodista *m/f* journalist
perla pearl **8**
permiso permission; **permiso de conducir** driver's license **CP**
permitir to permit, allow
pero but **14**
perro(-a) dog
persecución *f* persecution
persona person
personal *adj* personal **CP;** *mn* personnel **11**
personalidad *f* personality
pertenecer to belong, pertain to **12**
pesado heavy
pésame condolence
pesar to weigh **14**
pesca fishing
pescado fish (as food) **6**
pescar to fish **2**
peseta currency of Spain **11**
peso weight **6;** currency in Mexico and several Latin-American countries **11**
petición de mano *f* marriage proposal **3**
petróleo oil
pez *m* fish
picante spicy **5**
picar to snack **5**
piedra stone **7; piedra preciosa** precious stone **8**
piel *f* fur **8**
pierna leg **15**
pieza piece
pijama *m* pajamas **8**
píldora pill **15**
pimentero pepper shaker **6**
pimienta pepper **6**
pintura painting **7**
piscina swimming pool **2**
piso floor **9**
pista runway **13;** track **15**
placer *m* pleasure
plan *m* plan
plancha iron **9**
planchar to iron **9**
planear to plan
planificación *f* planning
planificar to plan
plano map **7**
plantar to plant **9**
plata silver **8**
platillo saucer **6**
plato plate, course **6; plato de la casa** restaurant's specialty **6; plato del día** today's specialty 6; **plato principal** main course **6**
playa beach **2**
plaza square **7; plaza de toros** bullring

7; **plaza mayor** main square **7**
plomero(-a) plumber
plomo lead
población *f* population
pobre poor; *precedes noun* unfortunate **10**
pobreza poverty
poco *adj* little, small, slight **6;** *pl* few **6;** *adv* little, not much; **un poco de** a little, a little bit of
poder *m* power
poder (ue) to be able, can **1**
política politics; **ciencias políticas** political science **4**
político(-a) politician **9**
policía *m* policeman; *f* police; **mujer policía** policewoman
policíaco *adj* mystery **2**
pollo chicken **6**
ponche *m* punch **5**
poner to put, place **1; poner el despertador** to set the alarm clock **1; poner fin** to end; **poner la mesa** to set the table **9; poner la tele** to turn on the TV **9; poner una inyección** to give a shot **15**
ponerse to put on **1;** to become **10; ponerse en forma** to get in shape **15**
por for, by, in, through **4; por correo aéreo** (*A*) by air mail **14; por ejemplo** for example **4; por eso** therefore, for that reason **4; por favor** please **4; por fin** finally **4; por la mañana / noche / tarde** in the morning / evening / afternoon **CP; por lo general** generally **3; por lo menos** at least; **por otro lado** on the other hand; **¿por qué?** *why?* **1; por supuesto** of course **4; por vía aérea** (*E*) by air mail **14**
porque because **3**
portero doorman **14**
posgrado postgraduate
posteriormente finally
postre *m* dessert **6**
practicar to practice, participate in (sports) **15**
precio price **8**
preciso necessary
predecir to predict **10**
preferir (ie,i) to prefer **1**
pregunta question
preguntar to ask a question **1; preguntar por** to ask about somebody
prejuicio prejudice **12**
premio prize
preocuparse (por) to worry (about) **1**
preparar to prepare; **prepararse** to prepare oneself **1**
presentar to introduce, present **5**
presidencial presidential **7**
préstamo loan **11**
prestar to land; **prestar atención** to pay attention **4**
presupuesto budget **11**
pretender to claim, pretend
pretexto pretext
previo previous
primavera spring
primero, primer, primera first **4**
primo(-a) cousin **3**
probar (ue) to try, taste, test something **6; probarse** to try on **6**
problema *m* problem
procedente de arriving from **13**
procesador de textos *m* word processor **1**
producir to produce **1**
producto product **11**
profesor(-a) teacher in secondary school, professor
profesorado faculty **4**
programa *m* program **9; programa de concursos** game show **9**
programación de computadoras *f* computer programming **4**
programador(-a) programmer **11**
progreso progress **10**
prohibir to prohibit
pronto soon
propiedad *f* property
proponer to propose
proteger to protect
protestar to protest **9**
provisional temporary
provocar to tempt
próximo next
proyecto plan, project
prueba test, quiz
publicidad *f* advertising **10**
publicista *m/f* advertising person **11**
público public **11**
pueblo town
puente *m* bridge **7**
puerta door, gate **13**
puertorriqueño(-a) Puerto Rican **12**
puesto booth, stand **7;** position, job **10**
puesto *pp* put, placed **11**
puesto que because, since **3**
pulmonía pneumonia **15**
pulpo octopus **6**
pulsera bracelet **8**
puntaje *m* score
punto point **7;** stitch **15; dar puntos** to give stitches **15; en punto** exactly, on the dot

Q

que *rel pron* that, which, who
¿qué? what?, which?; **¿Qué hay de nuevo?** What's new?; **¿Qué tal?** How are things?; **¿Qué tiempo hace?** What's the weather like?
quedar to be located; to be left, remain **6;** to fit **8; quedar viudo(-a)** to be widowed **CP**
quedarse to remain, stay; **quedarse con** to keep for oneself
quehacer doméstico *m* task, chore **9**
quejarse (de) to complain (about) **1**
quemar to burn **9; quemarse** to burn oneself **2**
querer (ie) to want, wish **1**
querido dear, greeting for a personal letter
queso cheese **5**
¿quién(-es)? who? **1**
química chemistry **4**
quince fifteen **CP**
quinientos five hundred **11**
quinto fifth **4**
quiosco newsstand **7**
quitagrapas *m s* staple remover **10**
quitarse to take off (clothing) **1**
quizás perhaps, maybe **9**

R

radio *f* radio (sound from); *m* radio (set)
ramo bouquet
rápido rapid
raqueta racquet **15**
raro strange; rare
rascacielos *m s* skyscraper **7**
rasgo feature **12**

rato short time, while **2; ratos libres** free time
razón *f* reason; **tener razón** to be right
reacción *f* reaction
reaccionar to react
reajuste *m* adjustment **11**
real actual, true **7**
rebaja reduction **8**
rebajar to reduce, lower
recado message **2**
recambio part (of machinery)
recargo additional charge **14**
recepción *f* reception **3;** registration desk **14**
recepcionista *m/f* receptionist **11;** desk clerk **14**
receta prescription **15**
recetar to prescribe a medicine **15**
recibir to receive
recién casados newlyweds **3**
reclamar el equipaje to claim luggage **13**
recoger to pick up, put away **9**
recomendación *f* recommendation
recomendar (ie) to recommend **1**
reconocer to recognize **1**
recordar (ue) to remember **1**
recuento recount; inventory
recurso resource
rechazar to reject **12**
red *f* net **15**
redondo round
referirse to refer
reforma fiscal tax reform **11**
refresco soft drink **2**
refugiado(-a) refugee **12**
refugio shelter
regalar to give (a present) **5**
regalo gift **3**
regañar to scold **3**
regar (ie) to water **9**
región *f* region
registrar to search **13**
registrarse to check in **14**
reglamento regulation **11**
regresar to return **8**
regular all right, so-so
reina queen;
reintegrar to reimburse
reír (i) to laugh
relación *f* relationship; **relaciones públicas** public relations **10**
relajado relaxed
reloj *m* watch, clock **8; reloj de pulsera** wristwatch **8**
remedio remedy, medicine **15**
remite *m* return address **14**
remitente *m/f* sender **14**
rendirse (i) to give oneself up **9**
renta income **11**
reñir (i) to quarrel **3**
repartir to deliver **14**
repasar to review **4**
repetir (i) to repeat **1**
reportar to report
reportero(-a) reporter **9**
representante de ventas *m/f* sales representative **11**
república republic
requerir (ie) to require **4**
requisito requirement **4**
res *f* beef **6**
rescatar to rescue **9**
reservación *f* reservation
reservar to reserve **7**
resfriado *m* cold **15; estar resfriado** to have a cold **15**
residencia dormitory **4**
resistirse to resist **12**
resolver (ue) to resolve **10**
respetar to respect **3**
respetuoso respectful
responder to respond
responsabilidad *f* responsibility **11**
responsable responsible **10**
respuesta answer
resto rest
resuelto *pp* resolved **11**
resultado result
resumen *m* summary
retirar dinero to withdraw money **11**
retrasado delayed **13**
retrato portrait **7**
reunión *f* meeting
reunirse to get together **5**
revisar to check **1**
revista magazine **CP**
rey *m* king; *pl* king and queen
rico rich, delicious
ridículo ridiculous **9**
rimel *m* mascara **1**
rincón *m* corner
río river
risa laughter **5**
rizado curly **CP**
rizar to curl **1**
robar to rob **9**
robo robbery **9**
rodeado surrounded
rodear to surround
rodilla knee **15**
rogar (ue) to beg
rojizo reddish **CP**
rojo red
romántico romantic **2**
romper to break **15**
ron *m* rum **2**
ropa clothing **1; cambiarse de ropa** to change clothing **1; ropa de caballeros** men's clothing **8; ropa femenina** women's clothing **8**
roto *pp* broken, torn **11**
rótulo sign, billboard **7**
rubio blond **CP**
ruido noise
ruidoso noisy **5**
ruinas ruins
ruso(-a) Russian; **montaña rusa** roller coaster
ruta route
rutina routine **1**

S

sábado Saturday
saber to know **1; saber + *inf*** to know how to; **saber** to taste
sabor *m* flavor **5**
sabroso delicious **6**
sacapuntas *m s* pencil sharpener **10**
sacar to take out, to get **9; sacar buenas (malas) notas** to get good (bad) grades **4; sacar fotos** to take pictures; **sacar la basura** to take out the garbage **9; sacar prestado un libro** to check out a book **4**
sacudir to dust **9**
sal *f* salt **6**
sala living room **9; sala de equipaje** baggage claim area **13; sala de espera** waiting room **13; sala de reclamación** baggage claim area **13**
salado salty **5**
salame *m* (*S*) salami **5**
salario salary **11**
salchicha sausage **5**
salchichón *m* (*E*) salami **5**

saldo de la cuenta bancaria bank account balance **11**
salero salt shaker **6**
salida departure **13**
salir (de) to leave **1;** to turn out to be, to come out
salón *m* large room; **salón de cóctel** cocktail lounge **14; salón de entrada** lobby **14**
salsa sauce **6**
saltar to jump **15**
salud *f* health
saludar to greet
saludo greeting
salvar to rescue something or someone **11**
sandalias sandals **2**
sangre *f* blood
sangría wine punch **5**
santo saint; Saint's day **5; santo patrón** patron saint
satisfacer to satisfy
satisfecho *pp* satisfied
se *refl pron* himself, herself, itself, yourself(-ves), themselves
secador *m* hair dryer **1**
secadora clothes dryer **9**
secar to dry **9; secarse** to dry off **1**
sección *f* department **10;** section **13**
secretario(-a) secretary
secuestrar to kidnap, hijack **9**
sed *f* thirst **6; tener sed** to be thirsty
seda silk **8**
seguir (i) to follow, pursue **1; seguir derecho** to go straight
según according to **4**
segundo second **4**
seguridad *f* security; **cinturón** *m* **de seguridad** seatbelt; **control** *m* **de seguridad** security check
seguro certain, sure
seis six **CP**
seiscientos six hundred **11**
seleccionar to choose
selva jungle
sello (*E*) stamp **14**
semáforo traffic light **7**
semana week **2**
semejante similar
semestre *m* semester **4**
sencillo *adj* simple, plain; *n* loose change **11**
sentarse (ie) to sit down
sentido sense **10**
sentir (ie, i) to be sorry, regret, feel **1; sentirse a gusto** to feel at ease
seña feature **CP**
señal *f* **de tráfico** traffic sign **7**
señor *m* Mr., sir, gentleman; *abb* **Sr.**
señora Mrs., lady; *abb* **Sra.**
señorita Miss, young lady, unmarried lady; *abb* **Srta.**
separar to separate
séptimo seventh **4**
ser to be **1**
serio serious
servicio service **11; servicio de habitación** room service **14; servicio de lavandería** laundry service **14**
servilleta napkin **6**
servir (1) to serve **1**
sesenta sixty **CP**
setecientos seven hundred **11**
setenta seventy **CP**
setiembre, septiembre *m* September
sexto sixth **4**
si if
sí yes **8**
sicología psychology **4**
sicológico psychological
sicólogo(-a) psychologist
sidra cider **5**
siempre always **8**
sierra mountain range
siete seven **CP**
siglo century
siguiente following
silla chair
símbolo symbol
similar similar
simpático nice
simplificado simplified
sin *prep* without **4**
sin embargo however
sin que *conj* without **12**
sino but, but rather **14**
síntoma *m* symptom **15**
sitio place
situación *f* situation
sobre on top of, over **4;** *(m n)* envelope **14**
sobresaliente outstanding **4**
sobresalir to excel **4**
sobretodo overcoat **8**
sobrino(-a) nephew (niece) **3**
sociable sociable
sociología sociology **4**
software *m* software **10**
sol *m* sun **2; Hace sol.** It's sunny.
solicitar to apply **11**
solicitud *f* job application **10**
solo *adj* alone
sólo *adv* only
soltero unmarried **CP**
solución *f* solution
solucionar to solve
sombra de ojos eye shadow **1**
sombrero hat **2**
sombrilla beach umbrella **2**
sonar (ue) to sound; **sonarse la nariz** to blow one's nose **15**
sonreír (i) to smile **3**
sonriente smiling **5**
soñar (ue) to dream **1**
sopa soup **6**
soportar to tolerate **6**
sorprendente surprising **9**
sorprender to surprise **5**
sorpresa surprise **5**
sortija ring **8**
sospechoso suspect **9**
sótano basement
su *poss adj* his, her, its, your *(form s),* their, your *(pl)* **5**
suave smooth **2**
subdesarrollo underdevelopment **11**
subir to go up (stairs); **subir el equipaje** to take the luggage up
suceder to follow, happen **12**
sucio dirty **1**
sucre *m* currency of Ecuador **11**
sudar to sweat **15**
suegro(-a) father(mother)-in-law **3**
sueldo salary **10**
suelto *adj* light in consistency **8;** *n* loose change **11**
sueño dream, sleep **6; tener sueño** to be sleepy
suerte *f* luck; **juego de suerte** game of chance; **tener suerte** to be lucky
suéter *m* sweater
sufrir to suffer **15**
sugerencia suggestion
sugerir (ie, i) to suggest **6**
supermercado supermarket **1**
supervisor(-a) supervisor **10**

suscribirse to subscribe
suyo *poss adj and pron* his, her, hers, its, your, yours *(form s and pl),* their, theirs **5**

T

tabla board; **tabla de planchar** ironing board **9; tabla de windsurf** windsurfing board **2**
tacón *m* heel **8; zapatos de tacón** high-heel shoes
tal such; **tal vez** perhaps
talento talent **10**
talón *m* baggage-claim check **13**
talonario (*E*) checkbook **11**
talla size **8; de talla media** of average height **CP**
también also, too **8**
tampoco neither, not . . . either **8**
tan so; **tan...como** as . . . as **5; tan pronto como** as soon as **5; tan pronto que** as soon as **12**
tanque *m* automobile gasoline tank **1**
tanto(-a) so much, as much **5; tantos(-as)** so many, as many **5; tanto...como** as . . . as **5**
taquilla ticket window **7**
tardar to take time **13**
tarde late **CP**
tarde *f* afternoon **CP; de la tarde** P.M.; **por la tarde** in the afternoon
tarea task **9** homework **10**
tarifa (*E*) fare **13**
tarjeta card **CP; tarjeta de crédito** credit card; **tarjeta de embarque** boarding pass **13; tarjeta de identidad** I.D. card **CP; tarjeta de recepción** registration form **14; tarjeta postal** postcard **14; tarjeta verde** resident visa green card **12**
tasa rate; **tasa de cambio** rate of exchange **11; tasa de interés** interest rate **11**
tauromaquia art of bullfighting **7**
taza cup **6**
te *dir obj* you *(fam s)* **2;** *indir obj pron* (to, for) you *(fam s)* **5;** *refl pron* yourself *(fam s)*
té *m* tea **5**
teatro theater **2**
tecla key **10**
teclado keyboard **10**
técnico technical **10**
tecnología technology **10**
tecnológico technical
tela fabric, material **8**
tele *f* TV **9**
telefonista *m/f* telephone operator
teléfono telephone
telegrama *m* telegram **14**
telenovela soap opera **1**
televisión *f* television **9**
televisor *m* television set **9**
tema *m* topic, theme
temer to fear
temperatura temperature
templado moderate
temporada season, period **4**
temprano early **CP**
tenacilla de rizar *E* (hair) curler **1**
tender (ie) a + ***inf*** to have a tendency to
tenedor *m* fork **6**
tener to have **1; tener...años** to be . . . years old; **tener calor** to be hot; **tener dolor de...** to have a . . . ache, to have a pain in . . . **15; tener frío** to be cold; **tener ganas de +** ***inf*** to feel like (doing something); **tener hambre** to be hungry; **tener que +** ***inf*** to have to (do something); **tener razón** to be right; **tener sed** to l e thirsty; **tener sueño** to be sleepy; **tener suerte** to be lucky
tenis *m* tennis; **zapatos de tenis** tennis shoes **8**
tercero, tercer third **4**
terminar to finish
terminal *f* terminal **13**
termómetro thermometer
terraza terrace **14**
terremoto earthquake **9**
territorio territory
testigo *m/f* witness **9**
texto textbook **4**
ti *prep. pron* you *(fam)* **4**
tiempo time, period of time, weather **2; tiempo completo** full-time **1**
tienda store, shop **8**
tímido shy, timid **7**
tintorería dry cleaner **1**
tío(-a) uncle (aunt) **3;** *pl* uncle and aunt **3**
tiovivo carousel **7**
típico typical **1**
tipo type, kind
tiranía tyranny **12**
tirar to throw **15**
titular *m* headline **9**
título degree **4**
toalla towel **1**
tobillo ankle **15**
tocadiscos *m s* record player
tocar to play (a musical instrument), to knock, to be one's turn
todavía still, yet; **todavía no** not yet **11**
todo all, every; **todos los días** every day; **todas partes** everywhere
tomar to take; to eat; to drink **9; tomar el sol** to sunbathe **2;**
tontería foolishness
torcerse (ue) to sprain **15**
torero bullfighter
tormenta storm
toro bull **7**
torta cake **3**
tos *f* cough **15**
toser to cough **15**
trabajador hard-working **4**
trabajar to work **10**
trabajo work, job **10**
traducir to translate **1**
traer to bring, carry **1**
tráfico traffic
trágico sad **2**
traje *m* suit; **traje de baño** bathing suit **8; traje de luces** bullfighter's suit **7; traje de novia** wedding gown **3**
tranquilo calm
tranvía trolley **7**
trapo rag **9**
tratar to handle or treat something or somebody **6; tratar de** to try, make an attempt **6; tratarse de** to be about, deal with **6**
trato treatment, relation **3**
travieso naughty, mischievous **3**
trece thirteen **CP**
treinta thirty **CP**
tres three **CP**
trescientos three hundred **11**
trigo wheat
trimestre *m* quarter **4**

triste sad **3**
tristeza sadness
triunfar to triumph, win **12**
tropical tropical
tu *poss adj* your *(fam s)* **5**
tú *subj pron* you *(fam s)*
turismo tourism **7**
turista *m/f* tourist **7**
turístico *adj* tourist **2**
tuyo *poss adj and pron* your, yours *(fam s)* **5**

U

u or (replaces **o** in words beginning with **o-** or **ho-**) **8**
último last; **por último** finally
ultramarinos *m pl* (*E*) groceries; **tienda de ultramarinos** (*E*) grocery store
un(-a) a, an, one **12; unos(-as)** some, a few, several **12**
único only, unique **10**
unido close-knit, united **3**
universidad *f* university **4**
uno one **CP**
uña fingernail
usar to use **1; usar talla... to wear size . . . 8**
uso use
usted *subj pron* you (*form s*); *abb* **Ud.;** *prep pron* you (*form s*)
ustedes *subj pron* you (*fam and form pl*); *abb* **Uds.;** *prep pron* you (*fam and form pl*)
útil useful **9**
utilizar to use
uva grape
¡Uy! Oh!

V

vacaciones *f pl* vacation **2; estar de vacaciones** to be on vacation
vacío empty
valer to be worth
valiente brave, courageous **7**
valor *m* value
valorar to appraise **8**
valle *m* valley
variado assorted, varied **6**
variar to vary
variedad *f* variety
varios *pl* various
vasco(-a) Basque
vascuense *m* Basque language
vaso (drinking) glass **6**
vecino(-a) neighbor
vehículo vehicle
veinte twenty **CP**
veinticinco twenty-five **CP**
veinticuatro twenty-four **CP**
veintidós twenty-two **CP**
veintinueve twenty-nine **CP**
veintiocho twenty-eight **CP**
veintiséis twenty-six **CP**
veintisiete twenty-seven **CP**
veintitrés twenty-three **CP**
veintiún, veintiuno(-a) twenty-one **CP**
velero sailboat **2**
velo veil **3**
venda bandage **15**
vendar to bandage **15**
vendedor(-a) salesperson
vender to sell
venir to come **6**
venta sale **10**
ventaja advantage
ventana window **8**
ventanilla small window, ticket window **8**
ver to see **7**
verano summer
verdad *f* truth; **¿verdad?** right?, true?
verdadero actual, true *7*
verde green **3; tarjeta verde** resident visa green card **12**
verduras *pl* vegetables
verificar to verify **11**
vestíbulo lobby **14**
vestido dress **1**
vestirse (i,i) to get dressed **1**
vez *f* time (in a series), occasion, instance **2; a veces** sometimes, at times **3; algunas veces** sometimes **8; de vez en cuando** from time to time **1; en vez de** instead of; **muchas veces** often; **otra vez** again
viajar to travel
viaje *m* trip; **hacer un viaje** to take a trip
vida life **1**
videocasetera VCR **9**
videocinta videotape **9**
vidrio glass (material) **2**
viejo old **3**
viernes *m* Friday
vino wine **2; vino blanco** white wine **5; vino tinto** red wine **5**
violencia violence
violento violent
visa visa **13**
visitar to visit **3**
visto seen **11**
vistoso dressy **8**
vitamina vitamin **15**
vitrina (*E*) display case **8;** (*A*) store window **8**
viudo(-a) widower (widow) **CP**
vivir to live
vivo alive *(with* ***estar****)*, lively, alert *(with* ***ser****)* **3**
volar (ue) to fly **13**
vólibol *m* volleyball **15**
voltaje *m* voltage **14**
volver (ue) to return **8; volver a +** ***inf*** to do something again **8; volverse** to become **10**
vomitar to vomit **15**
vosotros(-as) *subj pron* you *(fam pl, E); prep pron* you *(fam pl, E)*
votar to vote **12**
voto vote **12**
voz *f* voice
vuelo flight **13**
vuelto *pp* returned **11;** *n* money returned as change **11**
vuestro *poss adj* your *(fam pl, E)* **5;** *poss adj and pron* your, yours *(fam pl, E)* **5**

Y

y and **8**
ya already **11; ya no** not any more **11**
yate *m* yacht **2**
yerno son-in-law **3**
yeso cast **15**
yo I **4**
yugoslavo(-a) Yugoslav

Z

zapatería shoe store **8**
zapato shoe **8; zapatos bajos** low-heel shoes **8; zapatos de tacón** high-heel shoes **8; zapatos de tenis** tennis shoes **8; zapatos deportivos** athletic shoes **8**
zona de ventas sales zone **10**
zumo (*E*) juice **5**

Index

Literary Credits

We wish to thank the authors, publishers, and holders of copyright for their permission to use the reading materials in this book.

«Fórmulas» from *Miami Mensual,* 8, No. 2, February, 1988, page 79, reprinted by permission of *Miami Mensual.*

«España está de moda» from *Cambio 16,* No. 863, June 13, 1988, pages 16–22, reprinted by permission of *Cambio 16.*

Advertisement from a tourist resort in Marbella, Spain, from *Cambio 16,* No. 810, June 8, 1987, page 133, reprinted by permission of *Cambio 16.*

«Por cuenta propia» from *Cambio 16,* No. 810, June 8, 1987, pages 111–114, reprinted by permission of *Cambio 16.*

Reproduced from «Sobre las habilidades de ser madre o padre,» with permission, © 1986, Channing L. Bete Co., Inc. South Deerfield, MA 01373.

«El eclipse de la familia tradicional» from *Cambio 16,* No. 806, May 11, 1987, pages 100–102, reprinted by permission of *Cambio 16.*

Ad for Universidad Tecnológico de México from *Proceso.*

Grade report form for Richard Lotero from a Summer, 1988 program in Toledo, Spain, reprinted by permission of Centro de Estudios Internacionales and Richard Lotero.

«México lindo y dolido» from *Cambio 16,* No. 867, July 11, 1988, pages 74–84, reprinted by permission of *Cambio 16.*

«Superbarrio» from *Cambio 16,* No. 879, October 3, 1988, page 119, reprinted by permission of *Cambio 16.*

Charles Schulz: two cartoons, «El año que viene voy...» from *Siempre a flote, Charlie Brown (The Unsinkable Charlie Brown)* and «¿Se sorprendió?» from *Snoopy, vuelve a casa (Snoopy, Come Home)*. Published in 1971 by Holt, Rinehart and Winston. Reprinted by permission of United Media.

Advertisement for buffet items, reprinted by permission of Publix Super Markets.

George R. Ellis: «El estupendo metro de México», from *Américas,* 38, No. 5, September–October, 1986, pages 2–7, reprinted by permission of *Américas,* a bimonthly magazine published by the General Secretariat of the Organization of American States in English and Spanish.

Placemat from the McDonald's Restaurant in Valencia, Spain, reprinted by permission of McDonald's Corporation, © 1987.

A. R. Williams: «El encanto de Guadalajara», from *Américas,* 37, No. 1, January–February, 1985, pages 38–43, reprinted by permission of *Américas,* a bimonthly magazine published by the General Secretariat of the Organization of American States in English and Spanish.

Vikki Stea: «El techo de Venezuela» from *Américas,* 38, No. 5, September–October, 1986, reprinted by permission of *Américas,* a bimonthly magazine published by the General Secretariat of the Organization of American States in English and Spanish.

«Venezuela quiere superar la crisis con la magia de Carlos Andrés» from *Cambio 16,* No. 890, December 19, 1988, page 136, reprinted by permission of *Cambio 16.*

Jim Davis: two Garfield cartoons from *Garfield ¡En español!,* 1984, reprinted by permission of UFS, Inc.

Information on how to use the Yellow Pages and the Yellow Pages advertisement, reprinted by permission of C. A. Venezolana de Guías.

Theodora A. Remas: «La guayabera: cómoda, fresca y elegante» from *Américas,* 39, No. 1, January–February, 1987, pages 32–37, reprinted by permission of *Américas,* a bimonthly magazine published by the General Secretariat of the Organization of American States in English and Spanish.

«Guía Televisión» from *Cambio 16,* No. 914, June 5, 1989, pages 136–137, reprinted by permission of *Cambio 16.*

«Costa Rica, la perla democrática» from *Cambio 16,* No. 842, January 18, 1988, pages 64–65, reprinted by permission of *Cambio 16.*

«Los 11 errores más comunes al buscar trabajo» from *Vanidades,* 26, No. 2, January 21, 1986, pages 64–65, reprinted by permission of *Vanidades.*

Classified ads from *El Comercio,* May 22, 1988, page F14, reprinted by permission of *El Comercio.*

American Express Card application form in Spanish and advertisement for

American Express Card, reprinted by permission of American Express Travel Related Services Company, Inc.

«Los Melting Pots» from *Miami Mensual,* 9, No. 1, January 1989, page 11, reprinted by permission of *Miami Mensual.*

«Creo que Puerto Rico no será independiente» from *Cambio 16,* No. 860, May 23, 1988, pages 120–121, reprinted by permission of *Cambio 16.*

How to use the phone in an emergency situation from Departamento de Asuntos Públicos y Externos Southern Bell.

«¿Nuestro mercado? El mundo» from *Miami Mensual,* 8, No. 2, February, 1988, pages 33–34, reprinted by permission of *Miami Mensual.*

«Pasión de crecer» from *Miami Mensual,* 8, No. 6, June, 1988, pages 35–45, reprinted by permission of *Miami Mensual.*

«El bilingüismo en Hialeah» from *Miami Mensual,* 7, No. 10, October, 1987, pages 38 and 88, reprinted by permission of *Miami Mensual.*

Quino: cartoons, «Hola, ¿Cómo te llamas?», «¿Te imaginas?», «¡Gracias a dios, llegó la primavera!», «En la juguetería...», and «¿Presente indicativo de temer?» from «Mafalda», in *Tumi 2000, Air Chile,* published by HB&C Inflight Publications, Vol. 2, No. 6, November, 1988, reprinted by permission of *Ediciones de la Flor S. R. L.*

Ads for various places to shop in a Hispanic barrio from *El Sol.*

«Congresista investiga abusos contra inmigrantes» from *El Sol de Texas,* 22, No. 2257, September 1, 1988, pages 9 and 19, reprinted by permission of *El Sol de Texas.*

«Mary Alice Reyes, abogada de los pobres» from *El Sol de Texas,* 22, No. 2261, September 29, 1988, page 8, reprinted by permission of *El Sol de Texas.*

«Director destaca importante labor de centro educativo» from *El Sol de Texas,* 22, No. 2258, September 8, 1988, page 7, reprinted by permission of *El Sol de Texas.*

Rental car ad from C. A. Venzolana de Guías.

«Guardián del oro del Perú» from *Américas,* reprinted by permission of *Américas,* a bimonthly magazine published by the General Secretariat of the Organization of American States in English and Spanish.

«Plegaria al sol del verano» from *Américas,* reprinted by permission of *Américas,* a bimonthly magazine published by the General Secretariat of the Organization of American States in English and Spanish.

Ads: «Hotel y convenciones, El Pueblo», «Hotel Aristo», and «Nosotros somos de extremos» from *Tumi 2000, Air Chile,* Vol. 2, No. 6, November, 1988, reprinted by permission of Rosa Tesanos/HB&C Inflight Publications, Inc.

Gilberto Wilton: «Santiago» from *Tumi 2000, Air Chile,* Vol. 2, No. 6, November,

1988, reprinted by permission of Rosa Tesanos/HB&C Inflight Publications, Inc.

«Playa, sol y mar» from *Chile Ahora,* No. 60, 1987, pages 4–7, reprinted by permission of *Chile Ahora* del Ministerio de Relaciones Exteriores de Chile.

Barbara Mujica: «Nuevos horizontes para la mujer» from *Américas,* 37, No. 5, September–October, 1985, pages 24–27, reprinted by permission *Américas,* a bimonthly magazine published by the General Secretariat of the American States in English and Spanish.

«Los 25 años de Mafalda» from *Cambio 16,* No. 862, June 6, 1988, pages 203–204, reprinted by permission of *Cambio 16.*

«Con la plata a otra parte» from *Cambio 16,* No. 865, June 26, 1988, page 70, reprinted by permission of *Cambio 16.*

Francisco García Lorca: «Canción del jinete» from *Cantos de vida y esperanza,* reprinted by permission of Agencia Literaria Mercedes Casanovas.

Juan Rulfo: «Es que somos muy pobres» from *El llano en llamas,* reprinted by permission of Subgenerencia de Relaciones Públicas Fondo de Cultura Económica.

Jaime Torres Bodet: «México canta en la ronda de mis canciones de amor».

Gabriel García Márquez: «Un día de éstos».

Pedro Juan Soto: «Garabatos» reprinted by permission of Pedro Juan Soto.

Rodolfo González: «Yo soy Joaquin» reprinted by permission of Rodolfo González.

Marco Denevi: «Genesis» reprinted by permission of Marco Denevi.

José Luis Borges: «Los dos reyes y los dos laberintos» from *El Aleph,* reprinted by permission of Emece Editores.

Sergio Vodanovic: «El delantal blanco» reprinted by permission of Sergio Vodanovic.

Map of Caracas, Venezuela from *South American Handbook 1990,* 66th edition, September, 1989, page 885, reprinted by permission of Trade & Travel Publications Ltd.

Photo Credits

Page 1—© Robert Frerck, Odyssey/Frerck/Chicago; Page 4—© Chip Peterson; Page 11—© Mangino, The Image Works; Page 15—© Robert Frerck, Odyssey/Frerck/Chicago; Page 18—© Robert Frerck, Odyssey/Frerck/Chicago; Page 19—© Paul Conklin, Photo Edit; Page 22—© Paul Conklin, Photo Edit; Page 40—©, 1987, Robert Fried, Robert Fried Photography; Page 41—©, 1977, Bernard Pierre Wolff, Photo Researchers, Inc.; Page 43—© Robert Frerck, Odyssey/Frerck/Chicago; Page 43—©, 1988, Robert Houser, Comstock; page 46—© Jose Carrillo, Stock Boston; Page 50—© Robert Frerck, Odyssey/Frerck/Chicago; Page 60—© Mark Antman, The Image Works; Page 72—© Ulrike Welson; Page 76—© Robert Frerck, Odyssey Prod.; Page 79—© Robert Frerck, Odyssey/Frerck/Chicago; Page 89—© Larry Mangino, The Image Works; Page 100—© David Wells, The Image Works; Page 104—© Art Resource; Page 105—© Art Resource; Page 105—© Art Resource; Page 109—© Robert Frerck, Odyssey/Frerck/Chicago; Page 111—© Robert Frerck, Odyssey/Frerck/Chicago; Page 113—© Monkmeyer Press; Page 116—© Michael Douglas, The Image Works; Page 117—© Daemmrich Photos; Page 121—© Robert Frerck, Odyssey Prod.; Page 144—© Robert Frerck, Odyssey Prod.; Page 144—©, 1988, Stuart Cohen, Comstock; Page 153—© Chip Peterson; Page 174—© Walter R. Aguiar; Page 179—© Hugh Rogers, Monkmeyer Press; Page 182—© Hugh Rogers, Monkmeyer Press; Page 207—© Photo Researchers, Inc.; Page 208—© Bob Daemmrich, The Image Works; Page 212—© Robert Frerck, Odyssey Prod.; Page 213—© Owen Franken, Stock Boston; Page 214—©, 1987, Comstock; Page 221—©, 1975, George Holton, Photo Researchers, Inc.; Page 224—© Victor Englebert, Photo Researchers, Inc.; Pages 225—© Mark Antman, The Image Works; Page 228—© Beryl Goldberg; Page 239—© Hugh Rogers,

Monkmeyer Press; Page 250—©, 1988, Rob Crandall; Page 257—©, 1987, Peter Menzel, Stock Boston; Page 260—© Victor Englebert, Photo Researchers, Inc.; Page 284—©, 1989, E. Doris Lee; Page 289—© Bob Daemmrich, Stock Boston; Page 292—© Owen Franken; Stock Boston; Page 292—©, 1989, Stuart Cohen, Comstock; Page 316—© Paul Conkin, Monkmeyer Press; Page 317—© Gamma; Page 321—© Museum of Modern Art-New York; Page 322—© Museum of Modern Art of Latin America; Page 329—© D. Donne Bryant, DDB Stock Photo; Page 332—© Hugh Rogers, Monkmeyer Press; Page 333—© Grant LeDuc, Monkmeyer Press; Page 336—© Daniel Merle, DDB Stock Photo; Page 358—©, 1988, Larry Mulvehill, Photo Researchers, Inc.; Page 359—© Murray Greenberg, Monkmeyer Press; Page 365—© Alan Carey, The Image Works; Page 368—©, 1989, Comstock; Page 376—© Donald Dietz, Stock Boston; Page 389—© Arlene Collins, Monkmeyer Press; Page 390—© Chip Peterson; Page 393—© Arlene Collins, Monkmeyer Press; Page 398—©, 1988, Robert Fried; Page 401—© Bob Daemmrich; Page 408—© Bob Daemmrich, Stock Boston; Page 427—©, 1986, Everett C. Johnson, Southern Stock Photos; Page 428—© James Blank, Stock Boston; Page 429—© Peter Menzel; Page 436—© Ellis Herwig, Stock Boston; Page 438—© Bob Daemmrich, Bob Daemmrich Photography; Page 441—©, 1988, Grant LeDuc, Monkmeyer Press; Page 445—©, 1975, George Holton, Photo Researchers, Inc.; Page 446—©, 1987, Robert Fried, Robert Fried Photography; Page 449—©, 1987, Robert Fried, DDB Stock Photo; Page 457—© Robert Frerck, Odyssey/Frerck/Chicago; Page 471—© Robert Frerck, Odyssey/Frerck/Chicago; Page 471—© Robert Frerck, Odyssey/Frerck/Chicago; Page 473—© Robert Frerck, Odyssey/Frerck/Chicago; Page 477—© Robert Fried, Robert Fried Photography; Page 480—© Betty Groskin, Monkmeyer Press; Page 488—© Mimi Forsyth, Monkmeyer Press; Page 496—©, 1989, Stuart Cohen, Comstock; Page 499—©, 1989, Stuart Cohen, Comstock; Page 500—©, F. Gohier, Photo Researchers, Inc; Page 503—© Robert Frerck, Odyssey Productions; Page 503—© Stock Boston; Page 509—©, 1988, Robert Fried, Robert Fried Photography; Page 512—© Owen Franken, Stock Boston; Page 518—© Robert Fried, Robert Fried Photography; Page 527—© Beryl Goldberg; Page 536—© Robert Frerck, Odyssey/Frerck/Chicago; Page 537—© Chip Peterson; Page 537—© Robert Frerck, Odyssey/Frerck/Chicago.